中共东安县委工作大事记 2016

ZHONGGONG DONGAN XIANWEI GONGZUO DASHIJI

东安县党史与地方志征集编纂办公室 编

图书在版编目（CIP）数据

中共东安县委工作大事记. 2016 / 东安县党史与地方志征集编纂办公室编. -- 北京：方志出版社，2017.12

ISBN 978-7-5144-2895-7

I. ①中… Ⅱ. ①东… Ⅲ. ①中国共产党 - 地方组织 - 大事记 - 东安县 -2016 Ⅳ. ① D235.644

中国版本图书馆 CIP 数据核字（2018）第 001192 号

中共东安县委工作大事记 2016

编　　者： 东安县党史与地方志征集编纂办公室
责任编辑： 陈　效

出 版 人： 冀祥德
出 版 者： 方志出版社
地址　北京市朝阳区潘家园东里 9 号（国家方志馆 4 层）
邮编　100021
网址　http://www.fzph.org
发　　行： 方志出版社图书经销中心
电话（010）67110500
经　　销： 各地新华书店
印　　刷： 湖南省越来越好印务有限公司

开　　本： 889 × 1194　　1 / 32
印　　张： 14.125
字　　数： 354 千字
版　　次： 2017 年 12 月第 1 版　　2017 年 12 月第 1 次印刷
印　　数： 001~400 册

ISBN 978-7-5144-2895-7　　**定价：** 68.00 元

编写说明

为贯彻落实习近平总书记关于党史工作的一系列重要论述精神，按照中央和省委关于新时期党史研究应坚持“一突出、两跟进”（进一步突出开创和发展中国特色社会主义时间段历史研究；即时跟进中共十八大以来党中央的决策部署，即时跟进以习近平为总书记的党中央的理论发展）的要求，经中共东安县委领导同意,我们将编写的《中共东安县委工作大事记(2016)》（简称《大事记》）结集出版。《大事记》以编年体为主，纪事本末体为辅，以时间为线索，以县委召开的重要会议、制定的重要文件、作出的重要决策和县委常委（县人大常委会主任、县政协主席）的重要活动为主要内容，及时、客观、真实、简要记述2016年中国共产党在东安的重要活动。

目 录

1月 …………………………………………… 1
2月 …………………………………………… 31
3月 …………………………………………… 62
4月 …………………………………………… 82
5月 ……………………………………………108
6月 ……………………………………………150
7月 ……………………………………………180
8月 ……………………………………………217
9月 ……………………………………………267
10月……………………………………………295
11月……………………………………………336
12月……………………………………………396

后记 ……………………………………………445

1月

4日上午，中共永州市委书记陈文浩深入东安县芦洪市镇神华国华永州电厂、唐生智故居、芦江水库等地调研神华火电和“美丽乡村”建设。陈文浩先后实地察看了永电新村、神华国华永州电厂建设情况和唐生智故居修缮工程、芦江水库枢纽工程项目进度，并召开座谈会听取了相关工作情况汇报。永州市领导张严、颜海林、荣燕明，县领导谢景林、张波、陈军、郑景学、陈丽、李晓宁、唐月程陪同调研。

陈文浩指出，凡事要做好策划、规划，着眼当前和未来，多做让老百姓受益的事情。芦洪市镇作为东安的副中心和永州中心城市的卫星镇，要强化城镇建设和管理。要借助神华国华永州电厂建设的机遇，突出工业强镇、旅游兴镇的定位，进一步深化规划，按照工业旅游新镇的思路，在保护生态的前提下，发展工业，充分挖掘文化底蕴，带动旅游产业发展。神华国华永州电厂建设要加强与周边互动，带动周边地区建设，融合发展。要将电厂的规划设计与芦洪市镇旅游发展相结合，推动乡镇旅游基础设施完善。陈文浩要求，永电新村的建设要做好规划，成片开发，与“美丽乡村”建设相适应；神华国华永州电厂要按照2017年“双机双投”的要求，工程进度尽量往前赶；唐生智故居要加快修缮开发，打造成知名的文化景点；要启动芦江水库沿线环境污染治理，保护生态环境，开发新的旅游线路；芦洪市镇要全面启动村庄整治，与农村产权制度改革相结合，做好土地流转文章，围绕旅游产业发展认真做好策划，“美丽乡村”建设要走在全市的前面。

5日上午，为落实中共永州市委书记陈文浩1月4日在东安调研神华火电和“美丽乡村”建设时的讲话精神，按照县委书记谢景林的要求，县委常委、常务副县长陈丽在芦洪市镇会议室主持召开芦洪市镇城镇规划及“美丽乡村”建设工作推进会。县领导李晓宁、唐振宇、李瑞霞、涂世国，县财政、国土、环保、卫计委、文化、农办、旅游、公路等相关部门负责人和芦洪市镇、新圩江镇主要负责人参加会议。

会议指出，芦洪市镇作为东安的副中心、永州中心城区的卫星镇，首先要突出工业，突出工业旅游，要做好工业、生态、文化三篇文章，将芦洪市镇打造成一个工业旅游基地，做到工业与旅游深度融合。要做好芦洪市镇的规划修编工作，要围绕电厂做文章，城镇建设要与电厂建设交融互动，带动周边发展。要加强策划，进一步规划永电新村建设，高水平建设永电新村办公区、商业区、沿河道路，加快周边土地流转。会议要求，“美丽乡村”建设重点要抓好芦洪市小城镇管理、环境卫生整治和围绕芦江水库抓好源塘村的乡村旅游建设。要根据一年四季的变化，策划好应该种什么，彻底改变源塘村庄面貌。要加快修缮开发唐生智故居，确保一年内完成维修。芦洪市镇要全面启动环境卫生整治。加快农村产权制度改革，围绕旅游和产业发展搞土地流转。

8日上午，县委书记谢景林主持召开县委常委会议，传达贯彻省委全会、省委经济工作会议、市委全会、市委经济工作会议精神和市委书记陈文浩在芦洪市镇调研时的讲话精神，传达学习《中国共产党党组工作条例（试行）》和《中国共产党地方委员会工作条例》，听取县委全会筹备、东安大市场改造、苍子岭滑坡治理、春节前后群众文化活动、各项经济指标完成情况、市对县各项考核及县内考核等相关工作情况汇报。县委副书记张波、县人大常委会主任文高平、县政协主席陈军以及郑景学、欧阳冬子、陈丽、李顺利、李晓宁、王名扬、王学军、苏建华、李觉会等县领导出席会议。

会议强调，全县各级各部门要传达贯彻落实省委全会、省委经济工作会议、市委全会、市委经济工作会议精神和市委书记陈文浩在芦洪市镇调研时的讲话精神，要把思想和行动统一到省、市委决策部署上来，准确把握经济形势，努力适应经济发展新常态。要进一步完善芦洪市镇小城镇规划修编工作。要创新思维，科学规划，抓好神华国华永州电厂配套设施建设。要抓好芦洪市镇“美丽乡村”建设，加快神华国华永州电厂、永电新村等项目建设进度，抓好唐生智故居维修工作，确保各项工作任务如期完成。

关于市对县和县内考核工作，会议要求，各级各部门要认真梳理加分项目，积极加强与上级相关部门沟通协调，确保我县绩效考核工作取得优异成绩，实现既定目标任务。县考核领导小组要严肃工作纪律，加强作风建设，公平公正抓好县内各项考核工作。

关于东安大市场提质改造和苍子岭滑坡治理工作，会议要求，各级各部门要抢抓时间，加快进度，确保工程建设如期完工。要加大安全生产宣传教育力度，做好经营业主思想工作，努力让业主支持配合大市场提质改造工作。要依法严厉打击非法阻工行为，确保大市场提质改造工作顺利推进，如期交付使用。

会议还就筹备县委全会、春节前后群众文化活动等工作进行了安排部署。会议要求，各级各部门要抓好2015年各项扫尾工作，确保各项工作圆满收官。要加强资金调度，抓好政府性投资项目结账工作，兑付好民工工资。要做好县委全会、经济工作会议和“两会”的筹备工作。要加强“两抢一盗”等违法犯罪行为的打击力度，维护好社会治安。要抓好安全生产，抓好乡镇卫生整治和县城净化、美化、亮化工作，保障居民水、电、通信、电视的正常供应。要抓好云数据指挥中心的相关工作。要抓好春节期间的文化娱乐活动，丰富广大群众的精神文化生活，提升正能量。要抓好春节前的走访慰问活动，让困难群众过上一个欢乐祥和的春节。

9日下午，中共永州市委常委、市纪委书记朱映红带领市安监、教育、交通、旅游等相关部门负责人深入东安苍子岭公园崩塌地质灾害治理现场、客运汽车站、液化气供应站、天成实验学校等安全生产重点单位检查指导安全生产工作。县委副书记张波，县委常委、县纪委书记李顺利，县政府副县长唐振宇等领导陪同检查。

朱映红强调，要深刻领会、贯彻落实习近平总书记关于安全生产的系列重要讲话和指示、李克强总理对安全生产的重要批示，以及中央、省、市有关安全生产工作会议精神，保持定力、传导压力，狠抓安全生产工作落实、责任落实。朱映红要求，苍子岭崩塌地质灾害治理项目施工方要抢抓工程进度，力争在元月底之前完成一期工程。要严把施工质量，严格现场监管，落实安防措施，确保施工人员、周边居民和过往车辆、行人的安全。液化气充装站要落实安全主体责任，严格执行充装前后的检查和记录制度，严禁对不符合安全技术规范要求的气瓶进行充装。要积极开展宣传教育工作，将气瓶安全常识和应急处理方法告知气瓶使用单位和个人，引导用户安全用气。各相关运输单位要坚持问题导向，齐抓共管，深查细究，全面排查隐患，切实保障车辆运输安全，为春运安全打下坚实的基础。教育部门要时刻绷紧安全这根弦，高度重视安全管理，落实校车安全管理措施，确保万无一失。朱映红强调，东安各级各部门要强化红线意识，进一步落实工作责任。坚持"党政同责、一岗双责、失职追责"，全面落实管行业必须管安全、管业务必须管安全、管生产经营必须管安全的要求，尤其是要抓好党政"一把手"责任落实。要强化防范意识，深化隐患源头治理，健全完善隐患排查治理体系，依法运用各种强制措施，督促企业限期整改到位。要强化法治意识，加大安全培训力度，提升社会公众的安全素养、自我防护能力，以及高危行业从业人员的安全技能；加大安全执法力度，依法从严从重惩处各类非法违法行为。

12 日上午，中共永州市委督查室副处级督查员廖才燮带领市考评组到东安考评生态优先、就业优先和教育优先工作。县委常委、县委办主任郑景学，县政府副县长唐振宇、涂世国陪同。

市考评组通过实地查看、查阅台账资料和听取汇报等形式，对东安县"三项优先"工作进行了详细检查考评。2015 年，东安认真贯彻落实市委、市政府相关工作要求，始终将"三项优先"工作摆在重要位置，狠抓工作落实，所有指标全部或超额完成年度目标任务。在就业优先工作方面，全年完成城镇新增就业 4835 人，失业人员再就业 1817 人，就业困难人员再就业 640 人。在教育优先工作方面，强化政策落实，加大经费投入、优化资源配置，完成合格学校建设工程面积 23106 平方米。在生态优先工作方面，全县完成造林 3 万亩，绿色通道种植大苗 13.6 万株，关闭非法采矿点 13 个，解决农村 3.24 万人饮水安全问题。市考评组充分肯定了东安县“三项优先”工作取得的成绩。市考评组一致认为，东安“三项优先”工作领导重视，措施得力，责任明确，落实到位。同时，希望东安进一步完善各项配套设施，建立健全奖罚机制，抓好各项工作落实。

13 日上午，省环保厅监测处调研员陈光炎带领相关专家到东安考核重点生态功能区县域生态环境质量情况。市环保局副局长王宁军，县委副书记张波，县委常委、副县长李晓宁，县政府副县长唐振宇等出席汇报会或陪同检查。

考核组一行先后实地查看了县污水处理厂、紫水国家湿地公园、沿江风光带、东安一中空气自动监测站和瑞丰养牛场，并召开座谈会，详细了解东安县生态功能区环境质量情况。考核组充分肯定了东安县在生态功能区建设方面所取得的成绩，认为东安县高度重视生态环保工作，始终坚持生态立县，环保优先战略，为保护湘江流域做出了积极贡献。考核组希望，东安相关职能部门要进一步重视生态建设和环保工作，明确责任，齐抓共管，形成生态环保合力。要认真把握好资金使用的方向，充分发挥专项资金的生态环境效益。要加强考核的日常基础工作和材料准备，确保顺利通过国家生态功能区县域生态环境质量的考核。张波表示，东安相关部门一定以此次考核为契机，认真落实生态优先发展战略，全面启动生态工程建设，加大生态环境建设的投入，确保专项资金不乱用。要对照生态环境质量考核的各项指标，围绕重点生态功能区建设，强化环境综合治理，不断促进环境保护与经济社会的协调发展。

15日上午，县委常委、县委宣传部部长欧阳冬子深入东安舜德学校、山子岭社区、县药监局、县房产局调研指导文明创建工作。每到一处，欧阳冬子都认真查看各单位文明创建工作软硬件建设情况，并对各单位在创建工作中存在的问题提出了整改意见和建议。

欧阳冬子强调，要在营造创建氛围和完善创建机制上下功夫，在落实创建活动上求实效，确保创建工作有效有序开展。各级各类学校文明创建工作要切实做好“培育和践行社会主义核心价值观”“中国梦”“讲文明树新风”等宣传教育工作。要加强学生校内、校外的文明教育，并通过开展“珍爱生命、快乐成长”“三心教育”和“美德少年评选”等活动，使文明之花开遍每所学校，辐射每个家庭，为广大青少年提供一个良好的成长环境。欧阳冬子要求，县直机关单位和社区文明创建工作要坚持“以文化人”，在塑造机关文化和提升队伍素质上下功夫。坚持活动引领，以“道德讲堂”和“志愿服务活动的开展”培育单位正能量。以“我们的节日”主题活动和丰富多彩的文体活动增强创建吸引力，展现文明创建活力，丰富文明创建内涵，增强文明创建的吸引力。

15日，中共永州市委宣传部副部长周平平带领市考评组到东安考评精神文明建设工作。县委常委、县委宣传部部长欧阳冬子，县人大常委会副主任宁苏君陪同检查或参加汇报会。

市考评组一行通过实地查看、发放调查问卷、查阅台账资料、听取汇报等方式，对东安县精神文明建设工作进行了详细检查考评。2015年，东安县精神文明建设工作牢牢把握培育和践行社会主义核心价值观，始终坚持以人为本、创建为民，充分运用学雷锋活动载体，围绕大局，服务人民，突出重点，整体推进，公民思想道德建设可圈可点、文明创建工作如火如荼、志愿服务活动有声有色、未成年人思想道德建设出新出彩、保障机制建立健全，全县精神文明建设工作取得了新的进展和明显成效。市考评组对东安县精神文明建设工作给予了充分肯定，认为东安县在精神文明建设工作中，领导重视，机制完善，措施有力，基础工作扎实，成效明显。市考评组要求，东安各级各部门要进一步提高认识，形成共识，以创建全国文明县城为抓手，高起点、高标准抓好精神文明建设工作。要大处着眼，小处着手，进一步夯实基础，把社会主义核心价值观落地、落小、落细、落实。要进一步加强精神文明建设长效化、常态化、法治化建设，切实提升全县精神文明建设工作水平。

欧阳冬子表示，东安将认真吸纳考评组提出的意见和建议，将以此次考评为契机，坚持以点带面，整体推进，着力彰显特色，打造品牌，努力以更高的标准、更严的措施、更实的作风，扎实工作，推动全县精神文明建设工作再上新台阶。

15 日，中共东安县委将《中共湖南省委关于印发〈湖南省贯彻〉中国共产党巡视工资条例〉实施办法〉的通知》转发给全县各乡镇场和县直各单位，要求遵照执行。

18 日上午，中国共产党东安县第十一届委员会第七次全体会议在县行政中心五楼会议室召开。28 位县委委员、1 位县委候补委员出席全会。不是县委委员、县委候补委员的县级领导，县人大、县政府、县政协党组成员，县纪委委员，乡镇场党委书记、乡镇场长，芦洪市、石期市工业园管委会主任，县直部办委局党政主要负责人，中央、省、市驻县单位负责人列席会议。

全会听取和讨论了县委书记谢景林代表县委常委会所作的工作报告，审议并通过了《中共东安县委关于制定国民经济和社会发展第十三个五年规划的建议》，县委常委、常务副县长陈丽就《建议(草案)》作了说明。

全会同意县委常委会 2015 年工作报告，充分肯定县委常委会 2015 年工作。全会认为，一年来，县委常委会全面贯彻落实中央及省、市委一系列决策部署，坚持稳中求进工作总基调，深入推进“五个东安”建设，绿色东安更显靓丽，小康东安更为殷实，创新东安更具活力，法治东安更趋和谐，幸福东安更加美好。县委常委会坚持党要管党、从严治党，把纪律和规矩挺在前面，营造了风清气正的政治生态，推动了经济社会持续健康发展。

全会同意县委常委会 2016 年工作安排。全会指出，做好 2016 年的工作，要以中央、省、市一系列重要会议精神和中共东安县第十一次代表大会精神为指针，按照“生态立县、产业强县、科教兴县、和谐安县、实干振县”的总体思路，以科学发展为主题，以调结构转方式为主线，以新型工业化为主导，以新型城镇化为主平台，以改善民生为主旨，突出生态建设重绿化、经济建设重项目、社会建设重民生、文化建设重活动、政治建设重干部，全力打造绿色东安、小康东安、法治东安、创新东安、幸福东安。全会提出，2016 年全县经济社会发展的主要目标任务是：地方生产总值增长 9% 以上，规模工业增加值增长 10% 以上，固定资产投资增长 17% 以上，财政总收入增长 15% 以上，社会消费品零售总额增长 11% 以上，全面小康实现程度提升 6 个百分点左右。要全面落实中央“四个全面”战略布局和市委“四个三”的工作思路，牢固树立创新、协调、绿色、开放、共享发展理念，坚持稳中求进总基调，深入推进“五个东安”建设。重点要抓好五个方面工作：一是坚持绿色发展，全力打造绿色东安；二是坚持开放发展，全力打造小康东安；三是坚持协调发展，全力打造法治东安；四是坚持创新发展，全力打造创新东安；五是坚持共享发展,全力打造幸福东安。全会强调,做好东安工作,关键在党,关键在人。要加强党的领导，坚持党建引领，开局之年全面落实两个责任、换届之年选好用好干部、关键之年提升执行力，努力营造风清气正、干事创业的良好政治生态。全会充分肯定“十二五”时期东安发展取得的成就，科学分析了“十三五”时期东安发展面临的环境。全会强调，实现“十三五”规划确定的目标任务，关键要贯彻“五个发展”新理念,深入落实“四个五”总体要求，突出项目带动，坚持依法治县，加强党的领导，确保“五个东安”建设沿着正确方向破浪前进。全会号召，全县各级党组织和广大干部群众要进一步坚定信心，保持定力，攻坚克难，为全力打造“五个东安”、全面建成小康社会而努力奋斗！

18 日下午，市委组织部副部长、市人社局党组书记、局长唐树成带领市考核组到东安，对县委、县人大、县政府、县政协领导班子和在职县处级领导干部进行年度考核，并召开民主测评会。县委书记谢景林主持会议，并作 2015 年度述职述德述廉工作报告和干部任用工作情况报告。

会议指出，开展民主评议和民主测评是为了进一步扩大考核工作中的民主。市考核组希望通过民主评议和民主测评扩大调查信息来源，落实群众的知情权、参与权、选择权和监督权。会议要求，与会人员要认真阅读理解民主测评表，准确把握民主测评表的基本内容和要求，坚持实事求是，保持客观公正，准确评价领导班子和领导干部；要增强责任感和使命感，以对人民负责、对自己负责的态度充分行使自己的权利，按照要求进行填写，切勿错填、漏填，独立思考独立填写，最大程度保证民主测评不失真不失实。考核组希望通过此次民主评议和民主测评获取第一手准确信息，为进一步加强县处级领导班子和领导干部队伍建设，推进全县经济社会科学跨越发展提供有益经验。

18日下午，全县“迎新春”拔河比赛在和县谐文化广场举行，来自县直机关单位44支代表队参加比赛。县委常委、县委宣传部部长欧阳冬子出席活动仪式并宣布比赛开始。副县长涂世国致开幕辞。县人大常委会副主任宁苏君、县政协副主席蒋燕平出席。

经过数轮激烈的角逐，县水利局、公路局、卫计委过关斩将，分别获得小组第一名；县公安局、林业局、农商行分别获得小组第二名；县疾控中心、畜牧水产局、城卫绿化局分别获得小组第三名。

19日上午，市委书记陈文浩深入东安调研。市政府副市长罗双全，县委书记谢景林，县委常委、常务副县长陈丽，县政府副县长唐振宇、李瑞霞陪同调研。

陈文浩指出，东安作为潇湘城市群的重要组成部分，区位优势明显，基础条件好，要抢抓机遇，加快项目建设。要加快推进“135”工程建设，着力优化产业结构、创新体制机制，把产业园区打造成现代产业聚集区、经济转型升级先行区。要用时间换空间，积极引进电商平台、第三方物流，形成电商产业在永州竞先发展的良好态势，加速推动永州现代物流快速发展。各有关部门要全力做好协调服务工作，为项目落地、项目建设营造优质的发展环境，真正把好事办好实事办实。在阿里巴巴农村淘宝东安县级服务中心，东安鸡、水岭羊肉、野猪肉、罗汉果等东安本地特色农产品琳琅满目。陈文浩要求，要抢抓机遇，加快项目建设，推动经济社会又好又快发展。

19 日上午，县纪委监察局召开专题会议，学习贯彻县委第十一届七次全会精神。县委常委、县纪委书记李顺利出席会议并讲话。

李顺利要求，全县纪检监察干部要把学习贯彻县委第十一届七次全会精神作为当前的一项重要政治任务来抓，带头学习、深刻领会，准确把握省、市、县委的重大决策部署，依法履行党风廉政建设监督责任。李顺利强调，全县纪检监察机关党员干部要紧密联系实际，认真履行纪检监察机关职责，以法治思维和方式监督执纪问责。要严明党的纪律，加强对党的各项纪律执行情况的监督检查，确保中央、省、市、县委各项决策部署落到实处。要着力查处群众身边的“四风”和腐败问题，狠抓中央八项规定和省、市、县相关规定的贯彻落实，形成作风建设常抓不懈的新常态。要笃行党风廉政建设监督责任，科学缜密安排 2016 年各项工作，积极建章立制。要强化纪检监察干部的法律意识、法纪观念，做遵纪守法的表率，不断提升依法执纪能力水平，打造忠诚、干净、担当的纪检监察干部队伍。

20 日上午，县委常委班子“三严三实”专题民主生活会在县行政中心常委会议室召开。市委常委、市纪委书记朱映红到会指导并讲话。县委书记谢景林主持会议。县委副书记张波，县人大常委会主任文高平，县政协主席陈军和郑景学、欧阳冬子、陈丽、李顺利、王名扬、苏建华、李觉会等县委常委会组成人员参加会议。

会议通报了县委常委班子“三严三实”民主生活会准备工作和2014年度县委常委班子成员党的群众路线教育实践活动后续整改落实情况。谢景林代表县委常委班子进行对照检查，并带头开展自我批评，查摆问题，接受各位常委的批评意见。随后常委班子成员依次进行自我批评，其他同志逐一提出批评意见。各位常委紧紧围绕“三严三实”这个主题，联系思想、工作、生活、作风实际和个人成长进步经历，聚焦修身做人、用权律己、干事创业、遵守党的政治纪律、政治规矩和组织纪律、落实党风廉政建设主体责任和监督责任方面等问题进行对照检查，实事求是地查摆了自身存在的问题，做到了见人见事见思想。每位常委都能够放下顾虑，敢于抛开面子、敢于正面批评、敢于动真碰硬，做到自我批评不遮不掩、推心置腹、襟怀坦白，相互批评直言不讳、有的放矢、点到要害，达到了“团结—批评—团结”的预期目的。

朱映红在点评时指出，东安县委深入学习领会习近平总书记系列重要讲话精神，认真贯彻中央和省、市委要求，准备充分，思考深入，查摆问题实实在在，剖析根源深刻透彻，交流交锋坦诚相见，整改措施过硬，专题民主生活会质量高，体现了从严从实的要求，达到了预期效果，是一次认真、务实、圆满的民主生活会。朱映红强调，东安县委常委班子要充分运用和不断巩固这次专题民主生活会成果。要强化整改措施，落实责任，对查摆出来的问题要及时梳理，做到立说立行立改。要加强班子的思想政治、和谐团队、党风廉政建设，率先垂范，争当楷模，树立标杆。要以这次专题民主生活会为契机，进一步加强党员干部作风建设，提升党委政府的公信力，全面抓好各项工作，有力推动东安经济社会持续健康发展。

谢景林表示，县委常委班子要进一步提高认识，以习近平总书记在中央政治局专题民主生活会上提出的“四个自觉”要求为重要遵循，以这次民主生活会为新的起点，带头增强政治意识、标杆意识，在践行“三严三实”方面为全县广大党员干部做出表率。要从严从实，对查摆出来的问题进行再梳理，建立整改清单，实行销号管理，持续深化抓好整改落实。要加强常委班子自身建设，按照“一岗双责”的要求，切实担负起职责范围内党风廉政建设的主要领导责任，常研究、常部署，抓具体、具体抓，做到守土有责、守土尽责。

21 日，市政府副秘书长何德波率市绩效评估考核组到东安考核 2015 年度绩效评估及“1511”重点投资计划、新型工业化和工业园经济、新型城镇化、开放型经济、重点民生实事、农业农村工作、党管武装等 8 项工作。县委副书记张波，县委常委、县委办主任郑景学，县委常委、常务副县长陈丽，县委常委、副县长李晓宁，县委常委、县人武部政委李觉会，县政协原主席杨绪耀以及县委办、政府办、绩效办、农业局、发改委等有关部门负责人参加汇报会或陪同察看现场。

汇报会上，陈丽作东安县 2015 年度绩效评估及“1511”重点投资计划等八项工作情况汇报。2015 年，全县上下紧紧围绕市委、市政府“四个三”工作部署，保持定力、精准发力，广大干部群众团结一心、攻坚克难、奋发有为，深入推进“五个东安”建设，全县经济社会持续健康发展。坚持生态立县，绿色东安更显靓丽；坚持产业强县，小康东安更为殷实；坚持实干振县，创新东安更具活力；坚持和谐安县，法治东安更趋和谐；坚持科教兴县，幸福东安更加美好。东安县成功创建国家农产品质量安全县，获评首个“中国德文化之乡”、全国防震减灾工作先进单位，全省综治工作先进县、全省食品安全工作先进县、全省平安校园先进县、全省责任督学创新县。顺利完成省市下达的六件惠民实事，顺利通过市委、市政府关于“三项优先”、全面深化改革、食品安全等专项年终考核。

市考核组对东安2015年度绩效评估及“1511”重点投资计划等8项工作给予了充分肯定，认为东安在8项工作开展过程中领导重视，工作扎实，成效明显。市考核组要求东安继续保持奋发有为、锐意进取的精神状态和求真务实、扎实苦干的工作作风，进一步发扬优势，打造亮点，科学谋划好2016年全县各项工作，奋力开创东安经济社会发展新局面。

21日下午，县人大常委会党组召开“三严三实”专题教育民主生活会。县委副书记张波到会指导并讲话。县人大常委会主任文高平主持会议。县人大常委会副主任宁苏君、胡贤吉、唐新柱、胡慧川、蒋永辉出席会议。

会上，文高平通报“三严三实”专题民主生活会的有关准备工作情况，并列出了“不严不实”的问题清单。与会人员紧紧围绕“三严三实”主题，敢于聚焦问题，深刻剖析原因，认真开展批评和自我批评。

文高平要求，各党组成员要严格按照中央、省、市委和县委要求，践行“三严三实”，做到细化举措抓整改、注重关键抓整改、领导带头抓整改、建章立制抓整改，确保查摆出来的问题逐一整改到位。要争当长期践行“三严三实”的表率，严格遵守政治纪律和政治规矩，从严加强党性修养，持续深入改进作风，始终做到清正廉明。要严格依法履职，积极担当作为，把“三严三实”的要求落到实处，推动人大工作再上新台阶。

张波在点评时强调，县人大常委会党组要以这次专题教育活动为契机，以正反两方面典型为镜鉴，加强党性修养，坚定理想信念，严格遵守党的政治纪律和政治规矩，真抓实干，实实在在谋事做人，以严的要求、实的作风做好县人大常委会各项工作，使县人大常委会真正成为名符其实的地方国家权力机关，成为全面担负起宪法赋予的各项职责的工作机关，成为同人民群众保持密切联系的代表机关。

22 日上午，东安县“迎新春”干部职工长跑比赛在县城隆重举行，来自县直机关单位 44 个代表队 972 名干部职工参加比赛。县委常委、县委宣传部部长欧阳冬子宣布比赛开始，县政府副县长涂世国致开幕辞。县委常委、县委政法委书记苏建华，县政协副主席蒋燕平等县领导出席。

本次比赛由东安县委、县人民政府主办，县委宣传部、县体育局承办。比赛路线起于县行政中心和谐文化广场，经东安大道、紫东国际、滨江大道、紫苑宾馆，止于东安大会堂，全程 5 公里。经过激烈角逐，彭如铁、彭拥军、陶爱平等 3 名选手获得男子组一等奖，唐亚平、唐丽平、文美英等 3 名选手获得女子组一等奖。

22 日下午，县委副书记张波在县民政局和白牙市镇相关负责人的陪同下，深入白牙市镇走访慰问困难群众、贫困老党员、复退军人，为他们送去党和政府的关怀，向他们致以节日的问候和新春的祝福，并嘱咐随行的民政部门和白牙市镇的工作人员，要及时了解老党员生产生活状况，帮助他们解决实际困难，让他们安度晚年。县人大常委会副主任蒋永辉参加走访。

25日上午，县委书记谢景林在县民政局和白牙市镇相关负责人的陪同下，专程到白牙市镇井门口村走访慰问生活困难党员群众，为他们送去党和政府的关怀和温暖。

途中，谢景林听取了白牙市镇、县驻村扶贫工作组负责同志有关工作情况汇报。谢景林要求，要进一步做好精准扶贫和困难群众帮扶救助工作。做到摸清情况、靶向施策、精准发力，确保贫困村如期脱贫奔小康。谢景林强调，新春佳节即将来临，各级各有关部门要怀着对人民群众的深厚感情，深入困难群众家中走访慰问、嘘寒问暖，既帮助他们解决实际困难和问题，又给予精神上的鼓励和支撑，让他们充分感受到党和政府的关怀和温暖。

25日下午，县委常委、常务副县长陈丽深入县农村商业银行调研指导不良贷款清收工作。

陈丽听取了县农村商业银行不良贷款清收工作情况汇报，详细了解不良贷款清收工作进度和存在的困难和问题，并对下一步工作进行安排和部署。陈丽要求，相关职能部门要高度重视，进一步提高认识，明确责任，突出重点，集中力量，全力以赴抓好不良贷款清收工作。要强化措施，制定切实可行的方案，加大清收工作力度，对有偿还能力而故意拖欠的党员、干部，要采取必要的组织、纪律措施；对赖债户、钉子户及恶意逃废债务的个人，要依法严惩，强制清收。要抓住春节期间农民工返乡有利时机，加大宣传力度，抓好各类不良贷款的清收。要学习借鉴兄弟县区先进工作经验和做法，结合东安实际，扎实开展不良贷款清收工作。

26日上午， 市委常委、市纪委书记朱映红到东安检查指导安全生产工作。县委书记谢景林，县委常委、县纪委书记李顺利，副县长唐振宇陪同。

朱映红一行实地查看了东安日杂贸易综合批发公司烟花爆竹储存库、紫溪市镇、步步高超市、东安火车东站等地，详细了解各单位和企业安全生产工作落实情况，对存在的问题提出整改意见和要求。朱映红要求，东安各级各部门要高度重视安全生产工作，时刻绷紧安全生产这根弦，在全县范围内积极深入开展安全生产工作大排查、大交办、大整改。要认真落实安全生产“一岗双责”责任制，加强对人员密集场所、烟花爆竹和危险化学品、建筑施工等行业的专项检查和整治。要加大对各类生产经营单位员工的安全培训和技术培训，提升从业人员素质和安全防范意识，营造浓厚的安全生产氛围。要进一步加强春节期间的安全监督检查力度，及时排查隐患，对排查出的隐患和问题要按期完成整改落实，严防各类事故发生，确保全县安全生产形势稳定，让群众过一个平安祥和的新春佳节。

26日上午， 市委常委、市纪委书记朱映红带领市直扶贫后盾单位负责人到东安走访慰问困难群众，给他们送去党和政府的关怀，并送上新春的祝福和问候。县委书记谢景林，县委常委、县纪委书记李顺利、副县长唐振宇陪同。

朱映红要求，各后盾单位和扶贫工作队要多关心和关注困难群众的生产生活，深入剖析致贫原因，找准问题根源，制定切实可行的脱贫方案，帮助贫困户逐步实现脱贫致富。要落实好党和国家的各项救助政策，妥善解决好特困群众的实际困难，切实帮助他们渡过难关，让他们感受到党和政府的关怀和温暖，过一个欢乐祥和的春节。

26日，东安举行“德文化之乡说道德”主题演讲比赛。来自全县各乡镇场、县直各单位的22名参赛选手，通过发生在身边的一件件感人事迹，讲述东安经济社会发展取得的成绩和美德文化，诠释“德”的真正内涵。县委书记谢景林出席演讲比赛并为一等奖获得者颁奖，县委常委、县委宣传部部长欧阳冬子致辞。县委常委、常务副县长陈丽，县委常委、县人武部政委李觉会，县人大常委会副主任胡慧川，县政府副县长涂世国出席演讲比赛并为获奖选手颁奖。

欧阳冬子在致辞中说,“中国德文化之乡”不仅仅是一块“金字招牌”，更体现的是一种责任，一种义务，一种榜样，一种标杆。举行“德文化之乡说道德”主题演讲比赛，就是要大力宣传模范人物的先进事迹，宣传身边的凡人善举，激励人们崇德向善、见贤思齐，鼓励全社会积善成德、明德惟馨，培育知荣辱、讲正气、作奉献、促和谐的良好风尚；就是要以打造“中国德文化之乡”为载体，推动社会主义核心价值观在东安落地生根，如“空气”般在全社会流淌；就是要进一步放大品牌效应，向更深的层次、更广的范围、更高的水平迈进，努力打造“中国德文化之乡”升级版。

经过一整天紧张激烈的角逐，南桥小学的颜超莉荣获一等奖，唐瑾、席玉玲等两名选手荣获二等奖，邓萌、唐海燕、杜雅娴、唐明、唐龙萍等五名选手荣获三等奖。

26日，县委常委、常务副县长陈丽在县民政局、新圩江镇和芦洪市镇主要负责人的陪同下，深入新圩江镇和芦洪市镇走访慰问困难群众，为他们送去党和政府的亲切关怀和节日祝福，并叮嘱随行的民政部门和镇政府的工作人员要落实好党和国家的各项救助政策，多关心困难党员、群众，帮助他们解决实际困难，让他们共享改革发展成果。

26日，县委常委、常务副县长陈丽深入芦洪市镇爱民液化气站指导安全生产工作。

陈丽实地查看了液化气站的设施规划、相关证照、消防器材、充装车间及各项安全生产管理制度、操作规程，详细了解燃气管网安全、监管情况。陈丽要求，液化气站要严格遵守燃气安全相关的法律法规，做到安全经营、安全供应。要进一步加强燃气安全生产监管，健全燃气检测预警机制，提升燃气服务水平。要做到严禁使用充装超期未检、不合格的钢瓶，不得出现过量充装和倒罐倒气、掺混二甲醚等行为。要加大事故隐患的整改力度，对检查发现的不安全因素和事故隐患必须马上整改。各部门要把燃气安全存在的各类问题查清摸透，对于隐患问题，坚决予以排查治理，采取法人代表责任制，做到“隐患不除，工作不止”。

26日，县委常委、县纪委书记李顺利在县林业局、县消防大队和县旅游局等相关单位主要负责人的陪同下，深入舜皇山国家森林公园管理局、大庙口镇检查指导安全生产工作。

李顺利一行先后实地察看了舜皇山国家森林公园管理局和大庙口镇辖区内的加油站、烟花炮竹代理店、大型超市等领域的安全生产工作情况，并听取安全生产工作开展情况汇报。李顺利强调，安全无小事，关系千家万户。各单位要高度重视安全生产工作，进一步落实安全生产责任制，实行镇、村、组干部责任捆绑。要落实安全生产大检查，加大安全隐患排查力度，做到安全生产检查无盲区。要严格执法，发现问题立即整改，严防各类安全生产事故发生。

26日晚，在乡镇党委书记述职评议“年度大考”之前，东安县委创造性地组织了一场别开生面的“考前考”。县委常委、县委组织部部长王名扬巡考。

“考前考”是由县委组织，县委组织部命题的党建业务知识集中考试,各乡镇党委书记、专职副书记和组织委员共46人参加。考试内容在高度服从中央、省、市、县组织工作会议精神的同时，突出强调地方特色，涵盖发展党员、“135”模式、7个文件等党建专业知识,着重培养和选拔党建业务“百事通”和“活字典”。“考前考”的考试成绩将以乡镇为单位，按照三名参考人员平均分的15%直接计入党委书记述职评议的总分，与党建调查核实得分、述职评议会现场测评分共同构成最终得分。考试在纪律方面也作出了严格规定，内容严格保密，县委组织部部长亲自巡考，考场纪律严肃认真，真正确保了考试结果公平公正。通过测试，广大党务工作者进一步掌握了党建业务知识，激发了学习的积极性和主动性,提升了自身综合素质和业务能力,进一步增强了党建“主业”意识，为不断推动东安县基层党建工作迈上新台阶打下了坚实基础。

27日上午，县委书记谢景林在县委老干局主要负责人陪同下，走访慰问部分退休老干部，对他们一如既往关心支持东安经济社会发展表示衷心感谢，并向他们致以新春问候和美好祝愿。县委常委、常务副县长陈丽参加走访慰问。

谢景林一行先后到贺维强、沈生国、胡学安、李仕昭、刘章珠等老干部家中，祝福他们新年快乐，健康长寿。每到一处，详细了解老干部的日常生活、身体状况以及家庭情况，祝福他们新年快乐，阖家幸福，健康长寿。谢景林叮嘱老干部们一定要保重身体，保持愉快的心情，并希望老干部们继续发挥余热，一如既往地关心和支持全县的经济社会建设，为全县的改革和发展建言献策。他强调，相关部门要关心老干部的生活，及时了解他们遇到的困难和问题，多倾听老干部对全县各项工作的意见和建议。老干部们表示，过去的一年，在县委、县政府的坚强领导下，东安经济建设、政治建设、文化建设、社会建设、生态文明建设和党的建设取得了新成就，为东安“十三五”时期经济社会发展奠定了坚实基础。他们坚信，在县委、县政府的正确领导下，东安经济社会发展基础一定会更加厚实，人民生活一定会更加殷实，实现全面建成小康社会的目标指日可待。

27 日上午，县委常委、常务副县长陈丽主持召开县政府全体会议，研究讨论《政府工作报告》，听取绩效考核、跑项争资、2016 年度财政预算、东安大市场整治和管理、县城渣土和户外广告管理、紫水三桥项目结算等工作情况汇报。李晓宁、郑航、唐振宇、涂世国、张静、文德、邓亚林等县政府常务会议组成人员参加会议，县政协副主席周刚生应邀列席会议。

关于《政府工作报告》起草工作，会议要求，报告起草组要充分吸纳县政府全体会议提出的修改意见，进一步修改完善《政府工作报告》。要把重视红色文化保护等重点工作写入报告，努力使报告全面客观、实事求是，更加符合东安发展实际。

关于绩效考核工作，会议指出，绩效评估考核是考量一个地方全年工作成效的综合性评价，做好这项工作意义十分重大。要认真总结2015年东安绩效评估考核工作的经验和不足，尽早制定2016年绩效评估考核的工作方案。方案制定要将年终考核与日常考核结合起来，做到公平、公正、科学、合理，调动广大干部职工工作积极性。对于2016年的省绩效评估考核工作，要提前谋划、找准差距、真抓实干、奋力赶超，争取好成绩、得高分。

关于跑项争资工作，会议要求，要进一步把握政策机遇、力求主动，主动关注和谋划项目，主动做好项目前期工作，主动密切与上级部门的联系，通过领导带头“走出去、请进来”提高跑项争资效率，通过全力以赴抓项目实现保增长、扩内需、调结构。要进一步营造浓厚氛围，充分发挥跑项争资工作联席会议作用，建立和完善前期工作进度申报、建设实施责任共担和调度协调等一系列项目联动运行机制。

关于2016年度财政预算工作，会议要求，相关职能部门要明确目标，结合东安实际，细化财政预算编制内容，努力提升财政预算编制科学化和精细化水平。要不断完善预算管理体系，坚持厉行节约，严格财政支出管理。要加大税收征管力度，完善工作机制，全力做好协税护税工作。要强化财政资金绩效管理，构建绩效财政，为推进全县经济社会持续健康发展提供有力的财政保障。

会议还研究了东安大市场整治和管理、县城渣土和户外广告管理、紫水三桥项目结算等工作。

27日，乡镇党委书记履行基层党建工作责任述职评议会在县行政中心五楼会议室召开。15名乡镇党委书记围绕落实基层党建工作责任述成绩、查问题、摆原因、谈打算，面对面接受基层党员群众干部代表评议。县委书记谢景林主持会议，市委组织部公务员管理室主任李永霞到会指导。郑景学、欧阳冬子、陈丽、李顺利、李晓宁、王名扬、李觉会等县领导，县委党建工作领导小组成员，县委组织部部务会成员、基层办以及党员教育中心负责人，基层党员代表和基层党组织书记代表，各乡镇、舜管局党委书记参加会议。

会议采取“一述一评”的方式进行。各乡镇党委书记分别就履行基层党建工作责任情况进行了述职，与会人员对述职对象履职情况进行了现场测评。谢景林对各乡镇党委书记述职情况逐一进行点评。在肯定成绩的同时，实事求是地指出了工作中存在的薄弱环节，有针对性地提出了具体要求。

谢景林指出，各级党组织要总结经验，凝聚共识，坚定抓好党建信心。要直面问题，找准差距，补齐基础工作短板。在调查过程中，乡镇基层党建工作仍然存在阵地场所作用发挥差、基层骨干队伍素质低、村级治理服务能力弱的共性问题，需要紧紧扭住，持续用力，久久为功。谢景林强调，各级党组织要提高认识，突出问题导向，切实强化基层党建工作的使命担当。要以合乡并村为契机，抓好基层党组织队伍建设。要认真贯彻落实《基层党组织条例》，不断提高党建工作制度化、规范化、科学化水平。要抓好作风建设，积极承担主体责任，确保基层党建工作责任落到实处。

李永霞充分肯定了东安基层党建工作取得的成绩，认为东安基层党建工作投入大，亮点突出，成效明显。李永霞要求，东安各级党组织要强化党建责任意识，转变思想观念，增强政治担当和行动自觉，推动管党治党责任的落实。要在改革创新、深度融合、执行落实上下功夫，形成全县上下联动，齐抓共管的工作局面，力争在全市创造经验，打造平台。

27日下午，县委常委、常务副县长陈丽带领县政务中心、县城管、市管中心等相关部门负责人调研云数据处理中心和东安大市场改建工程建设。县人大副主任胡贤吉陪同调研。

在云数据处理中心，陈丽详细了解了项目施工进度、功能设计方案、配套设施建设等情况。陈丽要求，相关职能部门要进一步完善新政务中心内部装修方案，确保布局合理、功能完善。要加大力度，集中力量，高效推进室内装修、配套设施等扫尾工程建设。各责任单位要加强协作配合，简化工作流程，提高工作效率，以优质高效的服务，为项目顺利推进提供有力保障。要加强施工监管，在保质量保安全的前提下，加快工程建设进度，确保云数据处理中心如期交付使用。

在东安大市场，陈丽强调，相关职能部门要加快进度，尽快完成东安大市场改建工程扫尾工作。要加大对市场内外、周边环境的保洁力度。要认真规划，科学设计，抓好市场附近龙溪河沿岸的亮化工程建设，高品质、高质量打造沿岸景观带。要加强监督管理，加大整治力度，全面清理市场周边乱搭乱建、占道经营等现象，进一步规范市场经营秩序，创建文明、有序、卫生、安全的市场环境。

28日上午，县委书记谢景林主持召开县委常委会，听取县委经济工作会议和县“两会”筹备工作、2016年财政收支预算（草案）编制说明等工作情况汇报，安排部署春节期间相关工作。郑景学、欧阳冬子、陈丽、李顺利、李晓宁、苏建华、李觉会等县领导出席会议，相关单位负责人列席会议。

关于县委经济工作会议和县人大政协“两会”筹备工作，会议要求，会议主办单位要切实做好会议各项筹备工作。报告起草组要紧紧围绕中央、省、市相关会议精神，充分吸纳县委常委会提出的意见和建议，结合实际，突出新常态，彰显东安特色，认真撰写好会议报告，确保会议顺利召开。

关于2016年度财政预算工作，会议要求，相关职能部门要提高认识，明确目标，在保工资、保运转、保稳定的前提下，压缩一般性支出，集中财力重点保障事关民生和社会和谐的重大事项支出。要根据财政预算法，完善预算管理体系，细化财政预算编制内容，确保预算收支平衡，公平合法。

关于春节期间相关工作安排，会议要求，要开展好节前走访慰问活动，了解本部门及辖区内的困难弱势群体的生产生活情况，解决他们实际生活需求。要严格排查安全隐患，对春运道路交通、烟花爆竹、食品、森林防火等重点安全问题进行深入细致的排查，确保人民群众生命财产安全。要做好道路清扫保洁和垃圾日常清运工作，营造一个干净整洁、舒适健康的节日环境。要加强春节值班工作，严格执行24小时值班和领导带班制度，健全应急协调机制，畅通信息报送，确保节日期间各项工作正常运转。

28日上午，县委常委、县人武部政委李觉会在县民政局和水岭乡主要负责人的陪同下，深入水岭乡母塘村走访慰问困难群众和退伍军人，为他们送去党和政府的亲切关怀，向他们致以节日的问候和新春的祝福，并要求相关部门负责人要关心关注农村贫困人员，尤其是因病致贫群体和家庭，充分做好民政保障工作，解决困难群众在生产生活中的实际困难和问题。

28日，县委常委、县委宣传部部长欧阳冬子深入端桥铺镇走访慰问部分老党员、复退军人，为他们送去党和政府的亲切关怀，并送上新春的祝福和问候，并嘱咐随行的工作人员，要及时掌握陈英银一家的情况，落实好党和国家的各项救助政策，妥善解决好特困群众的实际困难，切实帮助他们渡过难关，让他们感受到党和政府的关怀和温暖，过一个欢乐祥和的春节。县人大常委会副主任唐新柱参加走访慰问。

28日下午，县委常委、县委宣传部部长欧阳冬子率县安监局、质监局、文体广新局等相关部门负责人深入端桥铺镇，在端桥铺镇党政主要负责人的陪同下，检查安全生产工作。

欧阳冬子一行先后深入老叶加油站、东芦公路端桥铺段、红登隆超市、月潭村在建民房工地检查安全生产工作。每到一处，欧阳冬子都详细了解安全生产责任落实、隐患排查、防控体系、应急管理等情况，叮嘱各部门各单位时刻绷紧安全生产这根弦，切实落实安全生产措施，消除各类安全隐患，确保群众生命财产安全，过上一个安定祥和的春节。

通过实地检查，欧阳冬子对该镇安全生产工作给予了充分肯定。欧阳冬子强调，安全生产责任重于泰山。岁末年初是各类安全事故的易发期，春节来临，水、电、气和各种物质供应量增大，人流、物流也将进入高峰期，各部门各单位要做好低温天气下的安全生产工作。欧阳冬子要求，各部门各单位要以如履薄冰的心态抓好安全生产工作，做到警钟长鸣，常抓不懈。一要切实加强危险化学品监管，确保生产、经营、储存、使用和运输等各个环节安全。二要加大烟花爆竹管理力度，采取有效措施，坚决杜绝安全事故发生。三要坚持挂牌整治消防安全，明确工作职责，落实工作责任，建立防控体系。四要加强道路交通安全检查，加大排查整治力度，保障群众安全。五要加强在建工地施工安全监督和管理，对存在安全隐患的工地，要及时停工整改。

29日上午，东安大市场提质改造落成仪式在东安大市场西门举行。县委书记谢景林宣布提质改造后的大市场投入使用，县委常委、常务副县长陈丽致辞。陈军、郑景学、欧阳冬子、李晓宁、王名扬、苏建华、胡贤吉、李瑞霞、周壬秀等领导出席落成仪式。

谢景林强调，农贸市场是市容市貌的一扇窗口，与老百姓的日常生活息息相关。各职能部门要进一步完善、优化市场基础设施，建立完善市场管理长效机制，积极构筑经营有序、管理有章的市场体系。农贸市场管理要精细化，摊点要逐步进行规范，努力为广大群众创造出一个干净整洁、规范有序的市场环境。

29日上午，县政协党组召开“三严三实”专题民主生活会。县政协席陈军主持会议并讲话，副主席周刚生、丁国志、蒋燕平、唐月程、周壬秀出席会议。

会议通报了县政协党组2014年度民主生活会整改落实情况。陈军代表县政协党组班子进行对照检查，并带头进行个人对照检查，虚心接受其他班子成员提出的批评意见。其他班子成员逐个进行个人对照检查和推心置腹的相互批评。大家坚持以事业为重、以大局为重，有缺点讲缺点，有问题说问题，讲党性不讲面子，讲真话不讲套话，达到了凝聚共识、增进团结的目的。

陈军要求，县政协领导班子要突出问题导向真抓实改，制定整改方案，细化分解任务，力求取得整改成效。要巩固拓展“三严三实”专题教育成果，进一步树立求真求实的工作作风，把专题教育中焕发出的热情和干劲转化为做好履职工作的强大动力。

要带头履行好党建工作“一岗双责”，全面落实从严治党各项要求。要以严与实的精神抓整改工作，针对群众反映的问题和民主生活会上查摆出来的问题，逐个进行研究，明确整改重点，列出清单、建立台账，解决一个销号一个，确保整改不漏项、不打折、不落空。同时，坚持开门整改，自觉接受群众的监督，切实以群众的满意度作为检验整改成效的重要标准。

29日，县委常委、县委办主任郑景学深入大盛、南桥和花桥镇走访慰问贫困老党员和群众，为他们送去党和政府的亲切关怀和节日祝福。县民政局和乡镇主要负责人陪同走访。

郑景学指出，老干部、老军人是党和国家的宝贵财富，为中国革命、建设和改革作出了巨大贡献，党和人民永远不会忘记。希望老同志一如既往地关心和支持镇党委、镇政府的工作，为东安经济社会发展出谋献策。郑景学要求，相关部门主动帮助困难群众解决实际困难，让他们度过一个欢乐祥和的春节。

30日上午，市政协主席唐定到东安走访慰问退伍老兵和困难群众，为他们送去慰问金和市委、市政府的新春祝福。市政协秘书长宋可夫、县政协主席陈军陪同走访。

唐定勉励老人要保重身体，一如既往地关心国家大事和村里的建设，发挥余热，积极建言献策。唐定要求，新春佳节即将来临，川岩乡党委政府要深入困难群众家中走访慰问、嘘寒问暖，帮助他们解决实际困难和问题。

30日，鹿马桥镇金易德种养农民专业合作社揭牌成立。县政协主席陈军，县委常委、副县长李晓宁，中南大学物理系教授叶夏生出席合作社成立仪式并为合作社揭牌。

鹿马桥镇金易德种养农民专业合作社位于鹿马桥镇马头湾村，是一家集蔬菜、水稻、水果、药材种植，家禽、水产养殖和销售于一体的合作社，合作社面积覆盖鹿马桥镇马头湾、金江、沙子铺等 11 个村，采取合作社 + 基地 + 农户的经营管理模式，集中管理，统一销售，可就近解决 1500 人就业。合作社第一期拟投入 1500 万元用于反季节大棚蔬菜、水稻、水果等种养基地建设，计划三年完成总投资 6000 万元，实现产值 2 亿元。

30 日，县委常委、县委办主任郑景学深入花桥镇烟花爆竹经营点检查指导安全生产工作。

郑景学实地查看了烟花爆竹经营点的相关证照、仓库储存环境、安全措施、存储数量和安全责任制落实情况。郑景学要求，烟花爆竹经营点要严格遵守相关的法律法规，做到安全经营、安全供应；要加强内部管理，进一步完善消防安全等硬件设施，不断提升从业人员的安全知识和业务能力。相关职能部门要坚决打击非法生产、经营、储存、运输烟花爆竹行为，确保安全生产形势平稳发展；要进一步完善监督管理机制，加强联合执法，全面落实安全责任，保障人民群众生命财产和公共安全。

2 月

1 日，受县委书记谢景林委托，县委常委、常务副县长陈丽带队走访慰问县人武部、76129 部队，为他们送上节日的问候和新春的祝福。县人大常委会主任文高平，县政协主席陈军，县政府副县长李瑞霞参加慰问。

陈丽指出，过去的一年，驻东全体官兵牢记党和人民的重托，积极训练，在做好国防、部队建设的同时，为东安的社会安定和经济社会发展作出了积极贡献。希望驻东官兵一如既往地关心和支持东安的改革和发展，为东安经济社会发展保驾护航。陈丽表示，县委、县政府将一如既往地关心、支持部队建设，巩固和发展和谐军民关系，尽最大努力为驻东官兵办实事、办好事，共同推进部队建设和地方经济社会发展。

当天下午，副县长李瑞霞还走访慰问了武警三中队、75708 部队、武警中队、消防大队。

1 日，县纪委班子“三严三实”专题民主生活会在县行政中心六楼二会议室召开。县委常委、县纪委书记李顺利主持会议，并代表县纪委班子作对照检查发言。

李顺利在会上通报了上次民主生活会及教育实践活动后续整改工作情况，对本次专题民主生活的准备情况进行通报，并对照“三严三实”要求带头自我批评，查摆问题，接受班子成员的批评意见。班子成员结合自身实际，从修身做人、用权律己、干事创业、遵守党的政治纪律、政治规矩和组织纪律等方面进行自我批评，深刻剖析问题产生的根源，提出今后努力方向和整改措施。班子成员相互之间开展了坦诚的批评，大家既有红红脸、出出汗的紧张和严肃，又有加加油、鼓鼓劲的激励和鞭策，充满了民主团结和谐的气氛，在思想交流交锋中深化了认识，凝聚了共识、帮助了同志，增进了团结，促进了工作。李顺利强调，县纪委班子成员要率先垂范、以上率下，坚持问题导向，紧密结合省委巡视组反馈的情况，对查摆出的问题和批评意见进行再梳理、再反思、再提高，立行立改、善作善成，自觉践行“三严三实”要求；要加强“一准则、两条例”的贯彻落实，强化好党章意识和纪律意识，落实好执纪监督的“四种形态”，把纪律和规矩挺在前面；要进一步加强思想政治建设、干部队伍建设、作风建设和廉洁自律建设，努力打造一支忠诚、干净、担当的纪检监察干部队伍。

1 日晚，县委常委、县委宣传部部长欧阳冬子到东安会堂，检查指导 2016 年春节联欢晚会节目彩排工作。

欧阳冬子对整台晚会的主题、突出特色的创意给予了充分肯定，并对演职人员的辛勤努力表示感谢。欧阳冬子指出，春节联欢晚会是东安县的重要文化活动之一，它集中展示了全县人民积极向上的精神面貌，展示了全县文化文艺发展的优秀成果，更展示了全县经济社会建设取得的重大成就。全体演职人员要进一步提高认识、服从安排、抓紧排练、精心打磨、统筹推进，在保证春晚节目艺术性、观赏性、思想性的同时，做好节目排演中的安全保障工作，届时为广大群众献上一道丰盛的文化大餐，让全县人民在欢乐祥和的气氛中喜迎新春佳节的到来。

2日，市委副书记、市长易佳良深入神华国华永州电厂走访慰问，向坚守在一线的神华国华永州电厂全体职工送去节日的问候和新春的祝福。市委常委、常务副市长唐湘林，市政府正厅级干部荣燕明，县委书记谢景林，县委常委、常务副县长陈丽，县正处级干部文德，县政府助理调研员邓亚林陪同走访慰问。

在神华国华永州电厂施工现场，易佳良详细询问了项目建设进展情况，并代表市委、市政府祝愿神华国华永州电厂全体职工新春愉快，全家幸福，身体安康。易佳良要求，神华国华永州电厂要紧紧围绕全年目标任务，加大工作力度，加快工程进度，确保全年预期目标实现。东安各级各部门要强化服务意识，及时、稳妥协调解决好各类矛盾问题，为项目建设营造良好的施工环境，确保项目建设顺利推进。

2日，县委常委、县委宣传部部长欧阳冬子在县工商、食药监等部门负责人陪同下对节日食品安全保障工作进行检查。

欧阳冬子一行先后深入世纪联华超市、万喜楼酒店、银华大酒店、人人家超市、东安中心市场等地，详细了解春节期间食品和食用农产品质量安全保障情况，以及餐饮服务单位“明厨亮灶”开展情况。检查中，欧阳冬子仔细询问经营者是否索取并主动公示畜禽产品检验检疫合格证明，仔细检查餐饮企业“明厨亮灶”开展情况以及餐饮服务量化分级公示情况，详细了解肉及肉制品、食用油、大米、奶制品、酒类等节日重点食品和电梯等特种设备安全运行等情况。欧阳冬子指出，超市是人民群众集中购买年货的重要场所，企业要多渠道组织可靠货源，切实保证食品的充足供应，满足人民群众节日需求，同时要严格食品进货查验和索证索票，把好食品质量安全关。欧阳冬子强调，食品安全与人民群众息息相关，工商、食药监部门要针对节日消费特点，加强对重要品种、重点场所和重点问题的食品安全监管，排查风险隐患，及时发布消费提示和安全警示，严厉查处各类食品违法行为，营造安全放心的食品消费环境，全力保障全县人民“舌尖上的安全”。

2 日，县委常委、常务副县长陈丽就修改完善即将提请县第十六届人民代表大会第四次会议审议的《政府工作报告（征求意见稿）》听取芦洪市镇、新圩江镇党政主要负责人和部分人大代表、政协委员意见和建议。

座谈会上，与会人员紧紧围绕《政府工作报告（征求意见稿）》，结合东安实际，畅所欲言、积极建言献策。大家一致认为《政府工作报告（征求意见稿）》，内容实在，谋划全面，实事求是地回顾了“十二五”期间政府工作。报告提出的“十三五”规划和2016 年主要工作任务，思路明确，目标清晰，具有较强的操作性和指导性，是一份求真、务实，高质量的报告。与会人员还分别围绕乡镇公路建设、“美丽乡村”建设、农业产业化、生态环境保护、旅游产业等方面的内容提出了许多建设性的意见和建议。

在认真听取与会人员发言后，陈丽对与会同志的发言给予了充分肯定。陈丽指出，大家的意见和建议很有见地，让人深受启发。报告起草组要将大家提出的意见和建议，认真梳理研究，吸纳到报告中来，充实完善报告内容，使报告更加简洁、精炼，更加体现民智民意、更加符合东安发展实际。

2 日晚，由中共东安县委、县人民政府举办的 2016 年迎新春团拜会暨春节联欢晚会在东安会堂隆重举行。县委书记谢景林，县委副书记张波，县人大常委会主任文高平，县政协主席陈军以及郑景学、欧阳冬子、陈丽、李顺利、李晓宁、王名扬、王学军、苏建华、李觉会等县领导参加团拜会或观看晚会。来自全县各条战线的干部群众代表，欢聚一堂，共贺新春。

3日上午，市人大常委会主任高建华到东安走访慰问全国劳模、退伍老兵和困难群众，为他们送去慰问金和市委、市政府的新春祝福。县人大常委会主任文高平，县委常委、县委组织部部长王名扬陪同走访慰问。

4日上午，县委书记谢景林主持召开县委常委扩大会议，听取2015年绩效考核和乡镇并村工作情况汇报，安排部署春节期间相关工作。县委副书记张波，县人大常委会主任文高平，县政协主席陈军以及郑景学、陈丽、李顺利、李晓宁、王名扬、苏建华等县领导出席会议，相关部门负责人列席会议。

关于绩效考核工作，会议指出，2015年，东安实现了经济社会持续健康发展，多项经济指标在全市排位大幅前移，多数指标增速居全市第一方阵。在市对县单项重点工作考核中，东安县获奖项目15个。会议强调，2015年度县绩效评估考核工作已经结束，考评结果客观公正。各单位要对照考核结果，认真回顾总结，进一步推动工作落实。相关部门要严格按照既定的法规政策，确定表彰范围、内容和方式，推动各项决策部署落实到位；要坚持原则，动真碰硬，严格奖惩，充分调动广大干部干事创业的积极性和主动性。

关于乡镇并村工作，会议要求，各相关单位要高度统一思想，进一步做好并村工作的宣传动员，深入调查研究，广泛听取群众意见，尽快拟定并村工作方案。要加大宣传力度，营造浓厚的舆论氛围，使并村工作深入人心、家喻户晓。要做好矛盾化解和信访接待工作，确保并村工作顺利推进。

会议还对春节期间安全生产、美化亮化、交通运输、森林防火等工作进行了安排部署。

5日上午，县委常委、常务副县长陈丽走访慰问交通民警、城管、客运工作人员和环卫工人，向他们致以新春的问候和节日的祝福。县政府副县长唐振宇、张静陪同走访慰问。

5日下午，县委常委、县委宣传部部长欧阳冬子在县广播电视台负责人陪同下，检查春节期间安全播出工作。

欧阳冬子先后查看了鑫宇国际大酒店、锦豪雍景园小区电视播放信号情况和县广播电视台当前电视播出设备的运行情况，详细了解县城有线电视信号质量、服务管理等情况。同时听取了县广播电视台在春节期间关于广播电视安全播出的情况汇报。欧阳冬子要求，县广播电视台要高度重视春节期间的安全播出工作，实行目标责任制管理，任务到人，责任到人，确保广播电视安全播出的零事故。要严格执行值班要求，实行领导值班和技术值班双保险，确保值班人员到岗到位，安全播出值班电话必须保持 24 小时畅通。要坚持舆论导向，精心组织节目，播出和传输优秀电视、电影节目，做到既丰富多彩，又积极向上，为人民群众营造欢乐、祥和、平安的节日文化环境。

15日，东安县委经济工作会议在东安会堂召开。会议的主要任务是贯彻落实中央、省、市委经济工作会议精神，总结

2015年工作，安排部署2016年工作。县委书记谢景林在会上发表重要讲话。县委副书记张波宣读表彰决定，县委常委、常务副县长陈丽主持会议。县人大常委会主任文高平、县政协主席陈军，县领导郑景学、欧阳冬子、李顺利、李晓宁、王名扬、苏建华、李党会等出席会议。县人武部部长、政委，县人大、县政府、县政协党组成员，东安经济开发区、舜皇山国家森公园管理局主要负责人，县纪委常委、各乡镇场党委书记、乡镇场长，村(居委会)党支部书记，大学生村干部，县直各部办委局党政主要负责人，正科级事业单位党组织负责人，芦洪市工业小区、石期市工业小区管委会主任，县委督察员，骨干企业负责人，副科级事业单位负责人代表，特邀76129部队、三七四处、湘钢东安石矿、东安监狱、柳铁东安火车站的主要负责人和部分离退休干部代表参加会议。

会议指出，2015年，县委团结带领全县党员干部群众，全面贯彻落实中央及省、市委一系列决策部署，坚持稳中求进工作总基调，深入推进“五个东安”建设，实现了“十二五”完美收官。经济指标大幅提升、创先争优亮点纷呈、攻坚克难成效喜人。东安先后荣获首个中国德文化之乡、国家农产品质量安全县、全国防震减灾先进单位等3个国字号荣誉；荣获革命老根据地、全省食品安全工作先进县、全省综治工作先进县、全省平安校园先进县、全省责任督学创新县、全省计生协会先进单位等6个省字号荣誉；市对县重点单项考核，精准扶贫、创森、绿色永州、新型城镇化、培育规模工业企业、国企改革、六件实事、食品药品安全、精神文明建设、安全生产、信访、党管武装等12项工作进入先进行列。会议提出，2016年是“十三五”开局之年，是县乡党委、人大、政府、政协班子同步换届之年，也是东安县深度实施“四个五”的总体要求、全力打造“五个东安”的关键之年。做好 2016 年的经济工作，必须把握发展大势，深入研判形势，抢抓政策机遇，找准工作的切入点和着力点。2016 年全县经济工作总的要求是：以中央及省、市一系列重要会议精神和县第十一次党代会精神为指针，按照“生态立县、产业强县、科教兴县、和谐安县、实干振县”的总体思路，以科学发展为主题，以调结构转方式为主线，以新型工业化为主导，以新型城镇化为主平台，以改善民生为主旨，突出生态建设重绿化、经济建设重项目、社会建设重民生、文化建设重活动、政治建设重干部，全力打造绿色东安、小康东安、法治东安、创新东安、幸福东安。

谢景林在讲话中指出，做好 2016 年的经济工作，要全面落实中央“四个全面”战略布局和市委“四个三”的工作部署，牢固树立创新、协调、绿色、开放、共享发展理念，坚持稳中求进总基调，深入推进“五个东安”建设，努力实现“十三五”良好开局。一要坚持绿色发展,深入推进绿色东安建设。牢固树立“绿水青山就是金山银山”理念，围绕全力打造山清水秀地干净、环境优美人宜居的绿色东安，坚定不移走绿色低碳发展之路，倡导绿色生产生活方式,促进人与自然和谐发展。二要坚持开放发展，深入推进小康东安建设。牢固树立“开放就是发展”理念，围绕全力打造经济发展又好又快、人民生活有滋有味的小康东安，突出项目建设支撑作用，推动产业转型升级，推进全面小康社会建设。三要坚持协调发展，深入推进法治东安建设。全面落实协调发展理念，围绕全力打造社会公平正义和谐、人民安居乐业守法的法治东安，改进社会治理方式，坚持法治与德治相结合，努力开创法治东安新局面。四要坚持创新发展，深入推进创新东安建设。坚持改革创新，围绕全力打造思想解放与时俱进、作风务实充满活力的创新东安，扎实推进各项改革，全面释放改革红利。五要坚持共享发展，深入推进幸福东安建设。坚持共享发展理念，围绕全力打造人民生活更加舒心、更加安心、更加放心，对未来更加充满信心的幸福东安，落实社会政策要兜底的硬性要求，着力增强人民群众的获得感和幸福指数。谢景林强调，抓好经济工作，关键在党，关键在人。全县各级各部门务必强化党建引领意识，充分发挥党委总揽全局、协调各方的领导核心作用，最广泛地凝聚发展合力，不断提高各级党组织领导经济工作的能力和水平。要全面落实两个责任，选好用好干部，提升干部执行力。陈丽在总结讲话中要求，全县各级各部门要深入传达贯彻落实县委经济工作会议精神，对报告提出的目标任务要进行层层分解，抓好工作落实。当前，各级各部门要搞好春耕、备耕，进一步抓好农业农村工作。抓好工业生产，帮助企业解决用工难等问题。要抓好跑项争资工作，确保更多项目资金进入东安。要抓好财政增收，确保完成一季度“开门红”。抓好安全生产、信访维稳等“一票否决”工作，努力开创“十三五”发展的新局面，谱写“五个东安”建设的新篇章。

会议对2015年度全县各行各业涌现出来的先进单位和先进个人进行表彰。各乡镇场主要领导和县直单位主要负责人向县委、县政府递交了2016年度计划生育、社会管理综合治理、安全生产责任状。

15日，县委经济工作会议与会人员分组开展集中讨论，张波、文高平、陈军、郑景学、欧阳冬子、陈丽、李顺利、李晓宁、王名扬、苏建华、李觉会等县领导深入各联系乡镇参加分组讨论，大家凝聚共识，汇集智慧，共谋东安经济社会发展。

各乡镇讨论气氛热烈，与会人员认真学习了县委书记谢景林在县委经济工作会议上的讲话精神。大家一致认为，县委书记谢景林在县委经济工作会议上的讲话站在战略全局的高度，客观总结了 2015 年东安县经济社会发展所取得的成绩，深刻透彻地分析了当前面临的宏观经济形势，明确提出了 2016 年经济发展总体思路和具体要求，具有很强的前瞻性、针对性和指导性，令人鼓舞，催人奋进。各县级领导要求，全县各级各部门要深刻领会，认真贯彻县委经济工作会议精神，准确认识和全面把握新常态下东安发展态势，做到思想上与时俱进，观念上不断更新，努力提升适应新常态的思维能力和工作水平。要结合各乡镇实际，理清工作思路，科学谋划 2016 年各项工作，坚定信心、自加压力，强化责任、优化服务，转变作风、扎实工作，奋力开启“十三五”发展新征程，确保“五个东安”的美好蓝图圆满实现。

15 日下午，全县党章党规和村级区划改革专题培训会在东安会堂召开。县委副书记张波作村级区划改革工作专题辅导报告，县委常委、县委组织部部长、县委统战部部长王名扬作《中国共产党章程》《中国共产党地方委员会工作条例》《中国共产党党组工作条例》等专题辅导报告。县委常委、常务副县长陈丽主持专题培训会。县人大常委会主任文高平，县政协主席陈军和郑景学、欧阳冬子、李顺利、李晓宁、苏建华等县领导以及各乡镇场党政负责人，村支部书记，社区党委书记、主任，大学生村干部参加了培训。

张波就如何做好村级并村工作进行安排部署。张波要求，各级各部门要统一思想，凝聚共识，明确目标任务，坚持分级负责、合大并强、民主集中、依法依规的原则，全面推动并村工作的开展。要科学制定实施方案，突出重点，把握关键环节，严肃纪律，严格工作程序，按照时间节点，抓好工作落实，确保村级并村工作任务圆满完成。

王名扬围绕“学习贯彻新党章、保持党的先进性和纯洁性”这一主题，从党章概述、十八大新党章、如何学习贯彻新党章等三方面内容，对新党章进行了深入细致地讲解和阐述，对全县党员干部更好地学习党章、理解党章、贯彻党章、维护党章具有十分重要的指导作用。与会人员表示，通过此次培训，进一步提高了对村级并村工作的认识，对新党章有了全面、透彻的理解；将以此次培训为契机，按照上级相关工作要求和县委、县政府的决策部署，抓好村级并村工作落实；按照党章规定，认真查找思想上和工作上存在的问题，贯彻落实党章，坚决维护党章的权威性和严肃性。

15日下午，县委常委、常务副县长陈丽到县政协机关就2016年《政府工作报告（征求意见稿）》听取政协委员的意见。县政协主席陈军，县政府副县长李瑞霞，县政协副主席周刚生、丁国志、蒋燕平、唐月程、周壬秀出席座谈会。

报告起草组就《政府工作报告（征求意见稿）》的形成过程、主要结构、主要内容等情况作了说明。与会人员踊跃发言，各抒己见。大家一致认为，《政府工作报告（征求意见稿）》主题鲜明，中心突出，客观总结了2015年政府工作所取得的成绩，明确提出了2016年政府工作的指导思想、奋斗目标和工作重点，体现了政府以人为本、执政为民的理念，是一个内容丰富、客观务实、催人奋进的报告。与会人员还结合东安实际对小区管理、农业生产、项目建设、生态环境保护等提出了具体意见和建议。

陈丽表示，将充分吸纳大家的意见和建议，进一步完善《政府工作报告》，力求使《政府工作报告》准确把握发展态势，准确反映东安人民的期盼和心声，更好地指导2016年的工作。陈丽希望，县政协要一如既往地关心和支持政府工作，充分发挥监督职能，积极建言献策，推动我县政府工作再上新台阶。

16日下午，县委常委、常务副县长陈丽到县人大机关就2016年《政府工作报告(征求意见稿)》听取人大代表的意见和建议。县人大常委会主任文高平，副主任宁苏君、胡贤吉、唐新柱、胡慧川、蒋永辉出席座谈会。

座谈会上，县人大常委会班子成员和各专委会负责人围绕县《政府工作报告(征求意见稿)》畅所欲言，从不同角度发表真知灼见。与会人员对《政府工作报告》的框架结构和基本内容表示赞同，并就小区管理、紫水河保护、农村水电路讯基础设施建设等方面提出了具体的意见和建议。

文高平认为，2016年《政府工作报告(征求意见稿)》求真务实、内容充实、思路清晰，总结了“十二五”期间县委、县政府带领全县人民开拓进取的生动历程，体现了政府工作的新理念、新思路、新谋略、新举措，显现出政府勇于担当、在新一轮振兴中加快发展的坚定信心。“十三五”规划切合实际，可操作性强，描绘了我县未来五年发展的宏伟蓝图。文高平表示，县人大常委会将按照自身职责要求，一如既往地大力支持县政府工作，积极履职尽责，推动政府重大工作的部署和重点工作的落实。

陈丽表示，报告起草组将充分吸纳大家的意见建议，进一步完善《政府工作报告》。希望县人大常委会和人大代表一如既往支持政府工作，为东安经济社会发展作出新的更大贡献。

17日上午，东安革命老区座谈会在县行政中心七楼会议室召开。省民政厅巡视员、副厅长李劲夫宣布东安被省民政厅认定为革命老根据地。市民政局党组副书记、副局长李爱玲主持会议，县委副书记张波，县委常委、常务副县长陈丽，县人大常委会副主任蒋永辉，县政府副县长李瑞霞，县政协副主席蒋燕平参加座谈会。

李劲夫指出，革命老区是党和人民军队的根，为中国革命胜利作出了重大牺牲，为社会主义建设作出了重要贡献。东安各级各部门要以此为契机，组织学习中央关于革命老区帮扶的政策文件，广泛宣传革命先烈的英雄事迹，安排专门力量切实抓好革命老区的建设工作。要以高度的政治责任感，做好老区工作，回报老区人民。要一如既往地支持老区建设，真正把支持老区发展的各项政策措施落到实处。要进一步改善老区民生，加大扶贫开发力度，帮助老区人民脱贫致富，切实推进老区社会事业发展。要完善工作推进机制，健全政策协作机制，切实加强领导，不断开创东安老区建设新局面。

陈丽强调，东安被认定为革命老根据地是全县人民多年的期盼，必将为东安县的发展注入新的活力。陈丽要求，全县上下要抓住机遇，切实把老区建设作为当前和今后一段时期的一项重要政治任务抓紧抓好抓实。要积极争取各项政策，采取扎实有效的帮扶措施，帮助老区群众解决实际困难和问题，使老区人民生活得更加美好幸福。要重视老区历史的挖掘和整理，打响老区特色品牌，营造社会各界共同支持老区建设的浓厚氛围，不断推动老区经济社会发展。

17日上午，县政协第八届常务委员会第十八次会议在县行政中心四楼会议室召开。县政协主席陈军出席会议并讲话。副主席周刚生主持会议，副主席丁国志、蒋燕平、唐月程、周壬秀出席会议。

会议审议通过了县政协第八届委员会第四次会议有关事项，审议通过了县政协八届常委会工作报告和提案工作报告（意见稿），审议通过了县（区）政协调整换届时间，听取了政协联谊委、经科委等专委会述职。

陈军要求，全县各级政协组织和全体政协委员要认真总结2015年工作，积极谋划2016年工作，努力把政协工作做出特色，做出成效。要进一步明确责任，周密部署，高标准、高质量地做好会议各项筹备工作，确保会议圆满成功。

18日，县第十六届人大常委会第二十六次会议召开。县人大常委会主任文高平，副主任宁苏君、胡贤吉、唐新柱、胡慧川、蒋永辉出席会议，县委常委、副县长李晓宁，县人民法院院长祝群，县人民检察院检察长刘繁荣应邀参加会议。

会议审议通过了2016年财政预算编制（草案），审议通过了县第十六届人大四次会议有关事项，审议通过了县人大常委会工作报告和工作计划要点，听取了县人大常委会财经工委、联工委等专委会述职。

文高平要求，县人大机关干部要认真总结2015年工作，科学谋划2016年工作，努力把人大工作做出特色，做出成效。要充分认识到开好人民代表大会的重要性，把做好人民代表大会的各项筹备工作当作一项重要的政治任务来完成，确保大会顺利召开。

22日，由县委、县政府主办，县委宣传部、县文化广电新闻出版局、县体育局承办的2016年广场文艺演出、灯谜会、摄影书画展等闹元宵文化系列活动分别在县和谐文化广场和行政中心一楼大厅举行,吸引众多市民前往观赏和热情参与。县委常委、县委宣传部部长欧阳冬子出席活动仪式并致辞。

24日上午，县委书记谢景林主持召开县委常委会，专题研究全县乡镇党委换届工作。县委副书记张波，县政协主席陈军以及郑景学、欧阳冬子、陈丽、李顺利、李晓宁、王名扬、苏建华、李觉会等县领导出席。

会议传达了全市乡镇党委换届工作会议精神，研究了全县乡镇党委换届工作。会议指出，乡镇领导班子换届工作是一项关乎全局、影响长远的重要政治任务，是全县人民政治生活中的一件大事，必须高度重视，严格按照中央和省、市委部署要求抓好抓实。要把换届工作与此前乡镇区划调整及并村工作统筹结合起来。会议强调，要强化组织领导，精心组织安排，坚持正确用人导向，选优配强乡镇班子。要深入学习宣传，营造乡镇党委换届良好的舆论氛围。认真执行换届政策，严格履行换届程序，严明换届纪律，确保换届工作圆满成功。

24日上午，在雄壮的国歌声中，政协东安县第八届委员会第四次会议在东安会堂隆重开幕。来自全县各族各界、各条战线的县政协委员齐聚一堂，积极履行政治协商、民主监督、参政议政职能，求真务实共绘东安发展蓝图。

出席开幕大会并在主席台前排就座的有：县委书记谢景林，县政协主席陈军，县政协副主席周刚生、丁国志、蒋燕平、唐月程、周壬秀，县政协秘书长陈弦。出席开幕大会并在主席台就座的有：

张波、文高平、郑景学、欧阳冬子、陈丽、李顺利、李晓宁、王名扬、苏建华、李觉会等县领导以及县人大常委会副主任、县人民政府副县长，县委、人大、政府、政协正副处级干部，县人武部政委、部长，县委、县人民政府正、副调研员，县人民法院院长，县人民检察院检察长，县公安局政委，县政协七届委员会常务委员，东安经济开发区管委会、舜皇山国家森林公园管理局主要负责人，享受副县级待遇的其他领导和湘钢东安石矿、三七四处、76129部队、东安监狱、东安火车站等单位的领导以及历届县政协领导。应邀列席开幕大会的有驻东省、市政协委员，县直部办委局、人民团体主要负责人，乡镇场党委书记，省、市驻东单位主要负责人。本次会议应到委员195人，因事因病请假19人，实到176人，符合法定人数。

开幕大会由县政协副主席蒋燕平主持。受政协东安县第八届委员会常务委员会的委托，陈军向大会作工作报告。

陈军在报告中指出，政协东安县第八届委员会第三次会议以来，县政协在县委的坚强领导下，按照县委“四个五”的总体要求，认真学习贯彻落实中共十八大和中共十八届三中、四中、五中全会以及省、市、县委经济工作会议精神，围绕中心、服务大局、忠实履职、奉献东安，有条不紊地推动了各项履职工作的开展。一是着眼全局、紧贴中心，灵活有效开展政治协商；二是积极探索、认真实践，畅通渠道深化民主监督；三是深入调研、服务发展，积极建言搞好参政议政；四是增强活力、改进作风，与时俱进稳步推进自身建设。报告指出，2016年，是全面建成小康社会决胜阶段的关键之年，是“十三五”规划实施的开局之年。县政协2016年工作总的指导思想是：高举“社会主义、爱国主义”两面旗帜，以中央及省、市、县一系列重要会议精神为指针，秉持“忠实履职，奉献东安”的工作理念，围绕县委、县政府的工作大局，按照年全会、季常委会、月协商会的工作要求，认真履行“三大职能”，为推进“五个东安”建设作出积极贡献。具体来说，一要主动围绕中心，认真开展政治协商；二要积极助推发展，着力推进民主监督；三要充分发挥优势，努力搞好参政议政；四要广泛凝聚力量，大力弘扬特色主题；五要注重强化管理，切实加强自身建设。陈军希望，县政协和全体委员要紧密团结在以习近平同志为总书记的党中央周围，在中共东安县委的坚强领导下，以新的姿态、新的作风、新的风貌和新的作为，为推动“五个东安”取得新的成就而携手同心、共同奋斗。

大会还听取了县政协副主席周刚生所作的政协东安县第八届委员会常务委员会提案工作报告和县委常委、常务副县长陈丽所作的政协八届三次会议委员提案办理和委员大会发言领导批示落实情况的说明。报告指出，县政协八届三次会议以来，广大政协委员、政协各参加单位，紧紧围绕县委、县政府中心工作和人民群众普遍关注的热点、难点问题，为改革献智，为发展出力，为民生建言。一年来，共收到委员提案132件，经提案委员会审查，立案127件。提案交由42个单位承办，办复率100%。报告强调，2016年，县政协提案工作要紧紧围绕县委、县政府中心工作，突出提案提质，办理增效、服务升级，更加规范、务实、高效地推进提案工作。要精心选题，在“提得好”上下功夫；要重在落实，要在“办得好”上下功夫；要主动作为，在“服务好”上下功夫。

谢景林在开幕大会上发表重要讲话。谢景林充分肯定了过去一年的县政协工作。谢景林指出，一年来，县政协领导班子和全体政协委员围绕中心、服务大局，积极履行政治协商、民主监督、参政议政的职能，在统一思想、凝聚人心、促进发展等方面做了大量富有成效的工作，为全力打造“五个东安”作出了重要贡献。谢景林强调，2016年是“十三五”开局之年，是县乡党委、人大、政府、政协班子同步换届之年，也是东安深度实施“四个五”的总体要求、全力打造“五个东安”的关键之年，做好2016年各项工作至关重要。刚刚召开的县委经济工作会议，对2016年全县经济社会发展作出了全面安排部署。县政协和广大政协委员要牢记使命，发挥优势，及时准确地将县委各项主张传达到各个层面，引导群众正确认识形势、把握大局，形成发展合力，汇聚强大正能量，为深入推进“五个东安”建设，努力实现“十三五”良好开局贡献智慧和力量。就如何做好政协工作，谢景林要求，一是高举民主团结旗帜，汇聚“五个东安”建设正能量；二是发挥智力密集优势，唱响“五个东安”建设主旋律；三是凝聚全面建成小康合力，奏好“五个东安”建设最强音。宏伟的蓝图鼓舞人心，崇高的使命催人奋进。谢景林号召，全体政协委员要以更加坚定的信心、更加振奋的精神，同心同德、众志成城，奋发有为、砥砺前行，为全力打造“五个东安”、全面建成小康社会而共同奋斗。

会议还表彰了县政协八届三次会议以来政协先进集体、优秀政协委员、优秀调研报告、优秀提案、提案办理先进单位和提案办理先进工作者。县政协副主席丁国志宣读表彰决定。孔繁霞、唐文荣、李小红、席亚萍、唐中玉等6位委员围绕全县发展大局和民生热点作大会发言。

24日上午，清华紫光集团永州市东安创辉电子科技有限公司UNIS清华紫光系列产品生产基地举行揭牌仪式，东安创辉电子科技有限公司正式成为UNIS清华紫光系列产品生产基地。县委书记谢景林出席揭牌仪式并与清华紫光副总裁程安为共同为生产基地揭牌。县委常委、常务副县长陈丽参加。

25日上午，东安县第十六届人民代表大会第四次会议在东安会堂隆重开幕。200余名县人大代表肩负全县人民的重托出席盛会，履行宪法和法律赋予的神圣职责。

大会由主席团常务主席、执行主席文高平主持。大会执行主席谢景林、张波、文高平、宁苏君、胡贤吉、胡慧川、唐新柱、蒋永辉在主席台前排就座。在主席台就座的还有大会主席团其他成员，县委常委、副调研员，县正处级干部，原县人大常委会领导，县人民政府领导，县八届政协副主席，原县政协主席，县人武部领导，76129部队领导，县人民法院代理院长，县人民检察院检察长，县公安局政委，东安经济开发区党工委书记、管委会主任，舜皇山国家森林公园管理局党委书记，局长，副处级干部，离休干部代表，省、市驻县单位主要负责人代表，东安一中原校长。本次大会应到代表241名，实到代表225名，符合法定人数。

县委常委、县政府常务副县长陈丽向大会作政府工作报告。陈丽对“十二五”工作进行了简要回顾。陈丽指出，五年来，在县委的正确领导下，在县人大、县政协的监督支持下，全县上下紧紧围绕“五个东安”建设，团结一心、顽强拼搏、锐意进取、攻坚克难，总体完成了“十二五”规划确定的主要目标任务，东安大地发生了深刻变化，开启了中国梦的东安新篇章。主要体现在：综合实力大幅提升、城乡面貌显著改观。五年来，东安县先后获得首个中国德文化之乡、全国科普示范县、全国科技进步先进县、全国知识产权强县工程试点县、全国农产品质量安全县、全国蔬菜生产重点县、全国生猪调出大县、全国防震减灾先进单位、国家级可再生能源建筑应用示范县等 9 个国字号荣誉，成为全国首个既是德文化之乡又是武术之乡的“文武双全”县；荣获革命老根据地、全省第一批学前教育试点县、全省基础教育综合改革试点县、全省平安校园先进县、全省第一批国培项目县、全省责任督学创新县、全省粮食生产优秀县、全省粮食生产标兵县、全省集约节约用地达标县、全省人口计生工作先进单位、全省计生协会先进单位、全省食品安全工作先进县、全省综治工作先进县、全省双拥工作模范县、省级卫生县城、省级文明县城、省级金融安全区等 17 个省字号荣誉。一些重点工作发生了许多有品质有深度的变化，东安舜皇山被评为国家级自然保护区和全国科普教育基地，紫水国家湿地公园进入国家试点，“十有”乡镇人大创建工作经验在全国推广，“东安鸡”被评为湖南旅游必购商品，舜皇山土猪入选《中国地理标志产品大典·湖南卷》。陈丽指出，“十三五”政府工作的指导思想是：以中央、省、市一系列重要会议精神和县第十一次党代会精神为指针，按照“生态立县、产业强县、科教兴县、和谐安县、实干振县”的总体思路，以科学发展为主题，以调结构转方式为主线，以新型工业化为主导，以新型城镇化为主平台，以改善民生为主旨，突出生态建设重绿化、经济建设重项目、社会建设重民生、文化建设重活动、政治建设重干部，全力打造绿色东安、小康东安、法治东安、创新东安、幸福东安。陈丽指出，2016 年全县经济社会发展的主要预期目标是：地区生产总值增长 9% 以上。规模工业增加值增长 10% 以上。固定资产投资增长 17% 以上。财政总收入增长 12% 以上，力争达到 15%。社会消费品零售总额增长 11% 以上。城镇登记失业率控制在 4% 以内。全面小康实现程度提升 6 个百分点左右。全面完成环境保护、资源节约、安全生产等约束性指标。陈丽指出，2016 年将认真抓好“十件民生实事”，努力推动县域经济社会持续稳定发展。①城区环境综合治理。完成县城渣土运输整治工作，全面取缔县城周边采石场、小砖厂和小冶炼厂。②县城菜园子整顿。以县城道路两旁、铁路沿线和湿地公园为重点，全面清理县城公共场所菜园子。③棚户区改造。抓好老氮肥厂、湘钢石矿棚户区改造。④紫水河流域保护和治理。落实《紫水河流域保护管理办法》，关闭五坝电站，严禁乱排污水、乱倒垃圾、乱砍乱采滥挖、沿河违规乱建、水上非法养殖。⑤放心食用油和米粉。严厉打击非法生产加工销售劣质食用油、米粉黑窝点，创建食用油和米粉生产示范单位 1 家、经营示范单位 50 家、餐饮示范单位 50 家。⑥农村环境污染治理。整县推进农村环境综合整治，确保全县农村生活垃圾集中处理率达到 90%，卫生厕所普及率达到 72.5%，湘江流域范围内纳入整治计划的 16 家养殖场粪污治理 100% 达标，创建综合整治示范村 5 个。⑦社会管理综合治理。确保民调排位稳中有升。⑧建设“云数据”指挥处置中心。确保 3 月底前投入使用。⑨五小水利工程建设。投资 3000 万元以上,实施“五小水利”工程 715 处。⑩小区管理。规范小区管理，按时完成二年专项整治工作任务。在切实加强政府自身建设方面，陈丽指出，以更加开放的姿态接受监督、改进工作。以更加规范的管理提升效能、优化环境。以更加务实的作风推进发展、服务人民。以更加清廉的形象取信于民、凝聚民心。时代赋予我们重任，人民寄予我们厚望。陈丽号召，让我们在县委的坚强领导下，团结拼搏、埋头苦干、砥砺奋进、合力向前，为全力打造“五个东安”、全面建成小康社会而努力奋斗！

会议书面听取了《东安县 2015 年国民经济和社会发展计划执行情况与 2016 年计划草案的报告》《东安县 2015 年财政预算

执行情况和 2016 年财政预算草案的报告》，审议通过了《东安县第十六届人民代表大会第四次会议补选办法》。出席县政协第八届四次会议的委员、县第十六届人大四次会议的列席人员一并听取了政府工作报告。

25 日，省委巡视第七组组长郭树人、副组长张湘祥向东安县委书记反馈了巡视情况。之后，巡视组长郭树人代表巡视组向东安县领导班子进行了反馈，市委副书记张严对东安县整改工作提出了要求，县委书记谢景林主持会议并作表态发言。省委巡视第七组有关成员出席反馈会。县委、县人大常委会、县政府、县政协领导班子成员出席会议。其他在职副县级以上领导干部，各乡镇（社区）党政主要负责人和县直有关部门负责人等列席会议。

根据省委统一部署，2015 年 12 月 10 日至 2016 年 1 月 11 日，省委巡视第七组对东安县进行了巡视。巡视组认真贯彻《中国共产党巡视工作条例》和我省贯彻条例实施办法，坚决落实政治巡视要求，聚焦全面从严治党，紧扣“六大纪律”，从严从实开展巡视监督。通过广泛开展个别谈话，认真受理群众来信来访，调阅有关文件资料，深入了解情况，发现问题、形成震慑，顺利完成了巡视任务。郭树人指出，东安县委领导班子在谢景林同志的带领下，认真贯彻执行中央和省委的决策部署，按照协调推进“四个全面”战略布局，全面落实从严治党要求，在落实“两个责任”、持续深入推进党风廉政建设和反腐败工作、严明党的政治纪律和政治规矩、贯彻执行民主集中制、规范选人用人、加强领导班子和干部队伍思想作风建设等方面都取得了明显的成效。巡视中，也发现东安县在落实“两个责任”，执行党的“六大纪律”等方面存在一些问题，应该引起高度重视：执行政治纪律和政治规矩方面，存在对中央颁布的党内法规条例的学习贯彻重视不够，少数党员干部党的纪律观念淡薄，违反政治纪律、政治规矩的现象时有发生和少数地方宗族势力影响基层组织建设、干扰换届选举等问题。执行廉洁纪律方面，存在国家公职人员违规参与土地和房地产开发，少数党员领导干部违规插手工程建设和土地项目开发，领导干部亲属子女利用其职权和职务影响谋取利益，少数行政执法人员滥用职权、以权谋私，党员领导干部在重点项目指挥部兼职取酬，违规发放津补贴，奖励项目设置过多、过滥，少数基层干部不作为、乱作为，村级组织普遍存在招待费，农机购置补贴漏洞比较大，国家公职人员违规操办婚丧喜庆事宜、借机敛财等问题。执行组织纪律方面，存在对少数干部选拔任用不规范，超职数、超编制的消化整改力度不够，违规设置配备领导职务，违规入编进人，“吃空饷”清理整改不到位，违规发展党员等问题。执行工作纪律方面，存在落实“两个责任”不到位，文件多、会议多、领导小组、议事协调机构多，一些单位工作纪律松弛、慵懒散现象比较突出等问题。执行群众纪律方面，存在机关事业单位“乱收费、乱罚款”，被征地农民分散择址安置，被征地农民社会保障落实不到位等问题。执行生活纪律方面，存在少数国家公职人员涉黄、涉赌、涉毒，国家公职人员酒驾、醉驾等问题。同时，巡视组还收到反映一些领导干部的问题线索，已按干部管理权限转纪检监察机关和组织部门处理。郭树人代表巡视组向东安县委提出了七点意见建议。一是要切实落实好党委的主体责任和纪委的监督责任，要层层传导压力，级级压实责任；二是要牢固树立政治意识、大局意识、核心意识、看齐意识，要认真学习党章和党内其他法规，引导广大党员干部进一步强化党章党规党纪意识，时时用党章约束自己的言行，时刻把党的纪律、规矩印在心上,落实到行动中；三是要认真贯彻习近平总书记提出的“好干部标准”，认真执行《党政领导干部选拔任用工作条例》，进一步规范选人用人行为，不断提高干部选拔任用工作水平；四是要深入落实中央八项规定和省委九项规定精神，重点抓好这次巡视发现的作风方面突出问题的整改，建立健全管长远、固根本的制度机制，坚决防止“四风”问题的反弹回潮；五是要继续加大基层反腐力度，重点推动正风反腐向基层延伸，把纠纷惩腐压力向基层传导，责任向基层强化；六是要认真研究解决群众反映强烈的突出问题；七是要如期如质完成整改任务，列出时间表、画出路线图、明确责任人，确保整改到位。

张严指出，要进一步强化思想认识，切实抓好整改工作任务落实，东安县各级各部门一定要从讲政治、讲规矩、讲党性的高度，自觉把思想和行动统一到省委和省委巡视第七组的要求上来,对反馈问题的整改,要确保件件有回音、事事有着落,形成“可检查、可量化、可实录”的整改成果；要进一步夯实“两个责任”，坚定不移地抓好党风廉政建设和反腐败工作，要深入贯彻省、市委关于落实“两个责任”的意见，推进“两个责任”全覆盖；要锲而不舍纠治“四风”，让作风建设规定落地生根，严格执行中央八项规定、省委九项规定精神和市委十项规定，动真格打硬仗，狠抓作风建设，始终做到从严要求、从严监督、从严查处；要层层传导压力和责任，严肃查处损害群众利益的不正之风和腐败问题。要重点推动正风反腐向基层延伸，打通基层监督执纪的“最后一公里”。

谢景林表示，要以更端正的态度，切实抓好整改落实。坚持问题导向，进一步压实领导责任，认真研究制定整改总体方案，列出清单，责任到人，确保巡视反馈意见事事有着落，件件有回音。

要以更严的要求，全面落实“两个责任”。坚决把规矩和纪律挺在前面，把党风廉政建设和反腐败斗争作为重大政治任务，层层落实主体责任和监督责任，真正把“两个责任”放在心上、扛在肩上、落到实处。要以更强的韧劲，坚决防止“四风”反弹。作风建设永远在路上。要持续聚焦“四风”问题，以踏石留印、抓铁有痕的劲头，认真贯彻落实中央八项规定、省委九项规定和市委十项规定，始终做到从严要求、从严监督、从严查处，坚持不懈、久久为功。要以更硬的举措，严肃组织人事纪律。严格执行《党政领导干部选拔任用工作条例》和民主集中制，努力形成选人用人的正确导向和良好机制，切实做到公道正派用人，用公道正派的人，坚决防止带病提拔，严禁跑官要官，真正实现以发展论英雄、凭实绩用干部。要以这次省委巡视第七组反馈意见为契机，鼓舞斗志，凝聚力量，坚持科学发展，坚持服务宗旨，坚持勤政廉政，严格履行各项承诺，扎扎实实抓好整改，推动全县经济社会持续稳步发展，努力开创“五个东安”建设新局面。

25 日下午，县人大常委会主任文高平参加井头圩镇、川岩乡代表团分组讨论，共同审查《政府工作报告》。

讨论中，代表们踊跃发言，认为《政府工作报告》总结 2015 年的成绩客观务实，部署 2016 年的工作切实可行，目标任务催人奋进，是一个聚民智、集民心的报告。大家围绕生态环境保护、水利建设、农村精神文明建设等工作提出自己的意见和建议。

文高平在认真听取各位代表的发言后指出，井头圩镇、川岩乡党委政府要抓好农村精神文明建设，进一步做好农村生活垃圾收集处理工作，着力改善村容村貌和村风、民风建设。要突出生态优先，把发展经济与保护生态有机结合起来，科学编制农村农业发展规划，大力发展生态农业和生态旅游业，积极推进“美丽乡村”建设。要以并乡合村为契机，充分利用“名人、名山、名水”等资源优势，打造品质活力乡镇。希望各位代表立足本职岗位，充分发挥表彰作用，积极宣传会议精神，紧紧围绕县委、县政府的重大决策部署开展工作。

25日下午，参加东安县第十六届人民代表大会第四次会议的人大代表们，分代表团审查政府工作报告、计划工作报告、财政工作报告等。县人大常委会主任文高平参加第二代表团的分组审查。郑景学、欧阳冬子、陈丽、李顺利、李晓宁、王名扬、苏建华也参加了相关代表团的讨论，听取代表们的意见和建议。

25日下午，参加政协东安第八届委员会第四次会议的政协委员分六个小组，认真讨论政府工作报告、《十三五规划纲要（草案）》等报告。县政协主席陈军，副主席周刚生、丁国志、蒋燕平、唐月程、周壬秀，秘书长陈弦分别参加各组讨论。大家一致认为，《政府工作报告》思路清晰，目标明确，重点突出，措施有力。总结成绩实事求是，直面存在的问题和困难，分析形势深入透彻，部署工作思路明晰、重点突出、措施可行，是一个求真务实、鼓劲提气的报告。讨论中，委员们还围绕“美丽乡村”建设、精准扶贫、产业建设、改善民生和“十三五”规划编制等方面内容提出了许多建设性意见和建议。

陈军要求，各位委员要进一步增强使命感和责任感，围绕县委、县政府的工作大局，进一步提高履职水平和能力，积极建言献策，反映社情民意，为深入推进“五个东安”建设作出积极贡献。

26日上午，东安县第十六届人民代表大会第大四次会议举行第二次全体会议。本次大会应到代表241人，因病因事请假15人，实到226人，符合法定人数。大会主席团成员文高平、宁苏君、胡贤吉 、唐新柱、胡慧川、蒋永辉、文建宏、邓贵春、江小玲、陈建华、卿仁东、郭军林、唐婧、唐小军、蒋云、蔡小平等担任本次会议执行主席并在主席台前排就座。出席并在主席台就座的领导有：谢景林、张波、陈军、郑景学、欧阳冬子、陈丽、李顺利、李晓宁、王名扬 、苏建华、李觉会。在主席台就座的还有大会主席团其他成员。第二次全体会议由大会主席团常务主席、大会执行主席胡贤吉主持。

县人大常委会主任文高平向大会作县人大常委会工作报告。文高平指出，2015年，县人大常委会在市委、县委的正确领导和市人大常委会的精心指导下，坚持以马克思列宁主义、毛泽东思想和中国特色社会主义理论体系为指导，全面贯彻落实党的十八大及十八届三中、四中、五中全会和习近平总书记系列重要讲话精神，按照“议大事、强监督、重民生、转作风、求实效”的工作思路，始终坚持“四心一加强”，力行“听党的话、让人民说话、为人民说话、说人民的话”“四句话”，切实履行“行二权、两加强、一指导”的工作职责，大力推进依法治县进程，依法履行宪法和法律赋予的各项职权，为推动“五个东安”建设，促进全县经济社会又好又快发展和社会大局和谐稳定做出了应有的贡献。县人大常委会始终把握法治这个重心，坚持走法治之路，坚定不移地贯彻“法定职责必须为、法无授权不可为”的法治精神，真正把法治这根红线贯穿人大工作的始终，紧扣大局，服务中心，做到尊法、学法、守法、用法，认真履行宪法法律赋予的职责，努力种好人大民主法治工作这块责任田。坚持走创新之路，进一步加强和改进代表工作及常委会自身建设，努力提高依法履职、务实为民的能力和水平。坚持走强基之路,紧紧围绕“一指导”,基层人大工作整体水平得到了新提升。文高平指出，2016 年是贯彻落实党的十八大和十八届三中、四中、五中全会精神、全面贯彻“四个全面”战略布局、进一步建设“五个东安”的关键之年，是县、乡班子同步换届之年，也是全面实施“十三五”规划的开局之年。新的一年，县人大常委会工作总的指导思想是：高举中国特色社会主义伟大旗帜，全面贯彻落实习近平总书记系列重要讲话精神，认真贯彻中央、省、市、县委一系列会议精神，贯彻“四个全面”战略布局，坚持“五大发展”理念，紧紧围绕县委“四个五”的总体要求,进一步增强改革创新意识,按照“议大事、强监督、重民生、转作风、求实效”的工作思路，始终坚持“四心一加强”，力行“四句话”，切实履行“行三权两加强一指导”工作职责，不断推动地方人大工作创新发展，努力为全县经济社会又好又快发展和社会和谐稳定做出新的更大的贡献。文高平强调，人大常委会将在县委的坚强领导下，积极顺应新形势，主动引领新常态，着力抢抓新机遇，以奋发有为的精神、敢于争先的勇气、务实创新的作风，忠实履职，团结拼搏，开拓创新，为全面建成小康社会、加快建设“五个东安”而努力奋斗！

县人民法院代理院长祝群、县人民检察院检察长刘繁荣分别作《东安县人民法院工作报告》和《东安县人民检察院工作报告》。

26 日下午，在圆满完成各项议程后，中国人民政治协商会议东安县第八届委员会第四次会议在东安会堂胜利闭幕。出席闭幕大会并在主席台前排就座的有：县政协主席陈军、县政协副主席周刚生、丁国志、蒋燕平、唐月程、周壬秀，县政协秘书长陈弦。出席闭幕大会并在主席台就座的有：郑景学、李顺利等县领导以及县人大常委会副主任、县人民政府副县长，县正处级干部，县人武部领导，县委、县人民政府副调研员，县人民法院院长，县人民检察院检察长，县公安局政委，县政协七届委员会常务委员、原县政协领导，东安经济开发区管委会、舜皇山国家森林公园管理局主要负责人，享受副县级待遇的其他领导以及湘钢东安石矿、三七四处、76129部队、东安监狱、东安火车站等单位领导。应邀列席闭幕大会的有县直部办委局、人民团体主要负责人，乡镇场党委书记，中央、省、市驻县单位主要负责人。

本次会议应到委员195人，因事因病请假47人，实到148人，符合法定人数。闭幕大会由大会执行主席陈军、周刚生、丁国志、蒋燕平、唐月程、周壬秀、陈弦主持。

会议期间，全体政协委员和特聘委员认真听取并讨论了县委书记谢景林的重要讲话，审议通过了县政协常委会工作报告和提案工作报告；列席了县第十六届人民代表大会第四次会议，听取协商了政府工作报告和计划、财政及法院、检察院工作报告；协商了《十三五规划纲要（草案）》；通过了大会各项决议。大会以举手表决的方式通过了政协东安县第八届委员会第四次会议政治决议（草案）；通过了政协东安县第八届委员会第四次会议关于常务委员会工作报告的决议（草案）；通过了政协东安县第八届委员会第四次会议关于政协八届三次会议以来提案工作情况报告的决议（草案）；通过了政协东安县第八届委员会第四次会议提案审查委员会关于政协八届四次会议提案审查情况的报告（草案）。

陈军在闭幕式上发表讲话。陈军说，几天来，全县广大政协委员们以高度的政治责任感、强烈的参政意识和昂扬的精神面貌，认真履行政治协商、民主监督、参政议政的职能。围绕全县改革发展的全局性、战略性、前瞻性问题，县委、县政府的中心工作和人民群众普遍关注的热点、难点问题立富民之言，建强县之策，献发展之计，谋和谐之道，充分展现了广大政协委员为加快东安县经济社会跨越发展而共同奋斗的动人风采。陈军要求，2016 年,是全面建成小康社会决胜阶段的开局之年,是“十三五”规划实施的第一年。新形势、新要求对政协工作赋予了新任务、新内容。全县各级政协组织和全体政协委员、特聘委员要一如既往地秉持“忠实履职、奉献东安”的工作理念，高举旗帜、突出主题、紧扣中心、把握重点，深入贯彻中共十八大和中共十八届三中、四中、五中全会及县委经济工作会议精神,进一步解放思想、坚定信心、团结拼搏、扎实工作、开拓创新。围绕县委、县政府确定的“四个五”目标任务，按照常委会工作报告的部署，认真履行政治协商、民主监督、参政议政的职能，要关心大事、协调难事、办好实事，为推动“五个东安”建设而努力奋斗。

27 日上午，东安县第十六届人民代表大会第四次会议在圆满完成各项议程后在东安会堂胜利闭幕。本次大会应到代表 241 人，因病因事请假 27 人，实到 214 人，符合法定人数。大会主席团成员谢景林、文高平、宁苏君、胡贤吉、唐新柱、蒋永辉等担任闭幕大会执行主席并在主席台前排就座。出席并在主席台就座的领导有：陈军、郑景学、欧阳冬子、陈丽、王名扬 、李觉会等县领导以及离退休老同志。在主席台就座的还有大会主席团其他成员。应邀列席大会的有：县人民政府领导、县委工作部门及群众团体负责人、不是代表的县人大常委会机关有关人员、县人民政府党组成员和工作部门主要负责人，县八届政协委员、县人民法院、县人民检察院班子成员，县直以及中央、省、市驻县单位主要负责人。

闭幕大会由大会主席团常务主席、大会执行主席、县人大常委会副主任唐新柱主持。大会以举手表决的方式通过了《关于东安县人民政府工作报告的决议》；通过了《关于东安县人大常委会工作报告的决议》；通过了《东安县国民经济和社会发展第十三个五年规划纲要的决议》；通过了《关于东安县2015年国民经济和社会发展计划执行情况与2016年计划草案报告的决议》；通过了《关于东安县2015年财政预算执行情况和2016年财政预算草案报告的决议》；通过了《关于东安县人民法院工作报告的决议》；通过了《关于东安县人民检察院工作报告的决议》。

29日下午，召开全县政府机构改革、乡镇区划调整改革暨领导班子联动调整干部任免集体谈话会，对143名新调整的领导干部进行集中谈话。县委常委、县委组织部部长、县委统战部部长王名扬出席会议并讲话。

会议指出，根据省、市关于机构改革的要求和东安县领导班子和干部队伍建设需要，根据县委常委会研究，对部分县直单位和乡镇的领导班子做了相关的调整配备。各领导干部要顾全大局，坚决拥护县委的决定，服从组织安排，正确对待和选择个人的进退留转，以崭新的精神面貌投入到新的工作中去，努力开创各项工作新局面。会议强调，各级各部门要团结协作，加强领导班子建设。要围绕县委、县政府中心工作，结合各单位实际，认真谋划工作。要加强干部队伍建设，提高机关工作效能，建设人民满意机关，服务保障和促进全县经济社会持续健康发展。新调整的领导干部要尽快完成工作交接，确保3月4日前如期就职。

3月

1日上午，全县乡镇领导班子换届工作动员大会在县行政中心五楼会议室召开。县委书记谢景林出席会议并讲话，县委副书记张波主持会议。县委常委、县纪委书记李顺利就换届纪律监督工作作了讲话，县委常委、县委组织部部长、县委统战部部长王名扬就乡镇领导班子换届具体问题作了说明。县人大常委会主任文高平，县政协主席陈军以及郑景学、欧阳冬子、陈丽、李晓宁等县领导出席会议。各乡镇场和县直有关部门负责人参加会议。

会议指出，乡镇领导班子换届，是一项关乎全局、影响长远的重要政治任务，是全县人民政治生活中的一件大事。各级各部门要统一思想，提高认识，切实强化换届工作的使命担当。要选好配强乡镇党委书记，注重从基层一线选拔优秀人才，充实乡镇党务工作力量，不断增强乡镇领导班子整体功能。要改进考察方式，严把代表质量关口，精心组织大会选举，务必保证换届工作依法依规依程序。要落实领导责任，加强工作督导，严肃换届纪律，强化舆论引导，确保3月底前换届工作圆满成功。会议强调，各级各部门要强化责任担当，把铁的纪律始终贯穿选举全过程。要坚持挺纪在前，强化监督问责，坚决整治不正之风，努力营造风清气正的换届环境。

会议还对乡镇党委换届工作进行了培训。

1日至2日，县委常委、常务副县长陈丽主持召开县政府第三十八次常务会议，会议听取重点项目建设、机关事业单位养老保险制度改革、创建国家卫生县城、引进社会投资耕地开垦项目建设、可再生能源建筑应用实施、电子商务规划、禁毒、永电新村、芦洪市镇赵家井村和新圩江镇源塘村美丽建设、唐生智故居维修、不动产登记、千人以上集中供水水源保护区划分、精准扶贫和全面小康社会建设、教师招聘等工作情况汇报。李晓宁、唐振宇、涂世国、李瑞霞、张静、于剑辉、文德、邓亚林、徐荣军、雷双姣、唐伯平、蒋明君等县政府常务会议组成人员参加会议，县人大常委会副主任宁苏君、县政协副主席周刚生应邀列席会议。

关于创建国家卫生县城工作，会议要求，各级各部门要统一思想，按照县委、县政府的安排部署，整体推进，分布实施，抓好创国卫各项工作落实。要强化资源整合，按照创建相关工作要求，做好创国卫申报工作。要加大宣传力度，全民动员，提高群众的知晓率和参与率，形成浓厚的创国卫氛围。

关于电子商务规划工作，会议要求，相关职能部门要不断完善东安县电子商务发展的软硬件环境，实现电子商务集群化、规模化和品牌化发展。规划设计单位要结合东安实际，科学定位，认真分析研究东安电子商务发展形势，广泛征求意见和建议，进一步完善电子商务发展规划方案，推动东安电子商务蓬勃发展。

关于赵家井、源塘村“美丽乡村”建设，会议要求，相关职能部门要高起点、高标准，科学规划芦洪市镇赵家井、新圩江镇源塘村“美丽乡村”建设。要加大“美丽乡村”建设宣传力度，充分学习借鉴外县先进经验和做法，因地制宜，对源塘村“空心房”进行拆除。要进一步完善赵家井村和源塘村水、电等基础设施配套建设，抓好农村环境卫生整治工作，全力抓好赵家井、源塘村“美丽乡村”示范点建设。

关于永电新村和唐生智故居维修工作，相关职能部门要抢抓时间和进度，加快永电新村建设。要加大力度，做好永电新村土地报批工作，确保项目建设顺利推进，如期完工。要科学规划开发神华国华永州电厂、永电新村至唐生智故居的芦江沿河风光带。要加快唐生智故居修缮进度，尽快做好唐生智故居安防、避雷、消防以及围墙改建和道路改道等工程扫尾工作。要加大与上级部门沟通衔接力度，尽快启动维修招标，做好唐生智故居主体维修工作。

关于“135”工程、东芦公路、永东城际快速通道、紫水国家湿地公园等重点项目建设工作，会议强调，相关职能部门要高度重视，密切配合，做好项目建设预算、用地报批、评审、招投标等工作。“135”工程要加快厂房建设进度，对现有的标准化厂房要加大招商力度，力争大项目、优秀企业落户东安。东芦公路、永东城际快速通道等项目建设要加快项目建设进度，确保项目建设早日完工并投入使用。紫水国家湿地公园要高起点、高标准、高质量做好湿地公园规划设计工作。要加大沟通衔接力度，积极向上跑项争资，确保各重点项目建设顺利推进。

关于全面小康建设和精准扶贫工作，各级各部门要贯彻落实好中央、省、市精准扶贫和全面小康建设工作会议精神，要解放思想，加大上级相关政策研究力度，突出抓好重点产业扶贫、异地扶贫搬迁、贫困户危房改造等工作。要立足东安实际，抓好招商引资、农产品加工龙头企业的培育和发展以及重点财源项目建设，确保我县全面小康建设综合实现程度稳步提升。

3日，县委书记谢景林主持召开县委常委扩大会议。会议听取了省委巡视第七组反馈意见任务分解落实、纪检监察、县委办、宣传思想、统战、政法、精准扶贫、全面小康、“美丽乡村”、温氏集团生猪养殖、重点项目责任分工和相关重点工作、信访维稳等工作情况汇报。县委副书记张波，县人大常委会主任文高平以及郑景学、欧阳冬子、陈丽、李顺利、李晓宁、王名扬、苏建华、李党会等县委常委会组成人员参加会议，相关单位主要负责人列席会议。

关于省委巡视第七组反馈意见任务分解落实和纪检监察工作，会议要求，要认真贯彻巡视工作指导意见，切实加强整改任务落实。要对照巡视组反馈的意见，制定整改方案，明确整改时限，落实整改责任。县委要切实担负起党风廉政建设和反腐败工作的主体责任，组织专门班子严肃查处省委巡视组移交的案件线索。县纪检监察部门要以中央和省、市相关精神为指导，坚持标本兼治、综合治理、惩防并举、注重预防的方针，认真落实党风廉政建设责任制，建立健全惩治和预防腐败体系，努力开创全县反腐倡廉建设新局面。

关于县委办、宣传、统战、政法工作，会议要求，县委办公室要坚持政研出思路、督查抓落实、文秘保运转、接待树形象的工作要求，紧紧围绕“五个东安”总体要求，积极主动开展服务，努力建设“学习型、服务型、效能型”机关。宣传部门要按照县委的安排部署，突出抓好理论武装、舆论宣传、文明创建、文化强县和自身建设工作，主动适应新常态，传播正能量，营造全县经济社会发展的良好舆论氛围。统战部门要进一步加强作风建设，在助推区域经济平稳较快发展、维护社会稳定上发挥统战优势，加强东安党外代表人士队伍建设，抓好党外干部的选拔使用工作。政法部门要认真贯彻中央和省市委政法工作会议精神，牢固树立创新、协调、绿色、开放、共享的发展理念，切实增强忧患意识、责任意识，把维护国家安全和社会稳定摆在首位。

关于全面小康建设和精准扶贫、““美丽乡村”” 建设工作，各级各部门要贯彻落实好中央和省、市全面小康以及精准扶贫建设工作会议精神，立足东安实际，抓好招商引资、农产品加工龙头企业的培育和发展以及重点财源项目建设，确保东安县全面小康建设综合实现程度稳步提升。突出抓好重点产业扶贫、异地扶贫搬迁、贫困户危房改造等工作。要突出重点、科学规划、合理布局，规范农村建房，改善农村环境，全力打造一批生态美、村庄美的“美丽乡村”。

关于重点项目责任分工，会议强调，要明确目标任务，狠抓工作落实。要严格考核，相关部门要按照年初制定的目标管理措施，对工作积极、进步较快、完成任务较好、有示范带动作用的乡镇和单位给予奖励；对工作进度缓慢、推进不力的相关单位主要领导和责任人，要强化问责、严肃处理。

会议还对永电新村建设、唐生智故居维修、芦洪市镇赵家井村和新圩江镇源塘村新农村建设、“135”工程建设、紫水国家湿地公园规划建设、当前信访维稳等工作进行了安排部署。

7日上午，县委书记谢景林在芦洪市镇政府会议室主持召开“一带八景”调度会。会议听取了永电新村、芦洪市镇赵家井村和新圩江镇源塘村“美丽乡村”建设、唐生智故居维修、芦洪市镇神华国华永州电厂功能配套区和沿江河风光带等有关工作情况汇报，并就相关工作进行了安排部署。县委副书记张波，县人大常委会主任文高平，县政协主席陈军及郑景学、欧阳冬子、陈丽、李顺利、李晓宁、王名扬等领导参加会议。

会议指出，“一带八景”符合当前芦洪市镇和新圩江镇的发展趋势和方向，要结合实际，突出工业旅游，做好工业、生态、文化三篇文章，将芦洪市镇打造成一个工业旅游基地，做到工业与旅游深度融合。要做好芦洪市镇的规划修编工作，围绕电厂做文章，推动城镇建设与电厂建设交融互动，带动周边发展。会议要求，相关职能部门要加大对芦洪市镇赵家井、新圩江镇源塘村“美丽乡村”建设宣传力度，清除河道垃圾，对农村垃圾进行分类处理，抓好农村环境卫生整治工作，拆除“空心房”，全力打造“美丽乡村”示范点建设。要抢抓时间和进度，做好永电新村民房拆迁、土方平整和安置房建设工作，确保项目建设顺利推进。要加快唐生智故居修缮进度，建设好耀祥中学，尽快做好唐生智故居安防、避雷、消防以及围墙改建和道路改道等工程扫尾工作。会议强调，芦洪市镇神华国华永州电厂功能配套区和沿江河风光带建设，相关部门要成立组织机构，加强风光带的规划设计，进一步细化规划方案，做好施工图设计。要根据建设程序，做好前期准备工作，制定工作计划，明确工作期限，确保年内完成一期工程建设任务。

8日，县妇联举办了以“家”为主题的系列庆祝活动，热烈庆祝广大妇女自己的节日。县委副书记张波致辞。县人大常委会主任文高平、县政协主席陈军和宁苏君、李瑞霞、周壬秀、雷双姣等县领导出席活动。

8日，赵家井““美丽乡村””建设征地拆迁动员会在芦洪市镇召开。县委常委、常务副县长陈丽主持会议并讲话。郑景学、欧阳冬子、李晓宁、王名扬、胡贤吉、唐新柱、胡慧川、蒋永辉、唐振宇、涂世国、张静、丁国志、蒋燕平、唐月程等县领导参加会议。

会议要求，各工作组和相关职能部门要统一思想，高度重视，强化责任，加强调度，按照时间节点和目标任务，集中时间和精力，全力抓好赵家井““美丽乡村””征地拆迁工作。会议强调，各工作组和相关职能部门要深入村组，做好排查摸底工作。要严格工作程序，把握政策标准，积极化解矛盾，做好政策宣传解释和群众思想工作，引导群众关心支持““美丽乡村””建设。要强化工作措施，按照县级领导包组，科局级干部包户原则，加大工作力度，加快进度，确保征地拆迁工作顺利推进。县财政部门要加强资金调度，保障相关工作经费。要建立奖励机制，做到谁拆迁谁得益、早拆迁早得利，提高政府公信力，形成征地拆迁工作正能量，确保如期圆满完成征地拆迁工作任务。

9 日，中共东安县委下发《关于印发 < 中共东安县委 2016 年度党风廉政建设主体责任清单 > 的通知》，就强化全县党风廉政建设党委担负的组织领导责任、作风建设责任、惩治腐败责任、源头治理责任、监督检查责任、选人用人责任、示范带头责任、定期报告责任等主体责任和县委常委各自的党风廉政建设责任提出任务清单。

10 日下午，省人大常委会办公厅巡视员姚伟带领调研组，在市人大常委会副主任、巡视员程晨曦陪同下，到东安调研县乡人大换届选举工作。县人大常委会主任文高平、副主任胡慧川陪同调研。

姚伟一行实地察看了井头圩镇“十有”乡镇人大暨人大代表联系群众工作室建设工作，并详细听取了东安县县乡人大换届选举工作等情况汇报。省人大调研组认为，我县人大工作创新亮点多、十有”乡镇人大工作、人大代表联系群众工作室建设成效显著，为全省人大工作增了光、添了彩，值得肯定。希望东安县人大常委会要依法抓好县乡人大代表换届选举工作，县乡人大代表的换届选举，要在党委领导下，严格按照《选举法》的规定实施；要进一步研究和思考基层人大工作中的新问题，推出新思路，探索新办法，把基层人大工作做得更好。

14日下午，全县并村工作业务培训会在县行政中心五楼会议室召开。县委副书记张波、副县长李瑞霞出席会议并讲话。县委常委、县委组织部部长、县委统战部部长王名扬主持会议。

会议指出，自东安县开展并村工作以来，全县各级各部门按照上级相关工作要求和县委、县政府的决策部署，对并村工作进行了安排部署，做了大量的工作，取得了一定的成绩，但与目标要求仍存在一定的差距。全县各级各部门要发扬“敢于正视问题，敢于化解矛盾”的工作作风，克服困难，多措并举，齐抓共管，保质保量完成全县并村工作任务。会议强调，各级各部门要高度重视，提高认识，把并村工作作为当前工作中的人事来抓，不推诿扯皮，要切实把握工作重点，做到宣传到位、信息到位、方法到位。要对前段工作进行一次“回头看”，理清思路，制定工作实施方案，按照时间节点，依法依规推进并村工作。要严格落实责任，认真履职，积极调解矛盾纠纷。要严格奖罚，加大督查力度，确保全县并村工作顺利推进。

14日下午，衡阳市副市长王洪斌带领考察组，在永州市商务和粮食局局长邓群等陪同下，到东安考察阿里村淘项目。县委副书记张波，县委常委、副县长李晓宁，副县长涂世国、李瑞霞等县领导陪同考察。

王洪斌一行先后前往农村淘宝东安服务中心、阿里村淘湖塘村服务站和莲塘村服务站，实地察看了东安县阿里村淘装修风格、商品展示、店面布局，仔细询问了村淘合伙人运营和盈利情况，与村淘合伙人进行了座谈、观看了电商宣传片，详细听取了东安县阿里村淘项目运营模式、推广措施、激励机制等相关情况介绍，还就相关问题与我县相关人员进行了交流。王洪斌表示，要把东安县阿里村淘项目的经验和做法带回去，结合衡阳市的实际，指导和带动相关工作的开展。

21 日上午，2000 余名机关干部职工和部分学生在白牙市镇宥江桥村的一片荒山上开展春季义务植树活动，为“绿色东安”建设再添新绿。县委副书记张波、县政协主席陈军，县领导郑景学、欧阳冬子、陈丽、李晓宁、苏建华等参加植树活动，共栽下樟树 8000 余株。

21 日上午，县委常委、常务副县长陈丽主持召开县政府 3 月份工作例会。会议总结了县政府 3 月份以来工作，对下阶段工作进行安排部署。县委常委、副县长李晓宁，副县长唐振宇、涂世国、李瑞霞、张静和县领导徐荣军、唐伯平、蒋明君、陈红斌等参加会议，相关单位负责人列席会议。

会议要求，各分管副县长和相关职能部门要高度重视，围绕县委、县政府工作中心和决策部署，抓好各项工作落实。要强化管理，抓好病险水库、骨干山塘等除险加固工作，抓好春季防汛工作。要加强精准扶贫班子队伍建设，按照相关工作要求，抓好精准扶贫和易地扶贫搬迁工作。要加大工作力度，积极向上争取国家湿地公园项目资金。要做好县气象站基地选址工作，抓好气象站基地建设。要加强资金调度，全力抓好“135”工程扫尾工作和芦洪市镇“一带八景”征地拆迁工作。要加快进度，抓好东芦公路、唐生智故居维修和舜德学校、东安一中扩改建扫尾工程建设。要抓紧抓好全县并村工作，加大国家电子商务县城申报力度。要加大房地产容积率清理工作力度，规范房地产市场秩序。要加大城市管理力度，抓好城市环卫绿化和背街小巷改造，抓好国家卫生县城创建工作。要抓好财源建设，全力推进重点项目开工建设。

22日上午，县委常委、常务副县长陈丽带领县住建、交警、财政、交通等部门负责人，到宝田路进行现场办公。副县长唐振宇、张静参加。

陈丽一行实地察看了规划之中的宝田路的连接区域，随后在县住建局会议室召开座谈会，就规划道路走向、存在的实际困难等问题详细听取各部门负责人、规划设计人员的意见和建议。

陈丽强调，宝田路是连接县城舜皇路和狮岩路的重要交通干道，对于缓解县城交通压力，改善县城交通状况，推进县城经济发展具有十分重要的意义。推进宝田路的建设工作已经箭在弦上、迫在眉睫。陈丽要求，各级各相关部门务必统一思想，把干事的信心和成事的决心统一到推进宝田路建设上来。要进一步摸清该路段建设的底子，做好规划设计以及征地拆迁的前期准备工作；要抽调精干工作人员，成立专门的工作班子，尽快拿出相关工作方案；要立即着手做好与铁路部门的衔接工作，推动各项工作顺利开展，确保宝田路早日建成通车。

22日下午，东安县召开农商银行不良贷款清收工作会议，部署农商银行不良贷款清收工作。县委常委、常务副县长陈丽主持会议，县委常委、县纪委书记李顺利，县委常委、县委组织部部长王名扬，县委常委、县委政法委书记苏建华，县政府副县长郑航等县领导参加会议。

会议指出，清收农商银行不良贷款是一项硬任务，各级各部门要全力以赴，扎实开展清收攻坚行动，确保清收工作取得实效。县农商银行要充分发挥清收主体作用，各乡镇和有关单位主要负责人要切实负起责任，集中时间抓紧抓好清收工作；政法部门要加大执法力度，严厉打击恶意逃废债务行为，维护农商银行合法债权；宣传部门要加强对清收工作的舆论引导，促进清收工作有序推进。会议强调，各级各部门要提高认识，明确目标任务，进一步细化责任，分类处理各种不良贷款。要严格奖惩、严格追责，确保按期保质保量完成清收工作任务。县人大代表、政协委员要以身作则，全力配合不良贷款清收工作。

23日，东安与湖南永安集团机械工业有限公司就“135”工程标准化厂房建设项目在县行政中心三楼会议室举行会谈。县委常委、常务副县长陈丽，副县长唐振宇，县政协副主席周壬秀等县领导出席。

洽谈会上，双方围绕项目建设用地、优惠政策等内容进行了意见交流，并达成了初步合作意向。陈丽表示，县委、县政府将全力做好协调服务工作，为该项目努力营造一个良好的项目建设环境。希望通过双方共同努力，推进“135”工程标准化建设项目如期完工，并早日投产，实现互赢。

24 日上午，县委常委、常务副县长陈丽主持召开跑项争资工作调度会。县政府副县长唐振宇、张静及相关部门负责人参加会议。

会上，相关单位就各自分管和主管的项目申请、资金争取情况进行了汇报，并就跑项争资中遇到的困难和问题提出了意见和建议。陈丽在听取发言后指出，东安县跑项争资工作虽取得一定成效，但争取到的大项目不多，资金总额不大，与其他县区相比跑项争资工作还存在一定差距。相关部门要高度重视，进一步明确目标，落实责任，强化措施，切实加大工作力度，确保向上争取项目和资金工作取得新成效，实现新突破。陈丽强调，相关职能部门要认清形势，抢抓机遇，吃透相关政策、重要文件、重要会议精神，认真分析归纳，切实做好向上工作汇报和相关信息收集工作。要主动作为，加强部门间的联动协调配合，加大与上级部门对接力度，推动全县跑项争资工作再上新台阶。

25 日上午，县委书记谢景林主持召开县委常委会议，听取组织工作、“一带八景”建设、跑项争资、东安大市场改造、苍子岭公园地质灾害整治等工作情况汇报。县委副书记张波，县人大常委会主任文高平，县政协主席陈军以及郑景学、欧阳冬子、陈丽、李顺利、王名扬、苏建华、李觉会等县领导参加会议，相关单位主要负责人列席会议。

关于组织工作，会议要求，各级各部门要紧紧围绕县委、县政府中心工作和“四个五”的总体要求，扎实开展“两学一做”学习教育，精心组织县乡领导班子换届工作，切实加强干部教育监督管理，不断提升基层党建工作水平，加强组工干部队伍自身建设，为“五个东安”建设提供坚强的组织保障。县总工会、团县委、关工委、妇联等部门要结合各自工作实际，积极开展主题鲜明的群团活动，充分发挥群团组织力量，弘扬社会正能量。

关于“一带八景”建设，会议充分肯定了“一带八景”建设前段工作取得的成效。会议强调，相关职能部门要高度重视，明确目标任务，按照各工作组分工要求，强化责任，集中精力，一鼓作气，抓好工作落实。要加大政策宣传解释力度，积极做好群众思想工作。要加强协调，密切配合，加大征地拆迁工作力度，做好项目用地手续办理工作。要充分借鉴其他县区“美丽乡村”建设的先进经验和做法，高起点、高标准抓好赵家井、源塘村“美丽乡村”建设。

关于东安大市场改造、苍子岭公园地质灾害整治工作，会议要求，相关职能部门要密切配合，加大市场监管力度，进一步规范户外广告牌秩序。要按照相关标准要求，抓好大市场出行通道和消防通道建设，尽快完成大市场扫尾工程建设。苍子岭公园要加快进度，尽快完成二期工程招标，确保工程建设顺利推进，力争 5 月底前全面完工。

关于跑项争资工作，会议要求，各级各部门要认真分析，明确政策导向，精心包装一批符合东安实际和产业发展的大项目、好项目。要发扬“钉子精神”，积极与上级主管部门搞好沟通衔接，争取更多项目挤进国家和省市“笼子”。要建立健全绩效考核机制，充分调动跑项争资积极性，推动全县跑项争资工作再上新台阶。

会议还对当前工作进行了安排部署。会议要求，各级各部门要做好一季度工作总结，力争一季度各项经济指标实现“开门红”。要加强调度，加快进度，抓好冷东公路绕城线、芦江水库等重点项目开工建设。要抓好招商引资、政府机构改革、乡镇党委换届和并村工作。要大力整治农村环境卫生，抓好“美丽乡村”

示范村建设。

25日上午，东安与东环机械工业有限公司“135”工程汽车配件城项目签约仪式在县行政中心五楼会议室举行。浙江台州优势汽配有限公司总经理李建与县委常委、常务副县长陈丽分别代表双方签约。县委书记谢景林出席签约仪式并讲话。县委副书记张波，县人大常委会主任文高平，县政协主席陈军及郑景学、欧阳冬子、王名扬、苏建华、李觉会等县领导参加签约仪式。县政府副县长唐振宇主持签约仪式。

谢景林表示，县委、县政府将全力做好协调服务工作，为该项目营造一个良好的建设环境。谢景林希望，通过双方共同努力，推进“135”工程汽车配件城项目如期完工，并早日投产，实现双赢。

28日上午，全县落实省委巡视第七组反馈意见整改工作动员会在东安会堂召开。县委书记谢景林出席会议并讲话，县委常委、常务副县长陈丽主持会议，县委常委、县纪委书记李顺利宣读整改工作方案。县人大常委会主任文高平，县政协主席陈军以及郑景学、欧阳冬子、王名扬、李晓宁、苏建华、李觉会等县领导出席会议。

会议要求，全县各级各部门要从讲政治、讲规矩、讲党性的高度，自觉把思想和行动统一到省委巡视第七组要求上来，按照县委的安排部署，结合各自工作实际，找准问题症结，制定整改方案，建立问题清单、任务清单和责任清单，列出时间表，画出路线图，明确责任人，逐项分解、逐项落实、逐项销号，做到一个问题、一名领导、一套班子，一抓到底，确保件件有回音，事事有着落。

谢景林强调，各级各部门要提高思想认识，把整改落实工作作为一项重大政治任务来抓，坚决抓好省委巡视组反馈意见的整改落实。要坚持问题导向，层层传导压力，按照省委巡视组反馈意见整改工作要求，强化责任落实，明确整改要求和时限，全面抓好整改落实。要强化组织领导，加强统筹协调，定期对整改情况进行监督检查，及时掌握整改情况。要加强问责力度，对不按照要求整改以及不按时完成整改任务的牵头单位和责任单位，要严格问责，确保按期完成省委巡视组反馈意见整改工作任务。

28 日上午，县第十一届纪律检查委员会第八次全体会议在东安会堂召开。县委书记谢景林出席会议并讲话，县委常委、县纪委书记李顺利作工作报告，县委常委、县委办主任郑景学宣读表彰决定。会议由县委常委、常务副县长陈丽主持。县人大常委会主任文高平、县政协主席陈军以及欧阳冬子、王名扬、李晓宁、苏建华、李觉会等县领导出席会议。

会议认为，2015 年以来，在市纪委和县委的坚强领导下，全县各级纪检监察组织按照中央及省、市纪委和县委的决策部署，围绕县纪委全会提出的“提升七力”工作思路，聚焦主责主业，着力服务“五个东安”建设，全县党风廉政建设和反腐败工作深入有效推进。会议提出，2016 年全县党风廉政建设和反腐败工作的总体要求是：深入贯彻落实党的十八大和十八届三中、四中、五中全会及中央、省、市纪委全会精神，认真贯彻习近平总书记系列重要讲话精神，保持坚强政治定力，坚持全面从严治党，坚持把纪律挺在前面，综合运用监督执纪“四种形态”，加强纪律建设，深化标本兼治，持续整治“四风”问题，整治基层腐败，加强纪检监察队伍建设，把党风廉政建设和反腐败斗争不断引向深入。

谢景林指出，全县各级党组织和纪检监察组织要强化党章意识，恪守纪律规矩，严明换届纪律。要坚决落实从严治党主体责任，推动“两个责任”在基层落地生根，努力打通从严治党的“最后一公里”。谢景林强调，全县各级党组织和纪检监察组织要坚持标本兼治，持续纠治“四风”，严厉惩处基层贪腐。要进一步巩固和扩大“三转”成果，精准实践监督执纪“四种形态”，把监督执纪问责做深做细做实，不断开创我县党风廉政建设和反腐败工作新局面。

会议表彰了 2015 年度全县党风廉政建设和反腐败工作先进单位，各乡镇场、县直单位主要负责人递交了 2016 年度党风廉政建设主体责任书。

28 日上午，县委常委、常务副县长陈丽主持召开县政府第二次周工作例会，会议听取县“135”工程建设、拆违、创辉电子厂房装修等工作上周进展情况汇报，对本周电子商务、农业农村工作、招商引资、重点项目建设、精准扶贫、并村工作、农商行清欠、人口与计划生育等工作进行安排部署。县委常委、副县长李晓宁和涂世国、李瑞霞、陈利平等县领导参加会议。

会议要求，各分管副县长和相关职能部门要高度重视，围绕县委、县政府工作中心和决策部署，抓好各项工作落实。要加强精准扶贫队伍建设，按照相关工作要求，抓好精准扶贫和易地扶贫搬迁工作。要全力抓好“135”工程扫尾工作，确保 4 月 10 日前全面完工。当务之急要抓紧抓实全县一季度经济形势分析，全面调度工业经济发展各项指标，确保全县一季度经济发展开门红。会议强调，各分管副县长和相关职能部门要敢于担当，对各自负责的工作要主动作为不推诿；要对照当前的工作，及时进行自查自纠，进一步加快工作进度，确保工作常抓常新。

28日下午，县委常委、常务副县长陈丽主持召开芦江风光带规划设计工作调度会，县住建、林业等相关部门负责人参加会议。会议听取设计团队关于芦江风光带景观规划的设计方案，并就进一步完善规划设计进行了研讨，相关部门负责人对设计方案的合理性和实用性提出了修改意见和建议。

陈丽指出，芦江风光带景观项目是一项民生工程，反映了广大农民健康向上的精神风貌，对建设“美丽乡村”，推进城乡一体化具有重要意义。陈丽要求，规划设计要充分体现生态、自然、和谐的绿色发展理念。设计风格要突出本地传统文化，让游客从中感受到芦江乡村文化和乡村旅游的魅力。要依据沿线地理特点，合理规划设计，在树木选择上，既要便于养护，又要四季色彩分明，体现四季景色的不同。要围绕芦江做好文章，突出乡土田园风格，力争打造一个具有本土特色的风景带。

29日上午，东安农村商业银行不良贷款清收工作动员会在东安农村商业银行召开。县委常委、常务副县长陈丽出席会议并讲话，县委常委、县纪委书记李顺利宣读清收不良贷款相关工作纪律，县委常委、县委政法委书记苏建华宣读清收不良贷款工作方案。会议由县委常委、县委组织部部长王名扬主持。县政府副县长、公安局长郑航以及县直各单位、各乡镇场主要负责人、农商行相关工作人员参加会议。

会议要求，相关职能部门要统一思想，充分认识不良贷款清收工作的重要性。要成立清收小组，明确目标任务，分组分片责任到人，上下联动，做好不良贷款的清收工作。要通过东安电视台、新闻网、手机报等媒体宣传相关政策，做好正面引导，倡导诚实守信之风，营造浓厚的清收氛围，确保清收活动平稳推进。要重点抓好行政清收，对恶意拖欠贷款的公职人员尤其是机关干部进行严肃处理。要加大司法打击力度，以“打击拒执，追究刑责”为统领，树立司法权威，为依法清收破局，形成强大的震慑力。要坚定信心，迅速行动，扎实工作，打好清收攻坚战。会议强调，各级各部门要站在讲大局、讲发展、讲稳定的高度，统一思想、深化认识，强化举措，以高度的责任感和紧迫感全力做好不良贷款清收工作，推动全县经济社会更好更快发展。

各乡镇场、相关单位负责人递交了清收《责任状》。

30日，永州市爱卫办主任李攀带领专家组一行9人，到东安调研创建国家卫生县城工作。县委副书记张波，县委常委、县委办主任郑景学，县委常委、县委宣传部部长欧阳冬子和杨绪耀、张静等县领导陪同调研或参加汇报会。

调研组通过听汇报、查资料、看现场等方式，对东安县爱卫组织管理、健康教育、社区卫生、乡镇辖村卫生、农贸市场卫生、环境保护、病媒生物防制、食品安全、生活饮用水及公共场所卫生，传染病防治等创国卫重点工作进行全面调研，反馈了掌握的实情，提出了相应工作建议，为东安县创国卫工作“把脉支招”。调研组希望，东安县要进一步完善领导干部包社区、厂矿、农贸市场机制，及时解决发现的问题。要进一步完善爱卫组织网络，强化创卫办和爱卫办的力量。要突出暗访重点问题整治、环卫保洁，突出源头治理和创建标准的解读，进一步加强软硬件设施建设。要进一步加强卫生评比、文明劝导，严管重罚整治社会秩序，以铁的纪律和顽强的工作作风，积极创建高标准的国家级卫生县城。

县委常委、县委宣传部部长欧阳冬子对专家组的精心指导表示感谢,欧阳冬子表示,东安县将以此为新的起点,严格对照“国家卫生县城”的标准要求，把存在的问题逐一解决好，把城市环境进一步建设好。要坚持创国卫的决心不变、标准不变、力度不变，严格按照调研组提出的意见建议，逐条梳理，逐项落实，确保不放过每个环节，不疏漏每个细节，举全县之力和全民之智，上下一心，扎实苦干，全力打赢创国卫工作攻坚战，给东安人民交上一份满意的答卷。

30日上午，2016年东安“五下乡”活动启动仪式在大庙口镇举行。县委常委、县委宣传部部长欧阳冬子出席启动仪式并宣布活动正式启动。县政府副县长李瑞霞致辞，县人大常委会副主任宁苏君出席。县科经委、县农业委等19个单位，组成科普小分队，给农民群众送去了集文化、科技、卫生计生、法律、政策于一炉的精神大餐，吸引了上千名群众参与活动。

30日下午，全省加强换届风气监督工作视频会议召开。省委常委、省委组织部部长郭开朗主持会议，省委常委、省纪委书记傅奎代表省委对加强换届风气监督工作进行全面部署。县委副书记张波，县人大常委会主任文高平，县政协主席陈军以及郑景学、李顺利、王名扬、李觉会等县领导及各乡镇场和县直有关部门负责人在东安分会场集中收看了会议视频。

31日，县委书记谢景林深入芦洪市镇和新圩江镇就加快“一带八景”建设现场办公。县委常委、县委办主任郑景学，县委常委、常务副县长陈丽，县政协原主席杨绪耀及县国土、林业、住建、农办、环保和芦洪市镇、新圩江镇主要负责人参加现场办公。

谢景林一行实地察看了芦江河沿江风光带、唐生智故居、神华国华永州电厂功能配套区、永电新村以及赵家井村和源塘村“美丽乡村”建设，现场听取了各工作组就推进“一带八景”建设工作情况汇报。谢景林指出，“一带八景”规划建设符合当前芦洪市镇和新圩江镇的发展趋势和方向，相关职能部门要结合实际，突出工业旅游发展，做好工业、生态、文化三篇文章，将芦洪市镇打造成工业旅游基地，做到工业与旅游深度融合。各工作组要高度重视，明确目标任务，按照分工要求，强化责任，集中精力，一鼓作气，加快“一带八景”建设进度。谢景林要求，县住建局要加强风光带的规划设计，充分体现生态、自然、和谐的绿色发展理念，突出本地传统文化，展现乡村旅游的魅力。林业部门要抢抓春季造林绿化的有利时机，倒排时间，紧盯任务，迅速栽种绿化树苗。芦洪市镇、新圩江镇党委、政府要做好群众的思想工作，加大宣传力度，抓好农村环境综合整治，全力推进“美丽乡村”示范点建设。

4月

1日上午，县委常委、常务副县长陈丽主持召开县政府第三十九次常务会议，专题研究部署全县合村工作。唐振宇、李瑞霞、张静、唐正、于剑辉、徐荣军、唐伯平、蒋明君、陈红斌等县政府常务会议组成人员参加会议，县委常委、县委组织部部长、县委统战部部长王名扬，县人武装部部长金志辉，县人大常委会副主任宁苏君应邀列席会议。

会议指出，自东安县开展并村工作以来，全县各级各部门按照上级相关工作要求和县委、县政府的决策部署，认真调查研究，制定工作方案，加强宣传引导，扎实推进合村工作，全县合村工作进展顺利。会议强调，全县各级各部门要高度重视，对合村工作进行"回头看"，完善工作方案，依法依规有序推进全县合村工作。要做好清明期间矛盾隐患排查工作，积极做好群众矛盾纠纷调解工作。要进一步加大合村工作宣传力度，做好村干部的思想政治工作。要加强村支两委班子建设，把群众公认、作风扎实、工作能力强的干部选入村支两委班子。要积极配合，做好清产核资工作。要严格按照相关文件规定，结合地方历史文化渊源、知名度和群众认同感等因素，科学命名合并后的村名。要坚持方便群众办事和发挥现有资产作用的原则，选择交通便利、基础设施条件好的地方，作为新村委会办公地点。

5日，县委书记谢景林主持召开县委常委扩大会议，传达贯彻全省“雁过拔毛”式腐败问题和“纠四风、治陋习”专项整治工作电视电话会议、全省加强换届风气监督工作视频会议、全省旅游工作会议和全市城乡网格化工作会议精神，听取精准扶贫、“美丽乡村”建设、并村工作和创建国家卫生县城等工作情况汇报，并对相关工作进行了安排部署。县委副书记张波，县人大常委会主任文高平，县政协主席陈军以及郑景学、欧阳冬子、陈丽、李晓宁、王名扬、苏建华、李觉会等县领导出席。相关单位和各乡镇场党委主要负责人列席会议。

关于旅游工作，会议要求，全县各级各部门要贯彻落实全省旅游工作会议精神，抓好舜皇山国家森林公园、黄林洞林场、芦洪市镇“一带八景”旅游发展工作。要突出重点，结合精准扶贫工作，以镇带村，大力推进旅游扶贫工作。要完善旅游基础配套设施建设，营造便捷、舒适、文明的旅游环境。要选拔培训旅游人才，建立旅游“人才库”，加强旅游人才队伍建设。要建立健全考核机制，大力推进全县旅游业发展。

关于精准扶贫工作，会议强调，全县各级各部门要结合实际，认真做好2015年度脱贫人口认定核查工作。要成立易地扶贫搬迁工作领导小组，按照省、市相关工作要求，充分利用现有闲置资产，做好全县易地扶贫搬迁安置工作。要加大对贫困户小额贷款支持力度，为贫困户提供农业生产资料，切实帮助他们解决实际困难和问题。要加强资金调度，确保精准扶贫工作顺利进行。

关于“美丽乡村”建设工作，会议要求，全县各级各部门要坚持规划先行，注重“点线面”结合，对照目标任务，抓好“美丽乡村”示范点建设。要加强领导，加大资金投入，抓好农村环境卫生整治，完善基础设施建设，扎实推进“美丽乡村”建设工作。

关于创建国家卫生县城工作，会议要求，全县各级各部门要广泛发动，全民参与，密切配合，加大宣传教育力度，提高群众知晓率和参与率，营造浓厚的“创国卫”氛围。要突出重点，补齐短板，加大资金投入，抓好城市基础设施建设和改造。要坚持问题导向，强化整改时限，抓好户外广告秩序整治和城中村、城乡结合部等环境卫生整治工作，确保“创国卫”工作有序推进。

5日上午，县委常委、常务副县长陈丽主持召开芦江沿江风光带规划设计工作调度会。副县长唐振宇、李瑞霞参加会议。会议听取了设计团队关于芦江风光带景观规划设计方案的汇报，并就进一步完善规划设计进行了研讨，县住建、林业、交通等部门负责人对设计方案的合理性和实用性提出了修改意见和建议。

会议要求，在突出乡土田园风格的基础上，芦江沿江风光带规划建设80亩樱花园，还在相关区域规划设计桃花园、荷花园、紫薇园及农耕文化展示区，着力将芦江沿江风光带打造成风景别致、特色鲜明的风景带。陈丽强调，芦江风光带景观项目位于神华国华永州电厂附近，既是一项民生工程、德政工程，又是东安形象的集中展示区，对建设“美丽乡村”，推进城乡一体化也具有重要意义。

陈丽要求，规划设计要突出乡土田园风格，充分体现生态、自然、和谐的绿色发展理念。要依据沿线地理特点，合理规划设计，着力营造一街一景、处处成景的效果。在树木选择上，既要便于养护，又要四季色彩分明，体现四季景色的不同。在建筑材料选择上，既要体现原生态，又要经济美观。在相关区域规划建设中，还需引入市场化运作，既便于养护管理，又能发挥经济效益。要加强组织协调，立即开展投资评审，确保芦江风光带景观项目早日开工建设、早日投入使用。

5日晚，县委常委、常务副县长陈丽主持召开城建投工作计划会议,对2016年城建投工作计划进行安排部署。县财政、发改、城建投等部门负责人参加会议。会议听取县棚户区改造、龙溪河防洪工程、城西道路等基础设施建设及土地整理项目、神华新城贷款、农商行贷款、省开源水电建筑工程有限公司农业银行贷款、融资租赁、口子镇建设贷款、异地扶贫搬迁贷款、紫水河综合治理等工作情况汇报，并就各项目的投融资工作、资金调度、加大对城投实际资产的注入等问题，进行了安排部署。

陈丽强调，金融活则经济活，金融强则经济强，城建投工作对于县域经济发展起到了很好的杠杆作用。陈丽要求，要进一步加强资金调度，加强对城建投实际资产的注入，在全县范围内选调专业对口、业务熟练的专业人员，充实城投工作人员队伍。要根据《公司法》要求和公司章程有关规定，选任城投公司董事会、监事会成员，便于公司投融资工作的正常开展。要做细做实相关账目，做到有据可查，符合法律规定。要以务实、开放的思维，进一步拓宽投融资渠道，壮大城建投力量，确保城建投在全县经济建设中发挥重要作用。

6日上午，县委常委、常务副县长陈丽带领县财政、发改委、住建、经济开发区等相关单位主要负责人深入白牙市工业园调研重点项目建设，县政府副县长唐振宇参加调研。

陈丽一行实地查看了“135”工程标准化厂房、南方纺织、东安鸡产业化、香港盈凯包装、威利电子、云生竹业等重点工业项目建设情况，随后在云生竹业召开座谈会，详细了解各企业在项目建设中存在的困难和问题，并就一些急需解决的困难和问题进行分析研究和现场调度。

陈丽要求，各相关职能部门要统一思想，把工业项目作为当前经济工作的重中之重来抓，坚定信心，做到既要抓总量，又要抓增量，更要抓质量，努力形成抓项目、促建设的良好氛围。要强化服务意识，优化发展环境，扎实推进项目建设，全力支持竹产业园、农产品加工、创新电子、冶炼等工业企业做大做强，努力形成大项目"顶天立地"、小项目"铺天盖地"的良好局面。各项目业主要有诚心、讲诚信、重诚意，加大合同履约和资金投入力度，加快推进项目建设，力争各项目建设早日投产达效。要抓基层、夯基础、重根本，加大园区扶持力度，完善基础设施配套建设，努力解决园区交通、企业用工等问题，为企业营造一个良好的生产经营环境。

6日上午，省政府参事室参事戴菊芳到东安调研基层中医现状和食品药品监管工作。县委常委、副县长李晓宁陪同调研和参加座谈。

戴菊芳从财政保障、人才需求与培训、医保政策、农合政策、乡村中医建设等方面详细了解了东安中医现状。戴菊芳要求，东安要对全县中医药医生、档案、药方、民间偏方等摸底调查，做到心中有数，为发展中医药打好基础。要加强部门联动，了解中医药发展的政策与方向，争取政府政策支持。要通过进修、师承等形式加快中医人才培养和储备。要加大中医药适宜技术推广，通过各种媒体弘扬中医药文化，宣传"大医精诚"、"仁心仁术"理念。

在听取我县食品药品监管工作情况汇报后，戴菊芳充分肯定了东安2015年食品药品监管工作。戴菊芳指出，食品药品安全直接关系到人民群众的身体健康和生命安全，是重大的民生工程，东安食品药品监督部门在加强食品药品监管，优化经济发展环境上取得了显著成效。希望县食药监部门要以更加坚定的决心和信心，继续深入扎实做好这项工作。要摸清当前的监管底数，建立台账和数据库，推进食品药品监管的信息化平台建设。要加大打击力度，认真做好案件查办工作，树立和维护法律权威，进一步提振老百姓对食品药品安全的信心。要加大教育培训力度，加强能力建设，提升队伍素质，规范执法行为，提高业务水平，推动东安食品药品监管工作再上新台阶。

6日晚，全县被征地农民社会保障工作会议在县行政中心三楼会议室召开。县委常委、常务副县长陈丽主持会议并讲话，县政府副县长李瑞霞出席。

会议要求，各级各部门要统一思想，提高认识，认真研究相关政策，充分学习借鉴其他县区相关工作经验和方法，进一步完善被征地农民参加养老保险实施方案。要深入村组，对全县完全失地或户人均耕地低于0.3亩被征地农民进行全面摸底，做好人数统计、资金测算等基础性工作。要加大政策宣传解释力度，做好被征地农民思想工作，引导农民群众支持配合工作开展，积极参保。要密切配合，加大工作力度，抓好工作落实，确保被征地农民社会保障工作有序开展。

7日上午，县委书记谢景林到县市场和质量监督管理局调研指导工作，并与县市场和质量监督管理局班子成员进行座谈。

座谈会上，县市场和质量监督管理局主要负责人作了工作情况汇报，提出了“三局合一”以来该局存在的困难和问题。谢景林指出，将县工商局、质监局、食药监局合并，挂牌成立县市场和质量监督管理局，是东安县政府机构改革的一件大事、喜事，现在“三局合一”处于过渡期和磨合期，责任重大，任务艰巨。谢景林要求，新班子新成员要适应新环境，端正心态，转换角色，统一思想，步调一致。要整合办公资源，实现统筹协调、资源共享，完善各项配套设施和管理制度。要结合实际，增设内设机构，做好与上级相关部门的对接，积极谋划和争取项目。要做好统筹谋划，对存在的执法交叉问题，尽快拿出具体解决方案，加大执法力度，提高执法效率，为东安经济社会发展营造良好的市场环境。

7日上午，县委常委、常务副县长陈丽主持召开县政府第四十次常务会。唐振宇、李瑞霞、唐正、于剑辉、徐荣军、唐伯平、蒋明君、陈红斌、易柳州等县政府常务会议组成人员参加会议，县人武部部长金志辉、县人大副主任宁苏君应邀列席会议。会议进行了一季度经济形势分析，听取了2016年县政府主要工作目标任务分解、“135”工程暨东环机械工业有限公司汽车配件城项目招商、城际快速通道（第二段）项目建设、“一带八景”路网建设等工作情况汇报，并对相关工作进行了安排部署。

关于一季度经济形势分析，会议强调，没有重点项目就没有财源，没有财源就没有税源。面对全国经济下行的压力，全县各级各部门要以实绩论英雄，全力以赴抓好跑项争资工作。要加强招商引资，全力以赴抓好重点项目的落地、开工。要全力以赴抓好金融工作，发挥金融在经济建设中四两拨千斤的作用。各乡镇场要加大协税护税力度，因地制宜抓好经济建设。要坚持自力更生，集中民智，坚决打赢经济建设攻坚战。

关于“135”工程暨东环机械工业有限公司汽车配件城项目招商工作，要坚持以优惠的政策吸引广大投资客商前来投资兴业，对兴建标准化厂房的企业进行补贴，对落户企业的搬迁实行奖励优惠政策。

关于城际快速通道（第二段）项目建设以及“一带八景”路网建设工作，相关路网、桥梁、管网等小项目，要打捆成大项目，并引进有实力的企业进行统一开发建设。要严格按照法定程序进行招、拍、挂，杜绝暗箱操作。要引入市场竞争机制，确保以最少的代价，高速高效推进项目建设。

会议还研究了县人大代表建议政协委员提案交办、电子商务等工作。

7日下午，县委常委、常务副县长陈丽深入县农商行，调研不良贷款清收工作。

陈丽指出，县农商行是东安人自己的银行，要一如既往地发挥支持县域经济发展的金融主力军作用，进一步做大信贷规模，更多地关注支持县域经济发展，不断拓展金融平台，完善征信体系，为地方经济发展提供更加优质高效便捷的服务。要在金融创新上求突破，强化超前意识和特色意识，及时推出适合本地经济主体和符合金融政策、产业政策的金融产品，走出一条产品创新的路子。陈丽要求，全县各级各相关部门要调动一切可以调动的因素，严厉打击有偿还能力但拒不还款的“老赖”，强力推进不良贷款清收工作。陈丽强调，各级各部门要进一步加大宣传工作力度，在各乡镇场政府门口、交通要道利用横幅标语进行宣传，形成社会各界促清收的浓厚氛围。要进一步摸清欠款人员底子，欠款的国家公职人员需率先垂范，否则将停发工资待遇。要进一步加大清收工作力度，紧扣目标任务，强化组织领导，力求重点突破，切实做到“班子不散、人心不散、力度不减”。公、检、法等部门要依法对有偿还能力但拒不还款的“赖债户”“钉子户”进行严厉打击。要调动一切可以调动的因素，凝心聚力、攻坚克难，直至清收工作全面完成。

8日上午，县委县政府工作会议在东安会堂召开。会议的主要任务是贯彻落实县委经济工作会议和县人代会精神，对2016年的重点工作进行安排部署。县委书记谢景林出席会议并讲话，县委副书记张波主持会议。县委常委、县委办主任郑景学宣读表彰决定和情况通报，县委常委、常务副县长陈丽作了重点项目建设、财税、争取国家项目资金工作报告，总结安排了县政府当前工作；县委常委、副县长李晓宁作了农业农村和全面小康建设工作报告；县政府副县长唐振宇作了推进新型工业化、安全生产和治超工作报告，副县长李瑞霞、张静、唐正分别作招商引资、新型城镇化、卫生和计划生育工作报告。县人大常委会主任文高平，县政协主席陈军和欧阳冬子、苏建华等县领导参加会议。

谢景林要求，全县各级各部门要始终坚持加快“五个东安”建设目标不动摇，以创建全国卫生县城和全国文明县城为抓手，抓好农村环境综合整治，全力推进“美丽乡村”示范点建设，提高东安品质和活力。要以小康建设为主战略，重点在精准扶贫奔小康方面下功夫，加大民生投入，不断改善老百姓的生活质量，提高生活品质。要以改革开放为主方向，增强创新发展新活力，扎实推进政府机构改革等各项工作。谢景林强调，全县上下要以强烈的责任感、使命感狠抓执行，落实工作。要认真学习研究政策，不断提高工作水平。要以项目建设为统领，增强经济发展后劲。要全力推进项目，努力争取项目，在项目建设一线锻炼和选拔干部。要把严肃换届纪律摆在突出位置，认真落实纪检的监督责任，切实维护风清气正的换届环境。要严格绩效考核，加强领导，强化督查督办，狠抓落实，促进各项决策部署落到实处。

各乡镇场和县直各单位向县委、县政府递交了责任状。

8日下午，东安召开创建国家卫生县城推进会，对创国卫工作进行再动员、再部署、再安排、再落实，力争2016年成功创建国家卫生县城。县委书记谢景林出席会议并讲话，县委常委、县委宣传部部长欧阳冬子主持会议。县人大常委会主任文高平和郑景学、李晓宁、苏建华等县领导出席会议。县委常委、常务副县长陈丽作创国卫工作报告。舜管局、东安经济开发区、芦洪市工业小区、石期市工业小区党政主要负责人，各乡镇场书记、乡镇场长，县直单位党政主要负责人，县三级机构主要负责人，中央及省、市驻县单位主要负责人，白牙市镇各社区党工委书记、社区主任，白牙市镇城中村、城郊村支部书记、村主任，县城区各中小学校校长，县城区各医疗卫生单位负责人参加会议。

谢景林指出，东安不仅是全国武术之乡、中国德文化之乡，前几年我们成功创建省级卫生县城和省级文明县城。近年来，东安城镇化建设日新月异，城市功能逐步完善，人居环境明显改观，创建国家卫生县城工作已具备较好的基础。谢景林要求，各级各部门要充分认识创建国家卫生县城工作的重大意义，进一步增强创建工作紧迫感、责任感。要认识创建工作的差距，对照创建标准要求，加强软硬件建设，引导群众养成良好的卫生习惯；要加强领导，落实责任，广泛发动群众参与。创建工作办公室、相关责任单位、各社区以及其他单位要齐心协力投入到创建工作中去。要着力建立长效机制，不能只为创卫而创卫，积极为全县群众营造美化、靓化的生产生活环境。要以踏实干事、高度负责、求真务实的工作作风，团结一心抓推进、雷厉风行抓落实，坚决打赢创建国家卫生县城攻坚战，向全县人民交一份满意答卷。

县卫计委、城管局、环保局、市场和质量监督管理局、交警大队和白牙市镇等单位主要负责人表态发言。东安经济开发区，白牙市镇政府和各社区、村，县直机关各单位，省、市驻县各单位递交了责任状。

8 日下午，东安县电子商务培训在东安会堂举行。广东现代移动互联网研究院常务副院长文丹枫博士应邀授课。县人大常委会主任文高平和郑景学、苏建华、李瑞霞、张静、唐正等县领导参加。各乡镇场党委书记、乡镇场长，县直部办委局主要负责人，三级机构主要负责人，白牙市镇各社区书记、主任参加培训。

11 日上午，县委常委、常务副县长陈丽主持召开县政府 4 月份第一次周工作例会，回顾总结上周工作情况，对本周工作进行安排部署。县委常委、副县长李晓宁，副县长唐振宇、李瑞霞、张静等县领导参加会议。

会议要求，各分管副县长和相关职能部门务必高度重视，围绕县委、县政府工作中心和决策部署，抓好各项工作落实。要深入村组，对扶贫人数进行再次统计摸底，按照相关工作要求，做好精准扶贫、产业扶贫和易地扶贫搬迁工作。要加大河道采砂监管力度，严厉禁止非法采砂行为，保护水域生态环境。要克服麻痹思想，抓好春季防汛工作。要加大工作力度，确保新气象站建设顺利推进。要抓好东环机械工业有限公司汽车配件城项目招商、投产工作。要加快进度，抓好芦洪市镇“一带八景”、城际快速通道（第二段）项目路网建设工作。要抓紧东安鸡美食馆装修和东安大市场扫尾工程建设工作。要根据“创国卫”相关工作要求，查漏补缺，抓好城市基础设施建设、改造等工作。会议强调，各分管副县长和相关职能部门要加强调度，强化责任落实，确保各项工作有序推进。

11日下午，县委常委、常务副县长陈丽带领县政府办、城管局、交警大队、城卫绿化局等单位负责人深入县城大街小巷、社区和城郊村，调研指导创建国家卫生县城工作。县委常委、县委宣传部部长欧阳冬子，县政府副县长张静参加调研。

陈丽一行先后深入东安大道、湘桂市场、公厕和垃圾中转站选址建设现场、城卫绿化局、环保监测站、疾控中心、自来水公司、白牙市镇紫水社区、莲塘村等地实地查看创国卫工作开展情况。随后，在县行政中心三楼会议室召开座谈会，安排部署下阶段创国卫工作。陈丽要求，相关职能部门要进一步增强责任意识，对创建工作中存在的薄弱环节和主要问题查漏补缺，迅速整改到位。要充分利用东安新闻网、广播电视台、电子显示屏、建筑工地围挡等加大宣传力度，营造浓厚的创建氛围，进一步增强广大干部群众的创建意识。要强化措施，加大市容市貌和交通秩序整治力度，对车辆乱行乱停、垃圾乱堆乱放、店面广告牌乱挂乱贴、占道经营等现象进行集中整治，确保市容整洁、规范、有序。陈丽强调，创国卫工作是系统工程、民生工程，同时也是对党员干部工作执行力的一种考验，各责任单位一定要进一步明确任务，明确责任，明确政策；部门之间要分工合作，加强沟通；要严格追责，确保各项目标任务按时完成。

12日，县工商业联合会第十三届代表大会在县行政中心五楼会议室召开。市工商联副主席蒋文辉，县委副书记张波，县委常委、县委组织部部长、县委统战部部长王名扬，县人大常委会副主任唐新柱，县政协副主席、工商联主席丁国志出席开幕式。

丁国志代表县工商联（总商会）作第十二届执行委员会工作报告。报告指出，五年来，县工商联围绕县委、县政府的总体部署，大力开展服务，助推非公有制企业转方式调结构，取得了较好的成效。截至 2015 年底，东安县非公有制经济实现生产总值 59.7 亿元，占全县工业生产总值的 79%；非公有制经济承担着第二、第三产业 90% 以上的劳动就业；非公有制经济缴纳的税收 2.53 亿元，已超过全县税收的 70%。

蒋文辉代表市工商联、市总商会对大会的召开表示祝贺。蒋文辉要求，东安县工商联要准确把握工商联的建设目标、组织性质、基本特征、职能作用，把握工商联工作的出发点和落脚点，积极加强自身建设。蒋文辉希望，东安县工商联充分发挥在非公有制经济人士思想政治工作中的引导作用、参与国家政治生活和社会事务中的重要作用、在政府管理和服务非公有制经济发展中的助手作用、在行业商（协）会改革发展中的促进作用和在构建和谐劳动关系中的积极作用，为促进东安经济社会持续健康发展献计出力。

张波强调，非公经济在经济社会发展中的作用极其重要，不可替代，鼓励、支持和引导非公经济发展，是必须长期坚持的基本方针。全县各级各部门要从巩固爱国统一战线、扩大党的群众基础的角度出发，使工商联在经济建设的主战场发挥重要作用。非公有制经济人士要开拓创新，勇往直前，为打造“五个东安”再立新功；工商联会员要增强责任意识，发挥作用，为非公有制经济发展贡献力量。同时希望，新一届县工商联领导班子团结广大会员和非公经济人士，解放思想，开拓创新，扎实工作，不负众望,为开创工商联工作和非公有制经济发展的新局面,加快“五个东安”建设而努力奋斗。

会议审议并通过了县工商联（总商会）第十二届执委会工作报告；表彰了9名优秀会员；选举产生了东安工商业联合会第十三届执委会。

12日上午，全县无偿献血工作会议在县行政中心三楼二会议室召开。县委常委、县委宣传部部长欧阳冬子出席会议并讲话，副县长唐正主持会议。

欧阳冬子指出，开展无偿献血工作，是救死扶伤、保障群众身体健康的重要条件，是经济社会发展水平和文明程度的重要标志，关系到千家万户，涉及到每一个人的生活。全县各级各部门务必要统一思想，下最大决心抓无偿献血工作，进一步增强责任感和使命感，依法履行各项职责，确保全县无偿献血工作顺利推进。欧阳冬子强调，要突出重点，强化措施，以钉钉子的精神一锤一锤把措施钉牢，一项一项把措施落到实处。要广泛宣传，深入发动，真正让广大人民群众认识到无偿献血既有益于自身健康，又是一件行善积德的好事，还是一份很好的家庭健康保险投入，在全社会形成人人关心支持、个个踊跃参与的良好风尚。要加强领导，主动作为，敢于担当，努力推动东安县无偿献血工作再上一个新台阶。

各单位递交了无偿献血工作目标管理责任状。

12日下午，县委常委、县委宣传部部长欧阳冬子主持召开县创建国家卫生县城工作人员会议，安排部署创国卫办人员分组分工，并宣布了工作纪律。副县长张静参加。

会议将县创国卫办从各单位抽调的人员，分成综合协调组、宣传教育组、督查巡逻组、专业指导组，细化了分工，明确了职责。

欧阳冬子指出，创建国家卫生县城是县委、县政府向全县人民作出的庄严承诺，不仅是德政工程、民生工程，也是提升城市形象、改善人居环境的务实之举。县创建国家卫生县城的广大工作人员，务必要进一步统一思想，增强创建工作责任感、紧迫感，团结一心，敢于担当，把这一功在当代、利在千秋的事情抓紧抓实抓好。欧阳冬子要求，要进一步明确职责分工，综合协调组要负责创卫工作方案的组织实施，上传下达、统筹协调；宣传教育组要大力开展各种形式宣传活动，营造浓厚的创卫氛围；督查巡逻组要负责创卫工作全程督查，对市民举报、领导交办、暗访及各工作检查中发现的突出问题督办到位；专业指导组要参照《东安县创建国家卫生县城实施方案》，负责创卫工作全程的专业指导。欧阳冬子强调，要严肃工作纪律，城市管理工作必须常抓不懈，不给陈规陋习任何时间空隙，只有久久为功，才能见成效。从各单位抽调的工作人员，原则上与原单位的工作脱钩，要自觉遵守创卫办工作纪律，按要求坚守工作岗位，及时完成交办的工作任务，打赢创建国家卫生县城工作攻坚战，向全县人民交一份满意的答卷。

13 日上午，东安县第十六届人大常委会第二十七次会议召开。县人大常委会主任文高平，副主任宁苏君、胡贤吉 、唐新柱、蒋永辉等出席会议，县委副书记张波，县委常委、常务副县长陈丽，副县长张静应邀参加会议。会议分别由县人大常委会副主任胡慧川，党组成员、副处级干部邓贵春主持。

会议听取了县政府工作部门及“两院”主要负责人2015年度工作目标承诺兑现情况汇报并进行评议，递交了2016年度工作目标承诺书。会议审议通过了《东安县人大常委会关于对县司法局、交通运输局开展工作审议的实施方案（草案）》、《东安县人大常委会关于对全县新农合资金征收使用情况开展专项审议的工作方案（草案）》、《东安县人大常委会关于对全县安全饮水建设情况开展专项审议的工作方案（草案）》、《东安县城总体规划(2006—2020)》(2016年修改)。会议审议通过了人事任免议案，并为唐垂辉、蒋笃刚等19名同志颁发了职务任命书。

13日下午，县第十六届人民代表大会第四次会议代表建议和政协人民代表大会第八届四次会议政协委员提案交办会在县行政中心三楼会议室召开。会议回顾总结2015年全县政府系统办理代表建议、政协委员提案工作情况，安排部署2016年办理工作。县委常委、常务副县长陈丽，县人大常委会副主任胡慧川，县政协副主席蒋燕平出席会议并讲话。

会议指出，2015年，县政府系统采取有效措施，创新方式方法，规范办理程序，认真办理县人大代表建议和县政协委员提案，圆满完成了县第十六届人大三次会议代表建议和县政协八届三次会议委员提案办理工作。2016年“两会”期间，县政府系统收到县人大代表议案152件、建议116件，市政协委员提案6件，县政协委员大会发言2件。会议要求，各承办责任单位要提高认识，端正态度，把办理工作纳入重要议事日程。要完善机制，着力规范办理程序，积极创新办理方式，建立健全分级负责制，细化分解承办任务，做到定人、定责、定标准、定进度、定时限，努力增强办理实效。县政府办公室与县人大联工委、县政协提案委要加强对建议提案办理过程的联合督察、跟踪督察，全力促进办理工作的落实。

15 日上午，全县政法工作暨上半年迎省市综治民调工作动员会在东安会堂召开。会议回顾总结了 2015 年工作，安排部署了 2016 年工作任务和上半年迎接省市综治民调工作。县委书记谢景林出席会议并讲话，县委副书记张波主持会议并宣读《2015 年全县综治民调工作表彰情况通报》。县委常委、县委政法委书记苏建华作工作报告，县人大常委会主任文高平以及县领导郑景学、欧阳冬子、李觉会等出席会议。

会议认为，2015 年，全县政法机关在县委、县政府的正确领导下，按照打造“五个东安”的工作要求，全力推进法治东安建设、严厉惩治各类违法犯罪、强化社会管理综合治理、加强政法队伍建设，努力为东安经济社会持续健康发展营造和谐稳定的社会环境，东安县综治民调综合排全省第 32 名、全市第 4 名，实现了“保持省市先进行列”目标。

谢景林充分肯定了 2015 年政法工作取得的成绩。谢景林要求，全县政法系统要牢固树立忧患意识和责任意识，切实履行好维护社会大局的和谐稳定、公平正义和人民安居乐业三大职责，进一步推动法治东安建设再上新台阶。各级各部门要高度重视风险防控，严防安全生产、交通、食品、金融等风险，为人民群众提供公平正义的法治环境。要切实增强民调工作的责任感，严肃纪律，明确责任，强化督查，确保乡镇换届和并村工作风清气正。要进一步加大工作力度，严格执法，公正执法，不断提高工作效率，努力提升政法队伍整体形象和群众满意度，为全县经济社会发展提供良好的法治环境。

15日下午，县委常委、县委宣传部部长欧阳冬子带领县委大督查办和县创卫办督查组，对各单位开展“周五卫生日”活动进行督查指导。副县长张静参加督查。

欧阳冬子一行从县城滨江路、官田路、东安大道，到舜皇路、车站路、建设路，再到龙溪路、同心路、新苗路，沿路反复查看各单位“周五卫生日”活动开展情况，文明劝导员上街执勤情况，城市管理和车辆停放状况，城管、交警履职情况等。欧阳冬子指出，我县已经全面打响创建国家卫生县城工作攻坚战，但部分单位还存在认识不高、重视不够、工作不力、行动迟缓等问题，创建工作还需再加压、再升温。欧阳冬子要求县城各单位应该立即行动起来，切实把创建国家卫生县城工作包干责任制扛在肩上、摆上日程、落到实处。各单位领导班子成员要带头开展“周五卫生日”活动，在活动中要注意保持责任路段的路面干净整洁，及时清理绿化带、花坛内的杂草杂物，机关内部及辖区要不留卫生死角死面，办公场地车辆摆放规范有序，办公室内物品摆放整齐。要充分利用各种形式进行宣传动员，使全体干部职工认识创国卫的意义、目的，营造良好的工作氛围，从而调动广大干部职工关心和参与环境卫生整治的积极性，力推东安县创建全国卫生县城工作进入新常态。

18日上午，县委书记谢景林深入白牙市镇莲塘村调研指导并村改革工作并为新组建的莲塘村挂牌。县委副书记张波参加调研。

挂牌仪式上，谢景林充分肯定了白牙市镇党委、政府为并村改革工作做出的成绩。谢景林指出，原莲塘村、大塘村合并成一个村，是将规模并大、班子并优、机制并活、实力并强、面貌并新，对发展集体经济，共同走上脱贫致富道路有着十分重大而深远的意义。新组建的莲塘村两委干部要进一步统一思想，提高认识，消除群众顾虑，切实为民服务。要继续发扬自强不息的创业精神和吃苦精神，大力发展产业，努力推动村级经济社会跨越发展。

18 日上午，县委常委、县委宣传部部长欧阳冬子带领县城管、住建、环卫和创卫办督查组相关人员深入县城滨江路，就该路段建筑材料乱堆、损坏人行道地板砖、私自砍伐景观树木等问题现场办公。

欧阳冬子指出，滨江路是县城居民平时散步、娱乐的休闲路、景观路，为市民提供了宜人的自然景观和良好的休闲环境。但是一些建筑商为图自己方便，不仅占用人行道堆放建筑材料，不围挡就开展建筑作业，还肆意砍伐绿化苗木、损毁人行道地板砖，严重影响市民安全通行和休闲心情。欧阳冬子要求，县城管、住建、环卫等部门要立即协调、强化执法，确保该问题得到有效解决。并当场责令相关建筑商立即将占用人行道的建筑沙石运走，恢复人行道的安全通行；对损毁的人行道地板砖恢复原样，对砍伐的景观树重新进行补植。欧阳冬子强调，县城各建筑围挡要进行规划布置，沿街面的围挡墙上要贴上与创卫有关的标语和图片，在保证安全的情况下兼顾美观。县城管、住建、环卫等部门要进一步加强巡查、执法，及时发现和制止相关问题，确保此类问题不再发生。

19 日上午，全省“两学一做”学习教育工作视频会议召开。省委书记、省人大常委会主任徐守盛出席会议并讲话，省委副书记、省长杜家毫主持会议。省委常委、省委组织部部长郭开朗传达习近平总书记重要指示和中央相关会议精神。县委书记谢景林和郑景学、欧阳冬子、李顺利、李晓宁、王名扬等县领导以及县直有关部门负责人、乡镇场党委书记在东安分会场集中收看了会议视频。

19日下午，创建国家卫生县城建设路和都川路综合整治工作动员会在县卫计委召开。县委副书记张波出席会议并讲话，会议由县政府副县长唐正主持。

会议指出，各责任单位要充分认识创建国家卫生县城工作的重大意义，进一步增强创建工作的责任感和紧迫感。要强化责任，部门联动，对照创建标准要求，加强市政基础设施建设，建立和健全街道管理长效机制，大力提升街道卫生水平，推动全县创建国家卫生县城工作。会议强调，建设路和都川路各责任单位和临街商户要高度统一思想，坚持齐抓共管，综合治理，全力打造整洁靓丽的市容环境。要加强领导，强化措施，凝心聚力，确保创建工作取得实效。

20日上午，县委常委、常务副县长陈丽主持召开东安鸡产业化开发项目建设调度会。会议听取了相关工作情况汇报，并对妥善解决东安鸡产业化开发项目建设存在的困难和问题进行了安排部署。县委常委、副县长李晓宁，县政府副县长唐振宇参加会议。

陈丽要求，要迅速成立东安鸡项目建设指挥部，把东安鸡产业化开发项目建设摆上重要议事日程，上下联动，密切配合，全力破解项目建设发展难题，加快推进东安鸡产业化开发项目建设。县畜牧水产部门要制定方案，做好东安鸡种苗发放工作。县财政部门要保障项目建设相关工作经费。县政法部门要依法依规严厉打击非法阻工等违法行为，确保项目有序施工。东安经济开发区、国土资源局和白牙市镇要加大工作力度，尽快做好项目建设征地拆迁扫尾工作。

20日下午，县委常委、县委宣传部部长欧阳冬子带领县创卫办督查组和城管执法人员，开展市容环境专项整治。

欧阳冬子一行从县城滨江路、官田路、东安大道，到八角街、舜皇路、车站路、建设路，再到龙溪路、同心路，对一些路段的不文明现象一一纠正。同时要求城管执法人员时刻盯紧看牢，确保整治取得实际成效。欧阳冬子指出，县城创国卫工作已经全面启动，但部分单位还存在认识不高、重视不够、工作不力、行动迟缓等问题，县城脏乱差、占道经营、占道作业等方面问题还不同程度存在。欧阳冬子要求，各职能部门要进一步加大创建工作力度，整合力量，全力推进，做到创建工作不消极应付、不敷衍扯皮，进一步掀起市容环境整治的热潮。要强化责任意识，善于发现问题，勤于上前监督，敢于向不文明行为较真碰硬。要对重点时段、重点区域的重点问题，动真格、下陡手，不给不文明行为任何时间空隙，力争创建国家卫生县城工作在四月底初见成效。

20日下午，市人大常委会副主任袁满娥带领市调研组就市审计局履职和服务情况到东安征求意见和建议。县委常委、常务副县长陈丽，县人大常委会副主任宁苏君和部分市人大代表参加会议。

座谈会上，与会人员结合审计工作实际，就如何充分发挥审计部门职能作用，进一步提升审计工作服务水平等方面内容，畅所欲言，各抒己见，提出了许多富有建设性的意见和建议。

听取发言后，袁满娥充分肯定了与会人员提出的意见和建议。袁满娥指出，大家所提的意见和建议很有针对性，调研组将认真梳理归纳，做好交办工作。袁满娥要求，审计部门要加大审计整改力度，提高审计质量，注重审计成果的采纳和运用。要加大监督力度，增强审计执法透明度。要进一步加强自身队伍建设，加强审计业务能力培训，努力打造一支政治素质高、业务能力强、工作作风硬的审计队伍，全面提升审计工作水平。

21日上午，东安防汛工作会在县行政中心七楼会议室召开。县委书记谢景林出席会议并讲话。县委副书记张波，县人大常委会主任文高平，县政协主席陈军以及郑景学、欧阳冬子、李顺利、李晓宁、王名扬、苏建华等县领导出席。

会议指出，2016年我县出现历年入春以来少有连续强降雨天气过程，遭遇数十年罕见春汛。据气象部门统计，4月21日至27日，东安县平均降雨量为300mm。当前全县中型水库平均蓄水70%以上，小型水库大部分在80%左右，部分水库出现溢洪。各防汛责任人要高度警惕，密切关注天气形势，严格落实防汛责任，切实做好防范工作，加强值班、巡查。高水位水库、山塘要迅速降低水位，并加强山洪灾害防御，确保安全度汛。会议强调，全县各级各部门要充分认识2016年防汛工作的形势，进一步统一思想，增强责任，明确任务。要加强与气象部门的联系，密切监视天气变化，及时掌握雨情、水情和汛情。要时刻绷紧防汛工作这根弦，坚决克服麻痹思想和侥幸心理，进一步强化工作措施，全面落实工作责任。要严肃工作纪律，加大对水利工程险病隐患的大排查和值班监测，坚持24小时轮班值守，及时做好防汛调度工作。要注意对重点水库所在区域的定点预报，根据雨情、汛情及时启动应急预案，保障汛期水库及周边地区安全，坚决杜绝一切安全隐患事故的发生。

22日上午，东安“一带八景”核心区建设、汽车配件产业园集中开工。市政协主席唐定，市委常委、市纪委书记朱映红分别宣布项目开工。县委书记谢景林、县委副书记张波、县人大常委会主任文高平、县政协主席陈军以及郑景学、欧阳冬子、王名扬等县领导出席开工仪式。县委常委、常务副县长陈丽致辞，副县长唐振宇主持开工仪式。

为推进神华国华永州电厂绿色发展，按照市委书记陈文浩提出的以“水火交融，魅力应阳”为主题，做好神华国华永州电厂“火”文化和芦江平湖“水”文化，打造“一带八景”观光休闲度假区的要求，东安县委、县政府高度重视，成立了高规格项目建设指挥部，高起点规划，大力推进“一带八景”建设。“一带八景”中的“一带”，即永电新村沿芦江河至芦江平湖“美丽乡村”旅游带；“八景”，即永电新村东安鸡美食馆、神华电厂生态公园观光基地、树德山庄文化展示区、大皇岭生态植物园、芦江河自然风光带、芦洪市至新圩江“美丽乡村”示范片、芦江水库大坝、芦江平湖景区。其中核心区建设为永电新村及东安鸡美食馆、树德山庄德文化展示区、芦江河自然风光带、赵家井“美丽乡村”建设示范区，规划总面积为1550亩，总投资约5.2亿元。

27日上午，县委书记谢景林带领相关部门负责人深入云数据指挥中心广场项目建设工地调研。县政府副县长张静陪同。

谢景林一行深入建设项目施工现场，仔细查看工程质量和施工进度，详细了解项目建设中存在的困难和问题。谢景林要求，相关职能部门要高度重视，主动服务，为工程建设营造良好的施工环境。要加大工作力度，协调矛盾纠纷，妥善解决项目建设中遇到的困难和问题。要对恶意阻工、扰乱正常施工秩序的不法行为依法严惩，确保工程建设顺利推进。施工单位要抢抓有利天气，把握时间节点，倒排工期，增加人力、机械投入，抓好工程管理，在确保质量和安全的前提下加快推进工程建设，争取5月份完成施工建设任务。

27日下午，县委常委、县委宣传部部长欧阳冬子在县创卫办和县住建局、教育局有关负责人陪同下，深入县城各大街小巷、中小学校，检查指导创国卫社会宣传工作。

欧阳冬子一行沿着县城各主次街道，查看建筑工地、公交车站台、单位院墙、商家电子屏、中小学校宣传栏等场所创国卫宣传情况，并对创国卫社会宣传工作开展好的单位给予表扬，对不足之处一一给予指出，并要求限期整改到位。欧阳冬子指出，创建国家卫生县城工作涉及面广，牵涉到千家万户，是一个长期的过程，需要每个人的积极参与，需要一天一天的坚持。要通过开展“大宣传、大讨论、大教化、大规劝”活动，广泛宣传创建国家卫生县城的目的、意义和要求，教化广大市民牢固树立“城市客厅”理念，把县城当作“客厅”来呵护和建设，深化思想认识，真正让创建国家卫生县城工作家喻户晓、深入人心，成为广大市民的共同追求。欧阳冬子要求，各级各相关部门要积极行动，在县城各主次街道两边，制作和悬挂大型公益宣传广告，广告牌和广告灯箱要更换创卫内容，做到宣传内容丰富，标语形象生动；要在各建筑工地的围挡、有独立院落单位的墙面上刷写创卫标语口号，设置有创卫内容的宣传专栏；要在公共场所设有电子显示屏的单位、公司、超市、宾馆和个体工商户加强创卫宣传；要在公交车上、公交站点、车站张贴创卫宣传标语，并启动宣传车巡回宣传；县城区各类中小学校都要悬挂创卫标语，举办卫生科普知识和环境保护知识讲座，讲解卫生健康和环境保护、疾病预防等方面知识，并积极利用校园广播、宣传板报等阵地开展丰富多彩的宣传教育活动，大力倡导讲卫生、树新风，增强学生对创卫的感性认识，自觉摒弃不文明、不卫生行为。白牙市镇政府要动员全镇居民积极投入到创建国家卫生县城活动中来，做到每一个社区、每一个城中村都要有创卫宣传栏及永久性标语、横幅。要通过多层次、多渠道的广泛宣传，在全县上下形成人人关心、人人支持、全面参与创建的浓厚氛围。

28日下午，县委常委、县委宣传部部长欧阳冬子主持召开创国卫工作第一次调度会。副县长张静参加会议。

欧阳冬子指出，虽然前段创国卫工作有声势、有成效，但也要清醒地看到，县城脏、乱、差现象还不同程度存在，文明劝导员不作为现象时有发生，职能部门履职没有完全到位，市容环境整治反弹现象比较严重。欧阳冬子要求，全县各级各部门必须要正视问题，找准症结，抓住关键，痛下决心。要在宣传引导、乱象整治、责任落实、长效管理、督办考评上下狠心、出重拳。要通过多层次、多渠道的广泛宣传，在全县上下形成人人关心、人人支持、全民参与创建的浓厚氛围。治“脏”要不留死角，治“乱”要不留情面，治“差”要不留遗憾。要严格按照责任分工的要求，倒排时间、挂图作战，一个问题一个问题解决，一个环节一个环节推进，一项任务一项任务完成。要进一步落实门前“七包”工作责任制，要加强督办考评，对说了不办，定了不干，落实不力，工作滞后，敷衍应付的，不论是哪个单位，涉及到哪个人，都将严肃处理，追究单位主要领导和分管领导的责任。

5月

3日，县委书记谢景林深入白牙市镇大江源生态农庄调研指导乡村旅游。县委办、县农委、白牙市镇等相关单位负责人陪同调研。

谢景林一行实地查看了白牙市镇大江源生态农庄景点布置、功能区域规划、基础设施建设，并召开座谈会听取相关工作情况汇报。谢景林指出，发展乡村旅游是调整农业产业结构、统筹城乡发展、促进农民增收脱贫的重要举措。农村可以依托丰富的农业资源、优越的生态环境、鲜明的特色产业和浓郁的乡村风情，打造集精品农业、特色休闲、城市菜地、香草故里于一体的旅游地。谢景林强调，大江源生态农庄紧邻冷水滩和零陵两区，交通便利，具有得天独厚的资源优势和广阔的市场前景。发展乡村旅游要立足地域特点和乡村实际，以“自然、休闲”为主题。要充分挖掘现有资源和景点，突出经济效益，利用本地资源打造特色。要做好规划，适当发展规模，抓紧完善旅游功能和景点建设，着力打造好“大江源”这张地域名片。要鼓励本地村民参与，积极创造更多就业机会，带动村民致富。

3日，县委副书记张波带领相关部门负责人深入鹿马桥镇简家岭村调研精准扶贫工作。

张波一行实地察看了简家岭村易地扶贫搬迁集中安置点项目进展情况。张波要求，扶贫工作队要认真落实上级相关文件精神和要求，准确掌握贫困人口的数量、分布、状况，建档立卡，分类指导。要明确易地扶贫搬迁对象，因地制宜，科学安置，妥善解决好贫困群众后续生产生活问题。要加大政策宣传力度，按照帮扶到户、责任到人的工作思路，围绕加强党建、产业培育、基础设施建设等工作内容，制定切实可行的帮扶计划，组织落实脱贫项目，着力推动贫困村经济建设和各项事业发展，确保精准扶贫工作取得实效。

3日，县委副书记张波深入石期市镇、鹿马桥镇调研农业产业化建设。

张波一行先后实地察看了石期市镇金湘源现代农业科技示范园、鹿马桥镇金易德种养农民专业合作社农业产业化建设情况，通过与园区负责人交谈，详细了解了园区种植销售、产量规模情况以及在建设过程中存在的困难和问题。张波要求，相关职能部门和乡镇场要加大对企业的帮扶力度，加强协调服务，帮助企业解决实际问题，帮助企业做大做强。要加大银企对接，搭建融资平台，积极争取项目建设资金。要推进农村土地流转，不断提升农业生产规模化、产业化。要整合资源，把农业产业化建设与“美丽乡村”建设、精准扶贫有机结合起来，加大产业扶贫力度，以产业发展带动贫困户脱贫致富。要高起点规划，完善园区基础设施配套建设，努力把金湘源现代农业科技示范园、金易德种养农民专业合作社建设成为集农业观光、生态旅游、休闲娱乐为一体的现代化农业生态示范园和湘南地区蔬菜生产批发基地。

3日，县委常委、常务副县长陈丽主持召开县政府5月份周工作例会。县委常委、副县长李晓宁，副县长唐振宇、李瑞霞、唐正等县领导参加会议。

会议要求，各分管副县长和相关职能部门要高度重视，密切配合，全力以赴做好协调服务，抓好东环机械工业有限公司汽车配件城项目招商、投产工作。要按照相关工作要求，各负其责，通力协作，全力做好第三次全国农业普查工作。要高起点高标准规划，加快推进紫水国家湿地公园开工建设。要加快进度，抓好芦洪市镇“一带八景”、东安鸡美食馆、唐生智故居维修、中医院搬迁等项目建设。要加大户外广告、渣土运输管理力度，抓好“创国卫”工作。要加大力度，抓好云数据中心软、硬件建设，确保5月底交付使用。财政部门要科学调度资金，确保各项目建设顺利推进。

4日，县委书记谢景林深入花桥镇唐家村、大盛镇三潭村、南桥镇马皇村调研指导“美丽乡村”建设。县委办、县农委等单位相关负责人陪同调研。

每到一处，谢景林边走边看村庄环境卫生和景观建设，详细了解村庄规划建设、农民收入、村容村貌整治等情况，并与相关单位负责人和当地村民讨论“美丽乡村”建设事项。谢景林指出，“美丽乡村”建设是提升新农村建设的有力抓手，是加快生态文明建设的有效载体，要努力挖掘自然生态环境与人文景观的底蕴，加大宣传推介力度，推动““美丽乡村””休闲观光旅游。同时，希望当地村民积极配合支持做好村庄规划建设，投工投劳共同打造自己的美丽家园。谢景林要求，要进一步提高对“美丽乡村”建设的认识，加大建设力度，结合当地实际，有针对性地解决好农业、农村、农民问题。要坚持规划先行，做到一村一风景。要突出环境整治，加强农村精神文明建设，尤其是对已成活多年的树木要加大管护力度，定时灌溉养护。要用全域旅游的思维来统筹“美丽乡村”建设，吸引更多的游客前来休闲观光。要充分调动群众的积极性，引进社会资本，搞活机制，打造旅游“爆发点”。

4日上午，东安县召开纪念“五四运动”97周年暨表彰大会。县委常委、县委组织部部长王名扬出席会议并讲话，县委常委、副县长李晓宁出席会议并宣读《表彰决定》，县人大副主任胡慧川，县政协副主席蒋燕平出席会议，团县委书记陈利志作共青团工作报告。

大会总结了2015年全县共青团工作，从推动共青团改革、强化思想政治引领、激励青年创新创业创优、提升服务能力、从严治团五个方面对2016年共青团工作进行了安排部署。大会共表彰了6个共青团工作红旗单位、47个团支部(总支)、80名优秀共青团干部、131名优秀共青团员、22名优秀少先队辅导员、99名优秀少先队员。县委常委、县委组织部部长王名扬在讲话中指出，广大青年朋友是东安经济建设的主力军，是东安未来事业的接班人，肩负着历史重任和时代重托，广大青年要用青春托起理想。王名扬对全县广大青年提出四点希望：一要树立青春理想，坚持党的领导，坚定“三个自信”，将“个人梦”融入“中国梦”；二要挥洒青春汗水，青年要保持激情昂扬的斗志，艰苦奋斗、甘于奉献；三要收获青春喜悦，要夯实团的基础、发挥团的作用、用新媒体引领青年，紧贴青年需求，提升服务青年的能力；四要筑牢团的根基，以贯彻落实《加强和改进党的群团工作的意见》为契机，坚持党建带团建，利用项目、平台、阵地凝聚团结青年，开拓进取，为建设“五个东安”贡献青春力量。

4日下午，县委常委、常务副县长陈丽在县行政中心三楼会议室，与到访的台湾客商座谈投资事宜。副县长唐振宇和县国土资源局、经济开发区、发改委、国网东安县供电公司等部门主要负责人参加座谈。

这次前来考察的有包括新能源、灯饰、旅游、玻璃制造等行业的台商8人。座谈中，各职能部门就台湾客商们提出的电力、原材料、交通、税率、招工等问题，一一进行了答复。

陈丽指出，工业兴才能经济活。东安县是湘江之源、文武之乡、生态之城、富饶之地，只有坚定不移地发展工业，县域经济才能不断做活做大。陈丽表示，热烈欢迎四方来客，前来投资、兴业、旅游、生活，东安县将在税务、电力、土地、住房、就学、建设等方面提供最优惠的政策，积极建设诚信政府，构建投资洼地，为前来投资兴业的企业提供母亲式服务，让前来投资的客商生活安心、生产放心。陈丽要求，全县各级各部门要只找办事的办法，不找推脱的理由，想法设法为前来投资兴业的各方客商排忧解难，想方设法为经济发展献计出力，让各方客商感受到东安是广大企业家投资的热土。

5日，县委副书记张波带领相关部门负责人深入水岭乡、紫溪市镇、大庙口镇、舜皇山国家森林公园管理局调研“美丽乡村”建设和精准扶贫工作。

张波一行实地察看了水岭乡冷山村、吊牛坪村，紫溪市镇长夫村、渌埠头村，舜皇山国家森林公园管理局大龙江工区，大庙口镇石瑞村、高枧村“美丽乡村”建设和精准扶贫工作情况。张波要求，各相关职能部门和乡镇场要因地制宜，以改善农村人居环境、提高农民生活水平为着力点，依托农村山水生态、田园风光和人文历史资源，突出村庄建设的风格和品位，打造一批布局合理、环境优美、特色鲜明的美丽村庄。要精心谋划，把“美丽乡村”建设与精准扶贫工作结合起来，让“美丽乡村”建设带动乡村旅游发展，为贫困群众提供更多创业就业机会，加快贫困群众脱贫步伐。要加大政策宣传解释力度，精准核定易地扶贫搬迁对象，因户施策，有的放矢，做细做实精准扶贫工作，确保精准扶贫工作取得实效。

6日，东安县庆“五一”全民健身工间操比赛在县城和谐广场举行。来自全县各乡镇场、县直各单位的38支工会队伍1200多名干部职工参加比赛。县委书记谢景林出席比赛并宣布比赛开幕。县委副书记张波、县人大常委会主任文高平、县政协主席陈军和郑景学、唐振宇等县领导出席开幕仪式。县委常委、县委组织部部长、县委统战部部长王名扬在开幕式上致辞。

经过激烈角逐，县直组，教育工会获得一等奖，卫计委、县委、畜牧水产3个工会获得二等奖，人社、文体广新、县政府、民政、住建、检察5个工会获得三等奖；乡镇组，白牙市工会获得一等奖，石期市、紫溪市2个工会获得二等奖，大庙口、芦洪市、横塘3个工会获得三等奖；舜管局、鹿马桥等5个工会获得风尚奖。

7日，县委常委、县委办主任郑景学在县水利局和南桥镇有关负责人陪同下，深入双江水库督查指导防汛度汛工作。

郑景学一行到双江水库大坝上，仔细察看正在维修的大坝，详细询问水库蓄水情况、上游集雨面积和下游生产生活用水情况，以及大坝正常投入运行时间等。郑景学强调，双江水库是东安县东北部三镇人民重要的生产生活、农业灌溉的水源地，水库的安全度汛工作关系到库区和下游群众的切身利益。当前已进入主汛期，南桥镇和县水利局要进一步加快水库大坝维修工程的进度，确保新一轮强降雨来临前水库能正常投入运行。要密切关注双江水库的雨情和水位,严格落实“三人一库”24 小时值班制度，及时传递汛情、上报水情，从思想上克服麻痹松懈心理，工作上进一步深入，责任上进一步落实。要进一步加强督促检查，科学发挥水库放水、排水调度功能，将水库水位控制在可控范围内。要根据当地的实际情况制定科学适用的预案，在险情发生时能够按预案高效运转，把损失降到最低程度。要牢固树立“防大汛、抗大灾”的思想，把防汛工作作为当前的重中之重，进一步加大对双江水库的隐患排查和处置力度，确保水库度汛安全、下游群众饮水安全、灌溉安全。

10 日至 11 日，省人大常委会委员、教科文卫主任委员梁尔源带领调研组，到东安县调研农村基础教育师资队伍建设工作。市人大常委会副主任袁满娥，县人大常委会主任文高平、副主任宁苏君，县政府副县长唐正陪同调研或参加座谈。

梁尔源一行先后前往耀祥中学、天成实验学校和舜德学校，现场察看各学校基础设施建设，询问基层教师的衣、食、住、行，并举行座谈，充分听取东安县农村基础教育师资队伍建设工作情况汇报和各学校负责人、教师代表关于职称评定、师资力量均衡发展、改善基层教师待遇等方面的意见和建议。梁尔源认为，东安县环境优美，人杰地灵，教育工作卓有成效。梁尔源表示，要把东安县农村基础教育师资队伍建设存在的实际问题带回去，推动省人大常委会进一步重视基层基础教育工作。梁尔源希望，东安县要正视这些迫切需要解决的实际问题，从现实出发，加强农村基础教育师资队伍建设，多提高质量的提案，按照中央及省、市教育工作的有关要求，把全县农村基础教育师资队伍建设工作做得更好。

10日上午，中国城乡统筹发展中心副主任梁胜红到东安调研农村淘宝工作。省委改革办改革督察处处长陈若扬，市委改革办副主任匡俊杰，县委常委、县委办主任郑景学陪同调研。

梁胜红一行实地查看了农村淘宝项目东安县级服务中心的“村淘”物流货物存放区、展品展示厅、工作人员办公区、文化墙等区域，听取了服务中心相关负责人情况汇报。梁胜红对阿里村淘东安运营中心建设情况给予充分肯定。梁胜红强调，电商的发展是一种商业理念的转变，是大势所趋。相关部门要拓展电子商务及相关配套服务在农村的服务领域和服务深度，继续扩大“村淘”合伙人队伍，进一步整合产品资源，严把村淘平台产品质量关。要抓住机遇，以电子商务模式带动乡村淘宝旅游的发展。要努力打造覆盖“县、镇、村”三位一体的农村电商、物流配送网络，真正实现“网货下乡”和“农产品进城”的双向流通。要加强电子商务工作的宣传，促进农村电商与阿里巴巴等电商平台企业深入合作，推动当地经济及电商发展。

11日上午，县委常委、县纪委书记李顺利主持召开东新路、龙溪社区、官田村创国卫工作包干责任制落实推进会。县政府副县长张静，县政协副主席丁国志参加会议。

会议指出，为深入推进东安县创建国家卫生县城工作，县委、县政府决定实行县级领导创建国家卫生县城工作包干责任制。东新路、龙溪社区、官田村相关责任单位和责任人员要认真对照《国家卫生县城标准》，落实《东安县创建国家卫生县城实施方案》，抓住工作重点，全面完成各项创建任务。

李顺利强调，创建国家卫生县城是打造“五个东安”的需要，是提升东安县人民幸福指数的需要。相关责任单位要进一步提高认识，站在“讲政治、讲大局、讲责任”的高度，深刻认识创卫工作的重要意义。要进一步明责担责，建立“一把手”为“第一责任人”的工作机制，做到工作亲自抓，亲自检查督促，定人、定责、定标准。要进一步严明纪律，严明奖罚，全面落实创建国家卫生县城的各项工作指标，确保创建工作取得实效。

11日下午，县委副书记张波带领相关部门负责人深入川岩乡松江水库和白牙市镇大兴水库、龙溪水库检查指导防汛工作。县人大常委会副主任唐新柱，县政府副调研员雷双娇陪同。

张波一行实地察看了水库防汛设施及运行情况，详细了解了水库库容、当前水位、汛期水位、人员值守和防汛责任落实等情况，随后在县水利局召开防汛会商会，安排部署防汛工作。张波要求，全县相关职能部门和各乡镇场要高度重视，牢固树立迎大汛、防大汛、抗大汛意识，时刻绷紧防汛减灾这根弦。要加强与气象部门的联系，密切关注天气和汛情变化，及时掌握雨情、汛情。要建立完善防汛应急预案，做好物资储备和应急演练工作。要严格落实行政首长负责制和“三人一库”责任制，加强对水利工程病险隐患排查和值班监测，坚持24小时轮班值守，及时做好防汛调度工作，确保安全度汛。

12日，2016年县委干部教育培训工作领导小组会议召开。县委常委、县委组织部部长、县委统战部部长王名扬出席会议并讲话。

会议指出，2015年，全县共举办12期干部教育培训班，培训党员干部1314人。2016年，全县干部教育培训工作将重点抓好《干部教育培训工作条例》的学习宣传和贯彻落实，突出抓好党的理论教育、党性教育和专业化能力培训，持续推进干部教育培训改革创新，加强干部教育培训能力建设。

王名扬强调，2016年是“十三五”规划开局之年，做好2016年的干部教育培训工作影响深远。王名扬要求，各相关部门要提高认识，切实增强干部教育培训工作的使命感和责任感，认真贯彻落实习近平总书记关于干部培训工作的一系列重要论述，做到工作上要同心、目标上要同向、行动上要同步、成效上要同享。同时要打造一支政治合格、素质优良、规模适当、结构合理、专兼结合的师资队伍，进一步提高办学质量和水平，确保2016年干部教育工作顺利进行，为“五个东安”建设提供人才保证和智力支撑。

党员干部教育领导小组各成员单位与会人员还学习了《干部教育培训工作条例》，审议了《东安县2016年党员干部教育培训计划（送审稿）》。

12日下午，县委副书记张波深入永州林博园东安园调研指导项目规划建设，实地查看了永州林博园东安园区规划和施工情况。县人大常委会副主任唐新柱，县政协副主席唐月程以及县林业局等相关部门负责人陪同调研。

张波对东安园区项目建设工作开展情况给予了充分肯定。张波要求，相关职能部门要按照永州林博园建设的总体要求高起点规划、高标准建设。要科学组织施工，保证工程进度。要加强多方沟通协调，强化监督管理，保证工程质量。要展示“绿色东安”这张名片，宣传推介东安。要在园区内充分体现东安德文化和武术文化等浓郁的东安特色，使东安园成为永州林博园的一大亮点。

13 日上午，县委书记谢景林主持召开县委常委扩大会议，听取旅游发展、重点项目建设责任分工及新增重点财源建设项目绩效考核方案工作情况汇报，传达贯彻省委城市工作会议、省委人大工作会议和全市“两学一做”学习教育、全市县区领导班子换届工作会议精神。县委副书记张波，县人大常委会主任文高平，县政协主席陈军以及郑景学、陈丽、李顺利、李晓宁、王名扬、苏建华、李觉会等县领导出席会议，相关单位主要负责人列席会议。

关于旅游发展工作，会议要求，全县各级各部门要紧紧围绕全市“潇湘文化之源、品质活力永州”的旅游定位，舞活舜皇山这个“龙头”，突出“康体运动、休闲养生”这个特色，以绿色为基础，以古色、红色为主题，重点打造舜皇山、紫水湿地公园核心区、芦江沿岸“一带八景”、黄金洞等重点景区。各乡镇场要集中财力和人力抓好乡村旅游示范点建设，以加快全县旅游业的提质转型发展，推动东安县旅游从“景点旅游”向“全民旅游”转变。

关于县区领导班子换届工作，会议强调，相关职能部门要高度重视，认真传达贯彻全市县区领导班子换届工作会议精神。要准确把握换届工作的基本要求，严格依法按章办事。要做深做细思想政治工作，引导广大领导干部讲政治、顾大局、守规矩。要严明换届工作纪律，确保换届风清气正。

会议还对当前工作进行了安排部署。会议要求，各级各部门要强化责任，各司其职，加快推进芦洪市镇“一带八景”项目建设。要密切关注雨情、汛情，科学调度，抓好防汛工作。要抓好创建国家卫生县城工作，确保“创国卫”目标如期实现。要加快项目建设进度，力争紫水国家湿地公园6月开工建设，云数据处理中心5月底交付使用。要加强领导，做好全市旅游流动现场会各项准备工作。

13日下午，浙江玉环汽配客商到东安参观考察。县委常委、常务副县长陈丽，副县长唐振宇、李瑞霞陪同。

陈丽代表县委、县政府对浙江玉环客商的到来表示热烈欢迎。陈丽指出，东安本着“互惠互利、合作共赢”的原则，始终坚持“发展第一、服务永恒”的理念，竭尽全力为客商到东安发展提供最优质的服务和最优惠的政策。陈丽希望客商们在东安多走走、多看看，通过此次考察活动多了解关注东安，早日达成合作意向，实现共同发展。

浙江客商对东安经济社会发展及投资环境给予高度评价，认为东安交通便利，环境优美，产业特色鲜明，投资环境优越，发展潜力大，并表示，将认真考察投资项目，进一步加强沟通交流，积极寻求合作良策，实现双赢。

15日上午，县委书记谢景林在白牙市镇大江源生态农庄主持召开乡村旅游发展座谈会。县委常委、县委办主任郑景学，县委常委、副县长李晓宁出席座谈会。

座谈会上，谢景林认真听取了各乡镇场关于党建工作、环境治理、电子商务、精准扶贫、“五位一体”推进乡村旅游发展等工作情况汇报。谢景林指出，旅游是藏富于民、致富于民的产业。

当前，各乡镇要把乡村旅游作为“排头兵”，以精准扶贫、致富奔小康作为总措施总抓手，坚持以点带面，突出重点，抓好旅游产业发展。要积极抢抓全域旅游发展重大机遇，切实增强统筹意识，抓住发展旅游的时机，把旅游做为骄阳产业来抓，通过名菜、名山、名树、名寺、名花等资源体现出来，通过宣传展现出来。要围绕景点作文章，不要人为地打造景点，进一步挖掘旅游文化底蕴，充分展现美食文化、自然景观、生态景观。谢景林强调，要全面提升我县乡村旅游业的服务品质和市场竞争力，把乡村旅游培育成东安县旅游产业的排头兵，推进东安县乡村旅游标准化、精品化、品牌化发展，实现东安县旅游从“景点旅游”向“全民旅游、全域旅游”转变。谢景林要求，要加强领导，建立高规格的指挥协调机制和办事机构，研究出台相关支持政策，着力解决各类突出困难和问题。要协调解资金不足的问题，不搞重复景观，强化品牌意识，加强商标注册，提高竞争力。要切实增强统筹意识、创新意识、市场意识、规范意识，振奋精神，真抓实干，全力推动旅游业加快发展。

15 日下午，县委常委、常务副县长陈丽主持召开专题会议，研究讨论汽车配件产业项目招商引资优惠政策（草案）。副县长唐振宇、李瑞霞和县直相关部门主要负责人参加会议。

与会人员踊跃发言，围绕汽车配件产业项目优惠政策（草案）主要内容，结合东安县实际，从建设用地、税收、资源配置等相关方面内容展开热烈讨论，积极建言献策。

在认真听取大家的意见和建议后，陈丽对与会人员的发言给予了充分肯定。陈丽指出，大家的真知灼见，对全县招商引资，推动汽配产业项目发展起到了积极作用。相关职能部门要认真归纳整理，按照相关法律法规和政策规定，结合东安县实际，修改完善汽车配件产业项目招商引资优惠政策（草案），使其更具有针对性和可操作性。陈丽要求，相关职能部门要解放思想，突出重点，提高招商引资水平，为投资者创造良好的投资环境，让更多大项目、好项目在东安落地生根，推动全县经济社会持续健康发展。

16日，市委副书记、市长易佳良深入东安调研。市政府领导荣燕明、市政府秘书长文绍涛，县委书记谢景林，县委常委、常务副县长陈丽，县政府副县长唐振宇、李瑞霞陪同调研。

在神华国华永州电厂，易佳良指出，东安芦洪市镇作为东安的副中心和永州中心城市的卫星镇，要强化城镇建设和管理，借助神华国华永州电厂建设的机遇，突出工业强镇、旅游兴镇的定位。要进一步深化规划，按照工业旅游兴镇的思路，在保护生态的前提下，发展工业，充分挖掘文化底蕴，带动旅游产业发展。神华国华永州电厂建设要加强与周边互动，带动周边地区建设，融合发展。要将电厂的规划设计与芦洪市镇旅游发展相结合，推动乡镇旅游基础设施完善。

在创新创业园，易佳良一行察看了“135”工程工业标准厂房建设，详细了解园区建设状况和发展前景后，对东安“135”工程建设给予了高度评价。易佳良指出，东安作为潇湘城市群的重要组成部分，区位优势明显，基础条件好，要抢抓机遇，加快推进“135”工程建设，着力优化产业结构、创新体制机制，把产业园区打造成现代产业聚集区、经济转型升级先行区。要用时间换空间，积极引进汽车配件项目，打造汽车零部件产业城。相关职能部门要全力做好协调服务工作，为项目落地、项目建设营造良好的发展环境，真正把好事办好，实事办实。

随后，易佳良一行还实地察看了舜德小学的校容校貌。易佳良要求，学校要在教育教学上不断追求进步，建设特色品牌，坚持多元发展，促进教育均衡。要加大教育改革发展步伐，大力引进人才，提供优质公共教育服务，全力办好人民满意教育。

16 日下午，全县“两学一做”学习教育协调小组第一次会议召开。县委常委、县委组织部部长、县委统战部部长王名扬出席会议并讲话。

王名扬要求，协调小组和各工作小组成员要突出研究谋划，明确部门责任，注重督查指导，围绕学习教育整体布局，准确把握工作要求，抓好各项工作落实。要密切配合，加强组织协调、联络沟通、服务指导，及时掌握学习教育推进情况。要加强舆论引导，注重学习教育中先进典型经验的发现培育、提炼总结和推广上报工作，营造浓厚的学习氛围。要严明工作纪律，加强队伍自身建设，确保学习教育活动扎实推进。

17 日上午，中共东安县委党务工作会议在东安会堂召开。会议传达贯彻了省、市办公室、组织、宣传、统战工作会议精神，回顾总结东安县 2015 年度党务工作，安排部署 2015 年度党务工作。县委书记谢景林出席会议并讲话。会议由县委副书记张波主持。县委常委、县委办公室主任郑景学，县委常委、县委宣传部部长欧阳冬子，县委常委、县委组织部部长、县委统战部部长王名扬分别就办公室、宣传、组织、统战等工作进行了安排和部署。县人大常委会主任文高平、县政协主席陈军和李顺利、李晓宁、苏建华、李觉会等县领导出席会议。

谢景林指出，2015年，全县党务部门和广大党务工作者，以“三严三实”专题教育为总抓手，开拓创新、真抓实干，实现了思想建设、组织建设、作风建设和制度建设“四驾齐驱”，党务工作的方向性更明、示范性更强、引领性更实、激励性更足、服务性更优。2015年是实施“十三五”规划的开局之年，是深入推进“五个东安”建设的关键之年，党务工作要更加围绕中心、突出重点，致力为经济社会发展打基础、聚人才、创环境、增优势，把党务资源转化为加快发展的资源，党务优势转化为科学发展的优势，党务成果转化为跨越发展的成果。谢景林对全县办公室、组织、宣传、统战工作提出了要求和希望。办公室工作要提升执行力，要坚持在“严、快、细”上下功夫，确保工作无失误、不延误、零错误，用更高的标准提升执行力；要“博览群书”“博闻强记”“博采众长”，多读书，读好书，多掌握知识，用过硬的本领提升执行力；要大力倡导真抓实干、雷厉风行的工作作风，做到眼宽、手快、嘴紧、腿勤，用高效的运转提升执行力。组织工作要提升引领力，要加强从严管理干部，按照“好干部”的标准和要求，从严把关干部的选拔任用，加强整治“为官不为”现象，加大治庸治懒治散力度；要认真开展“两学一做”教育，引导党员干部树立正确的世界观、人生观、价值观和政绩观；要加强基层组织建设，建立健全党建述职常态化、公开化机制，主动接受社会监督。宣传工作要提升导向力，要唱响主旋律，弘扬正能量，让干事创业的激情更足；要强化与主流媒体的联系合作，策划一批重要报道，宣传一批重大典型，推介一批重点经验，让东安品牌的名气更大；要按照做强产业、做大规模、做优资产、做响品牌的要求，深化文化体制改革，做好文化产业规划，让文化产业的发展更实。统战工作要提升凝聚力，要以夯实基础、凝聚力量为支撑点，主动创新工作机制，夯实共同基础，凝聚广泛共识；要以围绕中心、服务大局为着眼点，深化实施“同心工程”，深入实施“四同创建”重点项目，大力开展“万企联村、共同发展”等品牌活动；要以联谊交友、谈心交心作为联结点，积极搭建交友平台，探索有效的交友方式。谢景林强调，全县广大党务工作者要坚定信念、把握方向，加强学习、提高本领，绝对忠诚、敢于担当，作风过硬、当好标杆，为加快“五个东安”建设贡献新的更大的力量。

17日上午，全县“两学一做”教育工作会议在东安会堂召开。会议传达学习贯彻习近平总书记重要指示精神和中央、省、市委“两学一做”学习教育工作会议精神，就全县开展“两学一做”学习教育工作进行了安排部署。县委副书记张波主持会议，县委常委、县委组织部部长、县委统战部部长王名扬作工作报告。县人大常委会主任文高平，县政协主席陈军以及郑景学、欧阳冬子、李顺利、李晓宁、苏建华、李觉会等县领导出席会议。

会议指出，“两学一做”学习教育是加强党的思想政治建设的一项重大部署，是全面从严治党的重大举措，是全力打造“五个东安”的强大动力。当前和今后一个时期，是东安县实施“十三五”规划、全面建成小康社会的关键阶段。各级党组织要站在为“五个东安”建设提供坚强保障的高度，尽到责、抓到位，把“两学一做”学习教育扎实开展好。会议要求，各级党组织要深刻领会精神实质，将思想行动统一到中央和省委、市委的决策部署上来，努力在全县上下形成抓好学习教育的思想自觉和行动自觉。要准确把握目标要求，坚持学字当先，通学党章党规，深学系列讲话，在真学真信真用上见实效；要坚持以知促行，践行讲政治、有信念，讲规矩、有纪律，讲道德、有品行，讲奉献、有作为的“四讲四有”标准，在争做合格党员上见实效；要坚持问题导向，对标查摆，真抓实改，标本兼治，在推动整改落实上见实效；要坚持分类指导，在突出精准实施上见实效；要坚持抓在日常，充分发挥党支部作用，严肃党内政治生活，加强基层党组织建设，在规范党内生活上见实效。会议强调，各级党组织要把开展“两学一做”学习教育作为一项重大政治任务，压实主体责任，坚持以上率下，强化督查指导，搞好统筹融合。要通过学习教育，引导党员干部守规矩、讲纪律，正确面对换届和个人进退留转，自觉服从组织安排，把中央“九严禁”的要求落到实处，确保换届风清气正，确保学习教育取得实效。

17日上午，县委常委、常务副县长陈丽在县行政中心三楼会议室，与浙江玉环汽配客商洽谈投资事宜。副县长唐振宇、李瑞霞和县财政、商务、税务、消防等部门主要负责人参加座谈。

这次前来考察洽谈的是浙江省玉环县汽车配件制造相关行业的9名客商。座谈中，县税务、国土、商务、市管、消防等部门就玉环客商提出的税收、招商政策、设备搬迁、融资、工伤保险、物流、消防、展会等方面的问题，一一进行了答复。

陈丽指出，东安地处湖南南部，玉环位于浙江东部，两地相距近1300公里，但是东环机械工业有限公司投资的汽车配件城项目落户东安，让两县紧密相连。东安县将十分珍惜这一份属于两地的缘分，抛砖引玉欢迎前来投资兴业的广大客商。陈丽表示，东安将在融资贷款、消防建设等方面开辟绿色通道，积极为企业打造展览平台，引导企业开展工伤保险，大力拓展物流运输渠道，解决前来投资企业的实际困难，并将根据汽配行业的需要，有针对性地引进相关工业生产企业，不断完善汽配产业链条。陈丽强调，东安在汽配企业厂房建设上，将充分尊重企业的意愿，企业也应量体裁衣，根据具体需要规划建设用地。双方要互相体谅，增进互信，东安在招商引资工作中不仅会提供最优惠的政策，还将为各企业提供持续优质的母亲式服务，确保前来投资的客商生活舒心、生产安心。

17日至18日，省人大常委会原副主任、省关工委主任杨泰波一行到东安调研关工委工作。市委常委、市委组织部部长、市委统战部部长、市关工委主任董石桂，市人大常委会原主任、市关工委常务副主任谢朝月，市政协原副主席、市关工委副主任盘玉花，县委书记谢景林，县委副书记张波，县委常委、县委组织部部长、县委统战部部长、县关工委主任王名杨等领导陪同调研。

杨泰波一行实地参观了唐生智故居、鹿马桥镇中学、鹿马桥镇留守儿童之家、县人民医院活动中心和舜德学校，详细了解东安关心下一代工作开展情况。杨泰波对东安关心下一代工作，尤其是关爱留守儿童方面所取得的成绩给予了充分肯定。杨泰波指出，东安要认真按照习近平总书记就做好关心下一代工作作出的重要批示精神和省委书记徐守盛对关心下一代工作的批示精神，积极主动适应新常态，研究新问题，创造新业绩。杨泰波要求，东安关工委要以更加强烈的责任感和使命感做好关心下一代工作。要加强青少年思想道德教育，积极开展法治教育，帮助他们学习和践行社会主义核心价值观。要解决好贫困留守儿童的生活困难、学习条件和环境，全方位关心贫困留守儿童，在全社会营造关爱留守儿童的良好氛围。要充分发挥“五老”优势和作用，动员更多的志愿者积极参与，投身到关心下一代工作上来。要继续加强关工委工作，把握自身定位，“急党政之所急，想青少年之所需，尽关工委之所能”，努力推动关工委工作再上新台阶。

18日，县委常委、常务副县长陈丽主持召开县政府第四十一次常务会议。会议听取了东安县政府机构改革涉改单位职能调整及“三定”方案拟定、凯翔鞋业建设、东安与温氏集团合作、创建国家卫生县城、农村环境综合整治、中医院整体搬迁、创建省级出口食品农产品质量安全示范区、县城城区清扫保洁市场化运行等工作情况汇报，研究讨论了《东安县“十三五”易地扶贫搬迁实施细则》、汽配产业招商引资优惠政策及合同书等工作。李晓宁、唐振宇、李瑞霞、张静、唐正、于剑辉、文德、邓亚林、徐荣军、唐伯平、蒋明君、陈红斌等县政府常务会议组成人员参加会议，县委常委、县委宣传部部长欧阳冬子，县人武部部长金志辉应邀列席会议。

关于创建省级出口食品农产品质量安全示范区工作，会议要求，相关职能部门要按照“政府主导、部门协调、龙头带动”的工作机制，立足质量管理水平高、自主创新能力强、产业优势突出、功能定位明晰、集聚效应明显、辐射带动有力的目标，强化责任落实，加大投入，集中人力、物力抓好工作落实，确保按质、按量、按时完成创建目标任务。

关于凯翔鞋业建设工作，会议要求，相关职能部门要加强调度，积极调处矛盾纠纷，确保凯翔鞋业扩建第三期建设工程顺利推进。要加大企业帮扶力度，帮助企业解决用工难问题。要开通厂区班车，解决企业职工上下班交通问题。

关于中医院整体搬迁工作，会议要求，相关职能部门要合理规划布局，做好中医院搬迁拟选址工作。要整合资源，加强调研，科学制定方案，积极向上争取项目资金，确保中医院整体搬迁工作顺利推进。

关于创建国家卫生县城工作，会议要求，各责任单位特别是相关职能部门要提高认识，高度重视，认真履行职责，精细化开展工作。要严格按照“创国卫”标准，查漏补缺，抓好工作落实。督查组要严格督察，严格问责，对工作不落实、不到位、不配合的要及时在电视台通报曝光。要加大宣传教育力度，充分调动全民参与创卫工作积极性，形成全民动员、全民参与创国卫的浓厚氛围，全力以赴打赢创国卫攻坚战。

关于民政工作，会议要求，相关职能部门要按照上级相关文件规定，做好全县城乡低保和农村五保提标工作。要成立社会兜底保障脱贫对象认定工作领导小组，精准核实脱贫对象底数，科学安排兜底保障资金。要严格残疾人证发放管理，做好残疾人“两项补贴”发放工作。

会议还研究部署了农村环境综合整治、县城城区清扫保洁市场化运行、消防等工作。

18 日上午，县委组织部党支部召开“两学一做”学习教育工作动员会。县委常委、县委组织部部长、县委统战部部长王名扬以普通党员的身份参加了动员会并作辅导讲话。

动员会学习传达了县委“两学一做”学习教育工作会议精神，宣读了县委组织部机关党支部“两学一做”学习教育实施方案，并就如何开展好“两学一做”学习教育进行了安排部署。随后，大家还原原本本地学习了《中国共产党章程》。会议提出，通过开展“两学一做”学习教育，培养一支“爱学习、讲党性、守纪律、重品行、做表率、当标杆”的高素质组工干部队伍，着力打造理性组工、铁面组工、规范组工、人文组工、勤廉组工、先锋组工,为全县党建事业和“五个东安”建设奠定坚实的组织基础。

王名扬在辅导讲话中要求，组织部的全体党员干部在全县“两学一做”专题教育工作中要带头示范，学在先，走在前，做表率，树标杆；要自觉参与，提振精神，焕发斗志，全心全意地投身到“两学一做”学习教育工作中来,坚持以知促行,做符合“四讲四有”标准的合格党员；要促进工作，把“两学一做”专题教育工作与当前的工作紧密结合起来，坚持“两手抓，两不误，两促进”；要落地生根，砥砺品行，自觉维护大局，统筹各项工作，为推动全县组织工作上台阶、上水平再创佳绩，再立新功。

18日下午，蓝山县委常委、县委宣传部部长刘素萍带领蓝山创文创卫办工作人员，到东安考察交流创国文、创国卫工作。县委常委、县委宣传部部长欧阳冬子陪同考察。

蓝山县创卫工作考察组到东安后，实地察看了白牙市镇政务中心、白牙市镇茶亭社区、县检察院和舜德学校创国文、创国卫宣传工作、道德讲堂等软硬件建设，沿途察看了县城建设和管理，听取了东安创国文、创国卫工作开展情况介绍。东安于2004年成功创建“湖南省文明县城”,2010年届满再次成功创建,2011年又吹响了争创“全国文明县城”的进军号。2011年开始启动创卫工作，2014年成功创建省级卫生城市，获得了全省第三名的好成绩。2016年,东安成功创建了首个“中国德文化之乡”,又砥砺前行,全面铺开了创建国家卫生县城工作。县城饮水工程、东安大市场改造、绕城线贯通、背街小巷改造等基础设施建设日益完善，群众精神文化生活更加丰富多彩，创国文、创国卫工作来势喜人。刘素萍认为，东安县创国文、创国卫工作运转有序、街面卫生干净整洁、城市面貌日新月异，为蓝山创建省级卫生县城工作提供了良好的样板和借鉴。刘素萍表示，要把东安创国文、创国卫工作好的经验带回去，结合蓝山的实际情况，指导和推进创省卫工作。

19 日上午，县人大常委会组织机关全体党员干部和离退休党支部部分党员，召开“两学一做”学习教育工作会暨“党员固定活动日”集中学习会。县人大常委会主任文高平出席会议并讲话。县人大常委会副主任唐新柱、蒋永辉参加。

会议传达学习了习近平总书记关于开展“两学一做”学习教育的重要指示精神以及中央和省、市、县委“两学一做”学习教育工作会议精神，对县人大常委会“两学一做”学习教育工作进行了安排部署。会议指出，“两学一做”学习教育是继党的群众路线教育实践活动、“三严三实”专题教育之后，中央推动党内教育从“关键少数”向全体党员拓展、从集中性教育活动向经常性教育延伸的重大举措。县人大机关全体党员要全面深化“两学一做”学习教育重要性的认识，着力在思想上打牢基础。要围绕“两学一做”学习教育的目标要求,着力在行动上找准方法路径。

文高平要求，县人大常委会党组成员要严格按照中央和省、市、县委要求，严格遵守政治纪律和政治规矩，从严加强党性修养，提高党员干部自身素质。要深入学习，真正使党员日常教育管理制度规范起来、执行到位，使党内政治生活更加健全、更加健康，使从严治党真正落到实处、落到细处。要通过“两学一做”学习教育，使县人大常委会真正成为名副其实的地方国家权力机关，成为同人民群众保持密切联系的代表机关。

19日上午，县委常委、县委宣传部部长欧阳冬子带领县文体广新局、县广播电视台、县移动公司等后盾单位负责人深入白牙市镇都塘村，就创国卫城中村改造工作现场办公。

欧阳冬子指出，创建国家卫生县城工作是县委、县政府在2013年创建省级卫生县城成功后，向全县人民作出的一项庄严承诺。而都塘村位于县城高铁站和紫水湿地公园附近，地理位置优越，加强都塘村城中村的整治、改善人居环境，对提升县城品位、树立东安县城良好形象具有重要意义。欧阳冬子要求，白牙市镇和都塘村、各后盾单位要明确目标，深入推进城中村改造和建设，着力把该村打造成创国卫工作的亮点和示范工程，决不允许该村在创国卫工作中因某项指标不达标而扣分。要明确时间节点，做到垃圾桶在5月25日前购置、安装到位，旱厕、空心房在5月30日前改造整顿到位，并抓紧时间整治水沟污水横流、棚户乱搭乱建、柴草杂物乱堆乱放、鸡鸭棚乱圈乱占等脏乱差问题。要加强人员、资金保障。各责任单位要一级查一级，天天抓调度，周周促进度；县电视台和东安新闻网等媒体，要深入报道城中村整治工作进展情况，对脏乱差现象和行动迟缓、履职不力行为进行曝光。要加强督查，对问题较多却履职不力、落实拖拉、延误工作的单位或个人，要限期进行整改，进一步推动工作的落实。

19日上午，全县人力资源和社会保障工作会议在县行政中心五楼会议室召开。县委常委、常务副县长陈丽出席会议并讲话，会议由县政府副县长李瑞霞主持。县人大常委会副主任胡慧川宣读《关于表彰2015年度就业和社会保障先进单位及创业之星的决定》。县政府副县长候选人唐正参加会议。

会议指出，2015年，全县人社系统认真贯彻县委、县政府决策部署，坚持改革统揽、真抓实干、创新突破，全面完成了“十二五”收官任务。全县就业工作取得新成效，社会保障工作实现新突破，人事管理工作得到新加强，收入分配制度改革有新进展，和谐劳动关系创建工作取得新成果，绩效评估工作有了新思路。会议要求，相关职能部门要以高度的责任感和使命感扎实做好人社工作。要集中精力抓就业优先，持之以恒抓民生保障，全力以赴抓人社改革，千方百计招才引智，精准对接抓扶贫帮困。要以更高标准抓好人社系统干部队伍建设，努力打造一支召之即来、来之能战、战之能胜的人社铁军队伍。要攻坚克难，锐意进取，奋发有为，努力开创全县人社工作新局面。

会议还表彰了 2015 年度就业和社会保障工作先进单位，各乡镇（场）向县人民政府递交了 2016 年度就业和社会保障工作目标管理责任书。

19 日下午，东安召开纪检监察干部座谈会，安排部署纪检监察干部监督工作。县委常委、县纪委书记李顺利出席会议并讲话。

会议指出，纪检监察干部监督工作是一项系统性、基础性的工作。当前，我们要以强烈的事业心和高度的责任感抓好纪检监察干部队伍建设，提高纪检干部履行职责的能力和水平，教育引导全县纪检监察干部做到严守纪律、拒腐防变的表率，努力打造一支忠诚、干净、担当的纪检监察干部队伍。

李顺利强调，全县纪检监察干部要牢固树立“四个意识”，坚定正确的政治方向，服从和维护社会大局，保持对党永远忠诚。要从严要求自己，始终心存对组织、法治、责任的敬畏，做到能够知止，始终保持在权利和地位面前的清醒，确保为政干净。要忠于职守，敢于担当，始终保持朝气蓬勃干事创业的良好精神状态。纪检监察机关要严格教育纪检监察干部，引导干部强化法纪观念；严格管理纪检监察干部，用制度来规范干部的执纪行为；严格监督纪检监察干部，时刻保持清醒头脑，守住底线，确保纪检监察队伍成为党章的捍卫者。

20日上午，白牙市镇庙门口村党支部召开“两学一做”学习教育动员会暨集中培训会，对“两学一做”学习教育进行安排部署。县委书记谢景林参加会议并讲话。

会议传达学习了党中央关于“两学一做”学习教育的重要指示精神，结合庙门口村当前工作进行了动员部署。会议要求，全村党员要认真学习领会、深入贯彻落实习近平总书记的重要指示和中央座谈会议精神，切实增强政治意识、大局意识、核心意识、看齐意识，把思想和行动统一到习近平总书记的要求上来，统一到中央决策部署上来，增强责任感、使命感、紧迫感，扎实做好庙门口村“两学一做”学习教育工作。

谢景林强调，开展“两学一做”学习教育基础在学，关键在做。全体党员要结合当地实际，反对封建迷信，维护社会稳定，履行好党员权利和义务，充分发挥党支部战斗堡垒作用。要从自己做起，养成良好生活习惯和日常行为规范，发挥好示范带动作用，努力创建规范有序的社会公共秩序，逐步形成良好的人居环境和生态环境。要带头致富奔小康，充分利用当地生态资源优势，发展乡村旅游，打造“美丽乡村”，创建和谐家园。要通过学习党章党规，学习习近平总书记系列讲话，提升思想道德素质，加强党性修养，努力做一名合格党员。

20 日，县政协主席陈军带领部分市、县政协委员视察舜皇山国家森林公园旅游开发工作。县政府副县长李瑞霞，县政协副主席周刚生、丁国志、唐月程、周壬秀陪同。

陈军一行通过实地察看、听取汇报和协商座谈等方式，详细了解了舜皇山国家森林公园旅游开发情况。陈军要求，相关职能部门要明确舜皇山森林公园旅游发展思路和目标，突出主题，在保护舜皇山国家森林公园自然生态资源的基础上，做好旅游开发工作。要科学规划，精心策划，开发具有特色并适合不同年龄阶层人群的消费项目，吸引游客。要充分挖掘舜皇山历史文化底蕴，以文化活动为载体，加大宣传推介力度，进一步提升舜皇山知名度和美誉度。要加大投入，进一步完善园区基础设施配套建设，充分发挥森林公园生态、康养功能。要加强区域合作，积极融入大湘南旅游圈和湘桂旅游圈，推动舜皇山国家森林公园旅游业跨越发展。

20 日上午，数字东安地理信息基础工程项目设计书评审会议在县行政中心三楼会议室召开。省国土资源厅基础测绘处处长邓玲出席会议，县委常委、常务副县长陈丽出席会议并与市国土资源局就数字东安地理信息基础工程共建共享合作协议签约。市国土资源局组织有关专家，对数字东安地理信息基础工程项目设计书评审书进行了评审，县国土、财政、住建、政务中心等部门负责人和相关专家对该项目提出了意见和建议。

20 日下午，县委常委、常务副县长陈丽深入东安大市场和县城云数据指挥中心，督查项目建设进度。

在东安大市场，陈丽实地察看了环境卫生、设施布局，详细询问了市场的运转情况、扫尾工程进展和安全设施到位情况，并与各商贩亲切交谈，了解他们当前的生意状况，征求他们对市场改造的意见和建议。陈丽指出，经过改造后的东安大市场环境更舒适了、空间更敞亮了。希望相关部门要进一步加强市场管理，时刻保持安全通道的畅通，严禁在市场进出口摆摊设点、堵塞交通。要进一步加强公共厕所、下水道等公共设施建设，合理规划、科学布局，并安排专人进行管理，确保水流顺畅。要进一步加快消防、水电线路等方面工作的扫尾和升级改造，想方设法为广大市民营造安全、舒适的购物环境。

在县城云数据指挥中心，陈丽仔细察看停车场的规划、路面的平整情况、室内的装修风格和进驻单位的布局等。陈丽强调，云数据指挥中心作为县城新建设的政务集中处理中心，要坚持高标准建设、高品位装修、现代化配套，为群众提供最优质贴心的服务。陈丽要求，云数据指挥中心主管部门和相关进驻单位要合理设置牌匾横幅，做到美观大方，与建筑墙体相得益彰。要科学规划好汽车和摩托车停车场，继续加强道路平整，完善交通标志标线。要在合适位置设置好景观苗木，既要美观得体，又要兼顾安全。室内装修上，要做好色彩搭配，衬托出品位和档次，尤其在公共卫生间的装饰上，应用明亮的色调，打造窗明几净、干净卫生的公共场所，力争能为前来办事的群众感受到清爽和舒服。

23日上午，全县2016年科级干部培训班在县委党校举行开学典礼。县委常委、县委组织部部长、县委统战部部长王名扬出席典礼并讲话。

王名扬要求，科干班全体学员要勤奋学习、善于思考、勇于实践，不断提升推进“五个东安”建设的能力和素质。一是要迅速适应新常态，切实增强学习的责任感和紧迫感，在学习中实现理想、成就人生。二是要大兴学习之风，全面提高政治素质和工作能力，坚持理论武装，做到真懂、真信、真用。三是要在学习和实践中自觉践行“三严三实”，特别是结合当前正在开展的“两学一做”学习教育，自觉锤炼党性，做“四讲四有”的合格党员，为推动全县经济社会实现跨越式发展做出新的更大的贡献。

24 日，国家体育总局武术中心社会活动部副主任郑楠带领调研组，在省体育局副巡视员、省武协主席陈正培陪同下，到东安调研武术之乡建设工作。县委常委、县委宣传部部长欧阳冬子陪同调研并汇报。

调研组一行先后前往舜德学校、水岭学校、水岭乡冷山村和江东武术学校，观看了东安拳表演、民间武术和太极剑、南狮、段位拳等武术表演，了解了武术进校园活动情况。调研组充分肯定了东安近年来“武术之乡”建设取得的成绩。调研组认为，东安武术之乡建设工作领导重视，措施得力，亮点突出，成效显著。调研组指出，这次调研，旨在推动全国武术之乡的动态管理，从而提升全国武术文化软实力。调研组希望东安进一步提高认识，加强青少年武术推广，用传统文化教育青少年。进一步重视武术文化，推动以武术为龙头的全民健身活动深入开展。充分利用网站、微信公众号、新媒体、自媒体等平台，广泛宣传武术文化和武德教育，发掘传统武术，弘扬优秀武术工作者精神。进一步推广武术段位制，让拥有一定段位的习武者得到社会认可，广开信息渠道，促进传统武术和竞技武术协调发展。

24 日，浙江汽车配件客商来东安县考察。县委常委、常务副县长陈丽，副县长唐振宇、李瑞霞陪同。陈丽代表东安县委、县政府对浙江客商的到来表示热烈欢迎，并就汽配投资项目与浙江客商进行了座谈交流。

陈丽介绍了东安的人文历史、优惠政策、项目投资环境、园区建设及东安经济社会发展概况。陈丽表示，东安县委、县政府高度重视汽配产业园项目建设，将秉承“诚信、诚心、诚意”的服务理念，为企业提供最优惠的政策、最优质的服务和最优良的发展环境，力促项目落地发展，实现共赢。

浙江客商对东安经济社会发展及投资环境给予高度评价，表示将进一步加强与东安的沟通交流，积极推动双方合作事宜，尽快达成共识，努力实现互利互惠、双赢发展的良好局面。

24日上午，县纪委监察局组织召开全体干部职工会议，认真学习贯彻全市纪检监察信访举报工作座谈会精神。县委常委、县纪委书记李顺利出席座谈会并讲话。

李顺利要求，全县纪检监察系统要把思想和认识统一到会议精神上来，准确把握当前党风廉政建设和反腐败工作的形势，保持冷静清醒，全面履职尽责，保持高压态势凝心聚力，把全县党风廉政建设工作推向深入。要把行动落实到市委常委、市纪委书记杨永的讲话精神上来，对照杨永书记的讲话精神，牢固树立底线思维，按照“以身作则，敢抓敢管，斗智斗勇”的要求，打造一支“忠诚、干净、担当”的纪检监察干部队伍。要切实抓好当前各项工作，紧密结合市纪委有关安排部署，积极行动，切实抓好换届纪律、“两个责任”、作风建设、纪律审查、信访举报等当前重点工作，推动我县党风廉政建设和反腐败工作稳步有序开展。

26 日，市政协主席唐定带领市扶贫办、市畜牧水产局等精准扶贫后盾单位负责人深入东安县川岩乡榴星村调研指导精准扶贫工作。县委书记谢景林、县政协主席陈军陪同调研。

谢景林对榴星村前期精准扶贫工作取得的成绩给予了充分肯定。谢景林指出，精准扶贫工作事关广大群众切身利益，事关全面小康社会建成，事关党中央的重大决策的贯彻落实。川岩乡党委、政府高度重视，精准扶贫工作取得初步成效。今后，县直各后盾单位要在资金上给予大力支持，重点扶持榴星村基础设施建设，改善群众生产生活条件。

唐定强调，驻村工作组和精准扶贫各后盾单位要统一思想，提高认识，按照精准扶贫相关工作要求，抓好各项工作落实。要从实际出发,突出基础设施建设,发展特色产业,做到“精准识贫、精准扶贫、精准脱贫”。川岩乡党委、政府要加强与驻村工作组和市、县直各后盾单位联系，充分发挥后盾单位帮扶作用。要紧扣精准扶贫工作重点，抢抓机遇，把准方向，精准施策，强化落实，用足用活用好扶贫政策，创新扶贫开发体制机制，攻坚克难，打赢扶贫攻坚这场硬仗。

唐定一行到他的结对对象家，送去了慰问金。唐定详细了解了他的家庭生活状况和经济收入情况，鼓励他增强应对困难的信心和决心，依靠党和政府，力争早日摆脱困境。同时，嘱咐当地党委、政府和工作队，要尽最大能力帮助困难群众。

26 日上午，《东安年鉴》编纂工作会议在县行政中心五楼会议室召开。市史志办副主任高波出席会议并讲话，县委常委、县委办主任郑景学主持会议，县委常委、副县长李晓宁作工作报告。

会议指出，《东安年鉴》编纂工作是东安史志工作的一件大事，也是全县精神文明建设的一项重要工程。各级各部门要充分认识年鉴编纂工作的重要性和必要性，按照“领导到位、人员到位、条件到位、经费到位”的要求，将年鉴编纂工作纳入议事日程，按照《东安年鉴》撰稿工作要求，保质保量，按时完成撰稿任务。会议要求，各级各部门要加强领导，精心组织，严肃纪律，按照《东安年鉴》编委会工作要求，制定工作方案，抓好工作落实。要强化精品意识和创新意识，严把质量关，切实做好材料的收集、整理和上报工作，确保提供的资料内容翔实、数据准确、文字精炼，全面客观真实准确地反映东安经济社会发展成果。要注重挖掘特色，充分发挥年鉴的服务功能，为全县经济社会持续健康发展做出新的贡献。

26日下午，县委常委、常务副县长陈丽主持召开闲置土地处置工作推进会，对全县6宗延期开工闲置土地处置工作进行安排部署。副县长张静，县政府党组成员、副处级干部陈利平参加会议。

会议指出，为贯彻落实中央和省、市关于闲置土地清理处置工作相关文件精神，认真落实省委巡视组整改工作要求，进一步规范用地行为，提高土地节约集约利用水平，为全县经济社会可持续发展提供强有力的用地保障。相关职能部门要高度重视，强化责任落实，加大整改工作力度，确保6月20日以前全面完成延期开工闲置土地处置工作。会议要求，各级各部门要密切配合，强化工作措施，加大征地拆迁工作力度，精中时间和精力，全力推进闲置土地处置工作。要加大相关法律法规政策宣传解释力度，争取项目业主的理解和支持。要加大巡查监管力度，巩固清理处置成果。要结合东安实际，建立健全长效管理机制，进一步规范土地管理、使用、审批，做到源头防范，促进土地资源高效利用，确保圆满完成闲置土地处置工作任务。

27 日，县委常委、县委宣传部部长欧阳冬子带领县创卫办和城管执法人员，开展市容环境专项整治行动。

欧阳冬子带领执法人员深入东安大市场、建设路、龙溪路、东新路等路段，对商户出店经营、潲水桶乱摆乱放、垃圾乱堆乱倒、车辆乱停乱靠等不文明、不卫生的行为进行了重点整治。欧阳冬子指出，经过近段时间的持续有力整治，县城市容环境不断改善。当前存在的问题多是硬骨头、老大难或容易反弹、容易忽视的问题，这些不文明、不卫生行为不仅影响市容市貌，而且败坏社会风气，已经成为东安创卫工作必须重拳整治的难点问题。在整治过程中一定要有“咬定青山不放松”的决心，不解决问题不撤手的劲头，必须不松懈、不回避，持续反复开展整治行动。欧阳冬子要求，县城管执法人员要切实发挥应有的职能作用，针对当前存在的问题，多搞“回头看”，勤杀“回马枪”，对出店经营的“钉子户”要敢于下陡手不留情面。各责任路段文明劝导员，要强化责任意识，善于发现问题，勤于上前监督，敢于向不文明行为较真碰硬。要教化广大市民从身边的小事做起，牢固树立“城市客厅”理念，提高市民主动参与“创国卫”积极性，推进县城“创国卫”工作持续深入开展。

27 日，市委常委、常务副市长唐湘林深入芦洪市镇调研神华国华永州电厂项目建设。市政府领导荣燕明、市政府副秘书长陈景茂，县委常委、常务副县长陈丽，县政府副县长唐振宇陪同调研。

唐湘林一行在神华国华永州电厂建设工地实地察看，详细了解各项目建设相关情况，对神华国华永州电厂项目按照时间节点顺利推进表示满意。唐湘林强调，当前电厂的工程建设处于关键时期，当前面临的一些问题必须认真加以解决。要与“一带八景”建设工作结合起来，融入周边的发展进程，切实提高项目建设的质量。要坚定信心，振奋精神，强力推进项目建设进度，确保6月份工程建设有所突破。要搞好周边环境卫生综合整治，充分展示东安的工作成效和良好形象，全力迎接全省项目建设流动现场会召开。

30日，县委在县行政中心七楼会议室召开“两学一做”学习教育第一次专题学习讨论会，围绕学习党章党规和习近平总书记系列重要讲话精神，在自学的基础上，进行深入学习讨论。县委书记谢景林主持学习讨论会。县委副书记张波，县人大常委会主任文高平，县政协主席陈军和郑景学、欧阳冬子、陈丽、李顺利、李晓宁、王名扬、苏建华等县领导参加学习讨论。

县委常委会组成人员结合自身思想、工作、生活和作风实际谈认识、谈体会，进行了交流讨论。大家一致认为，做一名合格党员，首先要坚定政治立场，坚守理想信念，要把党性锻炼作为一辈子的任务，用长期不懈的学习和修养来塑造，用持续的锻炼和完善来保持，真正做到永不褪色、永不变质。

谢景林强调，开展“两学一做”学习教育，县委常委会组成人员要在知行合一上走在前列，发挥示范作用，作好表率。要牢固树立清醒坚定的政治意识、高度自觉的大局意识、绝对忠诚的核心意识、积极主动的看齐意识，进一步坚定道路自信、理论自信和制度自信，牢牢把握县委工作正确政治方向。要坚持两手抓、两促进，把学习教育同践行五大发展理念和推进脱贫攻坚结合起来，努力实现东安经济社会持续健康发展。坚持高标准、严要求，把抓好“两学一做”学习教育作为一项重要政治任务，精心组织开展，确保取得实实在在成效。谢景林要求，广大党员干部在学习党规党章、学习系列讲话的同时，要结合本职工作积极谋划工作、推进工作、创新工作。要扎实推进重点项目建设，确保实现全年经济社会发展目标任务。要始终绷紧地质灾害防范这根弦，扎实做好平时防治、战时应急各项工作，全力以赴安全度汛，努力保护好人民群众生命财产安全。要认真解决神华火电项目面临的问题，结合“一带八景”建设工作，强力推进项目建设进度，全力迎接全省项目建设流动现场会召开。要采取有力措施，认真部署换届期间信访维稳工作，确保社会大局持续和谐稳定。

30日上午，县委常委、常务副县长陈丽主持召开芦洪市镇“一带八景”项目建设协调会，对“一带八景”相关工作进行安排部署。县人大常委会副主任胡贤吉、胡慧川，副县长唐振宇、李瑞霞和文德、邓亚林、陈红斌等县领导参加会议。

会议要求，“一带八景”项目建设指挥部和相关职能部门要围绕“水火交融，魅力应阳”这一主题，统一思想，高度重视，密切配合，抢抓时间和进度，加快推进永电新村、东安鸡美食馆等项目建设。要加大工作力度，加快项目区域内道路建设，尽快拉通交通路网。要科学规划，进一步细化完善沿江自然风光带的规划设计，尽快绘制完成项目建成效果图和鸟瞰图，充分展现“一带八景”项目建设工作亮点和特色。要做好场地布置，营造浓厚的氛围，全力迎接全省项目建设流动现场会召开。

30日，县纪委监察局召开“两学一做”学习教育第一次集中学习讨论会。县委常委、县纪委书记李顺利以普通党员的身份参加学习讨论会并作辅导讲课。

与会人员围绕“讲政治、有信念”主题，重点对党章党规和习近平总书记关于全面从严治党等重要讲话精神进行集中学习，还就如何开展好“两学一做”学习教育作了交流讨论发言。

李顺利结合自身体会，对县纪委监察局全体党员提出五点要求：一是要在加强理论学习上下功夫，要认真学习党章党规和习近平总书记系列重要讲话精神，用科学理论指导纪检工作实践。二是要在树牢“四个意识”上下功夫，全县纪检监察干部要切实树牢政治意识、大局意识、核心意识、看齐意识。三是要增强宗旨意识上下功夫，要践行群众路线，发挥党员先锋模范作用，急群众之所急，想群众之所想。四是要在加强党性修养上下功夫。五是要在立足岗位真改真管真干上下功夫，全体党员干部要把“两学一做”学习教育与纪检工作结合起来，做到“两手抓、两不误”，为实现全县“十三五”开门红作出积极贡献。

30日下午，县政府“两学一做”专题学习讨论会在县行政中心三楼会议室召开，县委常委、常务副县长陈丽为县政府党员领导干部上了一堂题为《深学笃行 做“四讲四有”合格党员》的专题教育党课。李晓宁、唐振宇、李瑞霞、张静、唐正、于剑辉、邓亚林、徐荣军、唐伯平、蒋明君、陈利平、陈红斌等县政府党组成员参加学习讨论。

学习讨论会上，县政府党组成员从坚定理想信念，强化政治意识、大局意识、核心意识和如何做到对党忠诚等方面内容，结合自身工作实际，敞开思想，触及灵魂，从不同角度交流了自己的学习心得和体会。

陈丽充分肯定了学习讨论会取得的成效。陈丽指出，开展“两学一做”学习教育，是加强党的思想政治建设的重大部署；是全面从严治党的重大举措；是全力打造“五个东安”的强大动力。县政府党员领导干部要深刻认识“两学一做”学习教育的重大意义和丰富内涵，突出重点，把握“两学一做”学习教育具体要求。要突出问题导向，坚持理论联系实际，以“四有标准”正心正行，认真查摆自身存在的问题，建立台账，逐一整改销号，争做新时期合格党员。陈丽强调，县政府党组成员要提高认识，认真学习，在学习党章党规和习近平总书记系列重要讲话精神上求深化，始终拧紧“总开关”，做政治上的明白人。要坚持高标准、严要求，深学、细照、笃学，在推动工作上示范引领，当好表率。要坚持统筹兼顾，把开展学习教育与做好当前工作紧密结合起来，与完成全年各项目标任务紧密结合起来，真正做到“两手抓、两不误、两促进”。

31日上午，东安云数据指挥中心暨政务服务中心举行揭牌仪式。县委书记谢景林，县人大常委会主任文高平，县政协主席陈军，县委常委、常务副县长陈丽出席揭牌仪式并揭牌。县委副书记张波主持揭牌仪式。郑景学、欧阳冬子、李晓宁、王名扬等县领导出席揭牌仪式。

揭牌仪式结束后，谢景林一行参观了云数据指挥中心，对云数据指挥中心功能布局、平台服务、网络运维中心等进行了详细了解。谢景林要求，各级各部门要积极配合，将各单位信息资源逐步与云数据指挥中心实现共享，不断提高公共服务水平和政府管理水平。要以云数据指挥中心的开通为契机，全面发挥云数据的优势，进一步整合资源，将先进的信息化技术和理念运用于经济社会发展之中，运用于人民群众生产生活之中，运用于政府服务社会的各项工作之中，为东安县经济社会持续健康发展增添新动力。

31日上午，省公安厅党委委员、纪委书记周赛保到东安调研指导公安工作。市政府副市长刘新良，县委书记谢景林，县委常委、常务副县长陈丽，县委常委、县委政法委书记苏建华，县政府副县长、公安局长郑航陪同调研或参加座谈。

周赛保一行实地察看了东安县云数据中心、110指挥中心，随后在县公安局召开座谈会，听取了相关工作情况汇报。周赛保对东安县公安工作取得的成绩给予了充分肯定。周赛保要求，东安各级公安机关要紧紧围绕公安中心工作，严抓问责追究，全面落实“两个责任”。要严抓纪律作风，健全常态长效机制。要坚持从严执政不动摇，突出工作重点不松懈，落实主体责任不走样，抓好党风廉政建设。要严抓案件查处，保持惩治高压态势，抓好“雁过拔毛”式腐败问题和“纠‘四风’、治陋习”两项专项整治工作。要强化责任意识，注重初访办理，及时回复正常上访案件，确保东安社会大局和谐稳定。

31日，东安县在县行政中心七楼会议室与温氏集团就50万头生猪一体化项目签约，标志着东安县与温氏集团合作进入实质性阶段。市人大常委会副主任李俊湘、县委书记谢景林出席签约仪式。县委副书记张波在仪式上致辞，县委常委、副县长李晓宁主持签约仪式，并与温氏集团养猪事业部副总裁刘金发签约。县人大常委会副主任唐新柱、县政协副主席唐月程参加。

张波在致辞中指出，东安县是一个农业大县，也是全国生猪调出大县。该项目的签约，将有力地促进温氏集团先进管理理念、雄厚经济实力与东安特色主导产业、优势农业资源有机结合，对东安农业产业化转型升级具有极大推动作用。东安县将为项目建设提供最优质的服务，营造最优良的发展环境。张波希望，温氏集团要进一步坚定投资决心，在项目建设过程中加强沟通交流，加快建设进度，力争项目早开工、早建成、早投产、早受益。

31日上午，东安县委中心组在县行政中心五楼会议室举行2016年第一次集中学习。市委讲师团主任周勇作题为《学习贯彻党的十八届五中全会精神，努力实现永州全面建成小康社会奋斗目标》的专题辅导报告，市纪委调研法规室主任唐阳陵就学习贯彻《中国共产党廉洁自律准则》和《中国共产党纪律处分条例》作专题辅导报告。县委常委、县委宣传部部长欧阳冬子主持学习报告会。县委副书记张波、县人大常委会主任文高平、县政协主席陈军和郑景学、李顺利、王名扬等县委中心组成员，县直单位领导班子成员，各乡镇场党委书记、乡镇场长，省市驻县单位党政主要负责人参加学习。

学习报告会上，周勇从深刻认识全面建成小康社会决胜阶段的形势，准确把握“十三五”时期经济社会发展的指导思想、主要目标和基本理念以及切实提高党领导经济社会发展能力等三个方面科学系统、深入浅出地解读了中共十八届五中全会精神。唐阳陵从《准则》《条例》两部党内法规的意义、特征和要求等方面结合典型案例作了深入解读，系统阐述了修订《准则》《条例》是全面从严治党的要求，是依规治党、以德治党的现实选择，是推进党内法规建设的需要。

欧阳冬子在学习报告会总结讲话中指出，周勇、唐阳陵两位同志结合实际作了深入浅出、形象生动的辅导报告，两位同志的讲课紧扣时势、主题鲜明、内容丰富、思想深刻、讲话透彻，既有客观的理性分析，又有具体生动的阐述说明，具有很强的现实针对性和可操作性。欧阳冬子强调，认真学习宣传贯彻中共十八届五中全会精和《准则》《条例》，是当前和今后一个时期的重大政治任务，也是全县各级党组织和广大党员干部的共同责任。认真学习中共十八届五中全会精神，对我们自觉贯彻落实五大发展新理念，深刻理解、全面把握中共十八届五中全会精神实质和如期实现全面建成小康社会目标具有重要的指导意义。全县各级各部门要深入学习、深刻领会中共十八届五中全会精神，切实把思想和行动统一到全会精神上来，把全会各项决策部署和工作要求落到实处，为全面建成小康社会献计出力。学习贯彻《准则》和《条例》,要在深学悟透上下功夫。一要把功夫下在深学细悟上。全县党员干部要以此次辅导报告会为契机,原原本本学习《准则》和《条例》，联系实际研读条文，领会实质，入脑入心。二要把功夫下在融会贯通上。把学习《准则》和《条例》与学习党章紧密结合，与学习中共十八人和中共丨八届二中、四中、五中全会精神紧密结合,与学习习近平总书记系列重要讲话精神紧密结合,与县委、县政府的要求紧密结合，与自身所从事的工作紧密结合，达到融会贯通。三要把功夫下在加强教育上。各级党委（党组）主要负责同志在加强自身教育的同时，要切实承担起对所辖范围内党员干部宣传教育的责任，使大家对条文、党纪、党规烂熟于心，在思想上做好准备，在知识上做好储备，在工作上做好预备，为加快“五个东安”建设积极贡献力量。

31 日下午， 白牙市镇桐子山村党支部开展“两学一做”学习教育集中学习讨论。县委副书记张波为桐子山村全体党员上了一堂生动的党课。

上课前，与会的全体党员起立敬礼，重温了入党誓词。张波用通俗的语言、生动的事例，为桐子山村党员讲解了“两学一做”学习教育的意义、目标和方法，使与会党员深受启发和教育。张波在讲课中指出，“两学一做”学习教育是继党的群众路线教育实践活动、“三严三实”专题教育之后，中央推动党内教育从“关键少数”向全体党员拓展、从集中性教育活动向经常性教育延伸的重大举措。全县各级党组织要全面深化对“两学一做”学习教育重要性的认识，着力在思想上打牢基础，围绕“两学一做”学习教育的目标要求，着力在行动上找准方法路径。张波强调，“两学一做”基础在“学”，关键在“做”，核心在“改”，“两学一做”重在上行下效，贵在经常教育，根本要求是立足岗位实际，根本目的是从严治党。要通过“两学一做”学习教育，真正使党员日常教育管理制度规范起来、执行到位，使党内政治生活更加健全、更加健康，使从严治党真正落到实处、落到细处。要加强对“两学一做”学习教育的组织领导，着力在学习教育实效性上下功夫。要进一步增强党员的自豪感和使命感，牢固树立“我是党员我自豪”的思想，当好先锋，做好“标杆”，推动“两学一做”学习教育深入开展。

31 日下午， 县委常委、县委宣传部部长欧阳冬子以普通党员身份参加了所在党支部——县委宣传部党支部“两学一做”学习教育专题学习讨论，并为支部党员讲党课。

在逐条逐句重温了入党誓词、《中国共产党章程》和习近平总书记系列重要讲话摘要后，大家围绕“讲政治、有信念”主题，支部成员联系个人成长经历和思想、工作实际，交流学习心得和体会。欧阳冬子边听边记，不时插话交流，现场气氛热烈。欧阳冬子指出，讲政治、有信念是党的优良传统，是共产党人的安身立命之本，是应对现实考验的有力武器。做一名合格党员，就要把时刻坚定理想信念作为人生的终生课题，在坚定政治信仰中树牢理想信念，坚守政治本色中践行理想信念，保持政治定力中检验理想信念，自觉做到在党言党、在党忧党、在党为党、在党爱党，自觉做政治上的明白人、信念上的守护人。欧阳冬子强调，“讲政治、有信念”的核心要义是强化政治意识、大局意识、核心意识、看齐意识，坚定地在思想上政治上行动上同以习近平同志为总书记的党中央保持高度一致。“讲政治、有信念”的方法路径是在加强理论武装、对标先进先辈、树牢宗旨观念、加强党性修养上下真功，做到知行合一。

6月

1日上午，市人大常委会副主任袁满娥带领市金融办、环保局、供销社等单位负责人深入东安县水岭乡吊牛坪村调研指导精准扶贫工作。县委书记谢景林、县委副书记张波，县委常委、常务副县长陈丽等领导陪同调研。

谢景林对吊牛坪村前期精准扶贫工作取得的成绩给予了充分肯定。谢景林指出，吊牛坪村在市精准扶贫工作队的大力支持下，水利等基础设施建设不断完善，村容村貌焕然一新，环境卫生综合整治成效显著，社会治安良好，经济社会持续健康发展。谢景林要求，县直各后盾单位要加大对吊牛坪村资金项目扶持力度，确保资金到位。要用足用活用好扶贫政策，创新扶贫开发体制机制，攻坚克难，打赢扶贫攻坚这场硬仗。

袁满娥要求，各相关责任单位、责任人要统一思想，提高认识，按照精准扶贫的要求，抓好各项工作落实。要以并村为契机，节约基础设施建设开支，整合村级活动场所，实现资源共享。要搞好村庄环境卫生综合整治，充分利用当地生态资源优势，发展乡村旅游，打造美丽、环保、休闲自然村。水岭乡党委、政府要加强与驻村工作组和市、县直各后盾单位联系，充分发挥后盾单位帮扶作用。

1日上午，白牙市镇大江源休闲农庄乡村旅游开园，县委书记谢景林出席开园仪式并宣布大江源休闲农庄乡村旅游开园。县委副书记张波主持开园仪式。县政协主席陈军以及郑景学、欧阳冬子、陈丽、李顺利、李晓宁、苏建华等县领导出席开园仪式。

1日上午， 县人大常委会机关开展“两学一做”学习教育第一次专题学习讨论。县人大常委会主任文高平主持学习讨论会，并为县人大机关党员上了一堂题为《讲政治重信念做忠诚担当的人大干部》专题教育党课。县人大常委会副主任宁苏君、胡贤吉、唐新柱、胡慧川，县人大常委会党组成员、副处级干部邓贵春参加讨论。

与会人员围绕学习党章党规和习近平总书记系列讲话精神，紧密联系自身工作实际,谈认识、说体会,进行了深入的交流讨论。大家一致认为，认真学习、严格遵守党章党规是共产党员的立身之本，常温经典、联系实际是党员的修身之径、敬业之道，始终严守党的纪律和规矩是做合格党员的第一准则。

文高平要求，县人大机关党员干部要深刻认识“两学一做”学习教育的重大意义和丰富内涵。要深入学习党章党规和习近平总书记系列讲话精神，做到学用结合，知行合一。要始终坚持对党忠诚“生命线”，挺起理想信念“主心骨”，切实增强政治意识、大局意识、核心意识、看齐意识，进一步坚定道路自信、理论自信和制度自信，牢牢把握人大工作正确政治方向。文高平强调，县人大机关党组成员要坚持领导带头，以身作则，当标杆，作表率。要坚持从严要求，以严促深入，以严求实效。要紧密结合人大工作实际，因类施教，丰富内容，创新载体，增强学习教育的针对性和实效性。要坚持转变作风，坚持问题导向，认真查摆问题，立行立改，以解决问题的成果来检验学习教育的成效，努力开创人大工作新局面。

2 日，县政协主席陈军率部分市、县政协委员视察“一带八景”建设工作。县委常委、常务副县长陈丽，县政府副县长唐振宇，县政协副主席周刚生、周壬秀陪同视察或参加座谈。

陈军一行先后实地察看了芦江水库、新圩江镇芦江村、芦洪市镇永电新村、东安鸡美食馆、神华生态工业观光基地和沿江风光带，随后在芦洪市镇政府会议室召开座谈会，听取以“水火交融、魅力应阳”为主题的“一带八景”建设情况汇报。与会的市、县政协委员畅所欲言，就加强“一带八景”建设的准确定位、详细规划、景点名称提炼、整合优势资源、挖掘文化底蕴以及吃住行、停车场配套设施建设等方面提出了意见建议。陈军指出，开展“一带八景”建设项目视察，目的是让全县政协委员全面了解此项目建设进展情况，为项目建设建言献策。“一带八景”建设指挥部在项目建设上，要坚持高起点规划，分步骤实施，做到“一带八景”建设与自然原生态相契合，与地方特色文化相融合，与民情风俗相吻合，与经济发展相结合。各景区建设要有明确具体的要求，力求独具一格，形成特色。要明确定位，突出特色建设，进一步完善规划修编，提炼出让人耳目一新的景点名称。要加大投入力度，加快建设进度，按照旅游“六要素”的要求，引导旅游专业人员前来开发，培育四时盛景，确保“一带八景”建设有序推进。

2 日下午，东安“龙溪一号”杯夏季篮球联赛在县国税局篮球场举行开幕仪式。县委常委、县委宣传部部长欧阳冬子出席开幕仪式并致辞。

欧阳冬子代表县委、县政府对此次大赛的举办表示热烈祝贺，对参加比赛的各位来宾、运动员、裁判员和教练员表示诚挚的欢迎。欧阳冬子指出，举办本届全县篮球联赛，目的是为全县篮球运动爱好者搭建平台，让大家在展示球艺的同时，锻炼身体，强健体魄，以饱满的精神建设“五个东安”。欧阳冬子希望全体运动员发扬“更高、更快、更强”和“团结、友谊、进步”的奥林匹克精神，在比赛中始终坚持“既看重比赛，又珍重友谊”，安全参赛，规范参赛，赛出风格，赛出水平，赛出友谊。

2日下午，县委常委、常务副县长陈丽主持召开东安一中扩改建项目建设协调会，听取了项目建设情况汇报，对相关工作进行安排部署。县委常委、县委办主任郑景学出席会议。

会议要求，相关职能部门要统一思想，高度重视，加强领导，密切配合，强化责任落实，做好项目建设的审计核算工作。要根据项目合同内容，分门别类，仔细梳理，审核界定项目建设中涉及的市政工程建设和东安一中扩改建主体工程项目的投资概算，减少项目建设计划内投资。要加强工程监督管理，加快项目建设进度，确保项目建设顺利推进，早日投入使用。

3日晚，东安县分别与浙江省台州市正洲制冷设备有限公司、安徽池州格力特橡塑有限公司和玉环方氏机械有限公司签订了招商引资合同书。县委常委、常务副县长陈丽主持签约仪式，副县长唐振宇代表东安县分别与三家企业签约。

6日，永州市防汛抗灾调度视频会议召开。市委副书记、市长易佳良出席会议并讲话。县委副书记张波，县委常委、副县长李晓宁，县委常委、县人武部政委李觉会以及县水利、民政、城管、国土等部门相关负责人在县水利局防汛抗旱指挥中心东安分会场收听收看了视频会议。

张波在收听收看视频会议后强调，防汛抗灾人命关天，怎么重视都不为过。虽然当前东安县雨情水情趋于平稳，但是各级各部门务必要绷紧防汛抗灾这根弦，未雨绸缪、有的放矢，切实把握防汛抗灾主动权。要科学安排，对各塘坝水库进行台账管理，做到心中有数、调度有序。要科学分析雨情水情，各乡镇场要做好值班备汛和物资准备工作，落实好三人一库责任制。各职能部门要加强隐患排查，加强防汛演练，并建立好相关应急预案。要高度重视，加强领导，做到各尽其能、各负其责。要勇于担责，“严”字当头，落实好蓄水、保水措施，贯彻落实好全市防汛抗灾调度视频会议精神，力争防汛抗灾工作万无一失。

6 日下午，县委常委、常务副县长陈丽主持召开财税“双过半”调度会，听取财政、国税、地税三家相关工作情况汇报，并就财税“双过半”工作进行安排部署。

会议指出，2016 年以来，全县上下紧紧围绕年初县委经济工作会议的总体部署，坚持以项目建设为主抓手，依法加强收入征管，厉行节约，全县财政收入稳步增长，为经济社会发展提供了基本财力保障，但与完成“双过半”任务还存在较大差距。会议强调，财税三家要切实增强做好财税工作的责任感和紧迫感，算好收入账、时间账，围绕“双过半”目标任务，落实责任，强化征管措施，全力以赴组织收入攻坚。要进一步加强对重点税源、重点企业、重点项目的税收征管，加快推进重点项目建设，确保投资增长，财政增收。各协税护税单位和各乡镇场要切实履行协税护税职责，协助财税部门做好征收工作，全面完成本单位的协税护税任务。要强化考核，严格奖惩，确保圆满完成财税“双过半”任务。

7日，县委书记谢景林主持召开县委常委扩大会议，会议听取县委第十一届八次全会筹备、信访维稳、财税“双过半”、紫水新城项目建设等工作情况汇报，并对相关工作进行了安排部署。县委副书记张波以及郑景学、欧阳冬子、陈丽、李顺利、李晓宁、王名扬、苏建华、李党会等县委常委会组成人员参加会议，相关单位主要负责人列席会议。

关于县委十一届八次全会筹备工作，会议听取了县委第十一届八次全会筹备工作汇报，并对县第十二次党代会筹备工作作出了安排部署。会议要求，相关职能部门要加强对有关政策、程序、流程的学习培训，对党代表的构成，党委委员、候补委员和纪委委员差额比例等问题进行认真研究、科学安排。要严格组织把关，选出来的党代表必须符合规定的标准结构和比例要求。要加强协调，增强大局意识，形成工作合力，确保第十二次党代会如期胜利召开。

关于信访维稳工作，会议要求，全县各级各部门要高度重视，认真履职，勇于担当，敢于负责，扎实做好当前信访维稳工作。要抓住关键，突出重点，依法严厉惩处抱团非法上访牵头人，维护社会大局和谐稳定。要强化责任落实，严格责任追究，确保实现“三无”县的工作目标。

关于财税“双过半”工作，会议要求，财政、国税、地税三家要以高度的政治责任感，科学分析财税收入的各种来源，做到应收尽收。要进一步强化征管、拓宽税源，积极对接，搞好协调配合，齐心协力，攻坚克难，确保财税收入时间过半，任务过半。国税要突出抓好重点项目税收的突击；地税要重点突击房地产税收，加大清缴欠税力度，加强与重点企业、金融部门的税收衔接协调，建立健全预案机制；财政要着力突击土地出让收入清欠，加大融资力度，确保财税收入入库。

会议还研究了紫水新城项目建设等工作。

8日上午，神华国华清远电厂总经理刘建海到东安考察神华国华永州电厂项目建设。市政府领导荣燕明，县委书记谢景林陪同考察。

刘建海一行实地察看了神华国华永州电厂项目建设进展情况。刘建海认为，在东安县委、县政府的正确领导下，经过项目建设指挥部和相关部门的共同努力，神华国华永州电厂项目建设顺利推进。刘建海希望，在下阶段工作中，电厂和东安县委、县政府要进一步加强沟通联系，及时掌握工作动态。东安要强化服务意识，及时、稳妥协调解决好各类矛盾问题，为项目建设营造良好的施工环境，确保项目建设顺利推进。

谢景林要求，项目施工单位要严格按规划组织建设，在保证工程质量的前提下，加大大型机械的调度力度，在项目工地形成热火朝天的建设场面，力争项目早建成、早投产、早达效。项目建设指挥部和各相关职能部门要经常性深入工地一线，继续做好项目建设各项服务工作，及时解决项目建设过程中遇到的困难和问题。要加强资金调度，为项目建设顺利推进提供有力保障。

8日，东安县创建国家卫生县城知识抢答赛在县行政中心五楼会议室举行。来自全县各乡镇场、县直单位共32个代表队参加比赛。县委常委、县委宣传部部长欧阳冬子，县委常委、县委政法委书记苏建华，县人大常委会副主任胡慧川，县政府副县长张静出席活动或为获奖代表队颁奖。

欧阳冬子在致辞中指出，创建国家卫生县城是全面贯彻落实“四个五”总体要求，全力打造“五个东安”的必然要求，是提升县城文明程度、提升东安形象的内在需要。举办“创国卫”知识抢答赛旨在进一步普及文明卫生知识，增强创卫意识，达到以赛促学、以学促行的目的，进一步提高市民素质，营造全县齐心协力、共同创卫的良好氛围。欧阳冬子要求，要增强主人翁意识，争当文明市民。要落实好创卫责任，积极支持参与创建国家卫生县城工作，争做先行者，充当主力军。要完善机制，协调配合，落实好各项创建目标任务，确保如期实现创建国家卫生县城目标。

本次抢答赛由县委办、县政府办主办，团县委承办，县创卫办、县卫计委协办，比赛内容为创建国家卫生县城相关知识。经过激烈的角逐，紫溪市镇代表队获得一等奖；石期市镇、县城卫绿化局、县环保局代表队获得二等奖；舜管局、大庙口镇、县房产局、井头圩镇、县教育局、县民政局代表队获得三等奖。

12 日，县委副书记张波带领相关部门负责人深入川岩、井头圩、端桥铺等乡镇检查指导防汛和地质灾害防治工作。

张波一行先后深入川岩乡江田村、井头圩镇联心水库和端桥铺镇金溪水库，详细询问当地的地质灾害监测情况，了解水库库容、当前水位、人员值守和防汛责任落实等情况。刘建海强调，水库安保十分重要，不能出现丝毫差错，一定要把保证水库的安全度汛作为重点，落实防汛责任人，搞好值班巡查，发现险情要及时处理，确保安全度汛。张波要求，各级各部门要充分认识2016年防汛工作的形势，进一步统一思想，强化责任，明确任务，认真做好防灾减灾和应急处置工作，牢牢把握防汛备汛的主动权。要高度关注雨情和汛情，严密监测水库运行情况，及时掌握情况，快速做出反应。要完善各类防汛预案，及时抓好问题整改，加强物资储备，做到有备无患。当地党委、政府要加强汛期监测，严密监控地质灾害隐患点，制定切实可行的避险撤离方案，一旦发现险情，迅速组织人员撤离到安全地带，确保群众生命财产安全。

12 日，县委常委、县委宣传部部长欧阳冬子带领县文体广新局、县广播电视台、编办、总工会等后盾单位负责人深入白牙市镇梨山口社区，调度社区创国卫工作。副县长李瑞霞参加。

欧阳冬子指出，县城创国卫工作不是为了拿牌子、争称号、创政绩，而是为了把改善人居环境、构建和谐家园这一民心工程、德政工程打造好，不是短期的突击行为，而是需要常抓不懈、常抓常新的社会长效工程。欧阳冬子要求，白牙市镇和梨山口社区要进一步明确目标，切实克服思想认识不明不白，工作职责不清不楚，所属问题至今没有很好解决等一系列问题，着力把梨山口社区打造成经得起看、经得起查、经得起挑毛病的示范性社区。要牢固树立攻坚战必胜、创国卫必成的信念，多找解决问题的方法，少找推诿扯皮的理由。要进一步强化措施，做到创国卫工作有专人专抓、有督查保证、有资金保障、有亮点支撑。欧阳冬子强调，当前，东安已经顺利通过创国卫申报资料评审，县城创国卫工作已经进入了攻坚期、决胜期。全县上下要乘势而上，再加压、再升温，以必胜的信心、决胜的姿态投入到创国卫中来。通过全县上下共同努力，真正实现“打造基础设施升级版，打造市容市貌升级版，打造城乡整洁升级版，打造文明新风升级版”的目标，确保创国卫成功。

13 日上午，市人大常委会主任高建华带领执法检查组到东安开展《预算法》执法检查，听取东安县《预算法》贯彻落实情况汇报。县委书记谢景林，县人大常委会主任文高平出席座谈会。县委常委、常务副县长陈丽，县人大常委会副主任胡贤吉分别就相关工作进行汇报。

谢景林要求，各级各部门要对执法检查组反馈的问题进行认真整改，进一步加强财政监管，规范预算执行，不断深化预算管理改革，全面提升预算管理的科学化、精细化、法治化水平。

高建华对东安县《预算法》贯彻执行情况以及此项工作取得的成绩给予充分肯定。高建华要求，东安县各级各部门要进一步加大对《预算法》的学习宣传力度，深入领会《预算法》的精神实质，不断提高贯彻落实的能力和水平。要规范财政行为，提高财政监督，努力建设阳光财政、责任财政、服务财政。要严格财政纪律，强化部门主体责任，完善预算绩效管理机制，加大预算监管力度，坚持预算在前、支出在后，提高财政资金使用效益。要进一步扩大部门预算公开面，细化公开内容，提高政府预算公信力和透明度。

13日上午，中共东安县委第十一届八次全会在县行政中心五楼会议室召开。会议审议通过《中国共产党东安县第十一届委员会第八次全体会议关于召开中国共产党东安县第十二次代表大会的决议（草案）》。县委书记谢景林主持会议。县委副书记张波作《中国共产党东安县第十一届委员会第八次全体会议关于召开中国共产党东安县第十二次代表大会的决议（草案）》的说明；县委常委、县委组织部部长、县委统战部部长王名扬宣读《中国共产党东安县第十一届委员会第八次全体会议关于召开中国共产党东安县第十二次代表大会的决议（草案）》。郑景学、欧阳冬子、陈丽、李顺利、李晓宁、苏建华、李觉会等县领导出席会议。出席全会的应到县委委员 28 人，实到 26 人；县委候补委员应到 3 人，实到 1 人，符合规定人数。不是县委委员、县委候补委员的县级领导，县纪委委员列席会议。

会议要求，全县各级党组织和全体党员干部要充分认识召开县第十二次党代会的重要意义，切实增强政治意识、大局意识、核心意识、看齐意识，精心做好各项筹备工作，确保把县第十二次党代会开成一个团结、民主、务实、鼓劲的大会。会议强调，要落实“两个责任”，始终把纪律和规矩挺在前面，严格落实中央和省委“九严禁”“约法三章”“三个一律”等纪律规定，真正绘出思路清、措施实的好蓝图，选出忠诚、干净、担当的好干部，配出结构优、功能强的好班子，换出心齐、气顺、劲足的好面貌。要大力宣传过去五年“五个东安”建设取得的重大成就和先进党组织、优秀共产党员的模范事迹，努力营造迎接县第十二次党代会召开的浓厚氛围。要切实做到统筹兼顾，围绕换届做好各项工作，确保完成县委年初下达的各项目标任务，确保换届期间思想不松、秩序不乱、队伍不散、工作不断，以换届促进改革发展，以改革发展检验换届成效，做到换届工作与干事创业“两不误、两促进”，以优异成绩迎接县第十二次党代会的胜利召开。

13 日上午，东安县分别与台湾吉米科技有限公司、杭州俊镁科技有限公司和江西优必特汽车配件有限公司签订招商引资合同书。县委书记谢景林，县政协主席陈军和李晓宁、王名扬、苏建华、张静等县领导出席签约仪式。县委常委、常务副县长陈丽在签约仪式上致辞，副县长唐振宇代表东安县人民政府分别与三家企业签约，副县长李瑞霞主持签约仪式。

陈丽代表县委、县人大、县政府、县政协及东安人民对三家企业的签约入驻表示热烈欢迎。陈丽表示，东安县将坚持打造“诚信政府”，以最优惠的政策、最优质的服务、最优越的环境，为前来投资发展的企业打造最好的发展平台。同时，她希望入驻的企业能够在东安放胆投资、放心经营、放手发展，力争企业早开工、早投产、早达效。

13 日，县委副书记张波带领相关部门负责人深入端桥铺镇、川岩乡、井头圩镇调研“美丽乡村”建设和精准扶贫工作。

张波一行实地察看了端桥铺镇竹木町社区、川岩乡榴星村、井头圩镇伍塘村“美丽乡村”建设和精准扶贫工作情况。张波要求，“美丽乡村”建设要以改善农村人居环境、提高农民生活水平为着力点，依托农村山水生态、田园风光和人文历史资源，突出村庄建设的风格和品位，打造布局合理、环境优美、特色鲜明的美丽村庄。“美丽乡村”建设要与精准扶贫工作结合起来,让“美丽乡村”建设带动乡村旅游发展，为贫困群众提供更多创业就业机会，加快贫困群众脱贫步伐。扶贫产业要扩大投入规模，新增深加工项目，提高附加值，增强贫困户造血功能，不断开拓贫困户的致富门路，加快村级集体经济发展。实施精准扶贫，要结合正在开展的“两学一做”学习教育，突出精准，用足政策，完善机制，充分发挥干部的表率作用和农民群众的主体作用，以精准扶贫的实际成果检验学习教育的成效。

13 日，中共东安县委下发《关于印发〈中国共产党东安县第十二次代表大会筹备工作方案〉的通知》，明确了东安县第十二次党代会的指导思想和主要任务，会议时间及地点，会议主要议程，参加会议人员和会议组织领导等事项。

14 日，市委常委、市纪委书记杨永来东检查指导安全生产工作，实地察看现场，并听取相关工作汇报。县委书记谢景林、县委副书记张波、县人大常委会主任文高平、县政协主席陈军和郑景学、欧阳冬子、陈丽、李顺利、李晓宁、王名扬、苏建华、李党会等县领导陪同检查或参加情况通报会。

杨永一行实地察看了神华国华永州电厂、芦江水库、“135”工程建设现场、云数据指挥中心、苍子岭公园地质灾害现场、松江水库和川岩乡江田村地质灾害现场，并在县行政中心七楼会议室听取东安经济社会发展情况、落实党风廉政建设“两个责任”情况以及安全生产、防汛工作等方面的情况汇报。杨永认为，东安县委领导班子和领导干部干事创业意志强，群众幸福获得感很强烈，产业发展喜人，党建工作扎实推进，党风廉政建设成效显著。杨永要求，东安各级各部门要切实做好抓整改、抓预防、防松懈“两抓一防”工作，确保当前的防汛和安全生产工作万无一失。抓整改，要严格按照“谁主管谁负责”的原则，落实好主体责任，进一步加强安全教育培训，完善安全警示标识标线，加强对交办问题的整改落实。抓预防，要继续深化隐患排查，扎实抓好重点行业领域安全专项整治，不断夯实安全生产基层基础，对防范重点对象做到心中有数，把问题的整改落到实处。防松懈，要着重强调警钟长鸣，进一步解决安全执法不严格、措施落实不彻底、干部出现麻痹思想等问题，牢固树立安全发展观念，时刻绷紧安全生产这根弦，切实维护人民群众生命财产安全。

15 日，东安县与广硕集团就东安凯翔鞋业三期扩建项目签约。县委书记谢景林、县人大常委会主任文高平、县政协主席陈军以及副县长唐振宇、李瑞霞等县领导出席签约仪式。县委常委、常务副县长陈丽在签约仪式上致辞，并代表东安县人民政府与广硕集团总裁张荣梧签约。

15 日，双牌县政协主席唐彦带领考察组到东安考察学习交流“德文化”建设工作。东安县人大常委会主任文高平、副主任胡慧川陪同考察。

文高平对双牌县考察组的到来表示热烈欢迎。文高平表示，东安县通过创建“中国德文化之乡”工作，有力地传承和弘扬了中华优秀传统文化，对培育和践行社会主义核心价值观具有重大的现实意义，东安县将一如既往地建设最接地气、最有特色、最具活力、富有实际效果的中国德文化之乡。

考察组一行实地参观了新吴公塔、新广利桥、“德文化”十里长廊等“一核心六基地”。唐彦表示，东安县德文化建设领导高度重视、历史底蕴深厚、工作扎实有效、发展前景远大，走出了一条既具东安特色又有普遍意义的德文化建设之路，值得学习借鉴。东安县的成功经验和做法，是双牌县申报、建设“和文化”的样板。

15 日，县委常委、县纪委书记李顺利带领县林业、消防、安监等相关部门负责人深入舜管局、大庙口镇检查指导安全生产工作。

李顺利一行深入舜皇山塌方路段、景区大门、游客中心建设现场、大庙口加油站、杨江河大坝和大庙口中心小学等安全生产重点单位进行检查。李顺利强调，安全生产事关人民群众生命财产安全，事关改革发展稳定大局。舜管局和大庙口镇要时刻紧绷安全生产这根弦，做到思想认识上警钟长鸣、制度保证上严密有效、技术支撑上坚强有力、监督检查上严格细致、事故处理上严肃认真，坚持不懈地把安全生产工作抓细抓实抓好。李顺利要求，相关部门要进一步落实责任，规范对安全隐患的处置程序，做到责任到人、任务到人、效果明显。要科学安排，合理调度，对各个行业和领域要进行全面摸底，排查安全隐患。要坚持问题导向，对检查中存在的安全隐患，立即跟踪治理和采取挂牌销号制度。密切配合，齐抓共管，切实加强乡镇安全生产基层基础工作。要严格追责，健全台账和安全工作机制，做到不走过场、不流形式，对产生安全事故的责任人按照程序严格处理。

16 日，南宁铁路局总工程师何曲波带领专家组到东安察看指导铁路危桥改造工作。县委书记谢景林，县委常委、常务副县长陈丽，副县长唐振宇等县领导陪同察看或参加座谈。

何曲波一行到东安后，实地察看了紫渌公路上跨湘桂铁路危桥、东安东站增建生产用房工程和宝田路上跨湘桂铁路立交桥规划建设地址，并与东安县讨论协商建设改造方案。何曲波强调，紫渌公路上跨湘桂铁路桥被确定为五类危桥后，相关各方非常重视，并已着手进行筹备建设，希望抓紧时间、加快进度，尽快排除安全隐患。关于宝田路上跨铁路桥的建设，南宁铁路局将尽力给予支持，希望东安县能将这两个项目打捆成一个项目，并委托有相关资质的第三方代管代建。要按照程序，确保安全，保障资金，加强协调，确保安全隐患早排除、宝田大桥早建好。

谢景林对南宁铁路局专家组前来现场办公、现场指导解决问题表示感谢。谢景林表示，东安县将本着对党、对人民负责的态度，严格按照专家们的意见建议，将这两个项目打捆成一个项目，并立即着手安排部署相关建设工作，希望双方及时沟通，长期保持良好的关系，把这一关系民生福祉的事情办好。

16日，县政协主席陈军率部分市、县政协委员视察湘江流域综合治理。县政协副主席周刚生、唐月程、周壬秀参加视察。县委常委、副县长李晓宁以及县环保局、畜牧水产局、水利局、国土资源局、林业局等单位主要负责人陪同视察。

陈军一行先后深入湘江河道采砂区、荞麦冲采矿区、东安县淘汰电解锰及锑冶炼企业历史遗留废渣安全处置工程区、石期市河道淤泥治理工程区，实地察看湘江流域综合治理情况。随后在石期市镇政府召开座谈会，就湘江流域综合治理进行协商讨论。委员们围绕湘江流域综合治理中存在的问题纷纷建言献策，提出了一些富有建设性的意见和建议。陈军充分肯定了各职能部门在湘江河流域综合治理工作中取得的成绩。陈军要求，相关部门要统一思想，成立专门班子，加大执法力度，有序推进湘江流域综合治理工作。要加大投入，切实抓好湘江流域重要集镇和乡村垃圾、污水的整治工作，进一步规范河道采砂秩序，严厉打击非法采砂、采矿行为，切实保护好植被，全力打造河道两岸绿色生态走廊。要制定科学合理的中长期治理规划，加大宣传力度，形成全民参与保护母亲河的浓厚氛围，早日让湘江流域“河畅、水清、岸绿、景美”的自然风光展现出来。

16日下午，“中国‘德文化’之乡”文化创意总体规划暨德文化课题研究成果评审会在县住建局会议室召开。中南大学国学研究中心主任刘立夫，中南大学客座教授黄晋，湖南科技学院杨金砖教授，县人大常委会主任文高平，县委常委、县委宣传部部长欧阳冬子，县人大常委会副主任胡慧川，县政府副县长李瑞霞出席会议。

中南大学国学研究中心课题组相关负责人介绍了《中国德文化之乡——厚德东安》课题研究成果和《“中国德文化之乡”东安县德文化创意总体规划》编制情况。与会人员围绕课题研究成果，结合东安实际，从东安的人文历史和文稿的篇目结构、文字表述、特色特点等方面对课题研究成果进行了评审，提出了意见和建议。

在听取与会人员的意见和建议后，文高平充分肯定了课题研究成果，对中南大学研究中心课题组表示衷心感谢。文高平指出，《中国德文化之乡——厚德东安》和《“中国德文化之乡”东安县德文化创意总体规划》课题研究成果，文稿框架结构合理，内容丰富真实，地方特色明显，详细阐述了东安的舜德、民德、官德、武德等德文化的亮点，符合东安实际。文高平要求，东安县德文化建设领导小组要加强调研，深入挖掘东安德文化历史底蕴，加强与课题组联系，提供相关资料和素材。同时希望，课题组要按照评审会的意见和建议，认真修改、完善课题研究成果，认真编撰东安德文化丛书，进一步提高东安“中国德文化之乡”品牌在全国的知名度和美誉度。

17 日上午，县政协机关党支部开展“两学一做”学习教育集中学习讨论。县政协主席陈军以普通党员身份参加学习讨论，并为县政协全体党员干部讲了一堂题为《政协干部要主动对标履责，做好合格党员》的党课。县政协副主席周刚生、唐月程参加学习讨论。

与会人员围绕主题，重点对党章党规和习近平总书记关于全面从严治党等重要讲话精神进行集中学习，还就如何开展好

“两学一做”学习教育作了交流讨论发言。陈军指出,“两学一做”学习教育是中央对新形势下加强全党思想政治建设的一项重大部署，通过开展学习教育端正党风政风，为推进新形势下人民政协事业发展筑牢根基。政协机关全体党员干部要立起“四讲四有”的标杆，时时处处严格规范自己，争当合格的共产党员。要坚持党的领导，服务中心大局，敢于担当，认真负责，心存敬畏，严格自律。要以全面从严治党新成效推动政协事业实现新发展，为加快“五个东安”建设作出新的更大的贡献。

20日，东安县文体广电新闻出版工作会议在县文体广新局会议室召开。会议传达了全市文体广新工作会议精神和全县党务工作会议精神，回顾总结2015年全县文体广新工作，对2016年工作进行了安排部署。县委常委、县委宣传部部长欧阳冬子出席会议并讲话。

欧阳冬子指出，文化是民族的血脉，是人们共有的精神家园。抓好文化建设，不仅是提升文化软实力的迫切需要，对提升地方凝聚力、竞争力和综合实力也具有重要作用。全县各级各部门要自觉把文化建设放到经济社会的总体布局中去认识和理解，充分认识文化建设的重要性，增强推进文化建设的紧迫感。欧阳冬子要求，全县文体广电新闻出版工作要按照习近平总书记在文艺工作座谈会上重要讲话精神的总体要求，围绕县委、县政府的中心工作，突出重点，夯实基层，狠抓落实。要在深化文化体制改革上出新，在全面繁荣文化事业上出彩，在加快建设公共文化上使劲，在推动文化产业发展上用功，在加强文化市场管理上发力，在开展文化遗产保护开发上着力。要大力实施文化人才培养工程，把各种有利于文化改革发展的资源、要素和潜力充分调动起来。

欧阳冬子强调，新时期赋予新任务，新任务提出新要求。全县文体广电新闻出版系统要不负党的重托，不负党员干部的期盼，树牢文化自信，立足文化自觉，增强加快文化建设的使命感，加快建设文化强县，不断开创全县文化繁荣发展新局面。

会议对大盛镇等 2015 年度文化工作先进单位和唐涛华等先进个人进行了表彰。各乡镇场文化站站长向大会提交了责任书。

20 日上午，东安分别与汽车零部件产业项目湖南星原高科材料有限公司和乡村旅游项目滴水岩生态农庄有限公司签订了招商引资合同书。县委常委、常务副县长陈丽主持签约仪式，县政府副县长唐振宇代表东安县分别与两家企业签约。

陈丽要求，相关部门要为项目建设提供最优质的服务，营造最优良的发展环境。同时希望湖南星原高科材料有限公司和滴水岩生态农庄有限公司要进一步坚定投资信心，在项目建设过程中加强沟通交流，加快建设进度，力争项目早开工、早建成、早投产、早受益。

21 日上午，东安县召开“雁过拔毛”式腐败问题和“纠‘四风’治陋习”专项整治工作推进会。县委书记谢景林出席会议并讲话，县委副书记张波主持会议。县委常委、县纪委书记李顺利作工作情况通报。

谢景林指出，开展两项专项整治是“五个东安”建设的重要保障，是确保“两学一做”学习教育取得实效的重要举措，是加强换届选举工作、树立良好形象的必然要求。希望大家进一步深化认识，把思想和行动统一到省、市、县委的决策部署上来，进一步增强专项整治的思想自觉和行动自觉，在全县形成专项整治的强大声势。谢景林要求，各级各部门要注重正面引导，提高群众的知晓度和参与度，营造良好整治氛围。要拓宽线索来源，严格按照“纪委协调、部门负责，问题导向、分级清理”的要求，开展项目、资金、财务清查。要发挥乡镇党委的主体责任和纪委的监督责任，从源头上预防腐败。要加大案件的监督、检查、查处力度，对发现的违规线索及时移送或核查处理。要形成工作合力，严格追究责任，按照“谁主管、谁负责”的原则抓好防控。要以更严的作风、更实的举措，全力以赴抓好两项专项整治工作，为打造“五个东安”、全面建成小康社会作出新的更大贡献。

各相关单位提交了责任状，井头圩镇、大庙口镇、新圩江镇、县财政局、农委等单位主要负责人作了表态发言。

21日上午，市纪委副书记黄薇带领市调研组到东安调研指导纪检监察工作。县委常委、县纪委书记李顺利陪同调研。

市调研组对东安县纪检监察工作取得的成绩给予充分肯定。市调研组要求，东安要从严从实抓好“两个责任”，特别是党委主体责任的落实，积极探索创新，提高监督执纪问责工作实效，真正把群众反映的问题解决好，把群众关心的问题落实好。要把握运用好监督执纪“四种形态”，加大大要案件的查处力度，尤其对“雁过拔毛”式腐败问题进行重点查办，确保全面完成办案任务。要抓好纪检监察干部队伍建设，强化监督执纪问责，不断提升纪检监察干部队伍整体素质，切实筑起不敢腐、不能腐、不想腐的防线，开创党风廉政建设和反腐败斗争新局面。

22日上午，县委书记谢景林主持召开县委常委会，听取创国卫工作和“七一”表彰工作情况汇报。县人大常委会主任文高平、县政协主席陈军以及欧阳冬子、陈丽、李顺利、李晓宁、王名扬、苏建华、李觉会等县领导出席会议，相关单位主要负责人列席会议。

关于创国卫工作，会议强调，创国卫工作已进入攻坚阶段，各级各部门要统一思想，坚定信心，加强调度，巩固前阶段创国卫工作取得的成绩；要按照《创建国家卫生县城考核细则》标准，搞好自查自纠，确保环境卫生达标、档案资料完备、督促检查到位；要抓实整治，进一步强化市容市貌监管，加强道路交通设施建设，加快城乡综合整治；要全力打造创国卫亮点，做到重点工作不失分，难点工作不扣分，亮点工作要加分；要进一步加强领导，夯实工作责任，主动巡查、现场督办。要加大宣传力度，创新宣传方式，积极动员、引导全社会支持和参与创建国家卫生县城活动，营造浓厚的创国卫宣传舆论氛围。

关于“七一”表彰工作，会议强调，2016 年是中国共产党成立 95 周年，是实施“十三五”规划开局之年。相关部门要高度负责，密切配合，精心筹备召开纪念建党 95 周年大会；要结合“两学一做”学习教育，广泛开展多种形式的纪念活动。要大力宣传先进典型，进一步激励全县广大党组织和党员围绕“五个东安”建设发挥先锋模范作用，为建设美丽幸福新东安而努力奋斗。

22 日下午，县委常委、常务副县长陈丽主持召开财税“双过半”工作调度会，安排部署财税“双过半”工作。县政府副县长唐振宇和县财政、国税、地税等相关部门主要负责人参加会议。

会议要求，全县各级各部门要坚定信心，下定决心，集中时间和精力，打好财税收入“双过半”攻坚战。财税部门要加强与重点项目企业的联系，确保预计的税款落实到位。地税部门要强化措施，加大对重点财源建设项目及房地产企业的税收稽查清缴力度，做到应收尽收、及时入库。相关责任单位要强化征管，狠抓入库，履行协税护税职责，积极督促重点财源建设项目业主履行纳税义务。要严格落实责任，强化考核，按照时间过半任务过半的要求，严格奖罚兑现，确保实现财税收入“双过半”目标任务。

23日上午，县委书记谢景林带领县委办、县委组织部、白牙市镇相关负责人，深入白牙市镇走访慰问困难党员和老党员，为他们送去节日的问候。

谢景林要求，各级党组织要怀着深厚的感情尊重老党员，生活上多多关心老党员，思想上与老党员多沟通，时刻把他们的冷暖挂在心上，主动为他们排忧解难，让他们切实感受到党和政府的关怀，共享改革发展成果。

23日上午，县委书记谢景林率领县委办、城管局、交警大队、人社局等相关单位主要负责人深入八角街就推进创国卫工作现场办公。

谢景林一行实地察看了八角街的路面环境卫生状况，对该路段存在的乱扔垃圾、车辆乱停放、背街巷摊点疏于管理等影响市容市貌问题进行了现场指导，并就下阶段整治工作进行了安排部署。谢景林指出，环境卫生代表着一个城市的形象，是城市文明程度、管理水平和市民人文素养的直接体现，也是东安县创建国家卫生县城的一项基础性工作。各级各部门要进一步提高认识，科学调度，广泛宣传，深入发动，积极参与文明劝导，进一步增强广大干部群众的创建意识，不断提高市民文明卫生素质。谢景林强调，各相关职能部门要进一步加大城市管理力度，对八角街存在的违规占道经营、乱贴乱画、车辆乱停乱放、行人横穿马路等现象，进行全面规范整治。要建立长效管理机制，加强街道日常巡逻，抓好城镇市民素质教育，进一步增强群众的文明意识、卫生意识，倡导文明健康的生活方式。要充分发挥八角街的样板示范作用，以此带动县城其他主要路段和街道的规范管理，进一步提升东安城市品位。

24 日上午，东安县第十六届人大常委会第二十八次会议召开。县人大常委会主任文高平，副主任宁苏君、胡贤吉、唐新柱、蒋永辉等出席会议，县人大常委会副主任胡慧川主持会议。

依据《中华人民共和国地方各级人民代表大会和地方各级人民政府组织法》和《中华人民共和国全国人民代表大会和各级地方人民代表大会选举法》的有关规定，市人大常委会提名邓洪为永州市第四届人民代表大会代表候选人，安排在东安县进行补选。会议表决通过监票人名单，投票补选邓洪为东安县出席第四届永州市人民代表大会代表。罢免冯仁锋的永州市第四届人民代表大会代表职务，并报永州市第四届人民代表大会常务委员会备案、公告。

24 日上午，县政协民主评议会在县人社局二楼会议室召开，专题评议县人社工作。县政协主席陈军、副主席周刚生出席。

会议学习传达了《县政协民主评议县人力资源和社会保障局工作实施方案》。陈军指出，民主评议是提高职能部门依法行政和民主决策水平的重要手段，对于改进工作，增强服务意识和民主监督实效具有十分重要的意义。各级各部门要统一思想，高度重视，明确目标任务，确定评议对象，把握关键环节，加大工作力度，有序推进民主评议工作。要加强领导，密切配合，坚持“实事求是、客观公正、正面监督、推动发展、促进和谐”的原则，严肃工作纪律，确保这次民主评议工作达到预期效果，取得圆满成功。

24日上午，蓝山县政协副主席袁凤带领蓝山县考察组，到东安考察交流创文、创卫工作。县委常委、县委宣传部部长欧阳冬子陪同考察。

蓝山县考察组到东安后，实地察看了白牙市镇政务中心、茶亭社区、县检察院和舜德学校创国文、创国卫有关工作，听取了东安县创国文、创国卫工作开展情况介绍，双方就具体问题进行了座谈交流。袁凤认为，东安县创国文、创国卫日常工作运转有序、街面卫生干净整洁、城市面貌日新月异，为蓝山创建省级卫生县城工作提供了样板和借鉴。袁凤表示，要把东安创国文、创国卫工作好的经验带回去，结合蓝山县的实际，指导和推进创省文卫工作。

26日上午，“蓝结行动第六季——禁毒志愿者三湘行”暨东安禁毒志愿者环城骑行禁毒宣教活动启动仪式在县和谐文化广场举行。县委常委、县委政法委书记苏建华出席活动并讲话。县禁毒委员会各成员单位相关负责人以及自行车户外爱好者、青年志愿者200余人参加活动。

27日，县政协主席陈军深入川岩乡赤皮园村走访慰问困难党员，向他们致以节日的问候和美好的祝愿，并送去慰问金。

陈军表示，农村党员是党的宝贵财富，他们为党的建设和集体经济发展作出了重要贡献，各级党组织要把老党员特别是困难老党员的冷暖挂在心间，积极主动帮助他们解决实际困难，真心实意为他们排忧解难，让他们切实感受到党和政府的温暖，安享幸福晚年。

陈军还以一名普通党员的身份与赤皮园村的党员共同过组织生活，大家围绕如何践行“两学一做”，发挥党员模范作用，带领村民脱贫致富等展开了讨论。陈军就如何做一名合格党员为该村党员上了一场精彩生动的党课。

27 日，湖南云生竹业有限公司负责人深入东安县川岩学校开展爱心助学活动，为蒋雯洁等 10 位品学兼优的贫困学生送去 5000 元爱心款。县政协主席陈军出席捐赠仪式。

陈军衷心感谢湖南云生竹业有限公司企业家对东安教育事业发展的善行义举。陈军指出，扶贫先扶智，希望有关部门要时刻关注山区的教育事业，关爱山区贫困留守儿童的成长，不断推进教育精准扶贫工作。

27 日，县委常委、县委宣传部部长欧阳冬子深入端桥铺镇汉寿村、黄土脑村、华石村、黄塘村、大井村走访慰问部分老党员和困难党员，为他们送去节日的问候。县人大副主任唐新柱以及端桥铺镇党政主要负责人陪同走访。

每到一户，欧阳冬子都与老党员们亲切交谈，仔细询问他们的家庭情况、身体状况和生产生活情况，感谢他们在过去的岁月里，为加快当地经济社会发展所作的贡献，希望他们树立信心，保重身体，时刻以党员的优良作风来严格要求自己，为当地经济发展和社会稳定发挥余热。欧阳冬子还叮嘱随行的当地党政主要负责人，要一如既往地关心和照料老党员和困难党员的起居生活，多为他们解决生活中的实际困难，使他们病有所医、老有所养，安居乐业、安享晚年。

28日，县人大常委会主任文高平带领相关职能部门负责人深入县城龙溪南路，督查指导创国卫工作。县人大常委会副主任宁苏君、胡贤吉、唐新柱、胡慧川、蒋永辉陪同。

文高平一行实地察看了龙溪南路的路面卫生情况，对广告牌统一设计、“牛皮癣”清理、垃圾桶设置、占道经营、乱贴乱挂整治等问题进行了详细的安排部署。文高平指出，创国卫工作是一项系统工程、民生工程，同时也是对党员干部工作执行力的考验，各责任单位一定要明确任务，明确职责，加强沟通协作，确保各项目标任务按时完成。文高平要求，县城管、住建、环卫等职能部门要加强协调，强化执法，对已经破损并成为卫生死角的路面进行修补，更换破损的人行道板。要加大整治力度，解决车辆乱停乱放的问题，保证市民出行顺畅。要进一步加强巡查、执法，及时发现和制止相关问题。要广泛宣传，深入发动，营造浓厚创建氛围，使创建工作家喻户晓、人人皆知，进一步增强广大干部群众的创建意识。要进一步严明纪律，严明奖罚，全面落实创建国家卫生县城的各项工作目标任务，确保创建工作取得实效。

28日下午，县委副书记张波在白牙市镇相关负责人的陪同下，深入白牙市镇龙溪源村、桐子山村走访慰问部分老党员和困难党员，为他们送去党和政府的关怀，向他们致以节日的问候。

每到一处，张波都关切地询问他们的生活、身体等情况，并送上慰问金，向他们表达县委、县政府的亲切关怀和深切问候，并鼓励他们继续发挥余热，多向党委、政府提好的意见和建议，为年轻党员干部树立榜样。走访中，张波反复叮嘱镇、村干部要时刻关心困难党员的生产生活情况，做到在政治上尊重、思想上关心、生活上照顾、精神上关怀，把党组织的关爱落到实处。

29日上午，全县庆祝中国共产党成立95周年暨表彰大会在东安会堂召开。县委书记谢景林出席会议并讲话，会议由县委副书记张波主持。县委常委、县委组织部部长、县委统战部部长王名扬宣读表彰决定，47个“星级党组织”、77名优秀党务工作者和153名优秀共产党员受到表彰。县人大常委会主任文高平、县政协主席陈军以及郑景学、欧阳冬子、陈丽、李顺利、李晓宁、苏建华、李党会等县领导出席会议。

谢景林代表中共东安县委向全县各级党组织和广大共产党员致以节日的问候，并向受到表彰的先进单位和先进个人表示热烈祝贺。谢景林指出，在党中央和省、市委的坚强领导下，县委团结带领全县各级党组织和广大党员干部贯彻落实“四个五”的总体要求，深入推进绿色、小康、法治、创新、幸福“五个东安”建设，经济实力明显增强，创先争优亮点纷呈，攻坚克难成效喜人，实现了“十二五”完美收官，东安经济社会发展发生了深度和有品质的变化。谢景林强调，东安经济社会已经进入政策叠加的机遇期和沉淀积累的蓄发期，“五个东安”建设也到了决胜阶段，任务艰巨，责任重大。全县各级党组织和广大党员一定要以时不我待的紧迫感、义不容辞的责任感和抢抓机遇的使命感，坚持党建引领，促进工作落实，推动事业发展，不断开创各项工作新局面，奋力谱写“五个东安”建设新篇章。要牢固树立政治意识，坚定全力打造“五个东安”的自信心；牢固树立大局意识，增强全力打造“五个东安”的责任感；牢固树立核心意识，凝聚全力打造“五个东安”的正能量；牢固树立看齐意识，提升全力打造“五个东安”的执行力，确保县委作出的重大决策部署干一件、成一件。要严肃换届工作纪律，始终把纪律和规矩挺在前面，严格落实中央和省委“九严禁”“约法三章”“三个一律”等纪律规定，确保县第十二次党代会胜利召开，确保县四大家班子换届圆满完成。要以新的作风、新的姿态、新的干劲，共同开创东安经济社会发展新局面，为全力打造“五个东安”、全面建成小康社会做出新的更大贡献。

29日上午，市纪委副书记、市监察局局长张国峰到东安调研纪检派驻机构改革、“雁过拔毛”式腐败问题和“纠‘四风’、治陋习”专项整治等工作。县委常委、县纪委书记李顺利陪同调研。

市调研组对东安纪检监察工作取得的成绩给予充分肯定。市调研组要求，东安纪检监察部门要加强纪检派驻机构统一管理，充分发挥派驻监督作用。要建立完善派驻机构与驻在部门的监督与协助机制，落实知情权、建议权和查处权。要把落实“两个责任”作为全面从严治党的重要举措，强化责任担当，认真种好作风建设“责任田”。要把握和运用监督执纪“四种形态”，以“零容忍”的态度严肃查处发生在群众身边的“四风”和腐败问题。

29日下午，县委在行政中心七楼常委会议室召开2016年上半年基层党建工作汇报会。全县15个乡镇的党委书记、专职副书记、组织委员和县直各单位党委书记、分管党建的副职参加会议。县委副书记张波，县委常委、县委组织部部长、县委统战部部长王名扬出席会议。

15 名乡镇党委书记，就半年来基层党建工作开展情况、取得的成效、存在的问题及今后的工作计划进行汇报。王名扬结合各乡镇的工作进行逐一点评。县委组织部相关负责人就下一步基层党建工作进行了部署。张波在讲话中指出，此次会议既是一次汇报总结会，更是一次相互学习交流的机会，全县各级党组织要认真学习借鉴，吸取好的做法和成功经验，努力使东安基层党建工作上水平、上台阶。

29 日晚，东安庆祝建党 95 周年“党旗飘扬 唱响东安”歌咏比赛在东安和谐文化广场举行。县委书记谢景林出席开幕仪式并宣布比赛开幕，县委副书记张波致辞。县人大常委会主任文高平，县政协主席陈军以及郑景学、欧阳冬子、陈丽、李顺利、李晓宁、王名扬、苏建华、李觉会等县领导观看演出。来自各乡镇场和县直机关的 35 支代表队共 2000 多名队员高唱红歌，共同庆祝中国共产党成立 95 周年。

30 日，县委常委、常务副县长陈丽深入芦洪市镇走访慰问老党员和困难党员，为他们送去党和政府的亲切关怀和节日问候。

每到一处，陈丽都与老党员们亲切交谈，详细了解他们的家庭情况、身体状况和生产生活情况，感谢他们在过去的岁月里，为促进当地经济社会发展所作的贡献。希望他们树立信心，保重身体，时刻以党员的优良作风来严格要求自己，继续发挥余热，多向党委、政府提好的意见和建议，为年轻党员干部树立榜样。

芦洪市镇镇村干部要及时了解老党员生产生活状况，多帮助他们解决实际困难，让他们安度晚年。

陈丽还深入祖师殿居委会调研老街的保护和开发工作，要求芦洪市镇和县直有关部门进一步加大对老街危桥的维修工作力度，加强老街电力线路的维修整改，搞好芦江两岸的环境卫生整治，做好老街的保护和开发工作，确保老街发挥应有的历史和文化效应。

7月

1日上午，市委常委、市纪委书记杨永深入东安县井头圩镇上大村，走访慰问老党员，为他们送去党和政府的关怀。县委书记谢景林，县委常委、县纪委书记李顺利陪同。

杨永表示，农村党员是党的宝贵财富，他们扎根农村，扎实工作，不计名利，为农村基础设施建设和集体经济发展做出了重要贡献。希望老党员们继续发挥余热，多向党委、政府提好的意见和建议，多做群众思想疏导工作，为年轻党员干部树立榜样。杨永要求，东安县各级党组织要把老党员特别是困难党员的冷暖挂在心间，积极帮助他们解决实际困难，真心实意地为他们排忧解难，让他们切实感受到党和政府的温暖。

1日上午，市委常委、市纪委书记杨永带领市纪委、住房公积金管理中心、人民银行等单位负责人深入东安县井头圩镇上大村调研指导精准扶贫工作。县委书记谢景林，县委常委、县纪委书记李顺利等领导陪同调研。

杨永一行实地察看了上大村野里子生态农家规划基地、光伏发电站规划基地、村级活动中心建设现场，详细了解了驻村扶贫队员进村后村里的产业发展情况并召开座谈会，村支两委、村民代表就上大村扶贫建设中存在的困难和问题提出了意见和建议。在听取大家发言后，杨永对上大村精准扶贫工作所取得的成效给予充分肯定。杨永认为，上大村充分发挥了党员干部在精准扶贫工作中的骨干引领作用，村两委扶贫目标任务明确，扶贫工作抓得扎实，推动了扶贫工作再上新台阶。杨永要求，上大村要加强基层党组织建设，继续发挥基层党组织战斗堡垒作用，形成脱贫攻坚合力。要着眼“一村一品”的发展思路，因地制宜打造特色龙头产业，给贫困户创造更多的就地就业机会，拓宽致富门路。要努力完善村级基础设施建设，在道路硬化、光伏发电站、村级活动中心等项目建设上，保证资金管理到位。要对建卡贫困户认真调查摸底，制定切实可行的帮扶规划，积极稳步推进扶贫工作。要加强村级财务管理，进一步做好村级财务公开工作，在扶贫工作中坚持公平、公开、公正的原则，确保精准扶贫工作不出纰漏。

谢景林强调，井头圩镇党委、政府要加强与驻村工作组和市、县直各后盾单位联系，充分发挥后盾单位帮扶作用。上大的村民要珍惜扶贫机遇，努力增强自我造血功能。要以并村为契机，节约基础设施建设开支，整合村级活动场所，实现资源共享。要搞好村庄环境卫生综合整治，充分利用当地生态资源优势，发展乡村旅游，打造美丽、环保、休闲自然村。要加强贫困村基层组织建设，提高村级组织的执行力和战斗力，争取通过三年扶贫彻底改变上大村面貌，确保脱贫攻坚工作取得实效。

1日，东安县人大常委会主任文高平走访慰问井头圩镇老党员和贫困党员，为他们送去党和政府的关怀，感谢他们为党和人民的事业作出的贡献，并向他们致以节日的问候。

文高平强调，老党员为当地经济社会发展做出了积极贡献，他们的奉献精神是党的宝贵财富，党和人民永远不会忘记。希望通过“七一”走访慰问活动，使困难党员充分感受到党的关怀与温暖，使他们进一步增强战胜困难的勇气与信心，增强农村基层党组织的凝聚力。各级党组织要多关心老党员和困难党员的生活，时刻将他们的冷暖放在心上，尽力帮助他们解决实际困难，让他们安享晚年。

走访慰问后，文高平还就如何践行“两学一做”为石板铺村的党员上了一堂生动的党课。文高平结合村里的实际情况，重点论述了“四讲四有”，还从“孝、和、诚、善”四个方面对德文化进行了阐述，他要求石板铺村党员做到崇德、厚德、聚德、弘德、明德，村里及时推出美德红榜，党员争做道德模范。

4日上午，县委书记谢景林深入县城各路段各单位，调研指导县城创国卫工作。县委常委、县委宣传部部长欧阳冬子陪同。

谢景林一行先后前往县住建局、县城各进出口交通要道的城郊结合部、县地税局、官田南路、县法院、县农业局、县畜牧水产局、县城应阳中学、县环保局和城西广场，对县城创国卫工作进行了一次全面检查，对各路段存在的垃圾乱扔、车辆乱停、摊点乱摆、部分路段杂草丛生等影响市容市貌的问题进行了交办，对下一阶段工作进行安排部署。谢景林指出，创建国家卫生县城是县委、县政府向全县人民作出的庄严承诺。经过这几年的创建工作，东安城镇化建设日新月异，城市功能逐步完善，人居环境明显改观,创建国家卫生县城工作已具备较好的基础。谢景林要求，全县各级各部门要进一步统一思想，坚定信心，加强调度，在巩固前阶段创国卫工作成效的同时，按照《创建国家卫生县城考核细则》标准，搞好自查自纠，确保创建国家卫生县城工作目标实现。谢景林强调，当前，县城创国卫工作已进入决胜阶段，各级各相关部门要加强与上级创卫部门的衔接，做好随时接受调研和明察暗访的准备工作。要对交办的问题抓好整改落实，加大整治摊点乱摆、垃圾乱扔等难点问题的力度，全面强化市容市貌整治。要全力打造创国卫亮点，做到重点工作不失分，难点工作少扣分，亮点工作多加分；要进一步加强领导，落实责任，主动巡查，现场督办，确保把这一功在当代、利在千秋的事情抓紧抓实抓好。

4日，市人大常委会副主任袁满娥率领市人大检查组到东安开展食品安全“一法一条例”执法检查。县人大常委会主任文高平，县委常委、副县长李晓宁陪同。

检查组先后深入恒惠原种场、金湘源蔬菜基地、大江源农庄、天成实验学校、天天食品米粉加工厂、周记大米厂、东安一中、步步高超市等地，实地察看食品生产安全管理现场、食品安全检测流程，重点检查完善食品安全监管机制、打击食品非法添加剂等工作开展情况，并派出暗访组随机了解情况。李晓宁就东安县贯彻实施食品安全“一法一条例”有关工作开展情况以及下段工作打算作了详细汇报。检查组就提高食品安全意识、加大监管力度、开展专项整治、完善硬件设施等方面的工作提出了意见和建议。袁满娥对东安县食品安全工作取得的成绩给予了充分肯定。袁满娥指出，食品安全是关系广大人民群众生命安全的大事，是政府义不容辞的责任，各级各部门要提高对食品安全的认识，加强食品卫生安全的监管工作，加大对食品安全违法行为的打击力度，健全食品卫生安全相关的管理机制，提高监管能力。要加大食品安全法律法规宣传力度，强化从业人员的教育引导，提高从业人员素质，改善生产环境，从源头上杜绝食品安全问题。

4日下午，县委常委、县委宣传部部长，县创建国家卫生县城工作指挥部常务副指挥长欧阳冬子主持召开东安创建国家卫生县城第四次调度会。县政府副县长张静参加会议。

会议听取了前阶段县创卫办各专业工作组和相关职能部门开展创国卫工作的情况汇报。欧阳冬子指出，东安创建国家卫生县城工作已进入最后冲刺阶段。各级各部门要统一思想认识，务必坚定必胜的信心，只争朝夕，攻坚克难，以百米冲刺的态度，按照“创国卫”测评细则和相关工作要求，认真准备，扎实工作；以过硬的举措，展示成果、展示形象、展示作风，全力以赴落实好各项工作，确保实现创建国家卫生县城目标任务。欧阳冬子要求，各责任单位和各专业工作组自查自纠工作要做细，要按照东办发〔2014〕10号文件工作要求和东办发〔2016〕23号文件列出的责任清单，开展深入细致的自查自纠，做到一项一项的看，一项一项的查，一项一项的抓。对没达标的，要针对问题，抓紧补火，确保达标；对已经达标的，必须抓好巩固提高，努力提高创建水平。要按照要求认真抓好整治工作的落实，着重抓好“三点”：一要抓住“重点”。对于创建工作的重点指标、关键指标，特别是一些“硬指标”，必须想尽办法、用尽手段，确保万无一失。尤其是各类实地测评点，必须严格按照标准，做到指标到位，细节到位，无遗漏，无疏忽。二要攻克“难点”。对于必须达标、难度较大的创建设施，要实现定领导、定投入、定班子、定措施的工作责任制，确定具体项目，抢抓时间达标。三要打造“亮点”。要在做好“规定动作”的同时，着力巩固提高优势项目，打造城市亮点，形成东安特色，展示创建成果，努力为创建工作“争分添彩”，做到重点工作“不失分”，难点工作“少失分”，亮点工作“多加分”。欧阳冬子强调，要加强领导，强化配合，把创建国家卫生县城这项工作作为当前工作中的重中之重。要树立“一盘棋”意识，本着谁负责、谁落实的原则，迅速行动，把承担的任务落实好。白牙市镇政府和各社区要充分利用居委会力量，把宣传普及工作延伸到基层每个角落、每个层面和每一个人，最大限度地动员广大市民自觉投入到创建活动中来，争当创卫主人翁，为创建国家卫生县城做贡献添光彩。东安电视台、东安新闻网、东安手机报要进一步加大宣传力度，创新宣传方式，让创建国家卫生县城的要求标准和文明规范家喻户晓，人人皆知。县创卫办要拿出具体活动方案，积极开展义务创建等活动，广泛动员和组织机关干部、企事业单位职工、社区居民和学校学生，积极参与“创国卫”工作，全面营造浓厚的创建氛围。要加大督查力度，对措施不力、行动迟缓、推诿扯皮，影响全县创建效果的责任单位、责任人，要给予通报批评、限期整改。整改不到位的，要实行诫勉谈话；还不落实的，该追责的要追责。要强化群众监督，认真受理和处理群众的来信来访，切实解决群众反映的热点难点问题，取信于民；要聘请社会监督员，开展明察暗访，推动创卫工作更好开展；要强化舆论监督，利用新闻媒体，实行全程监督，对工作不力、效果不好的，要进行公开曝光，确保实现创建目标。

5日上午，县委书记谢景林深入紫溪市镇、大庙口镇调研乡村旅游和烤烟生产工作。原县政协主席杨绪耀，县政府副县长李瑞霞陪同。

谢景林一行实地察看了紫溪市镇渌埠头村、沉香寺、紫大烟叶工场和大庙口镇官田烟叶工场、石瑞村等地，详细了解了紫溪市镇、大庙口镇乡村旅游和烤烟生产工作情况。在渌埠头村、石瑞村，谢景林要求，相关职能部门和各乡镇场要把“美丽乡村”与旅游发展结合起来，科学规划，坚持从村庄布局、景观风貌、历史文化等方面着手，挖掘特色，彰显个性，串点成线，打造精品，呈现“美丽乡村”的特色风景线。要依托村庄自然生态优势，因地制宜，科学规划产业发展，推动当地农家乐、养生休闲项目向产业化、规模化发展，促进农村经济发展，更好地惠及百姓。在紫大烟叶工场、官田烟叶工场，谢景林通过与烟叶工场负责人交谈，详细了解了烤烟生产后期管理、成熟采烤等情况。谢景林要求，烟叶部门要加强烤烟烘烤技术人员培训，切实做好烤烟烘烤和交售工作。要营造良好的烟叶收购环境，切实维护烟农利益，确保农民增收，实现烤烟产业提质增效。

5 日，县委副书记张波在白牙市镇党委主要负责人陪同下，深入山水村调研指导软弱涣散党组织建设工作。

张波一行到山水村后，实地察看了该村村容村貌和基础设施建设，并与该村村支两委干部座谈，详细了解了该村党支部组织活动场所建设、村集体经济、财务管理、基层党员干部队伍建设等情况。张波要求，山水村要进一步加强村级活动中心的内务管理，营造整洁有序的办公环境。要转变观念、开阔视野，集中力量抓好班子、队伍、制度建设和经济发展，充分发挥基层党组织的战斗堡垒作用，选准适合本村发展的路子。村干部要敢于担当、敢于作为，不断提升基层党组织的战斗力和干部服务群众水平。要理清思路，把握机遇，切实解决好村里遗留问题，争取早日甩掉软弱涣散党组织的帽子。

6 日上午，县委书记谢景林主持召开县委常委扩大会议，专题学习习近平总书记在庆祝中国共产党成立 95 周年大会上的重要讲话精神。谢景林结合自己学习总书记“七一”重要讲话精神的体会作了发言，并对全县下一步学习宣传贯彻工作作了全面部署。县委常委、县委宣传部部长欧阳冬子原原本本领读了习近平总书记“七一”重要讲话全文。县委副书记张波、县人大常委会主任文高平和郑景学、陈丽、李顺利、李晓宁、王名扬、苏建华、李党会等县委中心组成员参加学习。

谢景林指出，习近平总书记的重要讲话，站在历史演进、时代发展和战略全局的高度，全面回顾了中国共产党95年来团结带领全国各族人民不懈奋斗走过的光辉历程、作出的伟大贡献和蕴涵的历史启示，深刻阐述了不忘初心、继续前进必须牢牢把握的八个方面重要要求，科学展望了党和人民事业发展的光明前景。讲话通篇闪耀着马克思主义的真理光芒，是指引中国共产党奋力推进中国特色社会主义伟大事业和全面推进党的建设新的伟大工程的纲领性文献。谢景林强调，全县各级党组织要坚决按照中央和省、市委的要求，把学习宣传贯彻落实习近平总书记的“七一”重要讲话精神作为当前的一项重要政治任务来抓，作为“两学一做”学习教育的重要内容，在全县上下迅速掀起学习贯彻“七一”重要讲话精神的热潮。一要在深刻把握中国共产党所作出的伟大历史贡献中增强“四个自信”。总书记的重要讲话，通篇体现了对马克思主义信仰的自信，对共产主义远大理想的自信，对中国特色社会主义的自信，对中国共产党的基本路线方针政策的自信。我们要进一步坚定中国特色社会主义的道路自信、理论自言、制度自信、文化自信，进一步增强政治意识、大局意识、核心意识、看齐意识，始终在思想上政治上行动上同以习近平同志为总书记的党中央保持高度一致。二要在深刻把握中国共产党所得出的基本历史结论中坚定前进方向。总书记在讲话中用“三个历史告诉我们”，阐述了中国共产党的历史经验和历史结论。我们要毫不动摇坚持中华民族伟大复兴事业，毫不动摇坚持中国特色社会主义道路，毫不动摇坚持党的基本路线方针政策，始终做共产主义远大理想和中国特色社会主义共同理想的坚定信仰者、忠实实践者、有力推动者。三要在深刻把握中国共产党所肩负的时代使命中永葆奋斗精神。总书记在讲话中系统提出了八个“不忘初心，继续前进”的明确要求，全县各级党组织要把思想和行动统一到中央的部署要求上来，坚持马克思主义的指导地位，坚持以人民为中心的发展思想，坚持以经济建设为中心，协调推进“五位一体”总体布局和“四个全面”战略部署,加快“五个东安”建设。要全面落实管党治党责任，继续推进党的建设新的伟大工程。四要在深刻把握奋力谱写中国梦的东安新篇章中作出新的贡献。总书记在讲话中强调，中国共产党“进京赶考”这场历史性考试还没有结束，今天中国共产党团结带领人民所做的一切工作就是这场考试的继续。我们要深入贯彻总书记重要讲话精神，奋力谱写好中国梦的东安篇章。要坚持发展第一要务不动摇，加快建成全面小康；坚持全面深化改革目标不动摇，加快建设开放高地；坚持走中国特色社会主义法治道路不动摇，加快建设法治东安；坚持社会主义先进文化前进方向不动摇，加快建设文化强县；坚持人民立场不动摇，不断提升群众的幸福感和获得感。

6日，县委常委、常务副县长陈丽主持召开县政府第四十三次常务会议，听取中医院整体搬迁、湘桂市场和城东市场改造、创建省级安全生产示范县、交通、县生态保护红线划定、教育、东安一中扩改建项目建设、农村广播“村村响”工程建设、水利系统十个中型水管单位人员工资待遇问题、沿江西路及配套项目建设、市管道燃气项目建设等工作情况汇报。李晓宁、郑航、唐振宇、李瑞霞、张静、唐正、于剑辉、文德、邓亚林、徐荣军、雷双娇、唐伯平、陈红斌等县政府常务会议组成人员参加会议，县委常委、县委办主任郑景学，县委常委、县委宣传部部长欧阳冬子，县政协副主席周刚生应邀列席会议。

关于中医院整体搬迁工作，会议指出，中医院搬迁事关民本、民生。相关职能部门要高度重视，合理规划布局，做好中医院搬迁选址工作，把这项实事办好、办实。要做好项目建设的资金测算等相关工作，积极向上争取项目资金，确保中医院整体搬迁工作顺利推进。

关于湘桂市场和城东市场改造工作，会议要求，相关职能部门要按照“创国卫”相关工作要求，完善改造工作方案，对湘桂、城东市场进行标准化改造。要完善市场基础设施配套建设，加大环境卫生保洁力度，规范市场管理秩序，确保达到“创国卫”工作目标要求。

关于创建省级安全生产示范县工作，会议强调，各级各部门务必高度重视，时刻绷紧安全生产这根弦，克服麻痹大意的侥幸心理，做到警钟长鸣、常抓不懈。要加强领导，强化工作措施，建立长效机制，确保成功创建省级安全生产示范县。

关于交通工作，会议要求，相关职能部门要加快进度，保障项目建设前期工作经费，启动348省道东安大庙口至紫花坪公路项目建设。要制定工作方案，做好项目资金测算，对端坪、东水、狮横三条道路进行维修，确保过往群众和车辆正常通行。要协调处理好群众矛盾纠纷问题，确保芦江水库库区路桥建设顺利推进。

关于教育工作和东安一中扩改建项目建设，会议要求，教育部门要加强师德师风建设，充分利用在编教师资源，建立完善乡村教师成长激励机制，全面提升乡村教师能力素质。要落实激励机制，充分调动教师队伍积极性。要抓好学前教育和中心城区学位建设，推动东安教育事业持续健康发展。相关职能部门要加强沟通，密切配合，强化责任落实，做好东安一中扩改建项目建设的审计核算工作。要加强工程监督管理，加快项目建设进度，确保项目建设顺利推进，早日投入使用。

关于城市管道燃气项目建设工作，相关职能部门要坚持规划先行，引进具有较强经济实力且具备相关规划资质的知名企业，高标准、高规划做好东安管道燃气规划编制工作。要成立项目建设指挥部，采用“PPP”项目建设模式，做好项目建设公开招标工作，确保项目建设顺利推进。

会议还研究了县生态保护红线划定、农村广播“村村响”工程建设、水利系统十个中型水管单位人员工资待遇问题、沿江西路及配套项目建设等事项。

6 日下午，县委常委、县委组织部部长、县委统战部部长王名扬以普通党员身份参加了所在党支部——县委组织部党支部“两学一做”学习教育专题学习讨论，并为支部党员讲党课。

王名扬和大家一起学习了《中国共产党章程》和习近平总书记在庆祝中国共产党成立 95 周年大会上的重要讲话精神。王名扬指出，开展“两学一做”学习教育，是保持党的先进性和纯洁性的需要，把严的要求贯彻管党治党全过程的需要，是严肃党内政治生活的需要，加强作风建设的需要，是精心培养好干部的需要，也是加强组织部门自身建设的需要。王名扬强调，组织部门作为党委的重要职能部门，担负管干部、管党员、管人才的重要职责，组工干部要牢固树立党章意识、看齐意识、大局意识、核心意识，时刻与党中央保持高度一致；要当好表率，发挥示范引领作用，建设模范部门、打造过硬队伍，努力让党委放心、干部信赖、群众满意；要保持一个良好的心态，正确看待工作岗位和压力，率先垂范，带头践行“两学一做”学习教育规定任务要求；要保持一个最佳的工作状态，以饱满的工作热情、强烈的事业心和责任感全身心投入工作，使组织工作在繁重任务面前同样达到高效率、高质量、高标准；要保持一个高尚的姿态，做到大事讲原则，小事讲风格，营造干事业、讲奉献的浓厚氛围，真正实现自身价值。

8日上午，县委常委、县委宣传部部长欧阳冬子带领县创国卫办工作人员，深入都塘村和梨山口社区，督察指导城中村、社区创国卫工作。

欧阳冬子要求，各级各部门务必要把思想和行动统一到县委、县政府的决策上来，全面动员、争分抢秒，不遗余力，决战决胜，确保创国卫成功。

欧阳冬子一行先后深入都塘村和梨山口社区，对辖区内的临街干道、背街小巷、房前屋后、卫生死角进行了反复察看，要求在7月13日前将存在的问题限期整改到位。欧阳冬子指出，当前东安县创国卫工作到了最后的冲刺阶段，但是部分城中村和社区还存在创国卫意识不强、创建氛围不浓、解决难点措施不力等问题。各级各部门务必要把思想和行动统一到县委、县政府的决策上来，全面动员、全民动手，争分抢秒，不遗余力，决战决胜，确保创国卫成功。欧阳冬子要求，各级各部门要对照创国卫迎检标准，对前段工作来一次“回头看”，对下一阶段创国卫工作进行再动员、再部署、再升温。要进一步加强宣传引导，营造浓厚的创国卫工作氛围。要通过社区网格管理，对辖区内展开全方位拉网式排查，每一个区域、每一条街道、每一处设施、每一个环节、每一个细节，都要落实责任单位和责任人，做到无缝隙，全覆盖。尤其对责任单位、责任人，必须严格督查问责。通过铁腕整治，强力推进，全力以赴，攻坚克难，迅速掀起新一轮你追我赶、创建国卫的热潮，确保东安创建国家卫生县城成功。

11日，神华国华永州电厂配套设施建设工作调度会在芦洪市镇永电新村召开。会议听取了神华国华永州电厂功能配套区和“一带八景”建设工作情况汇报，并就相关工作进行了安排部署。市政府领导荣燕明、神华国华永州电厂总经理李耀和、县委书记谢景林、县政府副县长唐振宇参加会议。

谢景林充分肯定了各工作组在前阶段征地拆迁工作中取得的成绩。对于下阶段工作，谢景林要求，神华国华永州电厂项目建设指挥部要加强领导，严肃工作纪律，进一步增强统筹协调能力，按照时间节点，制定详细的任务计划进度表，确保项目建设有序推进。要加强与神华国华永州电厂沟通联系，做好对接服务，及时协调火电项目推进过程中的矛盾和问题。“一带八景”建设指挥部在项目建设上，要高度重视，明确目标任务，按照分工要求，强化责任，集中精力，一鼓作气，加快建设进度。要加大对“美丽乡村”建设宣传力度，抓好农村环境卫生综合整治工作，拆除“空心房”，全力打造“美丽乡村”示范点建设。要抢抓时间和进度，做好前期准备工作，制定工作计划，明确工作期限，确保年内完成一期工程建设任务。

荣燕明强调，各级各部门要认清形势，统一思想，迎难而上。要加强调度，搞好对接，破解难题，强化措施，全力推进神华国华永州电厂配套项目建设，争取项目早日建成投产。

11日，东安换届风气监督工作培训会暨谈话会在县行政中心六楼会议室召开。会议传达贯彻省、市委换届监督培训工作会议精神，对全县换届风气监督工作进行培训。县委常委、县纪委书记李顺利，县委常委、县委组织部部长、县委统战部部长王名扬出席会议并讲话。

会议强调，全县各级各部门务必从战略和全局的高度，充分认识严肃换届纪律的重要性，自觉落实换届纪律的各项要求。要切实增强纪律意识和规矩意识，严肃换届纪律，严肃查处违反换届纪律行为，进一步树立鲜明的实干担当用人导向，选好干部，配好班子，为加快“五个东安”建设提供坚强的组织保证。要压实责任，以“零容忍”的态度，保持正风肃纪的高压态势，将严肃换届纪律要求落到实处。各级领导干部要坚持以党章党规为镜，严以律己，以身作则，严守底线，不越红线，争做严守纪律的表率，切实营造风清气正的换届环境。会议还组织与会人员观看了换届选举警示教育片《镜鉴》。

11日下午，省环境保护厅副厅长谢立一行到东安调研大气污染防治工作。市委常委、常务副市长唐湘林，市领导荣燕明、市政府副秘书长陈景茂、神华国华永州电厂总经理李耀和以及东安县委书记谢景林、县政府副县长唐振宇等陪同调研。

谢立一行实地参观了神华国华永州电厂，并召开座谈会听取神华国华永州电厂项目、工程进展和环保情况汇报。谢立对神华国华永州电厂大气污染防治工作表示肯定，并对今后的大气污染防治工作提出了意见建议。谢立要求，各级各部门要进一步提高思想认识，认真执行各项制度措施，传导压力、落实责任。要通力协调，加大执法力度，加强对企业的监管，做好环境保护应急预案，采取切实措施，确保大气环境质量。神华国华永州电厂要主动适应经济新常态，严格遵守新环保法规定，进一步提升企业节能减排水平，为东安经济社会发展提供清洁的能源支撑。要加强脱硫、脱硝系统的管理，按照煤电企业超低排放标准，降低污染废气排放，实现环境保护与经济效益的双赢，做成湖南省环保标杆工程。

11日下午，县委常委、县纪委书记李顺利主持召开东安换届风气监督工作调度会，贯彻落实全市换届风气监督工作会议精神。

会议要求，全县各级各部门要高度重视换届风气监督工作，统一思想认识，以强烈的政治敏锐性和高度的责任感，自觉做清醒人、明白人、带头人。要把思想认识统一到中央和省、市委部署要求上来，切实增强政治意识、大局意识、核心意识、看齐意识，以最坚决的态度、最有力的措施，狠刹违反换届纪律的各种歪风邪气，确保换届工作风清气正、万无一失。会议强调，严明换届风气、严肃换届纪律是做好换届工作的客观要求，全县上下要协同作战、持续发力，进一步强化监督落实。要进一步压实责任，严格“十个责任主体”责任落实，强化全过程监督。要注重宣传教育的广泛性，严守“九严禁”换届纪律的“红线”和“底线”，持续抓好换届纪律教育，真正筑牢纪律防线。要注重监督检查的针对性，坚持问题导向，突出重点环节和重点问题，加强换届风气督查。要注重查处通报的及时性，坚持“零容忍”的态度，对违反换届纪律的行为露头就打、严查严办，为全县换届工作提供坚强的纪律保障。

12日上午，市委常委、市纪委书记杨永再次深入东安调研指导安全生产工作。县委书记谢景林，县委常委、县纪委书记李顺利，县政府副县长唐振宇陪同调研。

杨永一行先后深入荣彩烟花爆竹批发公司仓库、东安县机动车检测有限公司、县汽车东站、县交通中心实地察看，认真听取市暗访组前段对东安安全生产工作情况汇报。在荣彩烟花爆竹批发公司仓库，杨永实地查看了仓库的物品堆放、防护设施，详细了解了烟花爆竹储存、经营、管理等情况。杨永要求，相关部门要严格执行烟花爆竹管理条例，加强烟花爆竹商品的运输、储存、销售和燃放等环节的安全管理，严防事故发生。仓库烟花爆竹产品摆放要整齐规范，严禁超量储存；要强化企业内部管理，加强对作业人员的安全教育培训，增强从业人员安全意识；要按标准化要求安装避雷针和消防设施，杜绝安全隐患。在汽车东站和交通中心，杨永察看了乘客安检和站内秩序，并登上两台即将发车的中巴车，仔细检查客车是否配备足够的安全锤、灭火器，车辆安全门是否能随时打开。杨永强调，一定要深刻吸取“6·26”特大交通事故的教训，时刻绷紧安全生产这根弦，严格落实各项规章制度，加强对驾驶员及工作人员的安全教育培训，对各项违规操作行为要依法依规实行顶格处罚。要完善车站场内的标志线建设，对车辆进行定期检查，不断加强车站软硬件设施建设，确保车站安全有序运营。在东安县机动车检测有限公司，杨永指出，机动车检测旨在进一步提升车辆安全管理水平，防范风险，杜绝隐患。要不断增强管理人员的安全意识和风险意识。检测中心要加强内部管理和质量控制，严格按照标准要求进行检测，不断提高检验技术水平，为人民群众的行车安全提供保障。

12日上午，东安与湖南中燃燃气有限公司燃气利用工程合作框架协议签约仪式在县行政中心三楼会议室举行。县委书记谢景林，县人大常委会主任文高平，县政协主席陈军，县委常委、县纪委书记李顺利等县领导出席签约仪式。县委副书记张波致欢迎辞，副县长李瑞霞主持签约仪式。副县长张静代表东安县人民政府与湖南中燃有限公司董事长黎明签订合作框架协议。

张波指出，湖南中燃燃气有限公司是一家集城市燃气输配、设计、施工、营销、维修为一体的综合型燃气企业。燃气利用工程项目的签约对完善东安城市基础设施，改善能源结构，提升城市品位，提高城市居民生活质量有着重要意义。东安县委、县政府将全力支持燃气工程项目建设，为项目建设营造良好的环境，确保项目建设顺利推进，早日达效。

12 日，东安县政协主席陈军率部分市、县政协委员视察创国卫工作。县政协副主席周刚生、唐月程参加。县政府副县长张静陪同视察并参加座谈。

视察组一行先后视察了八角街、温州商贸城、茶源村、莲塘村、同心路、紫水社区、东安大市场等地创国卫情况，并现场听取前段创国卫工作情况汇报。市、县政协委员们就进一步营造浓厚的创国卫工作氛围、强化创建措施、建立长效机制，推进下段创国卫工作提出了意见和建议。陈军强调，经过这几年的创建工作，东安城市功能逐步完善，人居环境明显改观，创建成效有目共睹。但是县城脏、乱、差现象，创建氛围不浓、群众参与不够，长效机制不健全等问题还一定程度存在。陈军要求，各级各部门要进一步理顺体制机制，健全长效机制，明确职责任务，在巩固创建成果的同时全面提升城市品位。要坚定创国卫信心和决心，坚持创建工作不懈怠。要进一步加强宣传工作力度，充分利用各种媒体、平台，营造浓厚的创国卫工作氛围，引导和带动更多群众参与到创建工作中来。要强化统筹协调，全面落实门前“三包”责任制，尤其是东安大市场和温州商贸城区域要进一步明确职责、落实责任，防止推诿扯皮。要创新工作方式，进一步加大对乱丢垃圾、乱停乱靠等有损市容市貌、危害环境卫生等行为的处罚力度。要进一步加大执法力度，注重创建细节，确保创国卫目标实现。

12日下午，省委组织部机关党委专职副书记高湘桃带领省委督查组来东督查换届风气监督工作，召开座谈会并听取东安相关工作情况汇报。县委书记谢景林，县委常委、县纪委书记李顺利，县委常委、县委组织部部长、县委统战部部长王名扬出席。

省委督查组对东安换届风气监督工作取得的成绩给予了充分肯定。督查组一致认为，东安县委、县政府高度重视换届风气监督工作，精心组织部署，切实把握了换届风气监督主动权；广泛宣传教育，筑牢了严守纪律的思想防线；强化全程监督，确保了纪律要求落到实处。督查组要求，下阶段，东安各级各部门要加大宣传教育力度，增强“四种意识”。要坚持问题导向，加大督查力度，全面查找换届风气风险隐患。要深化责任落实，强化工作措施，及时掌握工作动态，严格监督执纪问责，切实做到对违规违纪问题“零容忍”，确保选举操作“零失误”和换届选举过程“零违纪”，圆满完成换届工作任务。

13日上午，县委书记谢景林在县委常委、县委办主任郑景学陪同下，看望慰问东安一中考上清华大学的学生伍小倩和席大鹏，为他们送去县委、县政府的勉励与祝福。

谢景林与伍小倩、席大鹏及其家人进行了亲切交谈，详细询问其就读专业、家庭成员等情况，向他们表示祝贺，并分别送上慰问金 5 万元。谢景林指出，伍小倩、席大鹏两位同学同时被清华大学录取，不仅是其个人的荣誉、家庭的荣誉、学校的荣誉，也是全县人民的荣誉。希望他们在即将开始的大学生活中，既要牢记家乡人民的关怀，又要铭记父母和老师的教诲，以坚韧不拔的毅力扎实学好本领，积极参与有益的社会活动，全面提升自身综合素质，为家乡、社会、国家作出更大的贡献。（是年东安一中高考一本上线 133 人，较上年增加 41 人；二本以上上线人数 415 人，较上年增加 85 人。该校 519、520 班一本上线率达到 75%，奥赛班以上班级二本上线率达 80.3%。是年永州市高考裸分上线清华北大共 4 人，东安一中上线 2 人。伍小倩以裸分 687 分名列全省理科第 18 名，荣获全市理科状元；席大鹏以裸分 669 分名列全省第 151 名，荣获全市理科第三名，两位同学分别被清华大学临床医学专业和核工程专业录取。）

13 日上午，《中国共产党东安历史 (1921-1978)》和《中国共产党东安历史 (1978-2006)》首发式在县行政中心七楼会议室举行。县委书记谢景林，县委常委、县委办主任郑景学出席仪式并讲话，县委副书记张波主持首发式。县人大常委会主任文高平、县人大常委会副主任胡慧川、县政协副主席蒋燕平、原县人大常委会主任李谋献出席首发式。

谢景林代表县委、县人大、县政府、县政协对《中国共产党东安历史》出版发行表示热烈的祝贺！向为编撰、出版此书付出辛勤劳动的党史工作者表示衷心的感谢！谢景林要求，东安各级各部门要以《中国共产党东安历史》的出版发行为契机，进一步加强对东安党史的学习研究，加大宣传推介力度，让更多的人了解和认识东安，努力提高东安的知名度。谢景林强调，各级党组织要全面学习党的光辉奋斗史，教育和引导广大干部群众正确认识党的历史。要全面学习党的自身建设史，确保党始终成为中国特色社会主义事业的坚强领导核心。要全面学习党的优良传统史，切实增强全心全意为人民服务的宗旨意识。要切实增强做好党史宣传教育和学习研究的责任感和使命感，不断用党的伟大成就激励人，用党的成功经验教育人，用党的历史教训警示人，为全力打造“五个东安”、全面建成小康社会做出新的更大贡献！

县史志办向县直相关部门和单位赠送了图书。

13日上午，县政协第八届常务委员会第二十次会议在县行政中心四楼会议室召开。县政协主席陈军出席会议并讲话，县政协副主席周刚生、丁国志、蒋燕平、唐月程、周壬秀出席会议。县政府副县长李瑞霞应邀列席会议。

会议听取了县人力资源和社会保障工作汇报。与会政协委员就小额担保贷款、干部作风建设、社会保障工作、技能培训、工资收入分配制度改革、劳动就业等方面内容进行了协商讨论，并提出了意见和建议。陈军要求，县人力资源和社会保障局要进一步加强技能培训，推动大众创业、万众创新工作进程。要建立一支专业化、守纪律的人才队伍，通过内部挖潜、改进干部工作作风，切实解决窗口单位“门难进、脸难看、事难办”等不正之风。要充分利用各种媒体、平台，加强相关惠民政策的宣传，推行“一窗受理、一次性告知、即时办结”等一系列便民服务措施，落实办事程序、办事依据、办事时限、办事结果“四公开”制度，做到政策透明、处事公正、办事规范。要进一步强化制度体系建设，以人性化措施，实现社会保障全覆盖。要进一步加强监督管理，尽可能减少违法乱纪行为的发生，确保人社工作为广大群众带来实实在在的实惠。

会议还表决通过了县政协人事任免有关事宜。

13 日，县委常委、县委宣传部部长欧阳冬子带领县市场和质量监督局、安监局、文体广新局、交通运输局等相关部门和端桥铺镇党政负责人深入端桥铺镇检查指导安全生产工作。

欧阳冬子一行先后深入端桥铺加油站、采石场、烟花炮竹批发点、房屋在建工地等地，重点检查安全生产隐患排查、隐患整改措施实施、落实等工作情况。欧阳冬子指出，安全责任重于泰山，安全永远在第一位。要牢固树立科学发展、安全发展的理念，时时刻刻绷紧安全生产这根弦。相关部门要深入开展安全生产排查活动，积极推进道路交通、建筑、重点企业、学校等公共聚集场所等重点领域、重点区域、重点环节的隐患排查治理工作。要注意重点时期重点领域，尤其在高温季节，事故易发多发，要进一步理清思路，把安全工作落实到位。欧阳冬子要求，端桥铺镇对安全生产的重视程度要再提高，对安全生产大检查决不能走形式、走过场，保持高度警觉，按要求督促落实。要分析和研究某些重点领域突出问题。从制度、力度上产生效果。欧阳冬子强调，要加大督察力度，加大对安全生产违法行为的查处力度，真正做到防患于未然，确保群众的生命财产安全。要进一步强化安全生产管理，建立健全安全生产排查整改长效机制，制定隐患排查整改档案，落实“一岗双责”责任制，促进安全生产责任落实到岗、到人、到位，确保安全生产工作落到实处。要加大安全生产宣传力度，各级各部门要形成安全生产自觉，增强抓安全生产工作的积极性和力度，让安全意识真正入脑入心。

13日晚，2016永州文化旅游形象大使东安区选拔赛暨首届“电商杯”“美丽东安”形象大使选拔赛在县城和谐广场举行。县委常委、县委宣传部部长欧阳冬子出席开幕式并宣布选拔赛开始。副县长李瑞霞致辞。

14日，县委副书记张波带领县委办、住建局、安监局、林业局等相关部门和白牙市镇党政负责人，深入白牙市镇检查指导安全生产工作。

张波一行实地查看了云生竹业、东安日杂贸易综合批发公司烟花爆竹储存库、柳溪采石场等场所，详细了解各单位和企业安全生产工作落实情况，对存在的问题提出整改意见和要求。张波要求，各级各部门要高度重视安全生产工作，时刻绷紧安全生产这根弦，积极深入开展安全生产工作大排查、大交办、大整改。要认真落实安全生产“一岗双责”责任制，加强对人员密集场所、烟花爆竹和建筑施工等行业的专项检查和整治。要加大对各类生产经营单位员工的安全培训和技术培训，提升从业人员素质，增强安全防范意识，营造浓厚的安全生产氛围。要进一步加强高温时节的安全监督检查力度，及时排查隐患，对排查出的隐患和问题按期完成整改落实，严防各类事故发生，确保全县安全生产形势稳定。

18日上午，县委常委、常务副县长陈丽主持召开县政府7月份周工作例会，安排部署当前工作。副县长郑航、唐振宇、李瑞霞、张静，副县长候选人唐正和徐荣军、唐伯平、蒋明君、陈红斌等县领导参加会议。

会议要求，各分管副县长和相关职能部门要高度重视，密切配合，兑现政策，抓好汽车配件产业园前期引进项企业的投产工作。要按照上级相关工作要求，各负其责，抓好易地扶贫搬迁、产业扶贫等工作。要做好协调服务，抓好现有项目企业生产经营，力促项目企业投产达效。要尽快启动 348 省道东安大庙口至紫花坪公路项目建设，抓好端坪、东水、狮横三条道路维修工作。要加快项目建设进度，推动神华国华永州电厂、红狮水泥全线开工。要抓好芦洪市镇“一带八景”绿化和路网项目建设公开招标工作。要加快东安鸡美食馆装修进度，确保 7 月底完工。会议强调，要加大城区街道、背街小巷、城乡结合部等环境卫生保洁力度，抓好“创国卫”工作。要按照“创国卫”相关工作要求，抓好湘桂、城东市场标准化改造工作。

19 日，东安县第十六届人大常委会第二十九次会议召开。县人大常委会主任文高平，副主任宁苏君、胡贤吉、唐新柱、胡慧川、蒋永辉出席会议。县委副书记张波，县委常委、常务副县长陈丽，县政府副县长唐振宇，县政府副县长、公安局长郑航，县人民法院院长祝群，县人民检察院检察长刘繁荣应邀参加会议。

会议听取审议了 2015 年决算（草案）报告、2015 年财政预算执行和其它财政收支情况审议工作报告；对司法局、交通运输局等单位工作进行了审议，对全县新农合基金征收使用情况、农村安全饮水工程建设情况进行了专项审议，表决通过了有关人事事项。

文高平对东安县前段审议工作作了简要回顾，对被审议部门和审议调查组的工作给予了充分肯定。文高平要求，各级各部门要牢牢把握整改关键环节，将整改工作作为审议工作的重中之重，突出问题导向，列出问题清单，强化整改措施，抓紧抓实，抓出成效。要切实履行好审议调查组的职责，全程跟踪督办，集中精力督促被审议部门抓好工作落实。要紧紧围绕县委“四个五”的总体思路，扎扎实实解决人民群众最关心、最直接、最现实的利益问题。

张波强调，县人大常委会依法履职，监督有力，被审议单位高度重视，自查自纠初见成效。各级各部门要端正态度，正确对待审议意见，积极配合人大常委会的审议工作。要正视问题，强化工作大局意识，进一步增强责任感和使命感，打造一支纪律过硬、作风过硬的干部队伍。要提高思想认识，高度重视整改意见，精心制定整改方案，加强组织领导，扎扎实实整改到位。要自觉遵守党章党规，坚持审议、工作“双促进”。要以审议工作为契机，牢固树立依法行政观念，增强公仆意识，改进工作作风，提高工作质量和水平，为全力打造“五个东安”作出新的更大贡献。

20日，县委常委、县委办主任郑景学带领县公路局、安监局、环保局、交通运输局、教育局等相关部门负责人，深入花桥、南桥、大盛等乡镇督查指导安全生产工作。

郑景学一行先后在花桥、南桥、大盛等乡镇党政主要负责人陪同下，深入加油站、采石场、液化气站、马路市场，详细了解各单位和企业安全生产工作落实情况，对发现的问题现场提出了整改意见和要求。郑景学强调，安全生产工作点多面广，责任重于泰山。各级各相关部门要进一步加强宣传教育，提高思想认识，时刻绷紧安全生产这根弦，确保安全生产工作防患于未然。相关部门要深入开展安全生产排查，积极推进重点领域、重点区域、重点环节的隐患排查治理工作，详细列出清单进行交办。要加强对发现问题的整改落实，对不符合相关资质、等级等要求的企业单位，依法打击、坚决取缔。要进一步加强安全生产监督管理，强化应急演练，提高应急处突能力。要进一步落实“一岗双责”责任制，促进安全生产监管关口前移，确保安全生产工作职责落到实处。要加大对各类生产经营单位员工的安全培训和技术培训,提升从业人员素质,增强安全防范意识,严防各类事故发生。

20 日下午，县委常委、县委组织部部长、县委统战部部长王名扬带领县安监、环保、交警大队等相关部门负责人深入鹿马桥镇检查指导安全生产工作。县政协副主席周刚生参加检查。

王名扬一行先后深入鹿马桥镇加油站、黄泥洞国有林场皂水凼电站、新龙矿业尾矿库等地检查安全生产工作。每到一处，王名扬都详细了解安全生产责任落实、隐患排查、防控体系、应急管理等情况，叮嘱各部门各单位时刻绷紧安全生产这根弦，切实落实安全生产措施，消除各类安全隐患，确保群众生命财产安全。通过实地检查，王名扬对鹿马桥镇安全生产工作给予了充分肯定。王名扬强调，安全生产责任重于泰山。各级各部门要以如履薄冰的心态抓好安全生产工作，做到警钟长鸣，常抓不懈。要切实加强危险化学品监管，确保生产、经营、储存、使用和运输等各个环节安全。要加大对各类生产经营单位员工的安全培训和技术培训，提升从业人员素质和安全防范意识，做到规范操作,确保万无一失。要认真落实安全生产“一岗双责”责任制，加强对人员密集场所、烟花爆竹和建筑施工等行业的专项检查和整治，对排查出的隐患和问题要限期完成整改落实，严防各类事故发生。

21日上午，全县金融工作暨银企合作融资洽谈会在县行政中心五楼会议室召开。县委常委、常务副县长陈丽出席会议并讲话。县委常委、副县长李晓宁主持会议，县政府副县长唐振宇宣读表彰决定。县政府副县长唐正以及乡镇（场）、金融机构负责人，企业代表等参加会议。

7家金融机构与东安县51家企业负责人举行了签约仪式。各金融机构负责人表示，将优化金融服务，主动作为，加大贷款投放力度，提高履约率，全力支持地方经济发展。陈丽感谢各金融机构对东安经济社会发展的支持。陈丽要求，政府要增强管理责任，对此次签约的51家企业，进行跟踪服务。要加强对企业诚信监管，企业融资成功以后，政府要加强监管和指导，防止出现风险。要营造良好的金融生态环境，完善金融工作政策支持。陈丽强调，当前，东安大部分工业企业还处于成长阶段，急需资金扩大生产规模，做大做强。东安各大金融机构要进一步加大对东安企业的信贷投放力度，建立健全有利于增加信贷投放的工作机制，切实解决贷款抵押担保难问题。企业要加强金融政策的学习培训，将企业做大做强，把求贷争资的基础搞扎实，积极争取银行的支持。全县各级各部门要加强指导，强化调度，不定期地举办银企洽谈会，增强服务金融的意识，为加快推进银企合作提供有力的保障。

22日下午，东安基层党建工作暨"两学一做"学习教育推进会在县行政中心五楼会议室召开。会议传达贯彻市委相关文件精神，安排部署全县基层党建工作。县委常委、县委组织部部长、县委统战部部长王名扬出席会议并讲话。

会议指出，自7月25日起，市委督查组将对东安基层党建工作开展大督查和大排查工作。各级各部门要高度重视，认真对照党章党规，按照上级相关文件精神和工作要求，结合“两学一做”学习教育，采取群众提、自己找、上级点、班子议等方式，对基层党支部和党员存在的问题进行一次全面排查整改。会议强调，各级党组织要进一步提高思想认识，牢固树立主业主责意识，坚定不移地抓好基层党建工作，不断提升基层党建工作整体水平。要完善各项台账资料，夯实基层党建基础性工作。要加强领导，强化责任落实，对上半年基层党建工作进行一次“回头看”，查漏补缺，做到即知即改、立行立改。要加大督查督办力度，对排查整改工作不力、问题较多的，要进行通报批评、严肃追责，确保东安基层党建工作取得实效。

25日上午，县委副书记张波在县民政局、白牙市镇等单位相关负责人的陪同下，深入白牙市镇看望慰问部分复退军人，为他们送去党和政府的关怀，向他们致以节日的问候和美好的祝福。县人大常委会副主任蒋永辉，县人民政府副县长、公安局长郑航参加。

每到一处，张波都与慰问对象亲切地交谈，详细了解他们的生产生活、身体和家庭状况，对他们为国家和人民所做的贡献表示感谢，并为他们送去慰问金，祝愿他们身体健康、晚年生活幸福。张波指出，复退军人是党和国家的宝贵财富，他们在革命、建设和改革时期做出了不可磨灭的贡献，他们的崇高品质和无私情怀永远激励着我们奋发图强、开拓进取。张波要求，各有关部门要高度重视复退军人工作，落实好各项优抚政策，把复退军人关心好、服务好、照顾好，让他们感受到党和政府的温暖。

26日上午，市纪委副书记、监察局长张国峰、市换届风气第一巡察组组长周建宏一行，与东安县“四大家”领导班子成员举行见面会，传达学习中央和省、市委关于换届工作的有关精神，对县级领导班子成员进行组织原则和换届纪律教育。县委副书记张波主持见面会，县委常委、县纪委书记李顺利汇报东安县换届工作及换届风气监督工作落实情况。县政协主席陈军以及郑景学、欧阳冬子、李晓宁、王名扬、苏建华、李觉会出席。

市委巡察第一组对东安换届风气监督工作取得的成绩给予充分肯定。巡察组认为，东安县委高度重视换届风气监督工作，精心组织部署，切实把握了换届风气监督主动权；广泛宣传教育，筑牢了严守纪律的思想防线；强化全程监督，确保了纪律要求落到实处。巡察组要求，东安各级各部门要加大宣传教育力度，增强“四种意识”。要坚持问题导向，加大督查力度，全面查找换届风气风险隐患。要深化责任落实，强化工作措施，及时掌握工作动态，严格监督执纪问责，切实做到对违规违纪问题“零容忍”“零懈怠”确保换届工作圆满完成。

26日上午，县政协主席陈军深入川岩乡走访慰问复退军人，给他们送去党和政府的温暖和关怀。

每到一处，陈军都与复退军人亲切交谈，并一一送上慰问金，详细询问了解他们的身体状况和家庭情况，向他们讲解党和国家的好政策，感谢他们在过去的岁月里，为国家所作的贡献，叮嘱他们保重身体，继续发扬军人的光荣传统，发挥余热，为东安经济社会发展出谋划策。走访中，陈军叮嘱随行人员，多关心复退军人的生产生活，帮助他们解决实际困难，做到在政治上尊重、思想上关心、生活上照顾、精神上关怀，让他们安度幸福晚年。

26日，县委常委、县委宣传部部长欧阳冬子以普通党员的身份参加了县委宣传部党支部"两学一做"学习教育第二次学习讨论。

支部党员围绕"讲规矩、有纪律"主题，联系工作思想实际交流学习心得，表示要牢记职责使命、做合格党员。欧阳冬子结合自身实际，用身边的具体事例，讲述"讲规矩、有纪律"的极端重要性。欧阳冬子指出，"讲规矩、有纪律"是中国共产党的优良作风和光荣传统，必须坚定不移地传承好；"讲规矩、有纪律"是巩固共产党执政地位的重要保证，必须坚决地落实好；"讲规矩、有纪律"是共产党人的行为准则，必须认真地遵循好。一要强化规矩意识和纪律观念。共产党员增强纪律观念和规矩意识，是严明政治纪律和政治规矩的基本前提。一个没有纪律观念缺乏规矩意识、不把党的政治纪律和政治规矩放在眼里的人，不可能是合格的党员，也不可能是合格的领导干部。共产党员要做遵守纪律的模范，必须从加强纪律观念和规矩意识做起，为自觉维护和遵守党的政治纪律和政治规矩打下良好的思想基础。二要以规矩和纪律来严格要求。党员干部对党的纪律、对国家的法律法规要从心底里敬畏，在政治纪律和政治规矩面前，要有如履薄冰、如临深渊的警惕。在日常生活中，党员干部必须警钟长鸣，时时处处用政治纪律和政治规矩严格要求自己，在纪律和规矩面前不越雷池半步，这样才能防微杜渐，真正成为一个守纪律、讲规矩的模范党员干部。三要当好讲规矩有纪律的表率。凡事重视党员干部的表率作用，是中国共产党的一个优良传统。党员干部一定要严格要求自己，在遵守纪律、执行纪律中以身作则、做好表率，以自己的实际行动带头维护中国共产党的纪律。

26日下午，市委巡察第一组巡察东安换届风气监督工作动员会召开。市委巡察第一组组长周建宏就换届巡察工作发表讲话，县委书记谢景林主持会议并作表态发言。县委副书记张波，县政协主席陈军以及郑景学、欧阳冬子、李顺利、王名扬、苏建华等在家的县“四大家”班子成员出席会议。县委委员、县纪委委员；县直部办委局主要负责人、纪检组长（纪委书记）、纪检员；各乡镇场党委书记、乡镇场长、纪委书记参加会议。

周建宏要求，东安各级党组织、领导干部要充分认识开展换届风气巡察工作的重大意义，严肃换届纪律，以实际行动营造风清气正的政治环境。要积极接受换届教育、监督，针对巡察换届过程中的倾向性、苗头性的问题做到早发现、早处置、早解决，最大限度地教育广大党员干部，坚决遏制选人用人上的不正之风。要正确对待巡察监督，主动配合、全力支持、自觉接受巡察监督。要从严从实抓好换届工作，深刻把握换届工作要求，按照要求部署，认真抓好贯彻落实。周建宏强调，巡察工作要抓重点和苗头性问题，对换届过程中风气不良、反映较多并集中突出的地方进行重点巡察。巡察工作要及时跟进，精准发力，快速推进。巡察组要加强自身学习、严格要求，坚决做到在政治上讲规矩，在纪律上讲干净，在责任上讲担当，积极主动地开展工作。要注意巡察工作方式方法，严肃巡察工作纪律，确保巡察工作有序推进。

谢景林代表县“四大家”班子做表态发言。谢景林指出，巡视巡察是党章作出的重要制度安排，是落实党要管党、从严治党要求的重要手段。在领导班子换届、新老班子交替的关键时期，省、市委实行换届风气巡察制度，开展换届风气专项巡察工作，是营造风清气正的换届环境、确保换届工作质量的重要举措。全县各级各部门要深化认识，坚决贯彻市委换届风气巡察工作部署，积极主动地接受巡察组的监督检查，全力以赴支持市委巡察组开展工作。要以高度的政治自觉对待巡察工作，以正确的态度、积极的状态配合巡察工作，确保巡察工作顺利进行。要强化责任，加强领导和统筹，扎实推进换届各项工作。要严肃换届纪律，以市委第一巡察组在东安开展巡察为契机，加大换届风气监督工作力度，结合“两学一做”学习教育，严格落实“九个严禁”，认真执行“九个必须”，使换届纪律入脑入心。

27日上午，县委常委在县行政中心七楼会议室召开“两学一做”学习教育第二次专题学习讨论会。县委副书记张波主持学习讨论会。县政协主席陈军及郑景学、欧阳冬子、李顺利、李晓宁、王名扬、苏建华等县领导参加学习讨论。

与会的县委常委集中学习了习近平总书记关于“讲规矩、有纪律”的有关论述和《中国共产党章程》《关于党内政治生活的若干准则》《中国共产党廉洁自律准则》《中国共产党纪律处分条例》。之后，与会的县委常委紧扣“讲规矩、有纪律”这个主题，结合自身思想、工作、生活和作风实际谈认识、谈体会，进行了交流讨论。大家一致认为，党纪党规是党的生命线，遵守党纪党规是对每一个党员的基本要求，要认真学习、理解党纪党规，让党纪党规成为党员的行为准则。大家表示，要准确把握“讲规矩、有纪律”的丰富内涵，认真学、带头干，内化于心，外化于行；要始终在思想上政治上与党中央保持高度一致，坚定理想信念，加强党性修养，令行禁止，守住底线。

张波充分肯定了学习讨论会取得的成效。张波强调，开展“两学一做”学习教育，县委常委会组成人员要校准思想之标，牢固树立纪律和规矩意识，把纪律和规矩挺在前面，时刻保持清醒的政治头脑。要把准行为之舵，认真落实从严治党主体责任，责无旁贷当好纪律建设的领导者、执行者和推动者，确保管党治党责任落到实处。要绷紧作风之弦，坚持以上率下，自觉抵制各种诱惑，永葆共产党人清正廉洁的政治本色。

27日下午，县政协八届委员会第三十三次主席会议在县行政中心四楼会议室召开，会议专题协商讨论争创国家重点生态功能区工作。县政协主席陈军出席会议并讲话，县政府副县长唐振宇应邀列席会议。县政协副主席周刚生、唐月程等领导出席会议。

会议要求，相关职能部门要高度重视，提高认识，各司其职，各尽其责，精准发力，全力抓好国家重点生态功能区争创工作。要根据上级相关考评体系要求，细化目标任务，强化工作措施，查漏补缺，抓好工作落实。要加大环境保护和污染治理力度，保护好东安自然生态环境。要加大宣传教育力度，切实增强群众生态环境保护意识，营造良好的舆论氛围。要积极与上级部门沟通对接，及时掌握信息，力争东安国家重点生态功能区创建成功。

28日上午，县委书记谢景林带着县委、县政府的亲切关怀和63万东安人民的深情厚谊，到县人武部、消防大队、76120部队、桐子山部队、武警中队和武警三中队看望和慰问驻东官兵，向他们致以节日的问候和祝福，感谢他们为东安经济社会发展作出的突出贡献。县委副书记张波，县政协主席陈军，县委常委、县委政法委书记苏建华，县政府副县长李瑞霞陪同走访慰问。

走访慰问中，谢景林和部队官兵一一握手，亲切交谈，详细了解官兵工作生活状况，认真询问部队建设存在的实际困难。谢景林说，感谢部队官兵把驻地当故乡，视人民如父母，为东安的发展稳定做出的积极贡献。希望能够继续发扬人民军队的优良传统，立足岗位，再接再厉，促进社会和谐稳定，在加快“五个东安”建设中再立新功。谢景林表示，县委、县政府将一如既往支持部队建设，解决部队遇到的实际问题，使部队建设与地方经济社会携手并进、共同发展。驻东官兵对东安县委、县政府和东安人民的大力支持表示衷心感谢。他们表示，今后将进一步加强自身建设，继续关注和参与东安的改革开放和经济建设，以实际行动为打造“五个东安”作出新的更大贡献。

28 日上午，县政协在县行政中心四楼会议室开展“两学一做”学习教育第二次专题学习讨论。县政协主席陈军以普通党员身份参加学习讨论。县政协副主席周刚生、唐月程参加学习讨论。

全体党员干部集中学习了习近平总书记关于严明党的纪律和规定相关论述、《中共中央纪委机关、中共中央组织部关于加强换届风气监督的通知》。之后，大家紧扣“讲规矩、有纪律”这个主题，结合自身的思想、工作、生活和作风谈认识谈体会。大家认为，讲规矩、有纪律，是党员践行“三严三实”的基本前提，是“忠诚、干净、担当”的生动体现。县政协机关全体党员要把学习贯彻习近平总书记系列重要讲话精神作为一项重要政治任务抓紧抓实，深刻理解“讲规矩、有纪律”的深刻内涵和具体要求。思想上政治上与党中央保持高度一致，坚定理想信念，加强党性修养，令行禁止，守住底线。

陈军强调，没有规矩不成方圆，人不以规矩则废，党不以规矩则乱。要在履行党员权利义务中“讲规矩、有纪律”；要在履职工作中“讲规矩、有纪律”，政协委员要懂政协、会协商、守纪律、讲规矩、重品行；要在廉洁自律上“讲规矩、有纪律”，永葆共产党人清正廉洁的政治本色。

28日上午，县委常委、县委宣传部部长欧阳冬子在县民政局、端桥铺镇等单位相关负责人的陪同下深入端桥铺镇看望慰问部分复退军人，为他们送去党和政府的关怀，向他们致以节日的问候和祝福。县人大副主任唐新柱参加走访。

每到一处，欧阳冬子与复退军人、烈士家属亲切交谈，详细了解他们的生产生活、身体和家庭状况，对他们为国家和人民所做的贡献表示感谢，并为他们送去慰问金，祝愿他们身体健康、生活幸福。欧阳冬子指出，复退军人是党和国家的宝贵财富，他们在过去的岁月里守卫边疆、保家卫国，为国家稳定和人民安居乐业做出了不可磨灭的贡献，他们的奉献精神我们永远不会忘记，也将激励我们奋发图强、开拓进取。欧阳冬子叮嘱随行的县民政局和端桥铺镇相关负责人，一定要关心退伍老军人，继续做好优抚工作，全面落实好各项优抚政策，把困难军人牢记心头，努力解决好他们在工作生活中的具体困难，让他们安享晚年、快乐生活。

28日上午，县委常委、县委组织部部长、县委统战部部长王名扬在县民政局和鹿马桥镇相关负责人陪同下，深入鹿马桥镇坪比坝、大帆、石鼓等村，看望慰问部分复退军人，为他们送去党和政府的关怀，向他们致以节日的问候和祝福。

每到一处，王名扬和他们拉家常，关切地询问他们的身体、生活情况，并送上慰问金，叮嘱老人们保重身体，安度晚年。王名扬强调，复退军人为保家卫国做出了积极贡献，是我们的宝贵财富。民政部门和镇党委政府要高度重视复退军人工作，经常深入基层，关心、关注复退军人生产、生活情况，落实好各项优抚政策，主动帮助他们解决实际困难和问题，长续联系群众这根

“弦”，让复退军人过上安定、幸福、祥和的生活。

28 日，县委常委、县委组织部部长、县委统战部部长王名扬深入鹿马桥镇伍通庙村、金易德种养农民合作社调研基层党建工作。鹿马桥镇党委、镇政府党政主要领导陪同调研。

在伍通庙村，王名扬通过查阅台账资料，与该村党支部书记交谈的方式，详细了解了伍通庙村基层党建工作开展情况。王名扬强调，基层党组织是党联系和服务群众的桥梁纽带，镇、村党组织要高度重视，强化责任意识，完善相关台账资料，切实抓好基层党建工作。要建立“基层党建微信群”，着力加强农村党员特别是流动党员的教育、沟通、联系。要认真对照上级基层党建工作大排查、大督查相关工作要求，结合“两学一做”学习教育，对上半年基层党建工作进行“回头看”，全面开展自查自纠，查漏补缺，做到立行立改。

在金易德种养农民合作社，王名扬实地查看了金易德种养基地，详细了解了金易德基层党组织建设和园区种植销售、产量规模等情况。王名扬要求，金易德合作社要加强自身党组织建设，充分发挥基层党组织的战斗堡垒作用和党员的先锋模范作用，努力建设服务型党组织，加快推动企业健康快速发展。相关职能部门和乡镇场要加强协调服务，帮助企业解决实际困难，帮助企业做大做强，努力把金易德种养农民专业合作社打造成为湘南最大的蔬菜家禽批发市场，让东安成为驰名的无公害绿色种养生态基地县。

29 日上午，县委常委班子举行以“深刻反思衡阳破坏选举案教训，切实加强换届风气监督，努力营造良好政治生态”为主题的专题民主生活会。县委书记谢景林主持会议并作表态发言。县委副书记张波、县政协主席陈军及郑景学、欧阳冬子、李顺利、李晓宁、王名扬、苏建华等县领导出席。市委组织部、市纪委有关同志到会指导。

谢景林通报了民主生活会的准备情况，并带头作对照检查，带头开展自我批评。随后，县委常委会每位成员逐一作了对照检查发言，并真诚接受其他同志的批评。大家紧紧围绕本次专题民主生活会的主题，本着对自己、对同志、对组织、对事业高度负责的精神和态度，自我批评不遮不掩、襟怀坦荡，相互批评直言不讳、有的放矢，达到了反思问题、提高思想、触及灵魂、促进工作的预期效果。

市委组织部和市纪委相关同志对民主生活会进行了点评。他们一致认为，东安县委高度重视，会前准备充分。会上，班子成员聚焦问题，把自己摆进去，认真对照检查，认真剖析原因，找准问题，整改措施实，体现了整风精神达到了预期效果。班子成员之间诚恳的开展批评和自我批评，是一次高质量的民主生活会。他们要求，东安县委常委班子成员要做好表率，严格遵守“九个严禁”等换届纪律要求，切实发挥领导干部率先示范的带动作用。要抓好日常性的换届监督工作，对苗头性的问题做到早发现、早处置、早解决，坚决遏制选人用人上的不正之风。要严肃追责，为换届工作开展营造一个风清气正的良好环境。要进一步加强对衡阳破坏选举案的反思，提高警惕，正本清源。要深刻理解省市委部署换届风气监督的意义，切实增强做好换届工作的自觉性和坚定性。要加强换届宣传舆论引导，严肃党内政治生活，为换届选举工作依法平稳有序推进提供强有力的政治保障。

谢景林代表县委常委班子作表态发言。谢景林强调，全县各级党委要把换届风气监督作为履行管党治党主体责任的重要内容，摆在突出位置，纳入重要议事日程，确保对换届工作全面领导、全程领导、全域领导。各级领导干部，特别是县委常委要发挥示范引领作用，以平和的心态对待自己的进退留转，切实做到“四个带头”，增强贯彻严肃换届纪律要求的自觉性和坚定性。各级领导干部要牢固树立“换届之年要有大作为”的思想，把换届作为干好工作的动力，作为考察干部的工作能力、政治定力、发展实绩的机会。要紧密结合“两学一做”学习教育，把换届工作与抓改革、促发展、惠民生、保稳定结合起来，用换届与加快发展“两手抓、两不误、两促进”的优异成绩向全县人民交上满意答卷。

29日下午，县委书记谢景林带领县监察局、县财政局、县商粮局等部门主要负责人，现场调度永州源味街国宴东安鸡馆、东安特产馆和东安味道“东安三馆”建设工作。县委常委、县委办主任郑景学，副县长李瑞霞参加。

谢景林要求，工程建设方要日夜加班加点，全力加快工程建设进度。要加强工期规划，做到每天工期排满，不打乱战。工程建设部门负责人要坐镇指挥，及时协调相关矛盾，督促工程建设方以最快的速度、最好的质量，展现最完美的东安特色。对于在8月6日前全面完工的，要进行适度的奖励，到期不能完成的，要进行处罚，务必确保永州源味街“东安三馆”工程建设保质保量地完成。

29日晚，东安县2016“欢乐潇湘·美丽东安”暨创建国家卫生县城大型群众文艺汇演在县城和谐文化广场举行。市委宣传部副部长蒋旭军，县委常委、县委宣传部部长欧阳冬子，县人大副主任宁苏君出席并观看演出。

8 月

1 日晚，县委常委、县委宣传部部长欧阳冬子深入街道、公共场所督查县城管、交警、环卫执勤情况和各路段文明劝导员在岗在位履职情况。

欧阳冬子一行对县城各主次街道、背街小巷、商铺市场、下水道管网等场所的环境卫生、车辆停放秩序、店铺门店管理等进行反复认真察看，对少数商店出店经营、违规摆放广告牌，夜宵摊占道经营等问题进行了当场指出，并现场交办，要求责任单位立行立改。针对车辆乱停乱放、逆向停车等问题，欧阳冬子要求交警部门把思想和行动统一到县委、县政府的决策部署上来，再动员、再部署，全力以赴抓好车辆停放秩序的整治工作。欧阳冬子强调，当前东安县创国卫工作已进入决胜期、关键期。全县上下一定要牢固树立攻坚战必胜、创国卫必成的信心，把思想和行动统一到县委、县政府的决策部署上来，切实拿出“刀砍铁，硬碰硬”的气魄和举措，针对当前存在的问题，铁腕整治，强力推进。要进一步强化县城环境卫生整治，确保县城始终保持干净整洁。尤其是交警部门，要进一步加大车辆停放秩序的整治力度，敢于对影响交通形象的行为动真格、下陡手。在街头一线执勤的文明劝导员，要强化责任意识，善于发现问题，勤于上前监督，敢于向不文明行为较真碰硬。要严肃工作纪律，落实责任，对工作不力、整改不到位的单位和个人要一查到底，严格追究责任，绝不姑息，坚决打赢创建国家卫生县城攻坚战，向全县人民交一份满意的答卷。

2日上午，东安领导干部大会在县行政中心五楼会议室召开。市委组织部副部长李钢宣布省委、市委关于东安县委、县政府主要领导的职务调整的通知。冯德校任东安县委委员、常委、书记；龙向洋任东安县委委员、常委、副书记，提名为东安县人民政府县长候选人。因工作需要，谢景林不再担任东安县委委员、常委、书记。谢景林发表离职感言，冯德校、龙向洋作表态发言。县委委员、候补委员，在职县处级领导干部，享受副处级和提前退休领导干部，近五年退休的副处级以上领导干部，县纪委班子成员，各乡镇场党政主要负责人，县直部办委局党政主要负责人及省市驻县单位主要负责人参加会议。

李钢充分肯定了东安县委、县政府的工作。李钢指出，近年来，在市委、市政府的正确领导下，在以谢景林为班长的东安县委一班人的带领下，东安广大党员干部围绕“生态立县、产业强县、科教兴县、和谐安县、实干振县”的总体思路，深入推进“五个东安”建设，东安经济社会实现了持续健康发展。这次省委、市委作出关于东安县党政主要领导人事调整的决定，是根据工作需要和东安县领导班子建设需要，经过反复沟通酝酿，经过慎重研究形成的。冯德校政治立场坚定，思想素质好，组织协调能力强，具有较高的政策理论水平和较强的政治鉴别力，具有大局意识、看齐意识和创新意识，工作扎实，勇于担当，业绩突出，律己严格。龙向洋同志政治可靠，党性观念强，顾全大局，经验丰富，敢于担当，执行力强，工作业绩突出。省委和市委认为，冯德校任东安县委委员、常委、书记，龙向洋任东安县委委员、常委、副书记、提名为东安县人民政府县长候选人是合适的。李钢强调，东安县委、县政府主要领导调整变动，是全县人民政治生活中的一件大事，实现顺利交接和平稳过渡，事关东安县的大局和长远发展，东安全县上下要统一思想，齐心协力，坚决维护团结干事的良好局面。要党建引领，真抓实干，确保东安“十三五”开好局，起好步。要精心组织，严肃纪律，圆满完成换届各项工作任务。要廉洁自律，以上率下，营造绿水青山政治生态。

谢景林由衷祝贺冯德校、龙向洋履新，并动情地发表离职感言。他在离职感言中回顾了自己在东安和干部群众并肩工作的经历，对干部群众的支持和信任表示感谢！他用艾青的诗句“为什么我的眼里常含泪水，因为我对这土地爱得深沉”表达了对东安的不舍情怀。希望东安在新一届领导班子的带领下，东安的明天会更加灿烂辉煌。

冯德校表示，作为新任县委书记，他将在省、市委的正确领导下，认真履行好领班子、带队伍、抓改革、促发展、惠民生的各项工作，全心全意为东安经济社会发展和人民福祉尽职尽责、尽心尽力。在以后的工作中，坚定不移坚持理想信念，对中央和省、市委的工作任务，不打折扣、不做选择、不搞变通，确保政令畅通、令行禁止。坚定不移加快发展，努力在新的起点上破浪前行、勇攀新高。坚定不移以人为本，倾尽全力做好富民、惠民、安民、乐民之事，努力提升群众幸福指数。坚定不移加强团结民主，共同打造同心同德，干事创业的坚强领导集体。坚定不移保持清正廉洁，严格执行党章党规党纪，以身作则，率先垂范，不越规矩纪律的红线，守住为官做人的底线。

龙向洋表示，在今后的工作中，要坚持把发展作为第一要务，坚决贯彻落实中央和省、市委的各项重大决策部署，围绕县委确定的各项目标任务，攻坚克难，全心全意为东安谋发展。要诚信尽职，坚持求真务实的原则，认真研判新形势，把握新规律，适应新常态，扎扎实实做好各项工作。要带头发扬实干精神，出实策、鼓实劲、办实事，守清廉，始终坚持把群众的利益放在首位，全力推进东安各项事业跨越发展。

2日上午，县政协党组召开“深刻反思衡阳破坏选举案教训，切实加强换届风气监督，努力营造良好政治生态”专题民主生活会。县政协主席、党组书记陈军主持会议，并作个人对照检查发言。县政协副主席周刚生、丁国志、蒋燕平、唐月程、周壬秀参加会议。

陈军结合县政协班子情况和个人学习体会，汇报了专题民主生活准备情况，并带头作对照检查发言。随后，其他班子成员依次发言，并互相开展了批评与自我批评。大家态度诚恳，剖析深刻，批评客观，整改措施有力，达到了相互启发、触及灵魂、共同提高、促进工作的目的。陈军强调，要进一步汲取衡阳破坏选举案的教训，在维护人民代表大会制度的权威上，不能有“权钱交易”的错误认识；在推进人民代表大会制度的建设上，千万不能有“与己无关”的模糊思想；在对违背人民代表大会制度行为的惩处上，千万不能有“法不责众”的侥幸心理。要以强烈的看齐意识严明换届纪律，严肃换届风气，严格换届责任，确保政协班子政治更加坚定，作风更加务实。要切实巩固好这次专题民主生活会成果，增强工作前瞻性、主动性，确保圆满完成换届各项工作。

4日，县委书记冯德校，县委副书记、县长候选人龙向洋深入芦洪市镇调研神华国华永州电厂建设，随后在项目指挥部会议室召开座谈会，就神华国华永州电厂项目建设进度、土地报批等工作进行了研究和安排部署。县委常委、常务副县长陈丽，县政府副县长张静以及县委办、县财政、水利、林业、住建、国土、电力等相关部门负责人陪同调研和参加座谈。市政府领导荣燕明出席座谈会。

冯德校认真听取有关方面的情况汇报，对神华国华永州电厂项目的前期建设工作给予了充分肯定。冯德校指出，神华国华永州电厂是永州有史以来投资最大的项目，东安县委、县政府新一届领导班子要高度重视，举全县之力支持火电项目建设，不辜负市委、市政府的期望。希望项目建设指挥部集中精力、人员、时间，按照电厂所需，代办、陪办所有相关手续。要增强机遇意识，抢抓这一重点工程实施的机遇，为项目建设提供全方位服务，及时解决项目建设过程中遇到的困难和问题。要加强资金调度，为项目建设顺利推进提供有力保障。

龙向洋要求，电厂施工方要按照时间节点，对厂房开挖、铁路专用线及取水管线用地补偿等工作，制定详细的任务计划进度表，确保项目建设有序推进。国土部门要在9月底前完成土地报批手续，尽快落实社保资金。电厂建设要与“一带八景”建设工作结合起来，促进电厂绿色发展，实现工业强镇、旅游兴镇的工作目标。

荣燕明指出，当前电厂的工程建设处于关键时期，当前面临的一些问题必须认真加以解决。办理用地征批手续要作为重点问题加快解决；配套工程建设，东安要与电厂协商解决，保证工期往前推进。神华国华永州电厂要按照时间节点，尽快形成热火朝天的施工场景，将2016年计划投资8个亿工作目标超额完成，力争2017年建成投产。

4日，东安大学生村干部座谈会在县行政中心六楼会议室召开。县委常委、县委组织部部长、县委统战部部长王名扬出席会议并讲话。

15 名在职大学生村干部逐个发言，就 2016 年以来的工作进行了小结，畅谈了自己在工作、学习、生活等方面的体会与感受、收获与挫折、压力与困惑以及今后的工作思路和目标。在认真听取每位大学生村干部的发言后，王名扬充分肯定了大学生村干部们在工作中取得的成绩。王名扬要求，要保持平和心态，正确认识自己的能力，正确看待挫折，正确对待成败得失，积极面对人生。要结合自身、家庭和社会情况，定位自己的人生道路。要全面提升素质，主动接受社会挑选。要注重学习方法，在学中干，在干中学，在一线不断提高自身能力和素质；在与群众的交流中提高沟通能力。要坚持党的群众工作法，多与群众沟通交流，多交农民朋友。要发挥自己的特长，树立“有为才有位”的思想，主动作为。要增强纪律意识，严格按照大学生村干部管理办法驻村开展好各项工作，做到工作学习两不误。

4 日下午，县委书记冯德校主持召开县委常委会议，对县委常委和县政府领导班子成员自身建设提出要求，并对当前工作进行安排部署。县委副书记、县长候选人龙向洋，县委副书记张波，县人大常委会主任文高平，县政协主席陈军和县领导郑景学、欧阳冬子、陈丽、李顺利、李晓宁、王名扬、苏建华、李觉会等出席会议并作表态发言。

冯德校要求，县委常委和县政府领导班子成员要讲政治、顾大局，在思想上、政治上、行动上与中央和省市保持高度一致，不讲与上级不一致的言论，不做与党中央不一致的行为，从全局高度和用长远眼光观察形势、分析问题，做政治上的明白人。要讲团结、聚合力，真诚相待，善于沟通，及时交流，像爱护自己眼睛一样珍惜，不利于团结的话不说，不利于团结的事不做。要讲规矩、守纪律，严格遵守各项规章制度，严格按规矩办事，不缺位、不越位、不错位，抓好各项工作落实。要讲奉献、敢担当，吃得起苦，吃得起亏，敢于担当，敢于负责，努力做到把工作当快乐，做到不回避矛盾、不推诿责任，努力营造和谐干事的工作氛围。

冯德校对当前工作进行了安排部署。冯德校要求，各级各部门要统一思想，各司其职，各尽其责，根据县委、县政府年初确定的各项目标任务，按照时间节点，抓好工作落实。相关部门要做好党代会的筹备工作。县重点办、各重点建设项目指挥部和各分管领导要加强调度，搞好协调服务，加快推进神华国华永州火电、芦江水库等重点项目建设。要抓好计划生育、安全生产、信访维稳等“三个一票否决”工作，对工作不到位，造成较大影响的，要严格按照有关规定进行追责。要抓好综合绩效、全面小康、精准扶贫等各项考核工作。要加快进度，抓好源味街建设，确保8月8日顺利开业。要严肃工作纪律、换届纪律、会议纪律，确保各项工作顺利推进。

县委常委会班子成员纷纷表示，坚决贯彻落实县委的决策部署，敢于担当、勇于负责，在困难、问题、矛盾面前不退缩、不回避、不推诿，狠抓工作落实，确保全面完成年初制定的各项工作目标任务。

4日下午，县委书记冯德校，县委副书记、县长候选人龙向洋带领县商粮局、东安经济开发区等部门主要人负责人深入企业、车间和建设工地，调研重点项目建设。县委常委、县委办主任郑景学，县委常委、常务副县长陈丽以及唐振宇、李瑞霞等县领导陪同调研。

冯德校、龙向洋一行先后深入凯翔鞋业有限公司、“135”工程创新创业园、云生竹业有限公司、南方纺织有限公司、湖南力泰汽车配件有限公司和湖南恒扬机械制造有限公司，详细了解项目建设情况和生产经营状况、存在的实际困难、发展前景等。每到一处，冯德校都鼓励各企业负责人，要放手经营、放胆发展，并表示本届县委、县政府将一如既往地关心、支持各企业的建设和发展，严格兑现相关优惠政策，积极为企业发展提供优质服务。冯德校强调，我们不仅要说得好，还要做得更好。选择在履新后的第二个工作日就来拜访各家企业，就是要为企业发展加油鼓劲、树立信心。凯翔鞋业有限公司要保持良好的发展势头，以清晰的思路推动企业稳定发展。云生竹业有限公司要充分发挥本地的资源优势和精准扶贫的优惠政策，通过“龙头企业＋市场＋贫困户”的模式，实现贫困户脱贫、企业增效的双赢目标。南方纺织有限公司要加强创新，不断做强做大自身品牌。汽车零部件制造相关企业，要进一步加快建设步伐，争取早日投产达效，以“星火燎原”之势迅速发展壮大。冯德校要求，县商粮局和东安经济开发区要进一步加强招商引资工作，不仅要当好推销员，更要当好服务员、勤务员，积极向企业宣传和推介东安的招商引资政策，增强企业投资的信心和决心，促进项目落地。“135”工程创新创业园一定要按照规划来进行建设，要抢抓时间、抢抓进度，高标准、高质量、高效率完成好厂房建设，确保企业按预期目标投产。相关部门要继续对各重点项目给予最优服务，及时帮助企业协调解决困难，确保企业安心生产。

5日上午，县人大常委会党组召开“深刻反思衡阳破坏选举案教训，切实加强换届风气监督，努力营造良好政治生态”专题民主生活会。县人大常委会主任文高平主持会议。县人大常委会副主任宁苏君、胡贤吉、唐新柱、胡慧川、蒋永辉等县人大常委会党组成员参加会议。

文高平代表县人大常委会领导班子作对照检查，并率先开展批评与自我批评，深入剖析自身存在的问题，诚恳接受县人大常委会领导班子成员对自己提出的批评意见。随后，其他班子成员依次发言，相互提出了批评意见。大家紧扣民主生活会主题，结合思想、工作和生活实际，谈体会说认识，开展深度剖析，达到了相互启发、触及灵魂、共同提高、促进工作的目的。文高平强调，县人大常委会领导班子要以这次专题民主生活会为契机，严格按照省、市、县委的部署要求，切实增强从严治党意识，全面落实责任，切实把从严治党各项要求贯彻落实到依法履职的全过程和人大工作的各个方面。县人大常委会党组要以“两学一做”学习教育为载体，切实增强人大机关党组的政治意识、大局意识、核心意识、看齐意识，持之以恒推进作风建设。要带头讲政治、讲责任、讲奉献、讲团结，带头识大体、顾大局、敢担当、守纪律，认真做好换届风气监督工作，努力营造风清气正的换届环境和良好政治生态。

会议还传达贯彻了 8 月 4 日县委常委会会议精神。

5 日上午，县纪委监察局召开专题会议，传达贯彻县委常委会精神。县委常委、县纪委书记李顺利出席会议并讲话。

会议指出，这次县委常委会对加强县委常委班子成员自身建设提出了新要求，具有很强的针对性、指导性。纪检监察机关要紧紧围绕县委的决策部署，切实强化大局意识、服务意识、担当意识、落实意识，忠诚履行党章赋予的职责，严格监督执纪问责，从严从紧抓作风，严厉整治和查处损害群众利益的不正之风和腐败问题，保持惩治腐败高压态势，切实把纪律和规矩挺在前面，用纪律管住全体党员。会议要求，纪检监察干部要坚决拥护县委常委会精神，服从县委的坚强领导，加大落实“两个责任”的力度，始终把责任扛在肩上、抓在手上、落实在行动上，推进党风廉政建设和反腐败工作常态化。要加强纪律审查工作，加大案件查办力度，重点整治“雁过拔毛”式腐败，着力查处发生在群众身边的不正之风。要强化党风廉政建设宣传教育工作，营造党风廉政建设的浓厚氛围和强大声势。要以更高标准和更严要求约束自己，坚持对不正之风“零容忍”，切实筑牢不敢腐、不能腐、不想腐的防线，开创东安党风廉政建设和反腐败工作新局面。

7日，县委副书记、县长候选人龙向洋在县安监局、交通运输局、交警大队、国土资源局等部门主要负责人陪同下，深入矿区和安全生产重点部位调研安全生产工作。副县长唐振宇陪同调研。

龙向洋一行先后深入白牙市镇荞麦冲锰矿区非法采掘煤矸石矿点、县城汽车总站、县食杂公司紫溪市镇存放点和渌埠头调元渡口实地察看，随后在县行政中心三楼会议室召开安全生产委员会全体会议，听取县安监、交警、交通、教育、城管等部门相关工作情况汇报。龙向洋指出，安全生产关乎社会安全、关乎公众安全、关乎干部安全。安全生产工作，不仅是展现一种姿态，更是要推动各项具体工作落到实处。最近一段时间全国各省、市、县安全事故频发，安全生产工作形势不容乐观，开展此次调研意义不言自明。龙向洋要求，全县各级各部门要牢固树立安全生产无小事意识，高度重视安全生产工作。要对安全隐患盯死看牢，全面深入地开展安全隐患排查与整改，特别是非煤矿山、道路、水上交通、校车、锅炉、电梯等重点部位。对发现的问题要加强排查、要动真碰硬，相关责任部门在事关原则问题上，要不讲理由、不讲要求、不开口子，对存在问题的企业进行坚决打击和取缔。要在具体工作上创先争优，以“跳起身来摘桃子”的精神，创新思维、开动脑筋，力争工作中出典型、出经验。要在工作分工上履职担责，相关责任单位要以“如履薄冰、寝食难安、舍我其谁”的精神，切实担负起安全生产相关责任，做到检查以暗访为主，通报以点名为主，把安全隐患消除在萌芽状态。要在工作考核上奖惩兑现，严格落实“党政同责、一岗双责”责任制，纪检监察部门要主动作为，强势介入，做到在责任追究上不讲情面、不打折扣。要在思想上真正重视安全生产工作，在具体工作上抓住重点，严防各类安全事故发生，实现工作好、社会好、大家好，确保社会大局和谐稳定。

8日下午，县委书记冯德校，县委副书记、县长候选人龙向洋在县委办、县政府办相关负责人陪同下，深入白牙市镇、紫溪市镇、大庙口镇和舜管局走访调研。

冯德校、龙向洋一行先后前往白牙市镇、紫溪市镇、大庙口镇、舜管局的政务中心，并实地察看了白牙市镇前进社区，紫溪市镇大源村烤烟集中烘烤场、收购点和舜皇山景区的游道、住宿、酒店等基础设施建设。每到一个乡镇，冯德校、龙向洋都与各乡镇党政班子成员亲切交谈，详细了解乡镇干部职工办公住宿条件、大院绿化美化、机关食堂建设、厕所卫生等情况，并听取了各乡镇工作情况汇报。冯德校对各乡镇干部职工良好的精神状态和取得的工作业绩给予充分肯定冯德校强调，各乡镇党委政府要增强统筹镇域经济社会发展能力，对本乡镇经济发展做到早认识、早安排、早部署，努力增强乡镇经济发展实力。要加强干部队伍建设，努力提高干部队伍素质，创新思想，转变观念，激发调动各级党员干部的积极性和创造性。要加强乡镇机关食堂建设，免除干部职工的后顾之忧。要搞好机关大院环境卫生，切实提升乡镇机关的管理水平。

9日，县人大常委会主任文高平带领县人大办相关负责人，深入井头圩镇开展“美丽乡村”、精准扶贫、基层党建、安全生产、乡镇人大换届选举等工作调研。井头圩镇党政主要领导陪同调研。

文高平一行先后实地察看上大村、霞栖现代农业园、凤凰村等地，详细了解“美丽乡村”、精准扶贫、基层党建工作开展情况和企业安全生产落实情况，并听取乡镇人大换届选举工作情况汇报。在上大村，文高平通过与村党支部成员交谈，详细了解“美丽乡村”建设情况。文高平要求，“美丽乡村”建设要与乡村旅游发展紧密结合起来，要进行科学规划，突出特色，发挥优势，打造山青水秀的优美环境。要依托自然生态优势，因地制宜，发展主导产业，形成规模效应，打造精品景观，吸引游客前来参观休闲，带动农民致富，促进农村经济发展。在霞栖现代农业园，文高平一行走进现代化的农业生产车间，详细了解蘑菇培育、生产、包装等情况。文高平指出，农业现代化、产业化、规模化生产，节约土地，是发展的必然趋势。他要求企业高度重视安全生产，树立品牌意识，走高质、高效、品牌发展之路，进一步做大做强，争创国内一流的农业龙头企业。在凤凰村大树脚党支部，文高平通过查阅台账资料，察看党建公开栏，与该村党支部人员进行交谈，详细了解大树脚党支部基层党建工作开展情况。文高平要求，基层党支部要发挥战斗堡垒作用，强化责任意识、担当精神，完善相关台帐资料，切实抓好党建工作。要采取有效方式，加强农村党员特别是流动党员的教育和管理。要将德文化融入到党建工作之中，围绕“诚、和、孝、善”实施“美德工程”，评选出美德先进典型，营造良好社会风气。党支部班子成员要以身作则，模范带头，团结一心，促进社会稳定，让村民安居乐业。

10日上午，县委常委、常务副县长陈丽在县行政中心三楼会议室主持召开“美丽东安”形象大使选拔总决赛调度会。会议对进一步搞好“美丽东安”形象大使选拔总决赛的安保、交通管理、用电保障、医疗保障、消防安全等事宜进行安排部署。县委常委、县委宣传部部长欧阳冬子，县政府副县长李瑞霞出席。

10日下午，县委书记冯德校，县委副书记、县长候选人龙向洋在县委办、政府办、农业委等部门负责人陪同下，深入水岭乡、横塘镇、石期市镇、井头圩镇等乡镇走访调研。县委常委、县委办主任郑景学陪同。

每到一处，冯德校、龙向洋都敲开干部职工房间，走进乡镇机关食堂、政务办理中心，仔细了解各乡镇的风土人情、群众收入、贫困人口、干部职工办公住宿、大院绿化美化、机关食堂建设等情况，并听取各乡镇党委主要负责人工作情况汇报。冯德校表示，这次前来走访调研，是来看望坚守在各乡镇基层工作一线的干部职工，并通过各乡镇党委书记、乡镇长，转达县委、县政府对全体干部职工的问候和祝福。冯德校要求，各乡镇要进一步加强干部作风建设，提高乡镇在“推动经济发展、增加农民收入、强化公共服务、改善民生民本、促进农村和谐”等方面的工作能力。要进一步加强乡镇机关建设，改善乡镇干部的办公生活条件，抓好乡镇机关庭院绿化美化和农村环境整治、“美丽乡村”建设工作，提升政府机关形象。要进一步整合资源，抓好长远规划，推进精准扶贫，运用政策引导群众发展特色产业，促进农民增收增效。

10日晚，2016永州文化旅游形象大使东安区选拔赛暨首届“电商杯”“美丽东安”形象大使选拔赛总决赛在县城和谐广场举行。经过激烈角逐，邓若兰、唐亚特、颜超莉分别摘得冠亚季军桂冠。市政府副市长罗双全，市文体广电新闻出版局局长李小星，市广播电视台台长蒋三秋，县委副书记、县长候选人龙向洋，县委副书记张波，县人大常委会主任文高平，县政协主席陈军以及郑景学、欧阳冬子、李顺利、李晓宁、王名扬、苏建华等县领导出席并观看比赛，并为获奖佳丽颁奖。

11日上午，县委中心组2016年（扩大）集中学习报告会在县行政中心五楼会议室举行。县政府副县长唐振宇组织学习习近平总书记、李克强总理、马凯副总理、省委书记徐守盛关于安全生产工作重要讲话或批示精神。市卫计委党组成员、副主任任水平作新修订的《湖南省人口与计划生育条例》专题讲座。县委书记冯德校主持学习报告会并讲话。县委副书记、县长候选人龙向洋，县委副书记张波，县人大常委会主任文高平，县政协主席陈军以及郑景学、欧阳冬子、李顺利、李晓宁、王名扬、苏建华等县委中心组成员参加。在职的县级领导，县直部办委局党政主要负责人、省市驻县单位主要领导，乡镇场党委书记、乡镇场长参加会议。

冯德校指出，全县各级各部门要加强领导班子自身建设，强化大局意识、团结协作意识、规矩意识、担当意识、廉洁自律意识和创先争优意识，在工作生活中时时用规矩纪律规范自己。要按照县委、县政府年初既定目标任务不折不扣抓好各项工作的落实。要充分吸纳社会各界意见和建议，集中全县人民智慧，倒排时间节点，搞好党代会筹备工作。要加强调度，搞好协调服务，加快推进神华电厂、新东芦公路、芦江水库等重点项目建设。要坚持计划生育基本国策不动摇，坚持“一票否决”制不动摇，坚持党政“一把手”亲自抓、负总责不动摇，做好人口和计划生育工作。要按照市委的要求和年初县委、县政府的安排，认真按照“五包”“五个一”工作要求，全力化解信访积案，确保社会大局和谐稳定。要切实抓好各项考核工作，尤其是综合绩效、全面小康和扶贫工作等各项考核。要调度好全市“美丽乡村”建设和重点项目现场会准备情况，加快推进重点项目建设，积极做好土地收储，做活土地文章，保障融资工作需要。冯德校还就严明工作纪律，严肃换届纪律和严格会议纪律提出了要求。

11日，东安县对接温氏养殖项目座谈会在县行政中心三楼一会议室召开。县委副书记、县长候选人龙向洋主持会议并讲话。

温氏集团湘桂公司总经理助理潘爱根简要介绍了生猪养殖一体化项目的生产模式、环保设施情况及当前选地租地、饲料供给存在的困难。县畜牧水产部门负责人重点介绍了温氏生猪养殖一体化项目在东安考察、洽谈、签约情况，并就下一步如何推进项目落地提出了合理化建议。县环保、国土、农业等部门负责人及井头圩、横塘等乡镇政府主要负责人就如何促进项目落地，加强对项目的服务工作作了表态发言。

龙向洋强调，温氏生猪养殖一体化项目合作既能实现企业效益，促进农民增收，又能做到保护生态环境，其模式呈良性趋势，应进一步加大力度推动项目落户东安。要对项目进行科学布局，坚持环保底线，注重与精准扶贫相结合，发挥项目带动作用，达到促进农民增收的目的。县里将成立专门的项目指挥部，将温氏生猪养殖一体化项目纳入重点项目行列。相关部门要积极与温氏集团对接，积极为项目解决建设中的困难和问题。

11 日下午，省委副秘书长、省编办主任魏旋君到东安调研神华国华永州电厂建设。永州市委书记陈文浩，东安县委书记冯德校，县委副书记、县长候选人龙向洋等市县领导陪同调研。

魏旋君一行实地察看市神华国华永州电厂项目建设情况，详细听取电厂规划设计、人事配置、战略定位、工作动态等方面的情况介绍。魏旋君认为，在永州市委、市政府的正确领导下，经过东安县委、县政府和项目建设指挥部的共同努力，神华国华永州电厂项目建设顺利推进，前景可期。魏旋君希望，在今后的工作中，永州市委、市政府要紧紧围绕既定经济社会发展目标任务，狠抓落实，重点抓好神华国华永州电厂建设，使之成为全市新的经济增长极，为全力打造品质活力永州作出新的更大的贡献。神华国华永州电厂和东安县委、县政府要进一步加强沟通联系，及时掌握工作动态。魏旋君要求，东安要进一步强化服务意识，及时、稳妥协调解决好各类矛盾和问题，为项目建设营造良好的施工环境，确保项目建设顺利推进。

12 日上午，县委书记冯德校，县委副书记、县长候选人龙向洋在县委办、政府办、扶贫办等部门负责人陪同下，深入大盛镇、南桥镇、花桥镇、芦洪市镇走访调研。县委常委、县委办主任郑景学陪同。

每到一个乡镇，冯德校、龙向洋都与各乡镇党政班子成员亲切交谈，详细了解当地交通、医疗卫生、教育、贫困人口、经济收入等情况，并转达县委、县政府对基层干部职工的问候和祝福。冯德校指出，全面建成小康社会推进精准扶贫，重点和难点就在偏远乡村。相关部门要高度重视，在政策、资金、人才等方面对偏远乡村进行倾斜。要根据偏远山区特点因地制宜，引导农民改变种植结构，引入龙头企业，带动农民增产增收。要加强劳动力培训，拓展收入来源。要办好教育、医疗等群众关心的公益事业，延伸公共服务，解决群众切身利益问题。冯德校强调，农村基层条件艰苦、工作任务繁重，大家要多关心、多爱护基层工作人员，保证他们基本的办公生活条件。基层干部要多为群众服务，带领群众脱贫致富。

冯德校一行还实地察看了芦洪市镇湘江焊剂、宏兴锌业、红狮水泥、树德山庄、赵家井“美丽乡村”等重点项目建设情况，并就如何解决各项目在建设中遇到的困难和问题进行了安排部署。

12 日，省人大常委会机关刊物《人民之友》杂志永州行专题采访报道组到东安，对紫水河流域保护管理工作进行素材挖掘、采访报道。市人大常委会研究室主任邓海波，县人大常委会主任文高平，县委常委、副县长李晓宁，县人大常委会副主任唐新柱陪同采访或座谈。

采访报道组一行先后前往马迹凼、新吴公塔、博爱广场、广利桥、高岩水库等地实地察看，并在县人大会议室召开座谈会，听取东安开展紫水河流域生态环境保护工作情况介绍。《人民之友》“永州行”采访报道组对东安县人大常委会高度重视民生，保护生态环境的做法给予了高度评价。采访报道组认为，东安县人大常委会班子在监督工作中敢于担当、敢于亮剑，在督办紫水河生态环境保护管理中取得了实效，值得总结推广。他们表示，要把所采访、收集的新闻材料进行整理，并进行宣传推介。

15 日上午，县委书记冯德校，县委副书记、县长候选人龙向洋在县委办、政府办、交通运输局等部门负责人陪同下，深入新圩江镇、黄泥洞林场、鹿马桥镇、端桥铺镇、川岩乡等地走访调研。县委常委、县委办主任郑景学陪同。

每到一个乡镇，冯德校、龙向洋一行都是实地查看各乡镇场的重点项目建设，仔细察看干部职工的办公室、食堂、宿舍、澡堂、卫生间等“五小”设施建设情况，详细了解乡镇干部工作和生活情况，并听取各乡镇场党委主要负责人工作情况汇报。调研中，冯德校对各乡镇场近年来突出抓发展、惠民生、强班子、保稳定所做的扎实工作和付出的艰辛努力给予充分肯定。冯德校强调，各乡镇场干部职工扎根基层，为维护一方稳定，促进当地经济社会健康有序发展奉献青春、抛撒汗水，作出了积极而富有成效的努力。基层干部要进一步树立信心，克服困难，把各方面的工作做好、做扎实。要想发展所需，谋发展之策，紧密结合当地实际，因地制宜加快发展。要加强干部队伍建设，努力提高干部队伍素质，解放思想，转变观念，激发调动各级党员干部的积极性和创造性。要加强乡镇机关食堂建设，免除干部职工的后顾之忧。县交通部门要进一步加快各乡镇场道路设施建设，改善交通环境，努力形成“对外大通道、对内大循环”的交通格局。

15 日下午，县政府全体会议暨上半年经济形势分析会在县行政中心三楼会议室召开。会议总结分析上半年经济运行情况，对下半年经济工作进行安排部署。县委副书记、县长候选人龙向洋出席会议并讲话，县委常委、常务副县长陈丽主持会议。县政府副县长郑航、唐振宇、李瑞霞、张静分别就各自分管工作作专题发言，县统计局、发改委、财政局等相关部门负责人汇报了上半年的工作情况。

会议指出，2016 年以来，面对持续加大的宏观经济下行压力，全县经济运行情况呈现低开低走、缓中有进、进中有忧的发展态势，存在主要经济指标排位靠后，工业运行整体困难，财政收支矛盾突出，要素支撑乏力等问题，全县经济形势较为严峻。龙向洋要求，全县各级各部门要统一思想，高度重视，按照年初县委经济工作会议和《政府工作报告》确定的工作目标，进一步量化任务、细化措施，坚决守住底线，稳定发展预期，努力实现全年目标。要加强产业培育，强化企业帮扶，加强统计工作，抓好工业经济。要抢晴天、战雨天，全力上项目、扩投资，做到开工建设一批，加快进度一批，协调推进一批，抓好神华国华永州电厂、新东芦公路、芦江水库、大庙口至新宁紫花坪公路等重点项目建设，确保完成或超额完成年度建设任务。要努力培植财源，拓宽收入渠道，持续加大跑项争资力度，做好融资工作，抓好财税收入。要抓好民生改善，提升群众幸福指数。要抓好精准扶贫，坚决完成年度易地扶贫搬迁工作任务。要抓好安全生产，全面开展“大排查、大管控、大整治”专项行动。要高起点，跟进跟紧，精准发力，抓好创先争优工作。龙向洋强调，要贯彻落实 8 月 4 日县委常委扩大会议精神，讲政治、顾大局；讲团结、聚合力；讲规矩、守纪律；讲奉献、敢担当。要主动作为，奋发有为，明确责任，令行禁止，在狠抓落实上下功夫。要在提高决策效率、工作效率、服务效率上下功夫，努力做到跑步服务、马上服务、满意服务。要多交流、多包容，在精诚团结上下功夫，做到容人、容言、容事。要在依法行政、廉洁从政上下功夫，始终绷紧廉政这根弦，增强拒腐防变能力，不越“雷池”，不踩“红线”。要学政策、懂政策、用政策，在加强学习上下功夫，用互联网思维看问题、解决问题。

16 日上午，县委副书记、县长候选人龙向洋主持召开迎接全市重大项目建设流动现场会筹备工作会议，安排部署相关筹备工作。县委常委、常务副县长陈丽，副县长唐振宇参加会议。

龙向洋指出，一年一度的全市重大项目建设流动现场会是全市项目建设的一次盛会。届时，全市和各县区的主要领导都将集中到现场参观，这是对东安经济发展的一次综合检阅，看的是个别项目，折射的是全县项目建设、经济社会发展的总体情况。龙向洋强调，此次东安将集中展示霞栖现代农业园和“135 工程”创新创业园。各级各部门要在指导思想上给予高度重视，并以全市重点项目建设流动现场会为契机，充分展示东安经济社会发展的良好态势。龙向洋要求，各级各部门要各司其职，细化方案，对参观的相关路线进行模拟，做细做扎实相关准备工作。交警部门要围绕参观线路维持好交通秩序。城管要进一步强化渣土管理，对经过路线附近的环境卫生、白色垃圾等进行重新清理。信访、公安等部门要加强调度，做好现场管理。要选择最佳的参观路线和能集中展示项目建设情况的参观地点，高标准、高档次做好项目建设宣传栏，坚持“饮水者自取”原则，准备好优质的饮用水，并设置好洗手间位置提示牌。要进一步加快项目区域内的下水道建设、路网建设、场地平整等工作，加强施工现场管理，营造项目建设良好氛围，给人以轻松自然的感受。要做好相关项目的现场解说工作，做到内容要精、介绍要准、资料要美。各相关职能部门要明确职责，细化任务，保持城区、园区卫生干净整洁，保障道路畅通安全、井然有序，全力以赴做好全市重点项目建设现场推进会各项筹备工作。

16日上午，县委副书记、县长候选人龙向洋主持召开县长办公会，专题研究部署红狮水泥项目建设。县委常委、常务副县长陈丽出席会议。

龙向洋指出，在县委、县政府正确领导下，在各职能部门共同努力下，红狮水泥项目建设顺利推进，取得阶段性成效。相关职能部门要高度重视，再接再厉，一鼓作气，形成合力，围绕县委、县政府年初确定的目标任务，加快进度，全力推进项目建设。龙向洋要求，国土部门要加大工作力度，尽快办理项目建设用地相关手续，确保项目土地合法化；要明确专门领导，安排专人，确保10月底前办好石灰石矿山采矿许可证。项目建设指挥部和电力部门要加强与上级电力部门沟通联系，做好110千伏生产供电相关申报、评审、架设等工作，争取红狮水泥用电项目列入国家电网建设项目。项目建设指挥部和鹿马桥镇、芦洪市镇党委政府要密切配合，做好红狮水泥取水管网建设沿线矛盾纠纷调处工作。水利部门要尽快办理取水许可证，确保红狮水泥项目建设顺利推进。

16日上午，东安十项基层党建工作大排查推进会在县行政中心五楼会议室召开。县委副书记张波，县委常委、县委组织部部长、县委统战部部长王名扬出席会议。

会议指出，十项基层党建工作大排查是一项政治巡视和政治任务，是落实全面从严治党向基层延伸的有力抓手，是加强党的领导，提升基层党组织凝聚力和战斗力的有力举措，是对全县党的建设各项工作的全面体检和有力促进。各级各部门要对基层党支部和党员存在的问题从严整改，推动整改任务落实到位。要坚持统筹兼顾、突出重点，找对方法和路子，推动当前党建工作再上新台阶。要加强领导，强化责任担当，严肃追责，确保东安基层党建工作取得实效。会议强调，各级党组织要进一步提高思想认识，牢固树立主业主责意识，坚定不移地抓好基层党建工作，不断提升基层党建工作整体水平。要认真对照党章党规，按照上级相关文件精神和工作要求，扎实开展"两学一做"学习教育，实现学习教育全覆盖。要自觉把党建工作融入到县委中心工作中去,精心抓好换届工作,着力提高换届工作质量。要严格按照《关于认真组织开展十项基层党建工作大排查的实施方案》要求，克服畏难情绪，破除怕得罪人心理，坚持边查边改，立行立改，将存在问题整改到位，推动全县基层党建工作全面进步。

16 日下午，县委常委、常务副县长陈丽深入井头圩镇霞栖村东安现代农业园和"135"工程创新创业园，就全市重点项目建设流动现场会筹备工作进行调研。县政府副县长唐振宇陪同调研。

陈丽一行实地察看了井头圩镇霞栖村东安现代农业园现代化蘑菇生产车间和"135"工程创新创业园项目建设进展情况，对参观路线进行了现场模拟，对全市项目建设流动现场推进会相关筹备工作进行了安排部署。陈丽要求，各级各部门要高度重视，密切配合，各司其职，以全市重点项目流动现场会为契机，充分展示东安经济社会发展良好形象。要选择好参观路线和最佳的参观地点，并沿着参观路线，搞好环境卫生，清除牛皮癣广告，做好场地平整和杂物清理工作。要围绕东安经济社会发展，特别是要围绕霞栖东安现代农业园和“135”工程创新创业园取得的成绩做好宣传、展示和现场解说工作。各项目业主要抓时间、抢进度,加快推进项目建设,大力营造东安项目建设良好氛围。县交警、公路、公安、信访、城管、环卫等相关职能部门要明确职责，细化任务，保持城区、园区卫生干净整洁，保障道路畅通安全，确保全市重点项目建设流动现场推进会在东安区域内各项筹备工作做细、做实。

16日晚，全县安全生产工作集体谈话会议在县行政中心七楼会议室召开。会议传达贯彻省、市安全生产集体谈话会议精神，对安全生产工作进行安排部署。县委书记冯德校，县委副书记、县长候选人龙向洋出席会议并讲话。县委副书记张波主持会议。副县长郑航、唐振宇等县领导和县直相关部门、各乡镇场主要负责人参加会议。

冯德校指出，安全生产事关人民群众的生命财产安全，事关经济发展和社会稳定大局。各级各部门要高度重视，牢固树立安全生产也是政绩的观念，始终保持清醒和坚定，任何时候都要把人民群众生命财产安全摆在首位，坚决守住不发生重特大安全生产事故的红线，坚决守住“不安全不生产、隐患不消除不生产”的底线，带着感情和责任抓好安全生产工作。冯德校强调，要狠抓思想认识，狠抓排查，对辖区内安全隐患做到心中有数，切实把安全事故隐患消灭在萌芽状态。要狠抓整改，对排查的问题，建立台账，认真分析原因，明确责任人，及时交办，跟踪整改，确保整改到位。要狠抓责任落实，突出企业和部门的主体责任，切实做到“党政同责、一岗双责，失职追责”，把安全责任落实到具体岗位和责任人，对执行落实不力、执行制度不严的，必须严肃追究相关人员责任。要加大监管力度，对安全生产事故违法典型案例进行通报，并在新闻媒体上公开曝光，全力维护安全生产形势总体稳定。

龙向洋要求，各级各部门要提高认识抓，牢固树立安全生产责任大于天意识，牢固树立危机意识，坚持常抓不懈，警钟长鸣，把隐患和问题遏制消除在萌芽状态。要突出重点抓，加大对交通、危化、人员密集场所等重点行业领域和重点区域安全隐患排查力度，严厉打击非法、违法生产经营行为。要强化措施抓，全面开展安全生产专项行动，狠抓隐患整改，加大安全应急救援管理，积极争创省级安全生产示范县。要严格落实企业主体责任、党政领导责任和部门监管责任，形成“人人抓安全、人人保安全”的工作局面。要加大考核力度，对工作不力、推诿扯皮、敷衍塞责、失职渎职的，实行“黄牌警告”“一票否决”，确保全县经济社会大局和谐稳定。

18 日上午，县委书记冯德校在县委办、县政府办等部门相关负责人陪同下，深入紫溪市镇百花村等地，调研““美丽乡村””建设和乡村旅游工作。县委副书记张波陪同调研。

冯德校一行首先实地察看了紫溪市镇百花村和沉香寺，并饶有兴趣地登上高台，俯瞰千里湘江第一湾。在高峡平湖——高岩水库，冯德校详细了解水质、漂浮物打捞以及水库环境保护工作，对这里的美景大加赞赏。在白牙市镇天元山庄，冯德校仔细察看这里的装饰风格，询问山庄的规划、客源和生意情况，认为这里很有特色，很有发展潜力。在大江源农庄，冯德校仔细察看农庄的功能布局、特色产品和基地建设情况，详细了解农庄的发展规划、宣传推介、存在的困难等，要求把大江源农庄建设工作作为全县重点项目来抓，成立项目建设指挥部，专人专抓，为项目建设增动力、添活力。冯德校指出，随着人们生活水平的提高、道路的畅通和汽车的普及，短平快的“微旅游”已成为当前旅游发展的新业态。东安县位于永州市的半小时经济圈内，要精准把握发展趋势，打造自身品牌，避免“灯下黑”，将旅游发展列为当前东安经济社会发展的重要课题。冯德校强调，发展乡村旅游，首先要加强规划布局，建设载体，按照起点要高、功能要全，打造旅游精品。要进一步做优服务，注重游客体验，打造旅游品牌。要选择有实力的营销团队，加强宣传推介，做实营销包装，树立良好形象。要把握发展趋势，充分发挥“互联网 +”旅游，用现代化的手段应对新业态，确保全县乡村旅游出精品、上档次。

18 日下午，县委书记冯德校深入各个建设工地，调研城建规划项目进展情况。县委常委、县委政法委书记苏建华陪同调研。

冯德校一行实地察看紫水湿地公园、舜德家园、学院路、火车东站征地拆迁安置区、冷东公路绕城线、鑫龙小镇小区、文明路、东安一中扩改项目、汽车西站、沿江西路等城建规划项目，详细询问各城建项目建设面临的困难和问题以及项目挂牌、招标，仔细了解城市规划建设、征地拆迁补偿、环境卫生治理、污水排放、小区服务设施建设等方面的情况，并听取相关情况汇报。冯德校强调，城市建设重点项目要抓住时间节点，加快推进建设进度，进一步改善城市环境，提升城市形象。要坚持以人为本，不断创新工作方法，妥善化解群众矛盾，积极稳妥地推进项目建设。要积极打通连接县城各条通道，加快县内路网建设，拓展发展空间。要珍惜土地和生态资源，提升节约集约用地水平，坚决避免过度消耗、低效用地的现象。要加强污水管网的规划建设，让城市污水经处理后安全排放。要坚持城市建设规划先行，规划好的项目，要坚决按照规划落实，全面提升城市品位，提升城市形象。

22 日下午，县委书记冯德校主持召开县委常委扩大会议，专题研究讨论中国共产党东安县第十二次代表大会报告起草和筹备工作。县委副书记、县长候选人龙向洋和县领导张波、陈军、陈丽、李四清、彭俊卿、蒋华、李觉会、唐华栋、廖劲松、唐振宇、唐伟文等出席会议。

与会人员紧紧围绕县委工作报告（征求意见稿），结合东安实际，畅所欲言、各抒己见，谈体会、提建议，谋发展、献良策。大家一致认为，县委工作报告（征求意见稿）实事求是地概括和总结了东安过去五年来所取得的工作成绩，准确定位谋划今后五年的发展。报告内容主题明确，提出了新亮点、新思路，符合东安实际，具有较强操作性和指导性，是一份鼓舞人心、凝聚民心的好报告。与会人员还分别围绕产业发展、城市规划、道路交通等方面提出了具体意见和建议。

冯德校强调，中国共产党东安县第十二次代表大会将选举产生新一届党委班子和纪委班子，是东安县政治生活中的一件大事。大会筹备工作小组要明确责任，密切配合，全力做好会前各项筹备工作。报告起草组要认真梳理、归纳总结大家的意见和建议，进一步修改完善县委工作报告，形成一份更加符合时代要求、贴近社情民意、科学合理务实的报告。要严明纪律，强化督查，对违反换届纪律的人和事要严肃查处，确保换届风清气正，确保县第十二次党代会圆满成功召开。

23日上午，建行永州分行行长谭显光一行到东安洽谈政府购买服务贷款。县委副书记、县长候选人龙向洋，县委常委、常务副县长候选人蒋华参加洽谈。

座谈会上，银行方介绍了政府购买服务贷款的背景及定义，适用领域、贷款类别及金额，政府购买操作流程，担保方式等情况。龙向洋指出，建设银行开办政府购买服务贷款，对银行和政府双方，都是双赢的选择。龙向洋强调，当前，东安工业还处在打基础、吃苦头、增后劲的阶段，经济发展还处于腾飞前蓄势待发的状态，在投融资工作上迫切需要金融部门的支持。龙向洋希望，建设银行永州分行要进一步加大对东安的信贷投放力度，建立健全有利于增加信贷投放的工作机制，简化程序，提高效率，探索快速发放政府购买服务贷款的方式方法。全县上下要以敢于负债搞建设、敢于负债促发展的精神，以时间换空间，求贷争资，积极争取金融部门的支持。尤其是龙溪河综合治理工程、神华永电新城综合建设等城市基础设施及重点工程项目建设，要创新工作方式，拓宽融资渠道，齐心协力搞好项目建设，用良好的诚信回报建行关心和支持。谭显光表示，建行将进一步优化金融服务，主动作为，加大贷款投放力度，全力支持东安经济发展。

24日上午，东安创建国家卫生县城攻坚推进会在东安会堂召开。县委书记冯德校，县委副书记、县长候选人龙向洋分别作重要讲话，县委常委、常务副县长候选人蒋华主持会议。县领导文高平、张波、陈军、李四清、彭俊卿、李觉会、唐华栋、廖劲松、唐振宇、唐伟文等出席会议。

冯德校指出，创建国家卫生县城是县委、县政府向全县人民作出的庄严承诺，引起了全县上下的广泛共鸣，干部群众参与的广度和深度前所未有，是当之无愧的民生工程、民心工程、德政工程。冯德校强调，县城是我家，管理靠大家。创建国家卫生县城不是为了拿牌子、争荣誉，而是为了提升城市形象、改善人居环境的务实之举，是近年来全县广大干部群众为之辛勤努力的检验，是改善投资环境的需要，是促进县域经济竞相发展、提升软实力的需要。冯德校要求，各级各部门要进一步明确责任，逐点、逐条、逐项进行对照检查和梳理，明确整改工作任务和具体标准，明确整改时限和责任分工。要进一步对照任务清单，每一个区域、每一条街道、每一处设施、每一个环节、每一个细节，都要落实责任单位和责任人，做到无缝隙，全覆盖。要进一步查漏补缺，严格按照标准，坚决果断、干净彻底地予以解决，做到不拖时间，不留余地，不留死角，不能反弹。要进一步强化安排、调度、督查、宣传，敢于担当，敢于碰硬，迅速掀起新一轮创建工作热潮。要进一步巩固前期创建国家卫生县城的成果，做到创建工作常态化。要进一步严肃工作纪律，时刻保持临战状态，创国卫不作为，干部就挪位；创国卫不出彩，干部就出局。通过铁腕整治，强力推进，力争创建名副其实的国家卫生县城。

龙向洋强调，自 2014 年启动创建国家卫生县城工作以来，全县各级各部门投入了大量的人力、物力、财力，城区基础设施得到全面加强，城中村和城乡结合部环境卫生大幅改善，死角死面得到彻底整治，县城秩序明显规范。全县上下要不厌其烦找差距、不留盲点突整改、不遗余力大扫除、不出纰漏迎评估、不讲情面抓追责，迅速在全县掀起新一轮你追我赶抓创卫的热潮，用最高昂的士气、最坚决的行动，以最良好的状态，夺取创建国家卫生县城的最后胜利。

白牙市镇、县城管局、交警大队、市场和质量监督管理局和市管中心等单位主要负责人就如何做好创国卫工作作表态发言。

24日，县人大召开创国卫工作调度会，安排部署创国卫推进工作。县人大常委会主任文高平，副主任胡慧川出席会议。

会议指出，创国卫工作是一项系统工程、民生工程，同时也是对党员干部工作执行力的考验，各责任单位一定要明确任务，明确职责，加强沟通协作，确保各项目标任务按时完成。会议要求，各责任单位要将文明劝导纳入重要工作议事日程，进一步调动广大干部职工参与创建国家卫生县城的积极性。要加强文明劝导工作，集中人员对重点、难点路段进行督查。县城管、住建、环卫等职能部门要加强协调，强化执法，对已经破损并成为卫生死角的路面进行修补，更换破损的人行道板。要进一步加强巡查、执法，及时发现和制止相关问题。要加大整治力度，解决车辆乱停乱放的问题，保证市民出行顺畅。要严明纪律，全面落实创建国家卫生县城的各项工作目标任务，确保创建工作取得实效。

24日，东安直属机关党代表会议在县行政中心五楼会议室召开，选举产生了出席县第十二次党代会代表。县委常委、县委组织部部长候选人彭俊卿出席会议并讲话。

彭俊卿指出，根据省、市委指示精神，县委第十一届八次全会决定，中国共产党东安县第十二次代表大会于8月底召开，这是全县人民政治生活中的一件大事。全县各级党组织要深刻认识做好代表选举工作的重要意义，把思想和行动统一到县委的决策部署上来，切实增强做好代表选举工作的责任感和使命感。县直机关各级党组织要切实按照县委要求，严把代表标准条件、构成比例关，规范工作程序，坚持好中选优，确保代表的先进性、广泛性和代表性，认真做好县直属党委代表选举工作；要加强领导，强化责任，切实保证代表选举工作顺利进行。彭俊卿希望，各级各部门要统一思想，深化认识，从思想上高度重视这次选举，行动上认真对待这次选举，严格按照县委要求，扎扎实实做好当前工作，齐心协力，同心同德，圆满完成县直属党委出席县十二次党代会的代表选举工作，以实际行动迎接县第十二次党代表大会的胜利召开。

与会人员观看了警示教育片《镜鉴》，学习了中央和省市县委关于严肃换届纪律的相关规定。与会代表投票选举产生了67名出席县第十二次党代会代表。

24日下午， 市委常委、市纪委书记杨永带领市督查组到东安督查指导县委换届工作。县委书记冯德校，县委副书记、县长候选人龙向洋和县领导文高平、张波、陈军、彭俊卿、廖劲松等出席会议。

冯德校代表县委汇报了东安县第十二次党代会筹备工作情况。会议指出，东安县委高度重视县委换届工作，切实把县委换届工作摆上重要议事日程，精心谋划、周密部署，先后召开县委常委会、县委全会专题研究县委换届工作，成立了党代表大会筹备工作领导小组，明确了各工作组职责，坚持挺纪在前，严把选举程序关、代表质量关，做到程序到位、监督到位、调度到位，确保县委换届工作风清气正。

杨永对东安县委换届工作给予了充分肯定。杨永认为，东安县委换届选举工作领导高度重视，纪律严明，措施有力，严格按照省、市相关文件精神和要求，抓好了贯彻落实。杨永强调，东安县委要坚持把党的领导贯彻县委换届工作全过程，统筹指导县委换届工作。要按照“五个不推选”，严格实行“六必查”“六联审”，严把代表、委员质量关。要切实增强政治敏锐性，深刻吸取衡阳破坏选举案教训，坚持把纪律和规矩挺在前，严格监督查处，对违反换届纪律行为的，坚持发现一起、查处一起，以“零容忍”的态度正风肃纪，努力营造风清气正的良好政治生态环境。

25 日，中国共产党东安县第十一届委员会第九次全体会议在县行政中心五楼会议室召开。全会审议通过了《中共东安县委十一届九次全会关于第十一届委员会工作报告的决议》《中共东安县委十一届九次全会关于中共东安县纪律检查委员会工作报告的决议》，推选了出席市第五次党代会党代表候选人初步建议人选名单。全会由县委常委会主持。县委书记冯德校作重要讲话。县委副书记、县长候选人龙向洋作关于召开中共东安县第十二次代表大会具体时间的说明；县委常委、县委组织部部长候选人彭俊卿作中国共产党东安县出席市第五次党代会党代表候选人初步建议人选的说明；县委常委、县纪委书记候选人廖劲松作关于起草《中国共产党东安县纪律检查委员会工作报告》的说明；县委常委、县委办主任候选人唐振宇作关于起草《中国共产党东安县第十二次代表大会工作报告》(征求意见稿)的说明。文高平、张波、陈军、李四清、李觉会、唐伟文等县领导出席会议。出席全会应到县委委员 28 人，实到 23 人；县委候补委员应到 3 人，实到 2 人，符合规定人数。不是县委委员、县委候补委员的县级领导，县纪委委员列席会议。

全会认为，中国共产党东安县第十二次代表大会，是“十三五”开局之年召开的一次承前启后、继往开来的重要会议，是东安县政治生活中的一件大事。开好这次党代会，对于全面贯彻党的十八大和十八届三中、四中、五中全会及习近平总书记系列重要讲话精神、顺利实施“十三五”规划、全面建成小康社会；对于加强东安县领导班子建设、提高党的执政能力和水平；对于全面加强我县经济、政治、社会、文化、生态和党的建设，都具有十分重要的意义。全会根据省、市委的要求，结合我县实际，确定中国共产党东安县第十二次代表大会的指导思想和主要任务是：高举中国特色社会主义伟大旗帜，全面贯彻党的十八大和十八届三中、四中、五中全会及习近平总书记系列重要讲话精神，大力践行“创新、协调、绿色、开放、共享”的发展理念，深入落实省委“三量齐升”、“五化同步”和市委“四个三”的决策部署，紧紧依靠全县各级党组织、广大党员和人民群众，大力实施“生态立县、工业强县、农业稳县、旅游活县、科教兴县、依法治县”六大战略，全力推进“752121”工程，即进一步完善大思路、培育大产业、推进大提质、构建大交通、繁荣大文化、改善大民生、推动大落实，着力开展“五城同创”（国家卫生县城、全国文明县城、国家园林县城、国家级生态县、全国绿化模范县），全力打造两个中心（把县城打造成永州的次中心、把芦洪市打造成县城的副中心），努力把东安建设成全国知名的微旅游目的地，力争东安进入全省经济强县，把芦洪市建成全省的工业强镇，全面建成更高水平的小康社会。全会强调，2016 年是中国共产党成立 95 周年，是“十三五”规划的开局之年，也是东安县全面建成小康社会的关键之年。这次县委换届，是全县政治生活中的一件大事，事关全局，事关长远。全县各级党组织和全体共产党员一定要充分认识搞好东安县党委换届工作的重大意义，按照中央和省、市委的部署和要求，扎扎实实做好各项工作，确保县委换届圆满成功。全会号召，全县各级党组织和全体共产党员要更加紧密地团结在以习近平为总书记的党中央周围，发挥优势，补齐短板，不忘初心，开拓前进，为全力打造永州次中心、全面建成小康社会而努力奋斗！

冯德校强调，要认真学习，深刻领会，准确把握第十二次党代会《报告》精神实质。要统一思想，严肃纪律，始终与市委关于我县“两委”人事安排的组织意图保持高度一致，严格遵守有关法律、章程及党的纪律规定，对换届督导中失职渎职的，对违反组织原则和组织纪律，搞非组织活动，干扰、破坏换届工作的，一经发现，坚决查处。要加强领导，精心组织，周密部署，确保整个县委换届选举工作坚持原则不动摇，执行标准不走样，履行程序不变通，遵守纪律不放松。要正确把握舆论导向，营造浓厚的县委换届氛围。要围绕换届中出现的思想问题和群众关注的问题，教育干部树立正确的权力观、地位观、利益观，讲党性、顾大局、守纪律，正确对待组织安排，正确对待个人进退留转，正确对待选举结果，切实做到思想不散、工作不断，两手抓、两促进，确保换届选举工作顺利进行、圆满成功。

25日，中铁第四勘察设计院专家组到东安考察兴永郴赣铁路东安段设置车站预可行性研究工作。县委副书记、县长候选人龙向洋，县政府副调研员唐柏平陪同。

专家组一行先后实地前往大庙口镇舜皇岩、东安东站、斗笠山隧道、汽车东站等铁路沿线考察，现场讨论新建兴义至永州至郴州至赣州铁路东安段的线路走向、线路与动车专线的连接点和车站定位等问题。龙向洋强调，高速铁路在东安选址建站对促进东安县旅游和经济社会发展具有重大意义。全县各级各部门要站在大局的角度，严格遵循局部服务整体的原则，实现资源共享，利益与发展共存。要从建立现代化综合交通体系角度认真谋划，积极争取该项目建设满足全县经济社会发展的需要。

25 日下午，县委常委、县委宣传部部长候选人唐华栋带领县城管、交警、住建、环卫、创卫办督查组等相关人员深入县城舜皇大道、建设路、龙溪路、同心路等路段督查指导创国卫工作，并召开座谈会安排部署创国卫工作。

唐华栋充分肯定了建设路的路面卫生情况，对其他路段车辆乱停乱放、建筑材料乱堆、占道经营、路面地板砖损坏等问题进行了详细的安排部署。在随后召开的座谈会上，唐华栋要求，创卫办专业指导组要在《东安县创建国家卫生县城实施方案》的基础上再补充细化，明确到点，落实到人，把创国卫要求传达到各单位。督查组要加强巡视、督查，通过电视、新闻网、手机报、简报等方式对不文明现象进行通报。宣传教育组要在 30 日前做好专题片，开展好宣传活动，营造浓厚的创国卫氛围。综合协调组要迅速组织实施创国卫方案，上传下达、统筹协调，邀请市爱卫办提前模拟验收，确保创建成功。

26 日下午，县委副书记候选人陈丽在县委常委会议室集中调度中国共产党东安县第十二次代表大会筹备工作。县领导彭俊卿、蒋华、唐华栋、廖劲松、唐伟文等出席会议。

会务组、后勤组、组织组、宣传组、秘书资料组、信访维稳安保组等筹备工作小组负责人就筹备工作进展情况分别进行了汇报，会议就党代会筹备的具体工作进行了进一步梳理、明确。陈丽指出，此次党代会时间紧、任务重、要求严、责任大，各筹备组工作人员以高度负责的工作态度全身心投入，各项筹备工作有序高效推进，充分展现了东安干部一流的作风、能力和工作状态。陈丽强调，党代会是全县党员政治生活中的一件大事，各筹备工作小组要严格按照市委、县委的部署，按程序按要求做好筹备工作，做到认识要高、工作要细、要求要严。要站在讲政治、讲大局的高度，以主人翁的姿态对待此次大会。要严密组织、严格程序、严守纪律，确保换届工作不出纰漏。要严谨细致，及时查漏补缺，确保大会不出差错。要时刻绷紧换届纪律这根弦，克服麻痹思想，防止松懈情绪，以临战状态再接再厉，高标准、高质量推进各项筹备工作，确保大会圆满召开。

26日下午，县人大常委会主任文高平带领县人大常委会机关干部职工深入龙溪路茶源卫生院路段开展创建国家卫生县城“周五卫生日”活动，使该路段重新变得干净整洁，面貌焕然一新。

文高平还实地查看了龙溪路占道经营、乱堆乱放、车辆乱停等情况。文高平强调，东安创建国家卫生县城已进入最后冲刺阶段，各相关职能部门要统一思想，高度重视，进一步增强责任感、紧迫感，强化措施，攻坚克难，按照“创国卫”相关工作要求，抓好工作落实。要突出重点，查漏补缺，强化问题整改，确保各路段环境卫生干净整洁。要严明工作纪律，加大督查力度，全面落实创建国家卫生县城的各项工作目标任务，全力以赴做好最后冲刺，迎接“创国卫”验收“大考”。

27日上午，中国共产党东安县第十二次党代会各代表团临时召集人和副科级以上的领导干部代表会议在县行政中心五楼会议室召开。会议邀请市委指导组组长、市委组织部副部长李钢到会指导。县委书记冯德校出席会议并讲话，县委副书记、县长候选人龙向洋主持会议。县领导陈丽、文高平、张波、陈军、李四清、彭俊卿、蒋华、李党会、唐华栋、廖劲松、唐振宇、唐伟文等出席会议。

会议介绍了大会的筹备工作情况；提出了大会主席团成员、秘书长、代表资格审查委员会、代表提案审查委员会、各代表团正副团长建议名单；并酝酿讨论大会议程（草案）。

冯德校指出，此次党代会，是在"十三五"开局之年，全面建成小康社会的关键之年进行的，是全县人民政治生活中的一件大事。各代表团临时召集人和副科级以上的领导干部代表要高度统一思想，按照中央及省、市、县委的部署和要求，认真履行好各自职责，扎扎实实做好各项工作。要充分发扬民主，让代表畅所欲言，献计献策，实现决策的民主化和科学化。要全力维护大局，切实做到在思想上行动上与市委保持高度一致，自觉落实好上级组织的方针政策和重大决策。要严肃换届纪律，特别要严守政治纪律、组织人事纪律和工作纪律，确保换届工作顺利进行。要强化组织领导，各代表团团长是第一责任人，从政治上、组织上把握好方向，严格按程序办事，把责任落实到位，把各项工作做细做实，确保大会圆满成功。

李钢强调，做好此次换届工作，对加强东安县委班子建设，调动广大党员干部工作积极性，推动东安经济社会发展具有十分重要的意义。东安要高度重视，切实提高工作的责任感和使命感。要从大局出发，统一思想，提高认识，努力选好班子、选好干部，构建良好的政治生态。要加强组织纪律观念，努力营造良好换届风气，保障会议平稳有序推进，确保大会务实高效。

27日下午，县委书记冯德校，县委副书记、县长候选人龙向洋以及陈丽、文高平、张波、陈军、李四清、彭俊卿、蒋华、李党会、唐华栋、廖劲松、唐振宇、唐伟文等县领导看望慰问出席县第十二次“代表大会”的党代表，向他们表示亲切的慰问和真挚的祝福。

冯德校指出，此次会议不仅要总结第十一次代表大会以来的工作，还要研究确定今后五年全县经济社会发展的目标和任务，同时选举产生新一届县委和县纪委领导班子，关系重大、意义深远。希望代表们牢记代表神圣使命，以高度的政治责任感、饱满的工作热情，集中精力开好党代会；认真听取、审议好县委、县纪委的工作报告，积极参加会议讨论，为推动东安经济社会快速发展建言献策。

代表们纷纷表示，将认真开好此次大会，把基层的呼声传上来，把大会的精神带回去，在县委的坚强领导下，不辱使命、不负重托，全力推进东安经济社会科学跨越发展。

27日下午，中国共产党东安县第十二次代表大会第一次主席团会议在县行政中心县委常委会议室召开。县委书记冯德校主持会议。

会议以举手表决的方式推举了大会主席团常务委员会名单；通过了大会执行主席名单、大会副秘书长名单；通过了大会日程；审定并批准通过了大会秘书处组织机构；通过了大会列席人员、来宾和邀请在主席台就座人员名单；通过了代表资格审查委员会关于代表资格审查的报告，决定代表联名提案截止的时间。

27日下午，中国共产党东安县第十二次代表大会在东安会堂召开预备会议。县委书记冯德校主持会议。会议应到代表297人，实到278人，符合规定人数。

会议分两阶段进行。第一阶段，表决通过了大会主席团成员和大会秘书长名单；通过了代表资格审查委员会名单；通过了代表提案审查委员会名单；通过了中国共产党东安县第十二次代表大会议程；第二阶段，听取并通过了代表资格审查报告；宣布了大会主席团第一次会议通过的有关事项。

28日上午，中国共产党东安县第十二次代表大会在东安会堂隆重开幕。市委指导组组长、市委组织部副部长李钢到会指导。冯德校、陈丽、文高平、张波、陈军、李四清、彭俊卿、蒋华、李党会、唐华栋、廖劲松、唐振宇、唐伟文、廖祝春等同志出席会议并在前排就坐。应邀参加大会的还有无党派人士代表，中央、省、市驻县单位主要负责人，离退休干部，不是代表的其他党员县级领导。会议由龙向洋主持。会议应到代表297人，实到284人，符合规定人数。

大会在雄壮的国歌声中庄严开幕。冯德校代表中国共产党东安县第十一届委员会作工作报告。报告对五年来的工作进行了回顾。五年来，全县上下全面落实市委“四个三”的工作部署，深入推进绿色、小康、法治、创新、幸福东安建设，综合实力大幅提升，城乡面貌日新月异，基础设施日趋完善，社会事业协调发展，改革开放成效明显，民本民生不断改善，党的建设全面加强，实现了“十二五”圆满收官，经济社会发生了有深度、有品质的变化。报告指出，今后五年，是全面建成小康社会的决胜期、经济转型升级的加速期、城镇化深入发展的提升期、全面深化改革的攻坚期，也是东安大有可为的机遇期。全县上下务必要进一步坚定信心决心，增强定力合力，发挥新优势，突破新瓶颈，再创新业绩。今后五年工作的指导思想是：高举中国特色社会主义伟大旗帜，全面贯彻党的十八大和十八届三中、四中、五中全会以及习近平总书记系列重要讲话精神，大力践行“创新、协调、绿色、开放、共享”的发展理念，深入落实省、市委一系列重大决策部署，紧紧依靠全县各级党组织、广大党员和人民群众，大力实施“生态立县、工业强县、农业稳县、旅游活县、科教兴县、依法治县”六大战略，全力推进“752121”工程，即进一步完善大思路、培育大产业、推进大提质、构建大交通、繁荣大文化、改善大民生、推动大落实，着力开展“五城同创”（国家卫生县城、全国文明县城、国家园林县城、国家级生态县、全国绿化模范县），全力打造“两个中心”（把县城打造成永州的次中心、把芦洪市镇打造成县域的副中心），努力把东安建成全国知名的微旅游目的地，力争东安进入全省经济强县，把芦洪市镇建成全省的工业强镇，全面建成更高水平的小康社会。今后五年全县经济社会发展的奋斗目标是：经济实力更加雄厚。经过五年努力，全县地区生产总值超过230亿元，固定资产投资超过380亿元，规模工业总产值突破200亿元，财政总收入突破16亿元。城市功能更加完善。经过五年努力，全县城镇化率达到全国平均水平，县城人口达到25万人，县城承载力显著提升，综合服务功能更趋完善，辐射带动能力明显增强。生态环境更加优美。经过五年努力，森林覆盖率达到63.5%以上，空气质量优良率达到90%以上，城市污水处理率达到85%以上，垃圾无害化处理率达到95%以上。社会发展更加和谐。经过五年努力，科教文化事业竞相发展，公民道德素质普遍提高，文明创建成果巩固扩大，社会大局持续和谐稳定。人民生活更加幸福。经过五年努力，城乡居民生活品质大幅提高，城乡居民人均可支配收入分别达到 35300 元和 18340 元，完成脱贫 33254 人，全面建成更高水平的小康社会。报告要求，全县上下要始终坚持创新发展、协调发展、绿色发展、开放发展、共享发展“五大发展理念”，强化机遇意识、大局意识、团结意识、规矩意识、担当意识、廉洁意识、争优意识“七种意识”，努力实现今后五年全县经济社会发展的奋斗目标。要扬优势补短板，全面建成更高水平的小康社会。重点突出解放思想，完善跨越大思路；突出转型升级，培育特色大产业；突出融合融通，推进城乡大提质；突出绿色畅通，构建循环大交通；突出核心引领，繁荣先进大文化；突出幸福生活，改善共享大民生。要推动大落实，为全面建成小康社会提供坚强保障。要坚持思想建党，争创一流的精神状态、坚持鲜明导向，打造一流的干部队伍、坚持重心下移，建设一流的基层组织、坚持转变作风，培育一流的执行能力、坚持廉洁从政，营造一流的政治生态。要发挥优势，补齐短板，不忘初心，开拓前进，为全力打造永州次中心、全面建成小康社会而努力奋斗！

会议还听取了廖劲松代表县纪律检查委员会所作的工作报告，书面听取彭俊卿同志所作的党费收缴、管理和使用情况的报告。

28 日下午，县委书记冯德校参加县第十二次党代会县直一代表团和第二代表团分组讨论，与代表们共同讨论审议县第十二次党代会报告，为推进全县经济社会跨越发展凝智聚力。县人大常委会主任候选人张波，县委常委、人武部政委李觉会参加讨论。

代表们围绕县第十二次党代会报告展开热烈讨论。大家认为，党代会工作报告实事求是、目标明确，描绘出东安未来五年经济社会发展前景，催人奋进、鼓舞人心。代表们结合各自工作实际，畅所欲言，积极建言献策，就加强基层党组织建设、“美丽乡村”建设、创国卫、重点项目建设等方面内容提出了许多富有建设性的意见和建议。在县直一代表团，冯德校认真倾听代表意见，与大家亲切交流。冯德校表示，讨论审议县第十二次党代会报告，就是要集中全县党员智慧，多为东安经济社会发展想办法、出主意，使经过审议后的报告，成为指导全县经济社会发展的行动纲领。各级各部门要认清形势，围绕县委工作目标和要求，进一步增强紧迫感和责任感，立足本职，敢于担当，以风清气正、团结务实的作风，抓好各项工作落实。在第二代表团，冯德校与白牙市镇、水岭乡代表们共同讨论党代会工作报告，对代表们提出的意见和建议给予了充分肯定。冯德校要求，要加强基层党组织建设，充分发挥基层党组织的战斗堡垒作用和党员的先锋模范作用。要解放思想，创新思维，以“互联网 + 基层党建 + “美丽乡村” + 乡村旅游 + 精准扶贫”模式，大力拓展农民增收渠道，促进农民增收致富。

28 日下午，县委副书记、县长候选人龙向洋先后到第三代表团和第七代表团，就县委工作报告与代表们深入讨论，听取意见建议，共商东安未来五年经济社会发展大计。

代表们认为，县第十二次党代会工作报告内容精彩、思路清晰、目标明确、措施得力，具有很强的指导性和前瞻性，是全县经济社会发展的指南针和路线图，鼓舞人心、催人奋进。大家围绕生态环境保护、农村基础设施建设、“美丽乡村”打造等工作提出自己的意见和建议。

龙向洋在认真听取各位代表的发言后指出，各位乡镇代表要统一思想，提高认识，站在全局的高度谋划、推动乡镇工作。要依托现有的资源优势，抢抓机遇，打造亮点，努力将资源优势转化为特色优势，经济优势，促进经济社会又好又快发展。要抓好当前农业农村工作，继续推动农村土地流转，抓紧实施农村环境综合整治，着力改善村容村貌和村风民风建设。要大力发展生态农业和生态旅游业，积极推进“美丽乡村”建设。希望各位代表切实履行好代表职责，充分领会报告提出的发展理念、发展措施和发展目标，紧扣报告核心思想，真正将报告精神转化为指导工作、推动各项事业发展的强大动力。

28 日下午，县委副书记、县长候选人龙向洋深入县城部分城中村、社区、工地和企业，督查指导创国卫工作。县委常委、县委宣传部部长候选人唐华栋，副县长张静等陪同督查。

在白牙市镇林角村、都塘村，龙向洋仔细察看房前屋后、院落的卫生状况，并与部分村民亲切交谈。龙向洋要求，各城中村负责人要进一步加强道路两侧的卫生清扫，及时清除枯枝烂叶、杂草杂物、白色垃圾。村民要加强庭院内务整理，严禁放养鸡鸭牲畜、禁排污水，做好卫生保洁。在东安明珠居民小区，龙向洋察看了卫生状况和工地杂物清理情况，现场交办随行人员，要加强杂草清理，建好工地围挡，完善相关标识牌。在县城牲畜定点屠宰场，龙向洋察看了卫生状况和下水道排水情况，听取了屠宰场负责人的情况汇报。龙向洋要求，屠宰场要借鉴永州市中心城区的方式方法，严格按照创国卫的标准，全面开展下水道清理，想法设法清除杂草、杂物和异味，营造轻松自然的环境。在县城自来水厂，龙向洋边走边看，并登上新建的楼台，详细了解水厂的基础设施建设和创国卫相关硬件的完善情况。龙向洋要求，自来水厂要进一步加快基础设施建设的进度，按要求安装好相关检测设备。环保部门要加强执法，城区内、水源区严禁养猪，已有的养猪场，要加强协调，重新选址搬迁。龙向洋强调，创建国家卫生县城是县委、县政府向全县人民作出的庄严承诺，选择在党代会期间开展创国卫工作督察，就是要向广大党员表明县委、县政府创国卫的信心和决心。龙向洋指出，当前正是创国卫工作决战决胜阶段、盯死看牢冲刺阶段，各级各部门要克服草率、厌倦心理，牢固树立“问题不解决不松手，创卫不达标不罢休”的思想，突出问题导向，做好创国卫的查漏补缺工作。要进一步加强街面保洁，对道路两边杂草、杂物、围地种菜等问题，要及时整改清理到位。要严格兑现创国卫的相关奖惩办法，谁出问题谁买单。要一鼓作气，乘势而上，齐心协力，加强调度，确保创国卫工作目标实现，绝不辜负广大党员和全县群众的期望。

28日下午，中国共产党东安县第十二次代表大会第二次主席团会议在县行政中心县委常委会议室召开。县委书记冯德校主持会议。

会议听取了各代表团审议第十一届县委、县纪委工作报告情况；审议通过了《中国共产党东安县第十二次代表大会选举办法（草案）》，并提交各代表团讨论；县委常委、县委组织部部长候选人彭俊卿作了第十二届县委委员、候补委员、县纪委委员人事安排说明和出席市第五次党代会代表候选人预备人选酝酿产生情况的说明；讨论通过了第十一届县委常委会提出的第十二届县委委员、县纪委委员候选人预备人选名单和出席市第五次党代会代表候选人预备人选名单，并提交各代表团酝酿；布置了各代表团推选分团预选和大会正式选举的监票人。

29日上午，县委书记冯德校参加第六代表团讨论，与芦洪市、鹿马桥、黄泥洞林场代表们共同讨论县第十二次党代会报告，共谋全县发展大计。县委副书记候选人陈丽，县委常委、县委组织部部长候选人彭俊卿参加讨论。

与会代表对党代会工作报告展开热烈讨论，一致认为报告总结成绩客观实在，分析问题精准深刻，展望前景振奋人心，科学系统地描绘了东安未来五年经济社会发展的宏伟蓝图，具有较强的前瞻性和感召力。代表们还就教育、精准扶贫、“美丽乡村”建设等方面内容提出了意见和建议。

冯德校对代表们的发言给予了充分肯定，认为大家的意见和建议很有见地，让人深受启发。冯德校要求，要统一思想，凝聚共识，传达贯彻落实党代会精神，围绕县委提出的工作目标和思路，抢抓机遇，按照工业强镇、旅游新镇总体定位，努力把芦洪市镇建设成县域经济副中心。要以微旅游为抓手，深度挖掘应阳古镇历史文化底蕴，加快推进城乡一体化建设，抓好农村环境卫生整治和农村通道建设，全方位推进“美丽乡村”建设，带动乡村旅游，努力把东安建成全国知名的微旅游目的地，把芦洪市镇建设成为全省的工业强镇。

代表们纷纷表示，在今后的工作中要认真贯彻落实党代会精神，紧紧围绕县委提出的“六大战略”和“752121”工程总体部署，不断强化“七个意识”，抓好工作落实，为全县经济社会发展贡献力量。

29日上午，县委副书记、县长候选人龙向洋参加县第十二次党代会县直二代表团讨论。

龙向洋与县直二代表团代表一同讨论了《选举办法（草案）》；酝酿了县委委员、县纪委委员候选人预备人选名单和出席市第五次党代会代表候选人预备人选名单；推选了分团预选和大会正式选举的监票人。龙向洋强调，东安县城森林覆盖率高，城市框架成型，龙溪河、紫水河穿城而过，生态环境好。今后，县城建设的重点要从扩容转向提质，全面提升城市品质。一是要突破新老城区交通瓶颈，接通断头路，打通肠梗阻，完善路网。二是要完善地下综合管网建设。三是呵护好县城水流体系。四是做好垃圾和污水处理提质。五是进一步铺好道路、点亮路灯，促进县城美化、亮化。六是净化城内城外环境，不求高、大、上，只求特、雅、精，要让城市居民住起来方便舒畅，让外来人员流连忘返，让外出务工人员引以自豪。

29日上午，中国共产党东安县第十二次代表大会第三次主席团会议在县行政中心县委常委会议室召开。县委书记冯德校主持会议。

会议听取了各代表团酝酿第十二届县委委员、县纪委委员候选人预备人选名单、出席市第五次党代会代表候选人预备人选名单和讨论《选举办法》（草案）情况汇报；确定了县委委员、县纪委委员和出席市第五次党代会代表候选人预选名单；举手表决通过《选举办法》、分团预选和大会正式选举的监票人名单、总监票人名单；指定总计票人、计票人；审议通过了县委工作报告、县纪委工作报告的决议（草案），并提交各代表团讨论。

29 日下午，县第十二次党代会主席团常务委员会在县行政中心七楼常委会议室召开。市委组织部副部长李钢到会指导。县委书记冯德校主持会议。

会议听取了总监票人关于县委委员、县纪委委员和出席市第五次党代会代表预选结果的报告；提出了县委委员、县纪委委员和出席市第五次党代会代表正式候选人建议名单；提出了县委候补委员候选人预备人选名单。

29 日下午，县第十二次党代会主席团在县行政中心七楼常委会议室召开第四次会议。市委组织部副部长李钢到会指导。县委副书记、县长候选人龙向洋主持会议。

会议通过举手表决的方式，确定了县委委员、县纪委委员和出席市第五次党代会代表正式候选人建议名单；表决通过了县委候补委员候选人预备人选名单，提交各代表团讨论。

30 日上午，中国共产党东安县第十二次代表大会举行第二次全体会议。冯德校、龙向洋、陈丽、文高平、张波、陈军、李四清、彭俊卿、蒋华、李觉会、唐华栋、廖劲松、唐振宇、唐伟文、廖祝春等同志在大会主席台前排就座。会议由冯德校同志主持。本次会议应到代表 297 人，实到 285 人，符合规定人数。

会议以无记名投票的方式，正式选举了县委委员、县纪委委员。会议总监票人向大会宣布了得票情况。冯德校同志宣布了选举结果。冯德校、龙向洋等 36 名同志当选为中国共产党东安县第十二届委员会委员。廖劲松、魏新林等 19 名同志当选为中国共产党东安县纪律检查委员会委员。

30日上午，县第十二次党代会主席团第五次会议在县行政中心七楼常委会议室召开。冯德校同志主持会议。

会议听取了各代表团酝酿情况的汇报；讨论通过了关于县委工作报告、县纪委工作报告的决议；确定县第十二届委员会第一次全会、县第十二届纪律检查委员会第一次全会主持人；通过了代表提案审查报告。

30日下午，中国共产党东安县第十二次代表大会第三次全体会议在东安会堂举行。会议由冯德校同志主持。冯德校、龙向洋、陈丽、文高平、张波、陈军、李四清、彭俊卿、蒋华、李觉会、唐华栋、廖劲松、唐振宇、唐伟文、廖祝春在大会主席台前排就座。本次大会应到代表297人,因病因事请假14人,实到283人,符合法定人数。

会议正式选举出席市第五次党代会代表和县委候补委员，并由总监票人向大会宣布得票情况；冯德校宣布选举结果。

30日下午，中国共产党东安县第十二次代表大会圆满完成各项议程，在东安会堂胜利闭幕，冯德校同志在闭幕式上发表重要讲话。大会主席团常务委员会委员冯德校、龙向洋、陈丽、文高平、张波、陈军、李四清、彭俊卿、蒋华、李觉会、唐华栋、廖劲松、唐振宇、唐伟文、廖祝春在主席台前排就座。市委指导组组长、市委组织部副部长李钢到会指导，并在主席台前排就座。大会由龙向洋主持。

大会审议通过了《中国共产党东安县第十二次代表大会关于第十一届县委工作报告的决议》和《中国共产党东安县第十二次代表大会关于第十一届纪委工作报告的决议》。大会认为，冯德校代表中共东安县第十一届委员会所作的报告，实事求是地总结了过去五年的工作，科学分析了面临的形势，全面部署了未来五年的工作。报告确定的“生态立县、工业强县、农业稳县、旅游活县、科教兴县、依法治县”六大战略，反映了全县广大党员和干部群众的共同愿望，提出的战略思路和工作措施符合东安实际，是今后一个时期指导全县工作的纲领性文件。大会认为，廖劲松代表中共东安县第十一届纪委所作的工作报告，实事求是地总结了过去五年的工作及其经验，提出了今后五年的工作建议，对全县党风廉政建设和反腐败工作具有重要的指导作用。

冯德校指出，这次大会充分发扬民主，集思广益，审议通过了十一届县委的报告和县纪委的工作报告，选举产生了中国共产党东安县第十二届委员会和县纪律检查委员会，是一次承前启后、继往开来的大会，也是一次团结奋进、凝聚人心的大会，更是一次不忘初心、继续前进的大会。大会期间，各位代表肩负着24000多名党员的重托和63万人民的期望，本着对党负责、对人民负责的精神，始终与县委保持高度一致，认真履行代表职责，全面完成了大会既定的各项议程。冯德校强调，大会实事求是地总结了县第十一次党代会以来的主要工作和基本经验，全面客观地分析了面临的形势和存在的问题，科学谋划了我县未来五年的发展思路、奋斗目标和工作重点。各位代表要以这次大会为契机，在省、市委的正确领导下，团结带领全县各级党组织和广大党员干部群众，以更加开阔的视野、更加昂扬的斗志、更加扎实的作风，发挥优势，补齐短板，不忘初心，开拓前进，为打造永州次中心、全面建成小康社会而努力奋斗！

中国共产党东安县第十二次代表大会在雄壮的《国际歌》中胜利闭幕。

30 日下午，中共东安县第十二届纪律检查委员会举行第一次全体会议。本次全会应到县纪委委员 19 名，实到 19 名，符合规定人数。

会议以举手表决的方式通过了中共东安县第十二届纪律检查委员会第一次全体会议选举办法；通过了监票人名单，指定了计票人。选举产生了中共东安县第十二届纪律检查委员会常务委员会委员和书记、副书记。

廖劲松指出，新一届纪委将在上级纪委和县委的坚强领导下,紧紧围绕县第十二次党代会提出的“六大战略”和“752121”工程总体部署,保持坚强政治定力,坚持全面从严治党,不忘初心,继续前进，努力开创党风廉政建设和反腐败工作新局面。廖劲松要求，要凝聚共识，强化“七种意识”，精诚团结，形成干事合力，敢于担当，锻造反腐“铁军”，争创一流团队。要真抓实干，尽职履责，加大监督执纪问责，加大基层惩治腐败力度，争创一流队伍。要率先垂范，聚力协作，进一步加强内部管理，争创一流保障，为全县经济社会发展提供坚强有力的纪律保障。

31 日下午，县委书记冯德校，县委副书记、县长候选人龙向洋调研新东芦公路和“一带八景”建设。县委副书记陈丽以及蒋华、唐振宇、黄敏、张一波、文德、邓亚林等县领导分别陪同调研。

冯德校一行先后察看了新东芦公路建设进度和芦洪市镇应阳古城、永电新村、树德山庄等“一带八景”建设，仔细询问应阳古城的维修保护、各项目的规划、被征地农民的保障、存在的困难等，并举行座谈会，详细听取了相关情况汇报。冯德校强调，争取神华国华永州电厂落户东安，加强芦江水库、红狮水泥、“一带八景”等配套工程建设，对于东安人民和神华火电建设方都是双赢的选择，全县上下务必要统一思想，按照规划部署，狠抓工作落实，举全县之力做好神华国华永州电厂这篇文章。冯德校要求，各级各部门要进一步争取项目资金，要打破“项目建设资金靠财政”这一思想，通过招商引资、银行贷款、向上争资等方式，积极争资，多方融资。要加强“一带八景”的控制规划，规划建设的相关附属配套设施要从永电新村大桥往芦洪市镇核心区方向发展，形成南北对进的发展态势，着力把芦洪市镇打造成县域的副中心和全省的工业强镇。要全面统筹好永电新村、芦江河风光带、应阳古城等“一带八景”建设，邀请有实力的企业前来开展高品位规划、投资。要结合“美丽乡村”、水利、旅游、城乡规划，建设好路网、防汛等配套设施，以“水火交融”的理念，保持好芦江河沿岸的原始风貌，挖掘芦洪市的文化底蕴，打造微旅游目的地。要加强与神华国华永州电厂建设方的沟通，原来承诺的要兑现，新出现的问题要商量协调，做到以诚相待，让神华国华永州电厂建设方在此安心发展、放心发展。在新东芦公路建设上，要严格按照项目建设的相关奖惩办法兑现。公路沿线的绿化，必须选择合理的树种，邀请专业公司前来规划种植，确保成景、上档次。要在保障质量、确保安全的前提下，进一步加快新东芦公路工程建设进度，确保按期投入使用。

9 月

1 日，县政协机关专题召开传达贯彻县第十二次党代会精神会议。县政协主席陈军出席会议并讲话。副主席周刚生、丁国志、蒋燕平、唐月程、周壬秀参加会议。

会议认为，县第十二次党代会是一次承前启后、继往开来、具有里程碑意义的大会。冯德校所作的报告是全面建设小康东安的攻坚动员令，是指导今后一个时期全县各项工作的行动纲领。陈军要求，全体政协委员要通过学原文、学精髓、学实质，把思想和行动统一到县第十二次党代会精神上来，迅速掀起学习贯彻县第十二次党代会精神的热潮，努力把会议精神转化为社会各界的共识。要围绕党代会提出的目标任务，积极履行三大职能。一是要维护核心。坚决服从党的领导，维护县委核心，与党委政府政治同向、思想同心、工作同步。二是要服务中心。充分发挥政协三大职能，以县委工作的总体取向为基本指向，以东安发展的战略定位为服务方位，对接党政中心工作和阶段重点工作，使政协工作与党政中心工作同步合拍、同轴运转、同频共振。三是要聚力凝心。高举民主和团结两大旗帜，充分发挥政协包容性，众志成城，为实现县第十二次党代会提出的各项目标任务多建睿智之言，多献务实之策。要以党代会精神为指导，全面完成政协换届工作。要紧锣密鼓、精细谋划，做好各项准备工作，确保政协换届工作取得圆满成功。

1 日，东安县举行不动产登记中心揭牌暨首证颁发仪式。市国土资源局党组成员、总工程师温小新出席仪式。县委常委、常务副县长候选人蒋华为权利人颁发东安县首本不动产权证书。县人民政府副县长张静主持仪式。

蒋华强调，不动产统一登记首证颁发，标志着东安县结束了土地、房产、林地等不动产分散登记的历史，开启了不动产统一登记新的一页,开启了新的征程。全县各级各部门要紧密协作，各司其职，特别是房产、林业等部门要加强对不动产统一登记过渡期间的支持协作和配合，全面做好不动产统一登记业务衔接有关交接过渡工作，做到不动产统一登记平稳顺利过渡。县不动产登记中心工作人员要齐心协力、开拓进取、依法办事、廉洁自律、认真履责，切实把不动产统一登记这项“惠民生”的举措落到实处；要发扬新作风，培育新思路，开创新事业，创造新业绩，为东安县不动产统一登记工作做出应有的贡献，为全县经济社会发展大局增添光彩。

1 日，县委常委、县委宣传部部长唐华栋组织召开部务会和机关全体干部职工会议，认真学习县第十二次党代会工作报告，部署下一步宣传贯彻落实工作。

会议认为，县第十二次党代会科学谋划了东安县未来五年的发展思路、奋斗目标和工作重点。县委宣传部将深入宣传贯彻落实党代会精神，科学谋划、强力推进宣传思想工作，为全力打造永州次中心、全面建成小康社会营造浓厚的舆论氛围。唐华栋要求，宣传思想战线要认真学习党代会精神，自觉把思想和行动统一到县委的决策部署上来，明确工作要求，增强“七种意识”，着重落实四项举措，确保宣传贯彻落实党代会精神出新出彩。一是将学习贯彻县第十二次党代会精神纳入各级党委（党组）中心组2016年度重要学习内容，并进行考核。二是开展集中微宣讲活动。东安新闻网、手机报、微信公众号、“美丽东安”等新媒体要创新宣讲方式，通过精心设计“微菜单”，开展点菜式“微宣讲”，真正让党代会精神入脑入心。三是开展立体宣传报道。充分发挥“一台、一网、一报、两微”的作用，在县内媒体开辟“贯彻落实党代会精神”专栏，同时，邀请省市新闻媒体到东安，宣传报道全县上下实施“六大战略”、推进“752121”工程的新举措、新进展、新成效。四是坚持新闻宣传、社会宣传、文艺宣传协调联动，形成全方位的立体宣传格局，不断提升东安的知名度和美誉度。

1日下午，县委书记冯德校，县委副书记、县长候选人龙向洋深入县财政局调研财税工作。县委常委、常务副县长候选人蒋华，县委常委、县委办主任唐振宇陪同调研。

在听取县财政、国税、地税等部门主要负责人相关工作情况汇报后，冯德校指出，财税工作是经济工作的核心和关键，事关经济发展、基础建设、民生保障和党的执政能力。各级各部门要理性分析、客观对待、正确把握当前财税形势，找准原因，对症下药，确保经济运行和财税收入持续稳健增长。冯德校强调，财税部门要围绕中心，服务大局，充分发挥职能作用，为县委、政府的决策当好参谋助手。要坚持“保工资、保民生、保运转、保稳定”的原则，统筹安排财政资金，加强支出审核关，努力优化财政支出结构。要加大融资，充分发挥融资平台作用。要加强中央和省、市相关政策研究，积极向上跑项争资。要整合资源，实事求是，加大税费清缴力度，依法文明征税。要加强干部队伍建设，强化业务学习，严于律已，提升财税干部的能力、素质和业务水平。

龙向洋要求，财税部门要认清当前财税形势，奋发有为，迎难而上，强化措施，细化征管，千方百计保征收。要综合施策，以去库存、促消费为重点，促进房地产市场健康成长，拉动经济增长。要拓展新领域，加大招商引资力度，着力引进一批优质企业，为经济平稳增长增添后劲。要解放思想，加大融资力度，积极向上跑项争资。要加快推进重点项目建设，促进项目早日投产达效。

1日下午，县委常委、县纪委书记廖劲松主持召开县纪委监察局全体干部职工会议，传达贯彻县第十二次党代会精神。

廖劲松强调：县纪委监察局要紧紧围绕县第十二次党代会提出的“六大战略”和“752121”工程总体部署，坚持坚强的政治定力，坚持全面从严治党，按照“争创一流团队，争创一流业绩，争创一流保障”的要求，努力开创全县党风廉政建设和反腐败工作新格局。将着重从六个方面落实县第十二次党代会精神：一是加强纪律建设，营造良好政治大生态。树立“四种意识”，严明政治纪律和规矩意识，确保政令畅通。二是落实“两个责任”，将“两个责任”内容细化、具体化，层层压实责任，强化责任追究，形成责任传导大链条。三是强化纪律审查，把握和运用好“四种形态”，改进审查方式，严明审查纪律，加强反腐败协调，推进“四种形态”大实践。四是持续纠正“四风”，深入整治“庸、懒、散、拖”等行为，促进党风政风大转变。五是整治基层腐败，着重整治“为官不为”“为官乱为”等问题，落实强农惠农政策，切实维护好群众利益，构建维护群众利益大网络。六是打造执纪铁军，推动纪检监察工作大落实。聚焦执纪监督问责主业，进一步提高纪检监察干部的综合素质和执纪能力，用铁的纪律打造一支忠诚、干净、担当的纪检监察干部队伍。

2日，县委书记冯德校主持召开新一届县委常委班子第一次常委会，听取全县教育工作情况汇报，安排县委常委班子成员分工及县领导联系乡镇工作，研究《2016年9月份工作重要活动预安排》和《县第十二次党代会重点工作责任分解工作方案》，传达贯彻中央有关文件精神。县委副书记、县长候选人龙向洋，县委副书记陈丽以及文高平、张波、陈军、李四清、彭俊卿、蒋华、李觉会、唐华栋、廖劲松、唐振宇、唐伟文等县领导出席会议。

关于教育工作，会议要求，要坚持教育优先发展战略，加大教育投入，推进教育均衡发展，不断满足人民群众对优质教育的需求。要结合东安实际，着力解决全县各中小学校，特别是幼儿教育、学前教育、义务教育阶段的学位问题。要努力改善办学条件，扎实推进教育改革、积极打造教育品牌，大力建设教师队伍。要抓好校园及周边环境综合整治，加强教育督导工作，真正实现“科教兴县”目标。

关于领导工作分工，会议强调，东安老百姓对新一届县委政府充满期待，希望东安新一届领导班子成员要带头落实党风廉政建设责任制，遵守廉洁自律各项规定，树立团结和谐、清正廉洁的良好形象。要尽快进入角色，围绕县委工作中心，锐意进取，扎实工作，与东安广大干部群众共同努力，推动东安各项工作再上新台阶。

关于9月份重点工作，会议强调，各级各部门要保持定力、真抓实干，强力攻坚、全面突破，强化督察，狠抓重点工作落实。要加大新闻报道力度，把宣传贯彻县第十二次党代会精神作为县内媒体当前和今后一个时期的首要工作，让党代会精神家喻户晓，深入人心。要在招商引资、争资跑项和扶贫攻坚项目上寻求新作为。要在保证质量的前提下，加快推进重点项目建设进度，尽快完工，发挥效益。要做好社会治理工作，继续守好信访维稳、安全生产、平安法治底线，并加强农产品安全质量管理，确保社会和谐稳定。要统筹好创国卫技术评估检查、教师节表彰、重点项目流动现场会准备、微旅游发展等相关工作，为冲刺全年目标任务打下坚实基础。

关于落实县第十二次党代会报告精神工作，会议要求，各乡镇场、各部门、各单位要认真对照《县第十二次党代会重点工作责任分解工作方案》明确自己的工作任务，强化责任意识，按照县委、县政府的安排部署，进一步量化工作方案，全力以赴把各项工作抓紧抓好、抓出成效。要结合各自分管的工作，全面细致地开展调查研究，现场协调解决问题，推动工作尽快落实。各级各部门要加强沟通协调，形成合力，强化责任落实，推动各项工作扎实开展。

会议还组织学习了中共中央关于辽宁拉票贿选案的情况通报。

3日上午，县委书记冯德校，县委副书记、县长候选人龙向洋前往县住建局，调研城建口各单位建设工作。蒋华、唐振宇等县领导陪同调研。

冯德校一行详细听取县国土资源、住建、城管、环卫绿化、房产等部门的基本情况和项目建设情况汇报，对相关问题进行了明确和答复。冯德校认为，东安县城规划建设大气美观、环境宜人，城建口各单位负责人的大局意识、超前意识较强，参会各单位负责人对各自工作有深入的思考。冯德校强调，城建口相关部门要牢固树立党代会思维，把党代会精神细化到各部门的具体工作中去。要以问题为导向，突出城市建设这个中心，以城市带动农村，促进全县经济社会又好又快发展。国土资源局既要保证底线，又要保障好项目用地需要，坚持生态立县原则，保护好生态环境。要加强集体土地控违拆违执法工作，各负其责，对控制不力的将严格追责；住房和城乡规划建设局要严格把好审批、监管关；房产局要进一步激发工作积极性，把好办证关，做到谁审批谁负责；城管执法局要创新工作方法，随时接受群众举报，及时发现解决实际问题。要突出县城扩容提质，重在提质，加强旧城棚户区改造，全面完善城市基础设施建设，突破城市建设的瓶颈，把主攻方向放在打通断头路、打造循环路网上。要进一步加强河道垃圾的清理和打捞，严格执法，确保河道干净整洁、没有漂浮的垃圾。环卫绿化局要全面统筹县城绿化工作，进一步加强清扫保洁，提升城市品位。城建口各单位要进一步加强队伍建设，勤学业务，提升业务素质和专业水准；要讲规矩，保底线，不触红线。要全面落实党代会精神，锤炼干部工作作风，让广大干部职工在工作中寻找快乐，在努力中寻找自豪感。

3日下午，县委副书记、县长候选人龙向洋深入明德学校、茶源学校调研中小学秋季开学准备工作。县政府办、教育局、公安局、白牙市镇等单位相关负责人陪同调研。

龙向洋一行实地察看了两所学校的校园环境、教室条件、教学设备等硬件设施，并详细了解了两所学校学生报到、师资力量配备、学位建设等情况。现场办公解决了明德学校生活污水排放等问题。龙向洋强调，随着城市化进程的加快，县城中小学学位建设任务重，群众呼声高，落实难度大。龙向洋要求，相关职能部门要进一步做好学校规划布局，加大学位建设力度，突出解决好大班额和校园内外环境问题。要切实做好学校安全工作，积极采取措施，确保学生在安全的环境中学习成长。要着力提高教学质量和办学水平，建设优质学校和人民满意学校。

4日晚，东安县首届阿里巴巴乡村文化节广场舞大赛在县和谐文化广场举行。来自各乡镇18支代表队参加了比赛。县委常委、县委宣传部部长唐华栋宣布比赛开始，县政府副县长李瑞霞致辞。永州日报党组成员、副总编吕晓勇，县人大常委会副主任胡慧川出席活动。

经过激烈的角逐，大盛镇代表队脱颖而出，获得一等奖，端桥铺镇、石期市镇代表队获得二等奖，花桥镇、枧田村农村淘宝队、舜皇山国家森林公园管理代表队获得比赛三等奖。获得冠军的大盛镇舞蹈队将代表东安县参加全国民俗舞入围赛。

5日上午，全县政法综治、民调、信访维稳工作暨农村网格化建设推进会在东安会堂召开。会议回顾总结了2016年以来全县政法、民调和信访维稳工作，安排部署2016年下半年工作。县委书记冯德校出席会议并讲话，县委副书记、县长候选人龙向洋主持会议并宣读2016年上半年全县综治民调工作情况通报。县委常委、县委政法委书记唐伟文作工作报告。文高平、张波、陈军、李四清、彭俊卿、蒋华、李觉会、唐华栋、廖劲松、唐振宇等县领导出席会议。

会议指出，2016年以来，全县政法机关、信访维稳部门在县委、县政府的正确领导下，认真落实市委政法委提出的“十抓”工作举措，大力实施“三强化三提升”活动，全力推进法治东安建设，努力争创全省平安县，有力地维护了全县社会大局持续安全稳定。各级各部门要进一步认清形势，以党代会精神为引领，补齐短板，积极创先争优。要坚定目标，破解难题，努力实现“保四争二”的工作目标。冯德校强调，做好政法综治、民调和信访维稳工作是东安人民群众、外来投资者安居乐业的需要，是改革发展稳定的需要，是创先争优的需要。全县各级各部门要提高认识，坚定信心，正确研判当前综治信访维稳工作形势，深刻查摆，精准发力，深度用力，切实做好信访维稳、综治民调工作。要严格综治民调考核，切实解决老百姓民生问题。要宣传好东安改革开放发展成果，积极引导百姓正确回答综治民调问卷，确保民调工作再上新台阶。要加强领导，畅通信访渠道，千方百计化解信访积案，做到小事不出村，大事不出镇，难事不出县。要不断创新社会治理，深入推进城乡网格化建设，抓好乡镇“三个中心”、村“一委两会两站”建设，确保社会大局和谐稳定。要加强政法队伍思想、能力、作风和机制建设，全力打造一支忠诚可靠、执法为民、务实进取、公正廉洁的政法队伍，为东安经济社会发展保驾护航。

白牙市镇、舜管局、县中医院、东安监狱、电信公司、苍子岭社区等单位就民调工作分别作表态发言。

6日上午，《元古村志》首发仪式在东安县石期市镇元古村举行。中国邮政集团公司永州市分公司总经理曹小勇，市史志办副主任高波，县委常委、县纪委书记廖劲松出席《元古村志》首发仪式。

7日上午，东安县创建国家卫生县城工作技术评估反馈会召开，由湖南省爱卫办副调研员孙永忠带领的国家卫生县城技术评估专家组对进行考核评估。县委书记冯德校出席反馈会并讲话，县委副书记、县长候选人龙向洋作工作汇报，张波、蒋华、唐华栋等县领导参加评估反馈会。

技术评估专家组观看了东安县创建国家卫生县城工作专题片，集中听取了东安县创建国家卫生县城工作情况综合汇报。技术评估专家组反馈了现场检查情况，宣读了东安县创建国家卫生县城考核评估意见，一致认为东安县创建国家卫生县城工作领导重视、氛围浓厚、成效显著、群众满意，各项指标已达到创建国家卫生县城标准，顺利通过国家卫生县城技术评估验收，待公示结束后，将向全国爱卫办正式申报，拟推荐东安县命名为“国家卫生县城”。孙永忠希望，东安县要充分理解“通过国家卫生县城技术评估验收”这句话的涵义，一如既往地重视创国卫工作，做到“三个不变”“三个不减”“三个转变”，即以创国卫为抓手，推动城市品位提升的决心不变，创卫办、爱卫办组织体系不变，创国卫为了群众、创国卫依靠群众的理念不变；抓创卫工作的人力不减、投入物力不减、工作力度不减；推动创国卫工作由集中治理向经常治理转变、由制约治理向服务治理转变、由经验治理向制度治理转变。要一如既往地开展宣传，时刻提醒广大群众东安已成功创建国家卫生县城，引导群众养成良好的生活习惯，推动乡镇、村开展卫生整治，实现创国卫工作城乡一体化。要一如既往地开展卫生治理，持续抓好整治队伍建设，积极探索具有东安特色的科学化、人性化制度，努力营造干净整洁有序的市容环境，让创卫成果长期惠及广大市民。

县委书记冯德校表示，东安县通过国家卫生县城技术评估验收，这既是一件喜庆的好事、值得庆祝的大事，对东安县来说，也是一个崭新的起点。东安县将及时分解评估验收组提出的意见和建议，一定一丝不苟地抓好整改落实，一定一如既往地保持浓厚氛围，一定锲而不舍地巩固和提升，做到创建无止境、创建永远在路上。同时，也希望省爱卫组织一如既往地关心、关注东安创国卫工作和经济社会发展，东安县将倍加珍惜、不负重托，将东安县建设得更美丽，使东安人民生活得更幸福。

7日，县委常委、县委组织部部长彭俊卿深入东安驻广东东莞招商引资办事处，调研指导招商引资和流动党员教育管理工作。

彭俊卿一行到达东安驻广东东莞招商引资办事处后，详细了解了东安驻莞办的工作开展情况和存在的问题，并与广东省东安商会会长张济意、常务副会长刘乙三、蒋爱平、副会长蒋军林等进行了深入交谈。还带领东莞招商引资办事处和商会成员到新田县金盆圩乡驻莞流动人口党支部参观，学习借鉴“新田模式”的成功经验。彭俊卿对东安驻莞办近年来在招商引资、组建商会、流动党员教育管理、服务东安籍企业家和务工人员等方面取得的成绩给予肯定，对广东省东安商会为加强东安与珠江三角洲地区联系互通、带动东安经济发展、促进扶贫帮困等方面所做的贡献表示感谢。彭俊卿要求，东安驻外办事处工作人员要爱岗敬业，热情服务，为促进东安与外地经贸往来发挥作用，为东安招商引资工作多做贡献。希望东安在外的商会成员和东安老乡情系家乡，多回家乡走一走，看一看，多为家乡发展献计出力。

彭俊卿还在东安驻莞办有关负责人陪同下，前往广州珠江电影集团，就该集团拟在东安建设星光城等文化产业项目进行了交流和洽谈，达成意向合作口头协议。

9日上午，东安县建设教育强县暨庆祝第三十二个教师节表彰大会在东安会堂召开。县委书记冯德校出席会议并讲话，县委副书记陈丽主持会议，县委常委、县委宣传部部长唐华栋宣读表彰决定。县人大常委会主任文高平、县人大常委会党组第一副书记张波、县政协主席陈军和县领导李四清、彭俊卿、蒋华、廖劲松、唐振宇 、唐伟文出席会议。

冯德校代表县委、县人大、县政府、县政协向辛勤工作在教育一线的广大教育工作者和离退休老教师致以节日的问候！向受到表彰的先进集体和先进个人表示热烈的祝贺！向长期以来关心支持东安教育事业发展的社会各界人士表示衷心的感谢！冯德校指出，东安正处在向全力打造永州次中心、全面建成小康社会的目标奋勇前进的崭新起点，全县上下一定要充分认识抓好教育就是谋科学发展之要、筑转型升级之基、争未来制胜之先的重要性和紧迫感，集众人之智、举全县之力、尽全民之责，努力办好人民满意的教育。冯德校要求，各级各部门要提高思想认识，始终把教育作为全面建成小康社会的头等大事，突出教育优先发展，为教育事业发展打造“软实力”、提供“硬支撑”。要大力实施“扩容、安心、提质”工程，深入开展“四明星一功臣”评选活动，提升教育质量，打造教育品牌。要落实教育发展责任，深化教育改革创新，为教育事业发展营造良好的发展环境。全县广大教师和教育工作者要牢记使命，不负重托，开拓创新，扎实工作，不断开创东安教育工作新局面。

会议表彰了 2015 年度教育先进工作单位、先进教育工作者和明星学校、明星校长、明星教师、重教功臣。

9 日上午，永州市“精准扶贫”爱心助学学子见面会在东安举行。团市委书记龙亮，海湘助学基金发起人蔡建喜，县委常委、县委组织部部长彭俊卿，县人大副主任胡慧川等领导和33名受助学生代表参加了见面会。

9日下午，县第十六届人大常委会召开第三十次会议。县人大常委会主任文高平，副主任宁苏君、胡贤吉、唐新柱、胡慧川、蒋永辉出席会议。县委副书记陈丽应邀列席会议，张波、黄敏、刘劼列席会议。会议应到人大代表27名，实到22名，符合规定人数。

会议接受县人大常委会主任文高平提请的《关于接受祝群辞去东安县人民法院院长职务，刘繁荣辞去东安县人民检察院检察长职务的议案》，决定任命龙向洋为东安县人民政府副县长、东安县人民政府代理县长；决定任命蒋华为东安县人民政府副县长；任命蒋江陵为东安县人民法院审判员、审判委员会委员、副院长、代理院长；任命唐小辉为东安县人民检察院检察员、检察委员会委员、副检察长、代理检察长。任职的同志面对国徽，进行了庄严宣誓。县人大常委会主任文高平为通过任职的同志颁发了任命书。

9日下午，川岩乡在松江村活动中心举行"太空莲"生态种植基地招商引资项目签约仪式，县政协主席陈军、副县长李瑞霞出席。

9日下午，全县反腐败工作小组会议在县行政中心七楼会议室召开。会议通报了2015年度县委反腐败工作协调小组工作情况，对下阶段工作进行了安排部署。县委常委、县纪委书记廖劲松出席会议并讲话，县政府副县长候选人、公安局局长宋志雄出席会议。

会议要求，各级各部门要统一思想，进一步认识反腐败工作协调小组在深入推进反腐败斗争中的重要作用，通力协作，不忘初心，做好反腐败工作。要明确目标，结合“雁过拔毛”式腐败问题和“纠‘四风’、治陋习”两项专项整治工作，严肃查处发生在群众身边的腐败问题。要迅速行动，及时沟通，严格执法，形成合力，精准迅速地打击邪恶，惩腐肃贪。要强化领导，注重探索创新，严格责任落实，不断提高反腐败工作协调水平，为全面实现县委提出的“六大战略”和“752121”工程总体部署提供坚强有力的纪律保障。

10 日上午，省消防总队总队长万志祥到东安调研消防工作。县委书记冯德校，县委副书记、代理县长龙向洋陪同调研。

万志祥一行到东安公安消防大队营区后，与大队官兵亲切握手，实地查看了执勤车辆器材库、官兵宿舍、多功能学习娱乐室等，详细了解了部队建设及官兵工作、生活、学习、休假等情况。在听取东安县近年来经济社会发展及消防工作开展情况汇报后，万志祥对东安的消防工作给予了充分肯定。万志祥要求，消防大队全体官兵要保持清醒的头脑，做好火灾预防和维稳工作。要进一步加强队伍建设，强化部队实战化训练，提高消防队伍的整体业务素质和战斗力，更好地适应新形势下灭火作战和抢险救援工作的需要，推动消防工作再上新台阶，切实为地方经济发展保驾护航。

10 日下午，县委书记冯德校，县委副书记、代理县长龙向洋深入东安经济开发区，调研工业园区建设。县委副书记陈丽和彭俊卿、蒋华、唐振宇、李瑞霞等县领导陪同调研。

冯德校一行先后实地察看了盈凯包装、吉祥食品、东安鸡深加工、丰瑞公司标准厂房、天晟模具等项目建设，并举行座谈会，详细听取东安经济开发区入驻企业的建设、经营和遗留问题处置情况以及园区基础设施建设、干部队伍、规划修编、环评、土地储备、招商引资等方面的情况汇报，听取相关负责人就发展园区经济的意见和建议。冯德校指出，经济发展在工业，工业发展在园区，党代会报告提出的把县城打造成永州次中心的目标，则需要依靠产业发展、城市管理和品质提升来支撑。冯德校强调，发展工业园区经济，要坚持产城融合、人与自然融合的指导思想，做好规划修编，严格控规拆违，优化经济开发区架构，明确产业功能布局，力争三至五年把芦洪市工业园打造成百亿园区。要进一步加大招商引资工作力度，通过小型招商、面对面招商等方式，有针对性地引进汽车配件、台商工业等产业。要突出工作重点，政府以后原则上不再搞标准厂房建设，如有需要，需对相关政策进行调整。要进一步加强服务，对工业园区实行封闭式管理，入驻的企业首先需在纪委进行备案，落地企业要明确一名县级领导专抓，按照“一个企业、一名县级领导、一个班子”的要求，开展“母亲式”服务。对在谈企业实行所有手续代办制度，全面优化经济发展环境。经济开发区是县里对外发展的窗口，要进一步加强基础设施和相关配套设施建设，树立良好的园区形象。要进一步加强土地储备，“僵尸”企业用地和闲置土地一律收回；新储备土地应向芦洪市和冷水滩方向扩展，力争每年储备土地 2000 亩以上。要进一步加强资金筹措，坚决不用财政资金搞厂房建设。要对重点项目建设盯死看牢，力争以最快的速度推进，以最快的速度推进企业投产达效，推进东安经济开发区再创新业绩，再铸新辉煌。

12 日下午，县委副书记、代理县长龙向洋主持召开县政府第四十五次常务会议。会议听取了安全生产、精准扶贫、温氏一体化生猪养殖项目、法治文化“三项重点工程”建设、城建融资、公车改革等工作情况汇报。蒋华、何锋、宋志雄、张静、邹礼春、张一波、文德、邓亚林等县政府常务会议组成人员参加会议，县委副书记陈丽，县委常委、县委统战部部长李四清，县委常委、县委政法委书记唐伟文，县人大副主任宁苏君，县政协副主席周刚生应邀列席会议。

关于安全生产工作，会议要求，各级各部门要高度重视，牢固树立安全生产责任大于天意识，牢固树立危机意识，坚持常抓不懈，警钟长鸣，把隐患和问题遏制消除在萌芽状态。要突出重点抓，加大对交通、危化、矿山、人员密集场所等重点行业领域和重点区域安全隐患排查力度，严厉打击非法、违法生产经营行为。要动真碰硬，建立安全生产打非治违长效工作机制，推动东安安全生产打非治违工作常态化、制度化。要压实责任，按照“党政同责、一岗双责、失职追责”的要求，把安全责任落实到具体岗位和责任人，对执行落实不力、执行制度不严的，必须严肃追究相关人员责任。

关于精准扶贫工作，会议强调，全县各级各部门要结合实际，围绕精准扶贫年终考核目标开展工作。要按照省、市相关工作要求，充分利用现有闲置资产，做好全县易地扶贫搬迁安置工作。要科学研究，将扶贫开发投资有限公司或城市建设投资有限公司作为扶贫小额贷款的承接平台，合理运用好精准扶贫政策。要加强资金调度，确保精准扶贫工作顺利进行。

关于法治文化“三项重点工程”建设工作，会议指出，法治文化是法治建设的灵魂，是法治社会的重要精神支柱和内在动力。要按照市委提出“依托现有资源、保持原有风格、进行局部改造、新增法治主题”的原则建设好法治文化广场。要在保持城市现有景点完整性的前提下，打造具有东安特色、别具风格的法治文化广场，营造浓厚的法治文化氛围。

关于公车改革工作，会议要求，各单位要明确参加车改单位、车改人员、车改车辆的范围，开展公务用车及参改人员的统计造册、资料收集、材料移交、车辆交接等工作。要坚持公务用车处置公开透明、阳光操作，要按照“以人为本、依法合规”的原则，多途径、最大限度安置司勤人员。要规范公车平台，保障公务出行，力争实现公务出行便捷合理、交通费用节约可控、车辆管理规范透明、监管问责科学有效的公车服务新机制。要准确把握时间节点，明确部门工作职责，明确工作机制，狠抓任务落实，确保改革扎实稳步推进。

会议还研究讨论了温氏一体化生猪养殖项目和城建融资等工作。

14日上午，东安县召开“雁过拔毛”式腐败问题和“纠‘四风’、治漏习”专项整治工作推进会。县委书记冯德校出席会议并讲话，县委常委、县纪委书记廖劲松作工作情况通报。县委常委、常务副县长蒋华主持会议。

冯德校指出，反腐倡廉工作和思想作风建设永远在路上，“两项专项整治”工作是省委、省政府做出的统一安排部署，是基层群众的热切期盼和强烈要求，也是当前全县各级各部门的一项重要工作任务。希望大家进一步深化认识，把思想和行动统一到省、市、县委的决策部署上来，进一步增强专项整治的思想自觉和行动自觉，在全县形成专项整治的强大声势。冯德校要求，各级各部门要在思想上高度重视，严格落实党风廉政建设主体责任，从“党要管党、从严治党”的政治高度，充分认识当前“四风”和腐败问题的严重性、危害性，进一步增强责任感和使命感。要进一步明确“两项专项整治”任务要求，提高整治工作标准，积极主动作为，巩固深化整治成果。要做到措施得力，充分发挥县纪委监察局、县直单位监察室以及乡镇（场）纪委的监督责任，从源头上预防腐败。要对重要节假日等重点时段，进行重点监督检查，对发现的违规线索及时移送或核查处理，切实把“两项专项整治”抓紧抓实抓出成效。

县财政局、人社局、横塘镇、大盛镇主要负责人作了典型发言，县民政局、农业委、花桥镇、南桥镇主要负责人作了表态发言。

19 日，市委常委、市纪委书记杨永到东安征求市第五次党代会报告意见。县委书记冯德校，县委副书记、代理县长龙向洋，县人大常委会主任文高平和廖劲松、唐振宇等县领导以及部分参加市第五次党代会的党代表参加座谈。

19 日，东安新型农村合作医疗制度管理职能交接仪式在县人社局举行，原由县卫计委承担的新型农村合作医疗制度管理职能正式移交至县人社局。县委常委、常务副县长蒋华出席会议并讲话，县人大常委会副主任胡慧川、副县长张静出席会议。

蒋华要求，相关职能部门要统一思想，提高认识，按照市委、市政府相关工作要求和 8 月 29 日县长办公会议精神，密切配合，通力合作，加强对接，把新农合医疗制度管理职能移交工作做实做好。要服从省市统一规划部署，严格执行整合后城乡医保相关政策，积极做好基金征缴工作。要严明工作纪律，对整合期间违反人事、财经等违纪行为予以严肃处理。县人社部门要加强管理，确保移交工作过渡期内各项工作正常运行。

19日，全县城乡居民社会养老保险征缴推进会在县人社局召开。会议通报了全县城乡居民养老保险工作进展情况，对下阶段工作进行安排部署。县委常委、常务副县长蒋华出席会议并讲话，县人大常委会副主任胡慧川主持会议。

会议指出，2016年以来，东安按照“保基本、全覆盖、有弹性、可持续”的工作要求，坚持“以民为本”的工作主线，创新举措，真抓实干，全县城乡居民社会养老保险取得了一定成效。但离目标任务还存在一定的距离，存在保费征缴进度慢、工作进展不平衡、政策宣传不到位等问题。各级各部门要认清形势，查找差距，切实增强责任感和紧迫感，不折不扣地落实各项政策，认真做好城乡居民养老保险各项工作。会议要求，各级各部门要高度重视，加强领导，明确目标，把握重点，制定保费征缴实施方案，细化目标任务，抓好责任落实，推动城乡居民社会养老保险工作深入开展。要加大政策宣传教育力度，引导城乡居民积极参保缴费。要加大督查考核力度，做到每周一公布，每月一通报，对弄虚作假、虚报信息数据的，要依法严肃查处，确保圆满完成城乡居民社会养老保险征缴目标任务。

20日下午，市纪委副书记黄薇带领市纪委调研组到东安调研纪检监察工作。县委常委、县纪委书记廖劲松作工作汇报。

黄薇对东安县纪检监察工作取得的成绩给予了充分肯定。黄薇要求，东安纪检监察部门要保持严惩腐败的力度不减，深入开展“两项专项整治”，对“雁过拔毛”式腐败，不留死角。要加大对侵害群众利益行为的查处力度，严肃查处在办理涉及群众事务时吃拿卡要、欺压群众、以权谋私、优亲厚友的违纪问题，对贪污克扣群众“救命钱”行为要从重从严查处。要切实做好依法信访工作，引导群众依法信访，对非法信访、缠访闹访的，坚决给予打击。

21日上午，全市重大项目建设流动现场会暨创建百岁健康省现场会工作调度会在县行政中心七楼会议室召开。县委副书记陈丽主持会议，县委常委、县委组织部部长彭俊卿，县委常委、常务副县长蒋华，县委常委、县委办主任唐振宇，县委常委、县委政法委书记唐伟文等县领导出席会议。

关于全市重大项目建设流动现场会工作，会议要求，项目建设指挥部和相关职能部门要高度重视，密切配合，全力做好流动现场会各项筹备工作，充分展示东安县2016年以来项目建设和经济社会发展取得的成绩。各责任单位要抢抓工程进度，营造热火朝天的施工场面。要做好场地布置，准备好项目建设的鸟瞰图、效果图和相关资料，充分展现项目工作亮点和特色。要搞好现场参观点的环境卫生，加强道路交通疏导，高标准、高质量做好会议接待服务工作。

关于创建百岁健康省现场会工作，会议指出，创建百岁健康省现场会在东安召开，是一次展示东安形象、宣传推介东安品牌的一次很好机会，意义重大，影响深远。各责任单位要高度重视，明确责任分工，抓好工作落实。要考虑周全，加强协调配合，搞好参观点沿线环境卫生，维护好县城交通秩序，搞好医疗保障服务工作，认真做好各项筹备工作。

22日上午，永州重大项目建设流动现场推进会考察团到东安参观。市委书记陈文浩，市领导张严、高建华、唐定、唐湘林、唐能武、杨永、吴志雄、王守海、刘尤碧、严兴德以及各县区、市直相关部门主要负责人到东安现代农业综合产业园、县创新创业园“135工程”标准厂房建设现场，实地参观、点评、督导项目建设工作。县委书记冯德校，县委副书记、代理县长龙向洋参加流动现场会。

22日晚，县委书记冯德校主持召开县委常委会议，听取县人大和政协换届有关工作、县出席省第十一次党代会代表初步候选人酝酿提名人选、协调议事机构（领导小组）调整方案和相关重要制度修订、县政府第四十五次常务会研究的有关工作、信访维稳工作和纪检监察等工作情况汇报。县委副书记、代理县长龙向洋，县委副书记陈丽，县人大常委会主任文高平和彭俊卿、蒋华、廖劲松、唐振宇、唐伟义等县领导参加会议，相关部门负责人列席会议。

会议认为，县人大、政协换届有关工作，是全县人民政治生活中的一件大事，必须按照有关政策规定和有关程序去落实，不能有任何的变通。人大代表、政协委员换届选举，特别是非公有制企业这一块，应该先把名额拿出来酝酿并进行统筹，人员必须要具有代表性，必须政治素质过硬，对东安经济发展有影响的人士，让他们能有归宿感，能尽量享受到政治待遇。要统筹安排换届工作动员会和培训会，采取以会代训的方式，将两个会议并作一个会开。联系乡镇的县领导，一是要包人大代表、政协委员的产生，二是要包换届选举工作风清气正，做到谁出问题谁负责。县委组织部门要认真负责，特别是在关键程序上，要安排明白人去抓好落实，确保换届选举工作善始善终、圆满完成。关于县出席省第十一次党代会代表初步候选人酝酿提名人选，必须要符合党代表的相关要求，应是共产党员中的优秀分子，要体现党员先进性和纯洁性要求。关于协调议事机构（领导小组）调整方案和相关重要制度修订工作，要进一步改进工作作风和会议作风，严格执行请销假制度和全县性会议纪律规定。关于县政府第四十五次常委会研究的公车改革工作，要严格按照永州市公车改革的工作要求和时间节点推进；安全生产工作，要严格执行县级领导带队检查的制度，在全县掀起安全生产“大排查、大管控、大整治”的热潮；城建投工作，要结合城市基础设施及重点工程项目建设，创新融资方式，拓宽融资渠道，积极申请各项银行贷款；精准扶贫工作，要切实学习别县的先进工作经验，易地搬迁应首选货币安置。小额扶贫贷款，要专人专抓，争取有所突破，要成立平台公司，大胆向各级金融机构申请贷款业务，帮助贫困农户解决产业发展资金困难，加快贫困户脱贫致富步伐。关于信访维稳工作，一是管安全生产的县级领导要管信访，积极做好矛盾与问题化解、隐患排查和相关事件的处置。二是要抓好信访接待与管控，做到大事不出镇、小事不出村，到京上访零挂号，赴省群访零发生、涉军群体串访零参与。三是坚持“三手抓”，一要抓信访问题的化解，做到不回避、不推诿；二要抓打击，特别是对堵桥、堵路、堵机关的行为，要先做好法律解释工作，对不听劝阻的要坚决打击到位；三要抓不称职工作人员的问责。要完善接访机制，实行乡镇领导坐班接访，对重大信访问题，实行书记、县长约访制度。

会议还对纪检监察工作进行了安排部署。

23日，县委副书记、代理县长龙向洋深入芦洪市镇调研“一带八景”和农村安全饮水工程建设。县委副书记陈丽，县委常委、常务副县长蒋华等县领导陪同调研。

龙向洋指出，“一带八景”规划建设符合当前芦洪市镇和新圩江镇的发展趋势和方向，项目指挥部要坚持高起点规划，建设好相关的附属配套设施。要从永电新村大桥往芦洪市镇核心区方向发展，形成南北对进的发展态势，着力把芦洪市镇打造成县域的副中心和全省的工业强镇。要在建设好路网、防汛等配套设施的同时，保持好芦江河沿岸的原始风貌。各工作组要高度重视，明确目标任务，按照分工要求，强化责任，集中精力，一鼓作气，加快“一带八景”建设进度。在芦洪市水厂，龙向洋详细了解了水厂的生产运营、供水等情况，并就当前存在的问题进行分析，寻找解决办法。龙向洋强调，相关职能部门要进一步总结完善农村安全饮水工程运行管理工作机制，加强组织领导，完善政策体系，加大资金投入，确保工程更加规范高效运行。县水利局要把资金、设备、人员组织好，倒排工期，全力以赴，加快自来水管网改建施工进度，确保居民生活和神华国华永州电厂建设正常用水。

23日，东安县2016年中青年干部培训班开学典礼在县委党校举行，县委常委、县委组织部部长彭俊卿出席开学典礼并讲话。

彭俊卿在讲话中强调，2016年的中青班，在培训对象、培训时间、培训内容、培训形式上都提出了新的要求。这些创新举措充分体现了县委对青年干部的重视和关心。希望全体学员集中精力，珍惜机会，以饱满的学习热情参与到培训中来，认真学习和思考，使自己在思想上有新的提高，在作风上有新的改进，在知识上有新的积累，在工作执行力上有新的突破，尤其要在服务群众、党性修养上有新的提升，用实际行动向县委交上一份满意的答卷。彭俊卿要求，中青班的所有学员在学习中要进一步明确学习的重要性，增强与时俱进的学习意识，把学习当作一种责任、一种素质、一种觉悟、一种修养，使学习成为一种生活方式。二是要严肃纪律，所有学员要实现工作向学习转变、干部向学员转变、家庭生活向集体生活转变，认真完成好学习任务。三是要知行合一，力争在理论武装上要有新提高、在党性修养上要有新提高、在执行力上要有新提高。要进一步加强内功修炼，不断完善自我，为实施“六大战略”，打造“752121”工程贡献自己的聪明才智。

23 日下午，全县县乡人大、政府和县政协换届工作业务培训会在县行政中心五楼会议室召开。县委常委、县委组织部部长彭俊卿出席会议并讲话。县人大常委会副主任胡慧川主持会议。县人大、县政协、县委统战部等部门相关负责人对县乡人大、政府和县政协换届工作相关业务知识进行了全面系统地培训。

会议要求，相关职能部门要高度重视，加强联动，各方协调，切实做好人大代表、政协委员的推荐提名工作。要强化政治责任，按照中央和省、市委要求，严格把握人选标准，规范推荐提名程序，优化代表委员结构，从严认定人选身份，严把代表委员“入口关”。各级党委要切实履行主体责任，抓好组织实施，凝心聚力把换届工作抓实抓好，确保换届工作零差错、零失误。要严肃换届纪律，对换届中违规违纪问题做到查实一起、处理一起、通报一起，充分发挥警示、震慑和教育作用。要把握好时间节点，注重工作统筹，正确引导舆论，弘扬风清气正的换届环境。

25 日，中共东安县委、东安县人民政府印发《关于鼓励发展乡村旅游的若干意见，就进一步扶持东安乡村旅游发展提出了优化乡村旅游发展环境、拓宽乡村旅游融资渠道和给予乡村旅游用地支持等政策意见，要求全面推进全县乡村旅游标准化、精品化、品牌化发展，实现东安旅游从“景点旅游”向“全民旅游、全域旅游”转变。

25 日下午，中国共产党东安县第十二届委员会第二次全体会议在县行政中心七楼常委会议室召开。县委书记冯德校主持会议。县委副书记、代理县长龙向洋，县委副书记陈丽和县领导彭俊卿、唐华栋、廖劲松、唐伟文等出席会议。本次会议应到县委委员 36 名，实到 29 名，县委候补委员应到 6 名，实到 6 名，符合规定人数。

县委常委、县委组织部部长彭俊卿就东安县出席中国共产党湖南省第十一次代表大会代表候选人初步人选酝酿提名情况作了说明。会议以无记名投票方式，选举冯德校、莫艳萍、张晓辉为东安县出席中国共产党湖南省第十一次代表大会代表候选人初步人选。

25 日下午，东安县举行隆重仪式，热烈欢迎第十五届里约残奥会冠军、东安籍运动员蒋芬芬载誉归来。县委书记冯德校，县委副书记、代理县长龙向洋，县委副书记陈丽，县人大常委会主任文高平和唐华栋、张静、何峰等县领导参加欢迎仪式。

25 日晚，东安“创建百岁健康县”文艺晚会在东安大会堂举行。省老科协执行会长唐之享，省老科协会长蔡力峰，省老干局副局长梅元喜，省老科协党组成员、纪检组长李雪山，省老科协副会长兼秘书长史小溪，县委书记冯德校，县委副书记、代理县长龙向洋，县委副书记陈丽和彭俊卿、唐振宇、唐伟文、张静等观看演出。

26 日上午，湖南省紧急救援协会组织东安籍深圳爱心企业家和爱心人士，在东安县城舜德学校举办“关注学生安全，共享和谐生活”东安籍深圳商家赠书仪式，为全县中小学生捐赠 6 万册《安全知识教育读本》。湖南省人大常委会原副主任、湖南省紧急救援协会名誉会长唐之享，湖南省军区原副政委、少将、湖南省紧急救援协会会长魏永景，永州市政府原正厅级干部、市紧急救援协会会长蒋政平，东安县委副书记、代理县长龙向洋，县委常委、县委宣传部部长唐华栋，副县长张静出席捐赠仪式并现场为学生代表赠书。

26 日下午，县第十六届人大常委会第三十一次会议在县行政中心四楼会议室召开。县人大常委会主任文高平，县人大常委会副主任宁苏君、胡贤吉、唐新柱、胡慧川、蒋永辉出席会议，副县长候选人何锋、张一波应邀出席会议。

会议听取了县水利局、县交通运输局、县司法局、县合管办等部门关于县人大常委会工作审议意见整改落实情况汇报，并对以上部门进行了审议和测评。听取并审议通过了东安县 2016 年县乡两级人民代表大会换届选举工作方案（草案）、县乡两级人大换届选举委员会成员名单（草案），乡镇人大代表名额的报告（草案）、县乡两级人大代表名额分配名单的报告（草案）。会议要求，被审议部门要继续巩固审议工作成果，坚持以工作审议促进依法行政、高效施政、依法从政；要端正思想认识，自觉接受人大审议监督，进一步强化措施，抓紧制定整改方案，落实整改责任，把审议以及整改工作抓好、抓实、抓出成效。县乡两级人大换届选举工作要高度重视，加强领导，周密部署，确保换届选举工作依法有序进行；要改进和规范人大代表推荐提名程序，严肃换届纪律，对干扰和破坏县乡两级人大换届选举的违法违纪行为，要依法严厉打击，严厉惩处。要及时做好换届选举工作的舆论引导工作，为换届选举营造良好的舆论氛围，确保县乡两级人大换届选举工作顺利进行。

28日上午，由市公安局主办，东安县公安局承办，东安门球协会协办的永州市公安系统第十一届老年门球赛在东安体育坪健身广场开幕。来自永州市公安局和各县区公安（分）局的13支代表队共130余名离退休老同志参加比赛。市政府副巡视员秦伍生出席开幕式并宣布比赛开始。县委常委、县委政法委书记唐伟文致辞，县人大常委会副主任蒋永辉出席。

29日上午，县政协主席陈军带领市、县政协委员视察农村安全饮水工程。县政协副主席蒋燕平、唐月程、周壬秀参加视察，县政府副县长候选人何峰陪同视察。

陈军一行先后深入白牙市镇鸡井塘村、龙溪源村、独秀峰村、龙溪水库等地，通过实地察看、听取汇报等方式，详细了解了东安农村安全饮用水工程情况。在听取相关情况汇报后，委员们坦陈己见，畅所欲言。大家认为，农村饮水安全工作关键是让农民群众喝上安全、方便、便宜的水，是一项动态性长期性工作，不可能一蹴而就，且涉及面广，解决难度较大。为实现既定目标，相关部门要树立长期作战的思想，实事求是地调整计划目标。要因地制宜，多措并举，科学精心地制定实施方案。要继续加大资金筹集和基层落实力度，加强对饮用水水质的监测。要进一步健全落实管理运行模式，确保饮用水安全长期有效得以落实。陈军指出，农村饮水安全工作，既是一项民生工程，也是一项民心工程，相关部门要高度重视，形成共识，着力解决农村安全饮水工程存在的安全隐患。要加强监管，维护管理，多往上争取政策资金，确保农村饮水安全工程长期发挥效益。要加强领导，明确责任主体。要加大宣传教育力度，提高广大群众对开展畜禽养殖业清理整治工作的重要性。要严厉打击畜牧养殖严重污染饮用水源及严重环境违法行为，依法关停不符合要求的养殖场，把好水污染源头关。

10 月

3 日，县委书记冯德校深入芦洪市镇湘江焊剂有限公司、红狮水泥、一带八景等重点项目建设工地、企业生产车间，督战重点项目建设进度和安全生产工作。县委常委、县委办主任唐振宇以及胡慧川、黄敏、李瑞霞、张一波、邓亚林等陪同。

在芦洪市经济开发区，冯德校一行仔细察看了湘江焊剂有限公司在建的厂房，详细询问产品的工艺、市场前景、自动化程度、运作模式、安全生产工作等情况。冯德校强调，县第十二次党代会提出，把芦洪市镇打造成县域副中心，与先前提出的把芦洪市镇建设成为第二增长极的目标异曲同工、互为补充。冯德校指出，要想把芦洪市镇建设成为县域副中心，必须依靠产业支撑，而发展产业，不仅仅是简单地引进企业进来发展，还要盘活和做大现有的企业，从而在园区内形成互联互补的产业集群。芦洪市镇今后还将筹划成立应阳城投集团有限公司，计划三到五年投资 30 亿元，把芦洪市镇经济开发区打造成百亿园区。冯德校希望相关企业进一步理清发展思路、规划发展蓝图，在市场、技术有保障的情况下，快马加鞭加快项目建设进度。从长远发展来看，要考虑采用股份制企业运作模式来筹集资金、做大市场份额，做到起点要高、发展要稳。县里将全面兑现先前支持企业发展的优惠政策，成立专门指挥部支持企业发展，确保各在建企业早投产、早达效。

在红狮水泥建设工地，冯德校一行详细了解工地施工人员数量、建设进度、每天的工作安排和安全生产工作等。当听说红狮水泥建设工地每天都有五六百名工人施工，还用微信拍照报告建设进度时，冯德校非常高兴。冯德校强调，当前秋高气爽、气候宜人，正是抢抓有利天气，推进项目建设的大好时期。各项目建设方，要顺势而为、投工投劳、挂图作业，全面推进项目建设进度。项目指挥部工作人员要不辞辛劳，加强服务，及时解决项目建设中出现的问题。县新闻网、电视台、手机报等媒体，要开辟专栏、刊发简报，及时报道全县项目建设的火热场面、进展和动态，积极为县内经济建设鼓与呼，营造快马加鞭搞建设、争分抢秒图发展的浓厚氛围。

8日上午，东安县委、县政府工作会议在县行政中心五楼会议室召开。县委书记冯德校主持会议并讲话，县委副书记、代县长龙向洋安排部署当前重要工作，县委副书记陈丽宣读《大督查办关于国庆假期各项重点工作督查情况的通报》，县委常委、县纪委书记廖劲松宣读《县作风办关于国庆假期各项工作督查情况以及相关案件处理情况的通报》。县人大常委会主任文高平，县人大常委会党组第一副书记张波，县政协主席陈军以及县领导李四清、彭俊卿、蒋华、李觉会、唐华栋、唐振宇、唐伟文等出席会议。

冯德校强调，要尽快收心，进入状态，按照县委、县政府工作安排部署，抓紧推动各项工作落实。要认识把握好当前形势，抢抓机遇，紧紧围绕打造“两个中心”，大力发展旅游产业，把东安打造成全国知名的微旅游目的地。要创新思维，强化创先争优意识，牢固树立“全省争先进、全国创一流”的工作理念，努力作好东安“特色文章”。要高度重视，加大城市管理力度，巩固“创国卫”工作成果。要加强东安东站管理力度，抓好车站候车室、地下通道亮化工作，进一步完善基础设施建设。要结合美丽县城、美丽集镇、美丽通道等建设，强化措施，制定方案，抓好秋冬农业生产工作。要抓好信访维稳工作，依法严厉打击非法上访行为，维护全县社会大局和谐稳定。

龙向洋对当前工作进行了安排部署。龙向洋要求，各级各部门要按照县第十二次党代会战略部署，对照年初各项任务指标，提神鼓劲，加压追赶，全力冲刺，强化投资拉动，在项目建设上加力加劲。要抓好园区工业，抓好秋冬农业生产，加快推进旅游升级，在产业培育上加力加劲。要深入推进各项改革，全力招商引资，抓好财政和投融资工作，在创新驱动上加力加劲。要全面完成省市定各项为民办实事项目和精准扶贫各项工作任务，抓紧实施学位建设攻坚行动，抓好安全生产和信访维稳工作，在民生改善上加力加劲。要全力创先争优，在绩效考核上加力加劲。要积极谋划明年工作，在政策研究和项目争取上加力加劲，确保全年目标任务全面或超额完成。

8日下午，县委书记冯德校带领县委办、住建局等相关部门负责人深入县城各个建设工地，调研新型城镇化建设。县委常委、县委办主任唐振宇陪同调研。

冯德校一行实地察看了女英路、苍子岭公园、学院路、石林山公园、狮岩路、绕城路等城建规划建设项目，详细了解项目建设在推进过程中遇到的困难和问题。冯德校要求，相关职能部门要严格执行县城总体规划，注重顺山、顺水、顺势，努力打造环县城“美丽乡村”圈。要以发展“三农”，改善农村生产、生态和生活环境为抓手，多措并举，全面推进““美丽乡村””建设。

要把建设““美丽乡村””与推进城乡一体化、生态文明建设、农村文化建设、可持续发展以及农民增收相结合，让东安““美丽乡村””成为一个整体性的可经营的乡村旅游品牌。要加快城市通道建设进度，积极打通连接县城的各条通道，加快县内路网建设，拓展发展空间。要加大工作力度，尽快完成绕城断头路连接工作，改善周边群众出行条件和县域交通环境，提升城市形象。

9日上午，东安县部分离退休老干部欢聚一堂，喜迎重阳佳节。县委书记冯德校出席座谈会并讲话。县委副书记、代理县长龙向洋通报了市第五次党代会和县第十二次党代会精神。县委副书记陈丽主持座谈会，县委常委、县委组织部部长彭俊卿出席座谈会。

与会老干部们围绕东安经济社会发展、城市建设、文明卫生城市巩固发展、精准扶贫等工作畅所欲言，建言献策，提出了很多建设性的意见和建议。冯德校代表县委、县人大、县政府、县政协向老干部们致以节日的问候。冯德校指出，广大老干部是党和国家的宝贵财富，也是东安改革开放和现代化建设的功臣。东安当前各项事业蓬勃发展的良好局面，都凝结着历届领导班子的艰苦奋斗和不懈探索，彰显了老干部心系发展、虚怀若谷的品格，向全县干部群众展示了老骥伏枥、志在千里的风采。冯德校希望老干部们继续保持良好的精神状态，在安度晚年的同时，充分发挥政治立场坚定、党性强、觉悟高、作风好，有丰富的政治、经济和社会经验优势，结合自身志趣、爱好和专长，一如既往关心和支持县委、县政府工作，积极建言献策，为全力打造永州次中心，全面建成小康社会做出新的更大的贡献。冯德校表示，我们一定会大力弘扬中华民族尊老敬老的传统美德，把老干部工作当作一项严肃的政治任务来抓，从政治上关心、生活上照顾、工作上重视、情感上贴近，围绕广大老干部的切身利益，继续不折不扣地执行好党和国家的老干部政策，进一步落实好老干部的待遇，不断提高服务水平，增强保障能力，努力为“老有所养、老有所医、老有所教、老有所用、老有所乐”创造条件，确保老干部幸福愉快，颐养天年。

9日下午，县委书记冯德校在芦洪市镇政府会议室，主持召开县域副中心建设调研座谈会。县委副书记、代县长龙向洋，县委副书记陈丽和唐振宇、黄敏、张一波等县领导以及县国土、财政、住建、交通、水利、城管等部门负责人参加座谈。

会议听取了芦洪市镇打造县域副中心工作开展情况和芦洪市工业园建设情况汇报。各部门负责人围绕把芦洪市镇打造成县域副中心、把芦洪市建设成工业强镇和旅游新镇等工作提出了各方面的意见和建议。冯德校指出，县第十二次党代会提出，把芦洪市镇打造成县域副中心，这是县委、县政府的战略决策。要实现这一宏伟蓝图，首先要进一步明确发展的目标定位，那就是着力把芦洪市镇打造成县域副中心、永州市卫星镇、湖南省工业强镇和旅游新镇，使芦洪市镇建成区面积达到5平方公里以上，人口达到5万人以上，把芦洪市镇工业园打造成百亿园区。其次要着力研究解决一系列具体问题。当务之急，要进一步强化策划规划，充分发挥规划对城镇发展的引领和调控作用。要尽快组建应阳城投集团，实行建设与运作分开，为县域副中心建设拓宽投融资渠道。要全力建设供水规模达1万吨的自来水厂，着力解决城镇缺水、停水等问题。要推动扩权强镇试点改革，简政放权到镇里，为建设奠定坚实的政治基础。要加快芦洪市城镇管理体制改革，及时调整制约城镇化发展的相关政策措施。要着力盘活芦洪市工业园内的现有企业，坚决清理僵尸企业，计划用三至五年，把芦洪市工业园打造成百亿园区，为县域副中心建设提供产业支撑。冯德校强调，县域副中心是指县域内各方面比较发达、辐射能力较强、经济实力仅次于县城的重要城镇。芦洪市镇上下要进一步强化机遇意识，抢抓这一千载难逢的机遇期，千万不可因此误了老百姓的事，千万不可因此误了这一片区域的发展。要进一步强化主体意识，芦洪市镇干部职工要把责任扛在肩上，打泥滚、出黑汗，敢于作为。要进一步强化"一流"意识，以一流的标准、一流的干劲、一流的水平，干出一流的业绩。要进一步强化服务意识，完善城镇配套服务功能，提升为民服务、为企业服务的水平。要进一步强化落地意识，全面推动项目建设、企业发展、民生服务等各项工作落到实处。冯德校要求，全县各级各相关部门要进一步加强调研，明确建设县域副中心的实施方案、实施意见和相关政策，按照县城建设标准，积极探索芦洪市镇管理的有效模式。要以芦洪市镇为主体，进一步加强"一带八景"核心区建设。要加强通道建设，顺畅交通路网。要充分发挥"东安鸡"这张名片的作用，探索做大东安鸡产业。要成立专门的班子，明确专人专抓。要对具体工作进行细化，排出时间表，列出项目清单，分层次、分类别推进工作的实施，确保"把芦洪市镇打造成县域副中心"目标任务的实现。

9日晚，县委副书记、代理县长龙向洋主持召开县政府第四十六次常务会议。会议听取重点项目建设绩效考核办法补充意见、2016年综合考核和重点工作单项考核实施方案、凯翔公司（三期）项目扩建招商引资合同有关问题、东安旅游发展工作、舜皇山国家森林公园创国家 4A 景区、“美丽乡村”和全面小康建设工作、县城开展市容和环境卫生集中整治工作、县城烟花爆竹燃放管理工作、控违拆违等工作情况汇报。蒋华、宋志雄、张静、邹礼春、张一波、文德、邓亚林、陈利平等县政府常务会议组成人员参加会议，县委副书记陈丽，县委常委、县委办主任唐振宇，县委常委、县委政法委书记唐伟文，县人大副主任宁苏君，县政协副主席周刚生应邀列席会议。

关于重点项目建设绩效考核办法补充意见，会议要求，全县上下要牢固树立项目为大的思想，通过项目发展来实现县第十二次党代会提出的促进东安经济社会发展的一系列规划蓝图。要按照大稳定、小调整的原则，结合县级领导分工分线，实施双负责制，做到每个领导肩上有项目，领导之间的项目尽量不重叠。要实施分段考核原则，年底前要有考核结账。

关于 2016 年综合考核和重点工作单项考核实施方案，会议认为，该方案经有关部门深入细致研究，参考借鉴了兄弟县区的成熟经验，体现了创先争优、比学赶超指挥棒作用，体现了严、实、细、新的特点，体现了不同单位的差异化，相信在新的一年里考出新变化、考出工作积极性。要加强领导，特别是市对县的指标考核，要分大块明确牵头领导和责任人。要强化调度，督促相关工作落到实处。

关于凯翔公司（三期）项目扩建招商引资合同有关问题，会议认为，凯翔鞋业项目信誉佳、来势好，是东安县招商引资工作的成功范例。要成立相应的工作班子，尽快落实招商引资合同的相关事项，立即组织人员队伍进场开展工作，确保凯翔公司（三期）在十月份开工，确保瓷厂职工合法权益和社会大局稳定。招工问题，要把相关任务分解到各乡镇，并适当给予奖励。

关于旅游发展工作，会议强调，发展旅游是“一把手”工程，要按照党代会的要求，把东安打造成全国知名的微旅游目的地，争创国家全域旅游示范县。要建立一支热心旅游事业、安心旅游发展的工作人员队伍，进一步提炼旅游宣传主题。要依托大庙口风情镇，发挥舜皇山的龙头效应，坚定不移地做强龙头，做好一批精品景区。要做规划、强基础、修好路、设标识、建好生态酒店，提升全域旅游的品位。

关于舜皇山国家森林公园创国家4A景区工作，会议认为，舜皇山国家森林公园是永州市“十二五”末期重点建设的三座山之一，也是东安县旅游事业发展的前沿阵地。要明确、明晰整体工作方案，按照任务阶段表全力推进旅游宣传、穿衣戴帽、完善标识等工作的开展。要加强领导，明确目标，通过全县上下齐心努力，补齐短板，确保年底前成功创建国家4A景区。

关于“美丽乡村”和全面小康建设工作，会议认为，当前工作正在有序推进，但是欠账较多，提升空间很大。相关部门要提高认识，统一思想，尽快组建好班子，按规划实施。要明确目标、明确分工，争取这两项工作年底考核有一个圆满的结果。

关于在县城开展市容和环境卫生集中整治工作，经费保障上要采取规定时间、统一验收、限期完成、评审奖补的方式进行。要集中整治，突出高铁站、舜皇路、龙溪河、紫水河两河两岸等重点区域的环境综合治理，确保城市功能更加完善，生态环境更加优美。

关于县城烟花爆竹燃放管理工作，加强县城烟花爆竹燃放管理是改善空气质量，提升生活品质的需要；是减少安全隐患、倡导文明新风的需要；是减少噪音污染、推进文明县城、卫生县城建设的需要。全县上下要统一思想，形成共识。一是要深入宣传发动，让县城居民家喻户晓。二是要分工负责、守土有责，做到管理工作不留死角、不留空隙。三是要敢于向燃放烟花爆竹的行为动真碰硬，严格执法。四是要依法依程序加强管理。要学习借鉴他县行之有效的方式方法，确保县城烟花爆竹燃放管理工作出成效。

关于控违拆违工作，要下决心组建综合执法大队。要分清责任任务，加强新老违章建筑的认定，全面开展东安县行政区域内综合整治违法建设专项整治行动，强力拆除各类违章建筑，实现从被动拆违向主动防违的转变。

会议还对城区限制车辆通行的方案以及农村网格化建设、加强协辅警队伍建设、开展小区综合整治、《化解商品房库存，促进房地产市场平稳健康发展的实施办法》起草、房地产开发小区集中整治、创建省级园林县城工作、民政工作、县农业银行不良贷款等工作进行了研究和讨论。

10 日，由湖南省出入境检验检疫局、省商务厅、省农业委等部门组成的省考核组到东安考核验收省级出口食品农产品质量安全示范区创建工作。县委副书记、代县长龙向洋出席会议并作创建工作情况汇报，副县长李瑞霞，副县长候选人何锋陪同考核。

省考核组一行通过观看专题片、查阅资料、现场提问、问卷调查和现场察看东安农产品检验检测中心、农业化学投入品销售点、霞栖现代农业科技园、东安金湘源种养合作社、石期市镇付卫东农资配送店等方式，详细了解了东安创建省级出口食品农产品质量安全示范区相关工作情况。省考核组对东安省级出口农产品质量安全示范区建设工作给予充分肯定。省考核组认为，东安县委政府高度重视省级出口食品农产品质量安全示范区创建工作，各职能部门分工明确、措施有力、基础工作扎实，建立完善了组织保障体系和相关产品的质量安全体系，创建工作取得明显成效，基本符合考核标准要求。考核组希望，东安相关职能部门要加强学习，进一步学习掌握食品安全法等相关法律知识。要高度重视企业管理体系建立和认证工作。要整合农产品检测资源，加大监管力度，确保农产品质量安全。要立足长远，加强政策引导，积极培植外向型农业企业和引进外地龙头企业，不断完善示范区创建的各项工作，推动东安出口农产品质量安全工作再上新台阶。

10日上午，市委副秘书长、市委督查室主任胡浩率督查组一行到东安督查省政府交办审计查出问题整改落实情况及全市前三季度稳增长情况。县委常委、常务副县长蒋华，县委常委、县委办主任唐振宇陪同。

蒋华作《东安县关于省政府交办审计查出问题整改落实和全县前三季度稳增长情况汇报》。督查组对东安各项经济指标、任务完成情况给予了充分肯定。市委督查组要求，东安相关职能部门要按照市委、市政府既定的工作目标和任务，全力推进重点项目建设，积极做好经济运行检测和统计工作，按照督查组提出的意见和建议，进一步细化优化措施，确保全面完成各项目标任务。

10日上午，全市中学生足球赛在东安天成实验学校隆重开幕。市政府副秘书长唐社成出席开幕式并宣布足球赛开幕。市教育局副局长何宁，县委常委、县委宣传部部长唐华栋，县人大副主任宁苏君，县政府副县长张静，县政协副主席蒋燕平等出席开幕式。

10日上午，县委常委、县纪委书记廖劲松带领县卫计委、安监局、移民局、农机局等部门负责人，深入石期市镇检查安全生产工作。县政协副主席候选人秦剑元陪同检查。

廖劲松一行先后前往石期市镇毛竹坪渡口、丰盈科技有限公司、老湘江大桥、石期市镇长途客运站查看。每到一处，廖劲松都详细听取情况介绍，仔细察看现场，检查可能存在的安全问题。当发现石期市镇老湘江大桥护栏错位时，他要求相关部门马上采取措施，加强安全防护，防止出现任何安全事故。在随后召开的座谈会上，廖劲松详细听取了石期市镇安全生产工作情况汇报，听取了县安监、卫计委、移民局、农机局对石期市镇强化安全措施、排除安全隐患等方面工作的意见和建议。廖劲松强调，安全生产无小事，安全生产永远在路上。各级各相关部门务必进一步加强对水陆交通、加油站、工地、厂矿企业、烟花爆竹存放和运输等重点部位的排查，做到重视到位、排查到位、整改到位、责任到位。要进一步加强班子队伍建设，营造浓厚的安全生产工作氛围，确保不出安全事故。

廖劲松还对石期市镇人大、政协换届选举工作提出要求。廖劲松要求，石期市镇要进一步加大镇人大、政协换届选举工作力度，加强换届工作业务培训，确保换届选举工作风清气正，加强信访维稳工作，确保社会大局稳定，使全镇各项工作走在全县前列。

10日，中共东安县委印发《关于调整议事协调机构及领导小组的通知》，明确了调整后的县全民国防动员委员会等64个议事协调机构及领导小组成员名单。

10 日下午， 市纪委党风政风督查室主任丁爱平带领工作组，就井头圩镇上大村“雁过拔毛”式腐败问题专项整治工作到东安调研。县委常委、县纪委书记廖劲松参加调研座谈。

工作组认为，东安县在井头圩镇上大村“雁过拔毛”式腐败问题专项整治工作上底细明了、措施得力、成效显著。希望东安县要进一步重视到位，坚决杜绝“小官小腐”、“雁过拔毛”这类令群众深恶痛绝的问题。要进一步工作到位，从专项整治的排查到处理，坚决不搞暗箱操作。要保障到位，按规定使用好专项资金。要责任到位，时刻把规矩和纪律挺在最前面。要体制机制到位，确保把井头圩镇上大村“雁过拔毛”式腐败问题专项整治工作，做成全市的示范点。

廖劲松表示，东安在井头圩镇上大村“雁过拔毛”式腐败问题专项整治工作上，将认真核查、不走过场，积极整改、落实措施，坚决问责、绝不含糊，健全制度、防微杜渐，尽力不让同志们犯错误，全力把各项工作做到位。

13 日上午， 全县精准扶贫暨秋冬农业生产工作会议在县行政中心五楼会议室召开。县委书记冯德校出席会议并讲话。县委副书记陈丽宣读《东安县 2016 年金融产业扶贫工作实施方案》。县委常委、县委统战部部长李四清，副县长候选人何锋分别作工作报告。

会议要求，各级各部门要统一思想，高度重视，认真按照省、市统一要求和部署，结合东安实际，以“六个精准”为要求，突出抓好“五个一批”工作，因村制宜，因产施策，做到靶向明确，精准发力，进一步抓好易地扶贫搬迁、产业扶贫等工作。要科学把握形势，强化责任意识，突出重点，抓好秋冬农业生产各项工作。冯德校强调，各级各部门要把精准扶贫工作作为一项政治任务,作为当前工作中重要工作来抓,做到认识要到位。要细化责任，对各镇、村贫困户进行数据化管理，全面摸清贫困情况，做到任务要明确。要把精准扶贫与“微旅游”发展、“美丽乡村”建设、电商扶贫、光伏产业相结合，充分发挥产业优势，做到措施要精准。要贯彻落实精准扶贫相关文件精神,全力抓好易地扶贫搬迁、金融产业扶贫等工作，做到政策要用足。要实行“一把手”负责制，强化工作措施，保障好相关工作经费，做到保障要到位。要加大考核力度，做到奖惩要兑现，力争进入省、市先进行列。冯德校要求，相关职能部门要突出重点，全力抓好冬种、冬造、冬养等工作。要突出亮点和特色，坚持打造绿色通道、建设“美丽乡村”和全国知名微旅游目的地相结合，因地制宜，重点抓好县内重要通道、“美丽乡村”示范点、微旅游重点景区秋冬种连片种植。要突出机制，统筹资金，加强技术指导，严把种苗栽植管护关，保证成活率，确保造一棵，活一棵，成一片。

13日上午，全县重点企业主要负责人安全生产工作集体约谈会在县行政中心三楼会议室召开。会议传达贯彻省、市、县三级约谈会议精神,督促企业主要负责人履行本单位安全生产职责,推动企业落实安全生产主体责任。县委常委、常务副县长蒋华出席会议并讲话。安顺校车公司、富森超市、东港锑品、云生竹业等10家企业主要负责人作表态发言。

蒋华要求，各企业要深入学习领会省市县党政主要负责人的重要讲话精神，牢固树立安全生产也是业绩的观念，从严落实安全生产主体责任。要把人民生命安全摆在首位，坚决守住“不安全不生产、隐患不消除不生产”的底线，带着感情和责任抓好安全生产工作。要深刻认识落实企业安全生产主体责任的必要性，加强安全生产培训教育，增加建设投入。要全面把握企业安全生产主体责任的关键举措，做到企业履职到位、队伍配备到位、教育培训到位、基础管理到位、隐患整改到位、机制健全到位。要加快形成落实企业安全生产主体责任的强大合力，强化齐抓共管和部门监管，确保全县安全生产形式总体稳定，为加快推进全面小康进程创造一个安全和谐的发展环境。

13 日下午，市政协副主席魏湘江带领市政协委员到东安视察宗教工作。县委书记冯德校，县委副书记、代理县长龙向洋，县政协主席陈军、副主席蒋燕平陪同视察。

魏湘江一行先后前往白牙市镇的高雅寺和紫溪市镇渌埠头村的沉香寺，通过实地察看、询问情况、举行座谈、听取汇报等方式，详细了解东安宗教工作情况。魏湘江对东安宗教工作给予了充分肯定，对沉香寺住持释圣安法师的风度和造诣给予高度评价。魏湘江要求，东安县要以新的眼光来看待宗教工作，坚持用马克思主义立场、观点、方法认识和对待宗教事业、宗教工作规律，深入研究和妥善处理宗教领域各种问题。要以新的措施来引导宗教工作，用社会主义核心价值观来引领教育宗教界人士和信教群众，用团结进步、和平宽容等观念引导广大信教群众，深入挖掘教义教规中有利于社会和谐、时代进步、健康文明的内容。要以新的标尺来检验宗教工作，把宗教人士团结到党委的周围，发挥宗教的积极作用，引导宗教工作与精准扶贫、全面小康建设等工作有机结合起来。

冯德校表示，东安县将积极贯彻中央及省、市宗教工作会议精神和宗教政策，把宗教人士团结到县委周围，吸收到政协委员队伍中来。要保证有专人管理宗教工作，保障有专项经费开支，确保全县宗教工作稳步发展。

14日，县委书记冯德校，县委副书记、代理县长龙向洋深入白牙市镇调研指导大江源乡村旅游项目建设。县委常委、县委办主任唐振宇，副县长候选人何峰，县政府副县长李瑞霞，以及县委办、政府办、县交通局、住建局、林业局、国土资源局、白牙市镇等相关单位负责人陪同调研。

冯德校强调，东安发展乡村旅游要高起点规划、高标准建设，要把大江源打造成全县“微旅游”示范点。要明确建设任务，将沿线的乡村旅游景点统一规划，连点成线，打造一条精品旅游线路，实现乡村旅游发展的最佳生态效益、经济效益和社会效益。要强化统筹发展，调整农业产业结构，结合“美丽乡村”和微旅游、精准扶贫和全面小康建设，促进农民增收脱贫。要圈养好牲畜，加大对大江源生态环境卫生的管理。相关职能部门要加强服务，以主人翁姿态服务大江源生态农庄，为其提供相应的政策、资金帮扶，将大江源打造成全省“微旅游”示范基地，实现政企双赢，经济效益与社会效益双赢。

龙向洋要求，大江源发展乡村旅游生态资源丰富、发展空间大，大江源生态农庄要立足地域特点和乡村实际，以“精品微旅游，乐享大江源”为主题，高标准、高起点抓好园区功能区和基础配套设施建设，着力打造集休闲观光、生态旅游为一体的生态农业示范园，以点带面带动和促进全县乡村旅游的发展。

14日，中共东安县委下发《关于转发〈东安县2016年县乡两级人民代表大会换届选举工作方案〉的通知》，明确了2016

年全县县乡两级人民代表大会换届选举工作的指导思想、坚持的原则和主要任务，换届选举工作的组织领导和工作机构，时间安排、工作步骤以及工作要求等事项。

14 日，中共东安县委下发《关于转发〈东安县第十七届人民代表大会代表、政协第九届委员会委员推荐提名与考察工作方案〉的通知》，明确了东安县第十七届人民代表大会代表、政协第九届委员会委员推荐提名与考察工作的总体要求，代表、委员推选工作原则、人选条件、数量规模、结构要求和名额分配，程序步骤，职责分工，初步时间安排等事项，并要求加强领导，严明纪律，切实做好相关工作。

15 日，县委常委、县委宣传部部长唐华栋带领县文体广新局、县广播电视台等五个后盾单位负责人，深入舜管局舜皇工区就精准扶贫工作现场办公。

唐华栋强调，精准扶贫是当前全县重点工作，开展精准扶贫工作不能只停留在喊口号的阶段，要脚踏实地，埋头苦干，干出实实在在的成绩出来。各后盾单位要在 10 月 30 日前，将 10 万元扶贫资金筹集到位，并对口为联系点协调解决具体问题。舜皇工区要切实吃透精准扶贫政策，通过向上争、各方筹等方式，筹集项目建设资金。在工区建设桥梁和健身场所，添置办公桌椅等项目上，工区和后盾单位要拿出精准的规划预算方案。要对扶贫资金专款专用，切实按照精准扶贫精准脱贫的要求进行管理，确保舜皇工区精准扶贫工作再上新台阶。

15 日下午，杭州汉普投资管理有限公司（简称汉普基金）到东安县旅游投资开发洽谈对接会在县行政中心七楼会议室召开。县委书记冯德校，县委副书记、代县长龙向洋，县委副书记陈丽，县委常委、县委办主任唐振宇，副县长李瑞霞出席。

与会人员通过观看专题片、座谈的方式，全面了解了东安县情和旅游发展情况。双方就如何创建全国全域旅游示范县、打造成全国微旅游目的地等工作进行了初步交流和探讨。汉普基金认为东安县区位优势明显，旅游资源丰富，生态环境优美，旅游发展前景广阔、大有可为。希望双方多加强沟通交流，在旅游开发上进一步加强合作。冯德校对汉普基金到东安考察洽谈旅游投资开发项目表示欢迎，希望汉普基金相关人员在东安多走走、多看看，更好地领略东安的人文和历史文化底蕴，更多地了解东安旅游发展情况。汉普基金结合东安微旅游发展实际，以一流的设计运营团队，为东安的旅游开发做出一流的规划设计、营销策划和投资方案。冯德校要求，相关职能部门要加强与汉普基金投资公司的沟通对接，力促双方早签约、早合作，推动项目早日落地，努力实现互利共赢。

16日，省委副书记、代省长许达哲深入东安调研神华国华永州电厂项目建设。神华集团国华电力分公司总经理李巍，市委书记陈文浩，市委副书记、市长易佳良，市委常委、政法委书记、秘书长唐能武，市政府领导荣燕明，县委书记冯德校，县委副书记、代县长龙向洋，县委副书记陈丽，县委常委、县委办主任唐振宇等陪同调研。

许达哲一行实地察看了神华火电项目建设工地，详细了解神华国华永州项目建设的环保工艺、工程质量、建设计划和美丽电厂与“美丽乡村”和谐相融示范区建设等情况。许达哲要求，要传承好永州历史文化，按照节能环保效益的要求，力争把神华火电建设项目打造成追求卓越的生态电厂样板工程，力争实现2018年顺利投产发电，希望神华国华永州电厂在三湘大地得到更好的发展。

16日，神华国华永州电厂项目建设推进工作会议在神华国华永州电厂项目建设指挥部召开。神华集团国华电力分公司总经理李巍，国华电力分公司工程建设部总经理靳华峰，市政府领导荣燕明，县委书记冯德校，县委副书记、代县长龙向洋，县委副书记陈丽，县委常委、县委办主任唐振宇出席会议。

李巍对永州市委、市政府和东安县委、县政府对神华国华永州电厂建设的大力支持表示感谢。李巍希望，在下段工作中，神华国华永州电厂和东安县委、县政府要进一步加强沟通协调，及时掌握工作动态，按照工程建设安排，快马加鞭赶进度，全力推动神华国华永州电厂建设，确保2018年实现双机双投，力争将神华国华永州电厂打造成特点突出、具有代表性的开放式后现代花园式生态环保发电厂。

冯德校对神华国华永州电厂项目建设的前期建设工作给予了充分肯定。冯德校指出，神华国华永州电厂是永州有史以来投资最大的项目，东安县委、县政府高度重视，举全县之力支持火电项目建设，当前，项目建设来势看好、进展有序。希望项目协调服务指挥部和相关职能部门多深入项目建设一线，集中精力、人员、时间，按照电厂所需，为项目建设提供最优质的服务。要加快进度,加大投入,加快推进神华火电项目建设和芦洪市镇“一带八景”核心区建设。

龙向洋要求，要加强项目调度，加快建设进度，做好土地手续报批等工作，确保项目建设顺利推进。要按照工业旅游、生态电厂的要求，建设成国际一流的发电厂，促进电厂绿色发展，实现工业强镇、旅游兴镇的工作目标。

荣燕明指出，当前电厂的工程建设处于关键时期，面临的一些问题必须认真加以解决。东安要与电厂加强沟通协调，在确保工程质量安全的前提下，加快工程建设进度。要尽早谋划明年工作，力争项目建设如期建成投产。

16日晚，县委书记冯德校主持召开县委常委会议，第三次开展“两学一做”学习教育专题学习研讨。县委副书记、代县长龙向洋，县委副书记陈丽，县人大常委会主任文高平，县人大党组第一副书记张波和李四清、彭俊卿、蒋华、李觉会、唐华栋、廖劲松、唐振宇、唐伟文等县领导参加会议，相关部门负责人列席会议。

县委常委会组成人员围绕习近平总书记关于“讲道德、有品行”重要论述，结合自身思想、工作、生活和作风实际谈认识、谈体会，进行了交流讨论。大家一致认为，做一名合格党员，要明大德、守公德、严私德，坚守共产党人的精神高地，为干部群众带好头，为地方发展出好力。

冯德校强调，经过这一段时间“白＋黑”、“5+2”的工作和努力，全县干事创业的氛围逐渐浓厚。开展“两学一做”，着重要把干部职工教育好、引导好，引导广大干部职工常怀感恩之心，做到真正的讲道德、有品行。要善于学习，摒弃打牌、赌博等不良习气，牢固树立“三人行必有我师”的思想，学习社会实践，学习国家政策、法律，学习新常态下新气象，学习工作上的新方法，做到干一行、爱一行、专一行，避免盲目指导。要有韧劲和蛮劲，以一流的干劲，争创一流的业绩。要有好的心态，弘扬主旋律，传播正能量，做到心态像东安生态一样山清水秀、风清气正。

会议还听取调整县选举委员会和乡镇选举委员会组成人员，县人大代表、政协委员初步建议人选等工作情况的汇报，就相关工作进行了安排部署。冯德校指出，县人大、政协换届选举工作牵涉面广、工作量大，事关东安政治生态建设，一定要按照相关的法律程序，将选举工作不厌其烦地扎实做好做到位。人大代表、政协委员要坚持好中选优的原则，坚持政治审查和工作审查相结合，对参与打牌、赌博等违法活动的人员，原则上不得吸收进入人大、政协队伍。要加强对人大代表、政协委员的监管和引导，联系乡镇的县级领导要深入乡镇加强教育和指导，分工包片，确保换届选举工作健康有序进行。

18 日，市委常委、市委组织部部长吴志雄到东安调研换届和基层党建工作。县委书记冯德校，县人大主任文高平，县政协主席陈军以及李四清、彭俊卿、胡慧川、蒋燕平等领导陪同调研或座谈。

在听取东安县人大代表、政协委员推荐提名和基层党建工作情况汇报后，吴志雄指出，要坚持问题导向，带着问题把好换届选举的每一道关口。要严把代表资格关，确保代表资格符合有关规定。要严把选民参选关，摸清底子、包干负责、建立台账，确保选民依法参与选举。要严格监督，遵守中央和省、市委的换届纪律有关文件精神，坚决把纪律和规矩挺在前面，创造一个依法依规、公正公平的换届环境，确保换届选举工作风清气正、圆满成功。

在白牙市镇桐子山村、前进社区和紫溪市镇荷叶塘村，吴志雄详细地询问工作人员关于基层党建工作的各项内容、工作模式及协调处理问题的方式方法，并听取有关工作情况汇报。吴志雄充分肯定了东安基层党建工作取得的成绩，认为东安在党建工作中领导高度重视，思路清晰，组织得力，党建工作氛围浓厚，来势较好。吴志雄强调，在下一步工作中，东安要进一步加强基层党建和管理，充分发挥党支部作用，切实加大工作力度，完善工作制度，提升工作能力。要结合当前与本地的实际情况，创新工作方法，突出党建特色。要强化统筹推进，确保“两学一做”学习教育活动与日常工作“两不误两促进”，推动东安各项工作再上新台阶。

18日上午，县政协机关党支部召开“两学一做”学习教育“讲道德、有品行”专题讨论会。县政协主席陈军，副主席蒋燕平、唐月程等以普通党员身份出席会议并参加讨论。

县政协机关对县第十二次党代会精神进行了解读，对习近平同志关于“两学一做”学习教育的讲话进行了领读。与会人员围绕“讲道德、有品行”主题，紧密联系个人思想、工作和生活实际，深入畅谈个人学习体会和学习心得，对照加强道德修养、弘扬社会公德等进行深刻剖析，认真查找了存在的问题，并提出了今后努力的方向。陈军指出，开展“两学一做”学习教育旨在使党员干部受教育、“四风”问题得根治、工作作风大改善、人民群众更满意。这些目标的实现，关键在各级党员领导干部以身作则、说到做到。领导干部要求下级做到的自己先做到，要求下级不做的自己坚决不做。陈军强调，道德品行是做人之本，成事之基。道德品行，贵在养成，需要终身学习和修养。做人要讲人品，为官要讲官德。要把道德要求转化为日常生活习惯和基本生活方式，“勿以恶小而为之，勿以善小而不为”。要重修道德品行，忠于党的事业，淡泊名利，无私奉献。要从小事做起，从身边的事做起，从单位、家庭的事做起，常修为人为政之德，常做利人劝导之事。在不断学习中提升境界和修养，在不断实践中提升道德和品行，做到知与行的和谐统一。

19至20日，县委书记冯德校，县委副书记、代县长龙向洋率县直相关部门负责人赴京对接神华国华永州电厂项目建设、全国新型城镇化综合示范试点镇等工作。县委副书记陈丽，县委常委、县委办主任唐振宇陪同。

在神华集团会议室，神华集团总经理凌文和神华国华集团董事长肖创英分别会见了冯德校一行，双方就加快推进神华国华永州电厂项目建设深入交换了意见。冯德校代表东安县委县政府，对神华集团为东安县发展给予的支持表示感谢，并介绍了国华永州发电项目推进情况、配套设施完成情况，以及下一步推进项目建设的工作思路。希望神华集团加大支持力度，加快项目建设进度并及早安排好2017年的投资计划，确保电厂2018年实现双机双投的目标。凌文总经理对东安县委、县政府的要求和希望表示肯定和支持。并指出，神华国华永州电厂项目建设得到了东安县委、县政府的大力支持，希望在建设过程中抓好安全管理工作，严格管控投资，节约建设成本，确保各项指标达到设计要求，按照创新、协调、绿色开发、共享的发展理念，全力把神华国华永州电厂项目建设成一个花园式、生态和谐的工业旅游项目。

在京期间，冯德校一行还就神华国华永州电厂建设用地报批和芦洪市争创全国新型城镇化综合示范试点镇等工作分别向国土资源部、国家发改委相关部门领导进行工作汇报。国土资源部、国家发改委相关领导在听取相关工作情况汇报后表示：在政策范围内，国土资源部将全力支持项目落地，神华国华永州电厂所有报批进度按程序依法加快推进，争取早日获得国务院审批通过。芦洪市镇有望被国务院列入第三批综合示范试点镇。

19日，东安县第十六届人大常委会第三十三次会议召开。县人大常委会主任文高平，县人大党组第一副书记张波，县人大常委会副主任宁苏君、胡贤吉、胡慧川、蒋永辉等出席会议，县委常委、常务副县长蒋华应邀出席会议。

根据选举法第九条第二款“选举委员会的组成人员为代表候选人的，应当辞去选举委员会的职务”规定，会议审议了县人大常委会主任会议《关于调整县选举委员会和乡镇选举委员会组成人员的议案》，表决通过了东安县县乡换届选举委员会及乡镇选举委员会建议人员名单。

19日，县人大常委会党组开展“两学一做”学习教育第三次学习讨论。县人大常委会主任文高平主持学习讨论会。县人大常委会党组第一副书记张波，县人大常委会副主任宁苏君、胡贤吉、唐新柱、胡慧川、蒋永辉等参加讨论。

与会人员围绕“讲道德、有品行”主题，紧密联系自身工作实际，谈认识、说体会。大家一致认为，“讲道德、有品行”是一个共产党员的基本素质要求，是传承党的优良作风，弘扬中华传统美德，践行社会主义核心价值观，坚守共产党人的精神高地的根本要求。作为共产党员必须讲大德、守公德、严私德，永葆党的先进性和纯洁性。

文高平要求，县人大常委会党组成员要认真对照“讲道德、有品行”的标准要求，把“讲道德、有品行”作为自己工作学习生活的基本行为准则，作为一名共产党员的党性标准要求，充分认识加强政德修养的重要性和紧迫性。要增强严以修身的自觉性、主动性和坚定性，在工作学习生活实际中，从内心深处自觉把“有为政之德”摆在首位，坚持“德才兼备、以德为先”，在明德、修德、守德、行德、扬德等方面不懈努力，认真吸取传统思想精华，立德修身，真正做到全心全意为人民服务。

20 日，县人大常委会主任文高平、党组第一副书记张波深入井头圩镇督查指导县乡人大换届选举工作。县人大常委会副主任胡慧川陪同督查。

文高平强调，要集中时间、集中精力、集中领导，依法依规依程序做好县乡人大换届选举工作。要压实责任，强化组织保障，充分发挥镇党委、村支部总揽全局的作用，将责任落实到相关人员和选区。要坚持问题导向，及时发现问题、研究问题、解决问题。要牢牢把握好选举工作的每个环节、步骤，确保整个换届程序公开透明，结果合法。要加大宣传力度，激发广大选民的政治参与热情，引导人民群众牢固树立法制观念，积极营造良好的选举氛围。

张波要求，各乡镇在县乡人大换届工作中要抓住关键环节，以选区为单位，从严从实加强换届风气全程监督。要对每一位候选人的选任过程做到可追溯、可倒查。要按照县人大常委会的统一安排部署，进一步细化任务，明确职责，依法依规依程序推进各阶段、各环节的工作，确保换届选举工作取得圆满成功。

21 日下午，县委书记冯德校深入县城市建设投资有限公司调研，了解公司发展情况、经营模式以及存在的困难和问题。县委常委、常务副县长蒋华，县委常委、县委办主任唐振宇，县人大常委会副主任胡贤吉陪同调研。

在听取县城建投公司的工作情况汇报后，冯德校充分肯定了县城建投公司近段时间来取得的成绩。冯德校指出，城建投公司作为东安城市建设的主力军，公司的高效运作事关全县经济社会发展和城市建设步伐。城投公司要加大创新力度，积极推进市场运作，努力实现经营收益最大化。冯德校要求，县城建投公司要抓紧融资争资，促进东安经济社会的发展。要加快重点项目申报进程及与银行的贷款对接。要充分利用好现有资金，把有限的资金用在刀刃上。要落实党代会精神，站在发展的高度，学习借鉴先进管理经验，攻坚克难，加快项目的包装和建设。要进一步解放思想，理顺体制机制，明确企业自身定位，理清发展思路，为加快东安城市经济发展作出积极贡献。

21日晚，2016“欢乐潇湘·美丽东安”暨创建省文明县城全民广场舞大赛在县城和谐广场举行。县委常委、县委宣传部部长唐华栋致辞并宣布比赛开始，永州市文体广电新闻出版局副局长张科春，县人大副主任宁苏君，县政协副主席蒋燕平等领导与千余名群众共同观看比赛。

唐华栋强调，在红军长征胜利80周年之际，东安县举办系列文体活动，旨在践行县第十二次党代会精神，大力实施“六大战略”，全力推进“752121”工程，为广大群众搭建展示风采、张扬个性、大显身手的舞台。唐华栋希望，通过系列文体活动的开展，进一步激发东安人民积极参与群众文化活动的热情，以文化建设凝聚人心、打造品牌，激发全民健身工作活力，促进全县繁荣大文化、改善大民生，为推进全县精神文明建设，加快构建“和谐东安”提供强大的精神动力。

23 日下午，县委书记冯德校深入端桥铺镇金龙山庄调研东安鸡产业化建设。县委常委、县委办主任唐振宇陪同调研。

冯德校一行实地查看了金龙山庄东安鸡罐装食品有限公司、凤大姐农产品开发中心，详细了解了东安鸡制作工艺、产品销售、市场开发等情况。随后召开座谈会，对东安鸡产业化开发项目提出了建议和要求。冯德校要求，要提高认识，创新思维，精心策划，在产品开发上做文章，努力提升产品工艺，将传统家庭式生产逐步转化为现代化企业管理。要认真研究解决产品项目研发中技术水平和人才缺乏问题，引进专业高技术人才，提升农产品加工水平。要加大投入，以微旅游为抓手，充分利用电子商务平台，按照“政府推动、市场化运作、多品种开发、全产业链打造”的发展思路，大力推进东安鸡产业化发展。要以市场为导向，制定详细的产业规划，全力拓展东安鸡市场领域，努力将“东安鸡”品牌打造成为湖南省著名商标、中国驰名商标。

23 日下午，县委书记冯德校深入芦洪市镇调研神华国华永州电厂和“一带八景”核心区建设工作。县委常委、县委办主任唐振宇，县政府正处级干部文德陪同。

冯德校一行实地察看了神华国华永州电厂项目建设进度和芦洪市镇永电新村、东安鸡美食馆等“一带八景”核心区项目建设进展情况。冯德校要求，项目协调服务指挥部和相关职能部门要多深入项目建设一线，及时掌握项目建设进展情况，做好协调服务，加快推进神华国华永州电厂建设，确保神华国华永州电厂2018年实现双机双投。要围绕神华国华永州电厂做文章，突出工业旅游，统筹规划好“一带八景”核心区建设。东安鸡美食馆要完善外观设计装修，力争把东安鸡美食馆打造成具有东安特色的美食馆品牌。永电新村、“美丽乡村”建设、树德山庄等项目建设要加快进度，提高项目建设质量，完善规划设计，以“水火交融”的理念，充分挖掘芦洪市的文化底蕴，把核心区建设充分融入周边地区发展进程，把神华国华永州电厂和“一带八景”核心区建设打造成代表东安形象的高端名片和全国知名的微旅游目的地。

24日上午，市委巡察第一组组长柏玉一行到东安开展换届风气监督第二轮专项巡察工作并召开见面汇报会。县委书记冯德校作换届选举及换届风气监督工作落实情况汇报。县人大常委会主任文高平，县政协主席陈军以及李四清、彭俊卿、唐华栋、廖劲松等县领导出席汇报会。

巡察组要求，东安各级各部门要充分认识开展换届风气监督专项巡察工作的重要意义，高度重视换届风气监督巡察工作，落实党委主体责任，层层深化责任落实，强化换届风气监督，确保换届工作风清气正。

冯德校表示，东安将全力以赴支持市委巡察组开展巡察工作，全方位全过程搞好配合、提供保障、做好服务，并严格落实巡察组提出的有关要求，确保换届工作顺利进行。

25日上午，县委书记冯德校深入白牙市镇桐子山村选区检查指导县乡人大换届选举工作。

冯德校强调，要高度重视县乡两级人大换届选举工作，坚持加强党的领导，严格按照中央和省、市相关法律和纪律要求，公开透明，将“充分发扬民主、保障人民群众的民主权利”贯穿整个换届选举全过程，充分体现人民意愿，真正投票选举出为民代言的县、乡人大代表。要始终把纪律和规矩挺在前面，进一步严明政治纪律和政治规矩，依法按程序做好组织工作，杜绝换届选举不规范问题，杜绝拉票贿选，确保县乡人大换届选举工作风清气正，圆满完成。

25 日上午，市委副厅级干部伍军带领市政府督查组到东安督查指导保障性安居工程建设工作。县委书记冯德校，副县长候选人邹礼春陪同。

督查组一行实地查看了“135”工程保障房建设项目、氮肥厂棚改项目、奥运公园保障房建设项目、运输公司棚改项目建设进展情况，对东安保障性安居工程建设工作取得的成绩给予了充分肯定，认为东安高度重视保障性安居工程建设工作，并取得明显成效。督查组希望东安各级各部门进一步加强领导，压实责任，坚持问题导向，补齐短板，严格按照相关政策要求，在保证工程质量的前提下，加快推进工程建设。要抓好各类工程建设的扫尾和结账工作，提高工程的建成率和入住率。要抓好 2017 年新项目的申报工作。要抢抓时机，加快工程建设进度，把保障性安居工程建设成为东安的惠民工程。

冯德校表示，东安县委、县政府将按照市政府督查组提出的意见和建议，立即整改落实到位。同时要求，相关职能部门务必要站在讲政治的高度，充分认识这项重大民生工程的重要性。要带着感情和责任，创新方式方法，用好用透相关政策，抓好这项民生工程。要集中规范，统一规划，抓好工程建设的开工率、完工率和入住率，把这项惠民工程做好做实。

25日，县委副书记、代县长龙向洋深入芦洪市镇柘刺坪村，督查指导县乡两级人大换届选举工作。

龙向洋一行通过现场察看、询问、座谈等方式，听取了芦洪市镇县乡人大换届选举工作情况汇报，全面了解了县乡人大换届选举工作的组织领导、宣传发动、选区划分、选民登记公布、县乡人大代表初步候选人提名公布等情况，并对乡镇在人大换届选举中遇到的新情况、新问题进行了现场指导。龙向洋指出，县乡两级人大换届选举，是全县人民政治生活中的一件大事，政策性、法律性、程序性非常强，各乡镇要把县乡人大换届工作作为当前乡镇工作的重中之重，切实加强组织领导，严把法律关、程序关。要进一步细化任务，明确职责，做到镇村干部包组，村两委干部包户，采取各种方式和措施，广泛动员并通知选民按时参加投票选举，切实提高参选率。要加强宣传教育，以“南充拉票贿选案、辽宁贿选案”等反面典型案例为戒，始终把纪律和规矩挺在前面，进一步严明政治纪律和政治规矩，依法按程序做好组织工作，杜绝换届选举不规范问题，确保县乡人大换届选举工作不出任何纰漏、不出丝毫差错、依法依规进行。

25日，井头圩镇进行县乡人大代表换届选举，县人大常委会主任文高平深入选区分会场现场查看选举情况。

文高平要求，各乡镇在县乡人大换届投票选举过程中，要坚持党的领导，精心组织，充分发扬民主，严格依法办事。要从严从实加强换届投票选举的全程监督，选举出政治思想硬、工作能力强、百姓口碑好、人民满意的代表。要牢牢把握好选举工作的每个环节、步骤，确保换届选举工作取得圆满成功。

26日上午，县委书记冯德校带领县国土资源、住建等相关部门主要负责人深入紫水新城、东安经济开发区等地调研国有土地储备出让和BT项目建设情况。县委常委、常务副县长蒋华陪同调研。

每到一处，冯德校都详细了解土地的性质、挂牌出让，闲置土地等情况。冯德校要求，相关职能部门要提高认识，密切配合，强化责任落实，加大融资力度，全力推进项目建设。要明确目标，盘活土地供给，合理开发利用土地资源，提高土地节约集约水平。要加大土地出让力度，对具备出让条件的土地，立即组织挂牌出让，确保年底前完成目标任务。要加强监管，做好土地评估，对有升值潜力的土地纳入政府储备范围，为项目建设提供有力保障，促进县域经济持续健康发展。

26日上午，县委书记冯德校深入江东文武学校调研东安武术文化发展工作。县人大常委会主任文高平，县委常委、县委宣传部部长唐华栋，副县长张静陪同调研。

冯德校一行实地查看了江东文武学校教育教学条件和基础设施建设情况，随后召开座谈会，听取了江东文武学校建设和东安武术文化节筹备工作情况汇报。冯德校指出，东安武术源远流长，是全国首批命名的"武术之乡"。东安各级各部门要高度重视，加强领导，把东安武术文化发展作为开展全民健身运动的重要工作来抓，振兴东安武术，擦亮"武术之乡"名片。冯德校要求，要根据县第十二次党代会、县委常委会等相关会议精神，认真策划规划，增强武术文化的普及性、群众性、广泛性，推进东安武术文化进学校、进社区、进乡镇、进企业、进机关、进军营，全面激发东安武术文化活力。要加大投入，加强管理，优化教师资源配置，完善硬件设施建设，大力改善教育教学环境，不断提升学校教学水平，努力将江东文武学校打造成“德才兼备、文武双全”的一流武术学校。要认真研究，精心策划，结合东安“德文化”建设、旅游产业发展、招商活动等工作，认真做好东安武术文化节相关筹备工作，大力宣传推介东安武术，让东安武术成为全国武术之乡的“精品板块”。

26 日，县人大常委会主任候选人、党组第一副书记张波深入川岩乡岭芝村，督察指导县乡人大换届选举工作。县政府副县长张静一同督查指导。

张波对川岩乡县乡人大换届选举工作给予了充分肯定。张波强调，县乡两级人大换届选举，是全县人民政治生活和基层政权建设的一件大事，也是各级党委、人大承担的一项重要的政治任务，事关大局，事关长远。川岩乡各级党组织和人大一定要从全局和战略的高度深化认识，切实把思想和行动统一到县委的要求上来。要严肃换届选举工作纪律，坚守工作岗位，集中精力，按照结构性、广泛性、代表性以及具备必要素质和履职能力的要求，严格把好选风、代表素质、社会稳定等环节。要在党委的统一领导下，充分发扬民主，严格依法办事，对破坏选举的违法行为给予严厉打击，严谨有序地做好选举的各项工作，确保选举圆满成功。

26 日下午，全县绩效考核暨重点项目建设考核誓师大会在县行政中心五楼会议室召开。县委书记冯德校出席会议并讲话。

县委副书记、代县长龙向洋主持会议。县委副书记陈丽，县人大常委会主任文高平、党组第一副书记张波，县政协主席陈军以及李四清、彭俊卿、蒋华、李觉会、唐华栋、廖劲松、唐振宇、唐伟文等县领导出席会议。

在听取绩效考核、重点项目建设考核和作风建设工作报告后，冯德校说，考核工作是统帅全县工作的总纲，是创先争优，激励干部斗志，提振精气神、凝聚正能量的动力源泉；考核工作是加快发展的现实需要，县第十二次党代会提出的目标任务，必须通过考核来细化、量化、具体化；考核工作是检验工作成效的重要标尺，考核结果直接反映各级各部门抓工作落实的能力和水平；考核是提升执行力的主要手段、检验干部作风好坏的“试金石”；全县上下务必要进一步提高对考核工作重要性的认识，真抓实干，以大考核推动大落实。冯德校指出，考核工作是一项技术性很强的工作，牵一发而动全身，落实到具体的考核工作中，主要是做好“四个突出”。一是要突出公平公正，全县考核工作实行统一部署、统一实施、统一表彰，务必做到考核标准公平公正、考核人员公平公正、考核结果公平公正；二是要突出重奖重罚，考核奖惩要求只能严、不能松，力度只能大、不能小，措施只能硬、不能软，既要重奖，也要重罚；三是要突出结果运用，绩效评估结果按综合得分分类确定为优秀、良好、合格、不合格 4 个等次，记入干部实绩卡，与票子、帽子、位子挂钩，必须按考核结果兑现到位；四是要突出个性指标，各部门的职能定位和业务分工，不搞一把尺子论长短，不搞大杂烩，不吃大锅饭。冯德校强调，实现制定的考核目标，关键在做，全县上下务必要树立信心，真抓实干，层层落实责任，层层分解任务；要紧密围绕考核目标，在“干”字上下功夫，在“快”字上出实招，列出时间进度表，以时间促进度；要密切协调配合，各个部门相互配合、齐抓共管、形成合力；要勤督、实查、严问，协调解决重要指标、重点项目完成方面遇到的各种问题和瓶颈，以大督查推动大落实，以大问责推动大落实。

冯德校还就全力推进重点项目建设作出了具体要求。冯德校要求，全县各部门一定要把思想认识统一到县委的决策部署上来，明确工作任务，严格项目管理，优化环境服务，强力推动重点项目建设。

27日下午，东安与台湾吉米科技有限公司就“湖南东安台商工业园”建设项目在县行政中心七楼会议室举行会谈。县委书记冯德校，县委副书记、代县长龙向洋，县委副书记陈丽以及彭俊卿、蒋华、李瑞霞等领导出席。

双方围绕项目投资规模、优惠政策、厂房建设、税收收入等内容交换了意见。冯德校表示，东安县委、县政府将全力做好协调服务工作，为项目建设努力营造一个良好的建设环境。冯德校希望双方能进一步深化合作，在合作领域、合作模式、投资期限、项目用地等方面尽快达成一致意见，确保项目早日落地，如期开工。

27日下午，县政府“两学一做”第三次专题学习讨论会在县行政中心三楼会议室召开。县委副书记、代县长龙向洋主持讨论会。蒋华、宋志雄、张静、邹礼春、蒋明君、陈红斌、陈利平等县政府党组成员参加学习讨论。

县政府党组成员围绕“讲道德、有品行”主题，从讲大德、守公德、严私德和如何做到对党忠诚等方面内容，结合自身工作实际，敞开思想，触及灵魂，从不同角度交流了自己的学习心得和体会。

龙向洋充分肯定了学习讨论会取得的成效。龙向洋指出，本次讨论会大家紧扣主题，剖析深刻，深刻领会了“两学一做”教育的精神实质和丰富内涵，增强了“讲道德、有品行”的自觉性、主动性和坚定性，达到了预期效果。龙向洋要求，县政府党组成员要坚持修身正己，以严的标准要求自己，以严的纪律约束自己，加强党性修养、涵养道德情操、追求健康情操，永葆共产党人的政治本色和人格魅力。要切实把“讲道德、有品行”的落脚点放在提升工作能力、转变工作作风上，担当作为，奋发有为。要切实增强思想觉悟，始终坚持以身作则、率先垂范，真正在政府工作中践行“讲道德、有品行”的要求，为全县干部做出表率、树好标杆，塑造良好形象。要切实按照县绩效考核暨重点项目誓师大会精神，抓好工作落实，奋力争先进位，坚决完成年度工作目标任务。

27 日下午，县委副书记、代县长龙向洋主持召开县政府第四十七次常务会议，听取县城建设提交县人大议案相关工作、县融资公司组建工作、工业园闲置土地清理工作、绕城线建设等工作情况汇报。蒋华、宋志雄、李瑞霞、张静、邹礼春、文德等县政府常务会议组成人员参加会议，县政协副主席周刚生应邀列席会议。

关于县城建设提交县人大议案相关工作，龙向洋强调，当前，东安县各项建设工作任务繁重，资金是制约经济建设的瓶颈。全县各级要牢固树立融资争资意识，抢抓融资机遇，汇集相关资源，整合相关资源，通过与各融资机构的对接，为县域经济发展争取更多的资金支持。

关于县融资公司组建工作，会议强调，组建融资公司目的是为了对接融资工作，要进一步解放思想，大胆争资融资。要在不增加领导、人员、经费的原则下，整合相关力量，做实相关资产。要将城投公司包装成一个集城乡基础设施建设、旅游基础设施建设及开发、农林水田基础设施建设、工业园区基础设施建设、农村基础设施建设、城乡交通路网建设投融资功能、扶贫开发和国有资产经营管理等功能于一体的集团化公司。

关于白牙市工业园闲置土地清理工作，会议强调，经营不善的僵尸企业严重影响了园区发展的活力，清理处置已是箭在弦上。处置工作要本着“全面清理、突出重点、产权置换、腾笼换鸟、依法处置”的原则，实事求是地进行科学评估，算好经济账，全面解决好白牙市工业园快速发展过程中的土地供需矛盾，全面盘活园区存量建设用地。

关于县城小心田至莲塘段绕城线建设工作，龙向洋强调，11 月 1 日开始，东安县将启动“禁止大车入城”工作，因此，加快县城小心田至莲塘段绕城线建设，缓解县城交通压力已是势在必行。要进一步加强调度，协调各方矛盾，依法按程序实施，确保县城小心田至莲塘段绕城线建设 11 月 1 日前通行。

28 日上午，县委书记冯德校深入县城投公司，主持召开全县融资工作调度会。县委常委、县委统战部部长李四清，县委常委、常务副县长蒋华，县人大常委会副主任胡贤吉出席会议。

县城投公司、县城建投、农建投、旅游投等相关负责人汇报了融资工作情况和专项建设基金投资、项目包装、金融对接等情况，并对专项基金申报工作任务进行了分解。冯德校指出，当前东安县正处在大建设、大发展时期，做好项目融资工作极为重要。各级各相关部门要统一思想，提高认识，抢抓机遇，创新融资方式，拓展融资渠道，扩大融资规模，做到以项目促融资、以融资促投资、以投资促发展，为脱贫攻坚、全面小康建设提供资金保障。冯德校强调，在破解融资瓶颈，进一步加大项目推进力度，加快工程建设步伐等工作上，一是思想要更重视，大发展必须依靠大投入，大投入必须靠大融资。二是任务要更明确，要及时研究政策、认真包装项目、主动搞好对接，尽快组建相应的投资平台公司，把任务分解到公司。三是措施要更有力，要强化领导责任、部门责任和配合意识，由融资工作领导小组统一统筹调度，各职能部门各司其职，各负其责。要以融资工作为重，加大对接工作力度，对相关任务完成情况实行奖惩措施。四是效果要更明显，按照程序，相关融资工作机构的组建要在一周内完成，要加快成立长沙银行支行的工作力度，要把握好棚户改造、扶贫金融贷款、投资公司、住房公积金等项目的融资方式，提高融资能力和水平，为县域经济发展奠定良好的基础。

28日上午，县政协召开第八届委员会常务委员会第二十一次会议。县政协主席陈军，副主席周刚生、丁国志、蒋燕平、唐月程等出席会议。县政府副县长候选人邹礼春应邀参加会议。

会议听取了城市管理工作情况汇报。与会政协委员就市容市貌、环境卫生、道路交通、市政设施、城市绿化、行政执法等方面进行了协商讨论，并提出了意见和建议。陈军要求，要加强城市管理，常抓不懈，形成工作常态化。要切实加大投入，不断完善基础设施建设，坚持以政府为主、社会为辅的思路，更好地为城市建设管理服务。要加强正面引导，加大宣传力度，努力营造全民参与城市管理的社会氛围。城管执法要加强队伍建设，内强素质、外塑形象，做到为民、务实、清廉。各职能部门在城市管理工作中要加强合作，形成合力，建立健全长效管理机制，推动东安县城市管理工作再上新台阶。

邹礼春代表县政府感谢各位政协委员对县政府工作的大力支持。邹礼春希望各位政协委员充分利用自身优势，大力宣传、全力支持城市管理工作，积极履职尽责、建言献策。邹礼春要求，城管局要进一步解放思想，积极探索科学管理的新办法，寻求破解难题的新途径，努力打造干净、整洁、有序的城市环境。

28日上午，东安2017年度城乡居民基本医疗保险参保缴费工作动员暨劳务协作脱贫工作会议在县行政中心三楼会议室召开。县委常委、常务副县长蒋华出席会议并讲话。

会议要求，各级各部门要统一思想，提高认识，把推进城乡医保工作纳入重要议事日程，健全工作机制，明确目标任务，落实政策措施，抓好城乡医保工作。要按照省、市相关工作安排部署，围绕县委、县政府工作目标，层层落实责任，积极做好参保缴费经办人的业务培训，抓住宣传发动这个“牛鼻子”，大力宣传城乡居民医保参保缴费政策，千方百计调动城乡居民参保的积极性。要加大督查工作力度，严格考核，确保全县城乡医保参保缴费工作按时完成任务，参保覆盖率达到95%以上。

28日上午，市纪委副书记、监察局局长蒋俊林一行到东安县调研乡镇纪委和派驻纪检机构建设工作。县委常委、县纪委书记廖劲松汇报工作。

蒋俊林到东安后，召开座谈会，听取了东安县乡镇纪委和县直派驻纪检机构建设情况的工作汇报。东安县乡镇场纪委书记、县直单位纪检组长参加座谈会，并分别就本单位纪委在作风建设、监督问责、执纪审查、队伍建设等方面的情况作了介绍。蒋俊林充分肯定了东安县在加强乡镇纪委和派驻纪检机构建设工作方面取得的成绩，希望东安县各纪检监察部门坚持问题导向，直面纪检监察工作中遇到的问题和困难，敢于挑战自我、迎难而上，以一流的标准，争创一流业绩，更好的服务党委中心工作，服务经济社会发展。

28 日下午，全县“两项专项整治”暨反映扶贫领域涉嫌违纪问题信访举报督办工作会议在县行政中心五楼会议室召开。县委常委、县纪委书记廖劲松出席会议并讲话。

会议指出，打赢脱贫攻坚战是全面建成小康社会的头等大事，是十分重要的政治任务。各级纪检监察组织要牢固树立“四个意识”，加强扶贫领域党风廉政建设，做好信访举报督办工作，以严明的纪律为打赢脱贫攻坚战保驾护航。会议要求，各级各部门要畅通举报渠道，确保群众诉求有门。要以纪律为尺子，对相关信访举报进行梳理排查，明确交办重点，建立台账，加强分析研判，及时交办问题线索。要严肃工作纪律，注重社会效果，规范程序，及时妥善办理上级督办任务。要改进方式方法，严格审核把关，增强催办工作实效。要以点带面，充分发挥综合效应，实现督办效果最大化。要加强领导，密切配合，以踏石留印、抓铁有痕的劲头，以强有力的保障措施，使督办工作见效果、有战果、出成果。

28 日下午，东安 2016 年乡科级党政正职述责述廉述德评议工作动员会在县行政中心五楼会议室召开。县委常委、县纪委书记廖劲松出席会议并讲话。胡江峰、唐朝飞等十位被评议同志分别在会上作表态发言。

会议指出，开展党政正职述责述廉述德评议工作是加强党内监督的重要途径；是践行监督执纪“四种形态”的重要举措；是县纪委委员履行监督责任的重要平台。各级各部门要深化认识，切实增强做好述责述廉述德评议工作的责任感。要把握要求，扎实开展述责述廉述德评议工作。要统筹兼顾，坚决纠正“四风”问题，深入推进作风建设。要严格规范权力运行，严查违法违纪案件。要严明纪律，维护政令畅通。要承担党风廉政建设的主体责任和监督责任，进一步加强党风廉政建设。会议要求，各评议对象所在党委（党组）要高度重视，认真组织，确保述责述廉述德评议工作顺利开展。被评议对象要正确对待，认真对照廉洁自律各项规定，实事求是撰写述责述廉述德个人报告。各评议组要广泛调查，确保评议工作客观公正、实事求是，取得实效。

29日下午，县委书记冯德校深入水岭乡调研武术之乡建设。县人大常委会主任文高平，县委常委、县委办主任唐振宇，副县长李瑞霞陪同调研。

在水岭乡冷山村，冯德校一行沿着村道，仔细察看该村的村容村貌、环境卫生，详细询问水岭武术的起源、发展和群众的普及情况。并走进水岭学校，观看了女子武术队表演，了解该校武术进课堂情况和学生练习武术的参与情况。还到水岭乡“崇文尚武”群众广场，现场观摩了武术表演，沿途详细听取水岭乡武术、“德文化”基地等方面情况汇报。冯德校指出，武术进课堂，不仅是文化建设的务实之举，也是教育工作的亮点；冷山村不仅是德文化基地、武术文化村，以后还要打造成微旅游特色村，全镇上下不仅要大力挖掘水岭武术的渊源、发展历史、动人故事和文化底蕴，还要进一步普及武术文化，让群众牢固树立武术意识。要多开展武术交流，通过举办武术比赛、技艺评比等方式，取长补短，让水岭武术文化不断发扬光大。要增强做大做强武术产业的信心，通过村支两委带头，发挥村规民约的作用，让广大群众都参与到武术文化基地建设和管理中来，改旱厕、改场地、圈养好禽畜、树立良好形象。冯德校还勉励冷山村老一辈武术文化传承人，既要传帮带，教好年轻一代，又要保重身体，以事实证明，武术不但可以强身健体，还可以让人更年轻。冯德校表示，自己要带头练习武术，强身健体，带动全县武术文化大发展。

在听取水岭乡党委、政府贯彻落实县第十二次党代会精神、发展微旅游、推进繁荣大文化工作等方面的情况汇报后，冯德校对水岭开展的卓有成效的工作给予肯定。冯德校强调，水岭乡要进一步抓宣传，把县第十二次党代会精神层层宣传、层层落实、取得共识，确保宣传工作的群众性。要抓基础，进一步抓好基础设施、民生工程、通道等建设。要抓重点，一是要做好精准扶贫、全面小康以及安全生产、信访维稳等一票否决的工作。二是要做好水岭乡武术文化挖掘，古树、古道、古寺等的保护。要抓亮点，水岭乡要进一步加强策划规划，打造自身品牌，力争一年打造一个亮点。

29 日晚，永州市第四届京剧票友艺术节会演在东安会堂举行。市文联党组书记蒋浦英、市京剧协会会长周训凡，县委常委、县委宣传部部长唐华栋与数百名京剧爱好者一同观看了演出。

30 日，东安县大盛镇举办创建“湖南民间文化艺术之乡”文艺汇演。县委书记冯德校，永州市文体广新局局长李小星、县人大常委会主任文高平、县政协主席陈军和唐华栋、唐伟文、唐新柱、吴志雄等市县领导出席并观看了演出。

31 日，县委书记冯德校，县委副书记、代县长龙向洋深入芦洪市镇调研神华国华永州电厂和“一带八景”核心区建设，县委副书记陈丽以及县委办、县财政等相关部门负责人陪同调研和参加座谈。市政府领导荣燕明出席座谈会。

冯德校、龙向洋一行实地察看了神华国华永州电厂和“一带八景”核心区项目建设进展情况。随后，召开座谈会，就项目建设进度、土地报批等工作进行了研究和安排部署。冯德校要求，神华电厂要按照既定目标，坚定信心，风雨无阻抢抓建设旺季，按时完成各项建设任务。相关职能部门要加强与上级部门的跟踪对接，做好土地手续报批等工作，确保项目建设顺利推进。要围绕神华国华永州电厂做文章，突出工业旅游，统筹规划好“一带八景”核心区建设。永电新村要按照县委、县政府要求赶上进度，将视野范围内的主体工程全部建成。路网建设要坚持规划先行，集中精力、人员、时间，按进度在 2017 年 1 月 27 日前完工。树德山庄、“美丽乡村”建设等项目要提高建设质量，完善规划设计，把核心区建设充分融入周边地区发展进程。

荣燕明指出，当前电厂的工程建设处于关键时期，面临的一些问题必须认真加以解决。东安要与电厂加强沟通协调，在确保工程质量安全的前提下，加快工程建设进度。要尽早谋划明年工作，力争项目建设如期建成投产。

11月

1日，市纪委党风政风监督室主任丁爱平带领市督察组到东安督查“两项专项整治”工作。县委常委、县纪委书记廖劲松汇报专项整治工作情况。

市纪委督查组对东安两项专项整治工作取得的成绩给予了充分肯定。市督查组认为，东安县委、县政府高度重视两项专项整治工作，取得了阶段性成效，但也存在一定的问题。希望东安各级各部门要高度重视，加大宣传力度，把各项惠民政策“一对一”宣传到户，让惠民政策在阳光下运行，主动接受群众的监督。要把专项整治作为一项政治任务，在开展自查自纠的基础上，进一步加大清查力度。要压实责任，增强开展专项整治工作的责任感和主动性。要抓好建章立制，做到标本兼治，有效推进“两项专项整治”工作。

廖劲松表示，东安将按照市纪委督查组提出的整改意见和要求，对前段工作进行“回头看”，查漏补缺，立行立改。同时要求，各级各部门要坚持问题导向，严格执纪问责，进一步查处典型案件，加强督查考核力度，确保东安“两项专项整治”工作取得实效。

2日上午，东安召开安全生产第三季度形势分析暨打非治违“利剑行动”工作会议，县委书记冯德校出席会议并讲话。县委副书记、代县长龙向洋主持会议。县委副书记陈丽作全县安全生产第三季度形势分析暨打非治违“利剑行动”工作报告。县人大常委会主任文高平，县政协主席陈军以及李四清、彭俊卿、李觉会、廖劲松、唐伟文等县领导出席会议。县安监局、交通局、城管局等 6 个部门负责人作表态发言。

会议指出，2016 年前三季度，在县委、县政府的坚强领导下，全县各级各部门以习近平总书记关于安全生产工作系列讲话精神和省市安全生产工作会议精神为指导，以开展安全生产“监管执法年活动”为抓手，认真落实安全生产“一岗双责”制度，全面开展安全生产大排查、大管控、大整治专项活动，全县安全生产形势总体平稳。

冯德校强调，安全生产事关人民群众生命财产安全，事关改革发展稳定大局，全县各级各部门务必要时刻绷紧安全生产这根弦，高度重视安全生产工作；要强化组织领导，明确“一把手”主要责任，确保“利剑行动”和安全生产工作有专人抓，有专人管，有专人干；要加大排查力度，对全县安全生产隐患进行一次全面排查，确保不留死角；要突出工作重点，强化措施，针对全县重点领域和部分乡镇暴露出来的问题，敢于动真碰硬，并建立行动工作台账，确保可追溯、情况有记录；要严格督查考核，明确企业主体责任，部门监管责任，“一把手”领导责任，对发生因非法生产经营引发安全生产事故的要严肃处理，绝不姑息，确保全县安全生产工作持续稳定。

2 日上午，2016 年县委中心组（扩大）集中学习报告会在县行政中心五楼会议室举行。市安监局党组书记、局长段灵利，市委宣传部副部长王再兴，分别作题为《坚持问题导向，强化责任担当，努力推动安全生产形势持续稳定向好》《牢牢把握意识形态工作主导权》专题辅导报告。县委书记冯德校主持学习会并讲话。县委副书记、代县长龙向洋，县委副书记陈丽，县人大常委会主任文高平，县政协主席陈军和县领导李四清、彭俊卿、李党会、唐华栋、廖劲松、唐伟文等县委中心组成员参加学习。

段灵利结合实际案例，深入阐述了习近平总书记关于安全生产的重要论述，深刻分析了当前全市安全生产存在的突出问题，提出了全面做好安全生产各项工作的新思想、新经验、新要求，对如何抓好东安新形式下的安全生产工作具有很好的指导意义。王再兴从当前意识形态领域面临的形势、牢牢把握意识形态工作的主导权和落实意识形态工作责任制掌握领导权三个方面，阐释了牢牢把握意识形态工作的主导权、领导权的途径和方法，进一步明确了意识形态工作“谁来抓”、“抓什么”、“怎么抓”的问题，为全面落实意识形态工作责任制，探明了落实路径，指明了行动方向。

冯德校指出，段灵利、王再兴两位领导的讲课紧扣时事、主题鲜明、内容丰富、思想深刻、见解透彻，既有客观的理性分析，又有具体生动的阐述说明，具有很强的现实针对性和可操作性，对东安抓好安全生产和意识形态工作具有很强的指导意义。希望各级各部门，特别是各职能部门要认真学习消化讲课内容精髓，做到学以致用，自觉将所学到的理论知识运用到安全生产和意识形态领域的实际工作中去，抓好、抓细、抓实各项工作措施的落实，努力推动全县安全生产和意识形态工作迈上新台阶。在职的县级领导，乡镇场党委书记、乡镇场长，县直部办委局、省市驻县单位党政主要负责人参加报告会。

2日下午，县委书记冯德校深入石期市镇调研精准扶贫、道路交通安全和机关“五小”建设工作。县委常委、县委组织部部长彭俊卿，县委常委、县委办主任唐振宇陪同。

冯德校一行深入蒋家村金湘源现代农业综合示范区蔬菜基地，听取村党支部和项目负责人关于全面推进金湘源现代农业综合示范区建设的工作设想和总体规划布局的汇报，详细了解产业扶贫情况。冯德校对石期市镇党委、政府采取“基层党建+产业扶贫+“美丽乡村”+微旅游”的扶贫模式给予了充分肯定。冯德校强调，这一项目是民心工程、幸福工程、脱贫工程、小康工程。县扶贫办等部门要尽快总结经验，大力推广这种扶贫模式，不断探索精准扶贫、精准脱贫的创新之路。冯德校指出，石期市镇党委、政府要把机关“五小”设施建设作为关心、爱护基层干部职工的一项重要政治任务来抓，对现有的“五小”设施进行改造提质，使乡镇干部在安心基层、扎根基层、融入群众、服务百姓的过程中，不断提升干事创业的积极性，真正把乡镇机关建设成为“环境舒心、吃得放心、住得安心、工作顺心、学得开心”的新型乡镇机关。

冯德校还对石期市镇湘江一桥安全隐患整改工作提出了具体意见和要求。冯德校要求，县公路部门要尽快对进出集镇与207国道联接线的道路进行优化改造，展现石期市镇县域东南大门对外窗口的良好形象。

2日下午，县委副书记、代县长龙向洋主持召开县政府第四十八次会议。会议讨论研究了县域副中心建设实施意见和实施方案，听取了美丽机关、美丽庭院建设和农建投组建工作情况汇报。何锋、宋志雄、李瑞霞、张静、邹礼春、张一波、文德、邓亚林、陈红斌、陈利平等县政府常务会议组成人员参加会议。县委常委、县委统战部部长李四清，县人武部部长金志辉，县政协副主席周刚生应邀列席会议。

关于芦洪市镇县域副中心建设工作，会议要求，各级各部门要认真研究，科学调研，进一步完善实施意见和实施方案。要以县第十二次党代会精神为指针，强化“特色建城”的发展理念，按照“规模适度、功能完善、产业配套、特色鲜明”的基本要求，推动产城融合、城乡融合，加快形成以工促农、以城带乡、城乡互动的新格局。

关于美丽机关和美丽庭院建设，会议要求，各级各部门要聚集创建美丽机关、美丽庭院中心点，按照县第十二次党代会决策部署，规范机关管理，加强和改进机关作风，提高服务水平，提升政府形象，抓好美丽机关和美丽庭院建设工作。要充分借鉴学习外地先进经验和做法，结合“创文”、“创卫”和创建国家园林县城等工作，分门别类，细化考核标准，完善修改实施方案。要强化督查考核，确保活动取得实效，为打造美丽、和谐、宜居的文明县城、园林县城奠定良好基础。

关于农建投组建工作，会议原则同意成立组建东安县农村建设投资开发有限公司。会议要求，相关职能部门要按照相关政策和上级相关文件精神和要求，保障工作经费，依法依规做好公司筹备各项工作。

2 日下午，东安召开“雁过拔毛”式腐败问题专项整治工作约谈会，对 15 个县直单位和 6 个乡镇主要负责人进行约谈。县委常委、县纪委书记廖劲松主持会议并讲话。

廖劲松要求，各级各部门要高度重视，统一思想，按照工作方案开展好自清自查，及时发现问题，处理问题。要把压实主体责任和监督责任，作为开展专项整治工作的重中之重，通过层层压实责任，使各级纪委和乡镇党委主动履责。要进一步加大办案力度，保持惩治腐败高压态势不放松。要对前段工作进行“回头看”，查漏补缺，立行立改。要突出工作重点，把握关键环节，采取有力举措，狠抓工作落实。要按照“谁主管、谁负责”的原则，认真落实专项整治工作，并将专项整治工作情况纳入年度党风廉政建设责任制考核和绩效评估内容。要坚持问题导向，严格执纪问责，进一步查处典型案件，加强督查考核力度，确保东安“两项专项整治”工作取得实效。

3日上午，县委书记冯德校，县委副书记、代县长龙向洋深入县城市建设投资有限公司调度融资工作。县人大常委会副主任胡贤吉和相关职能部门主要负责人参加调度会。

县城建投相关负责人汇报了融资工作情况和项目包装、金融对接等情况。冯德校充分肯定了城建投近段时间融资工作取得的成绩。冯德校强调，各相关职能部门要进一步明确责任，建立联席会议制度，明确联席会议成员单位职责。要加大与银行的对接力度，加快融资机构对项目的审批速度，确保项目申贷工作顺利推进。要及时掌握国家政策动向，认真包装项目，主动搞好对接，尽快组建交建投等投资平台公司。要把握好扶贫金融贷款、住房公积金等项目的融资方式，提高融资能力和水平。要坚定目标任务，强化措施，加大考核力度，对任务完成好的责任单位给予奖励，确保完成年度融资目标任务。龙向洋要求，各相关职能部门要盯死看牢各自负责的项目，做到定期调度。要加大融资工作的对接协调力度，对计划筹备的项目，要准备完善相关资料，按计划顺利推进。对拟新建项目需要城建投任业主的，要尽快列出项目清单，提供相关资料，以便包装申贷，为项目最终落地实施提供资金保障。

3日上午，县政协机关召开专题会议，学习贯彻中共十八届六中全会精神。县政协主席陈军主持会议并讲话，副主席周刚生、唐月程，副主席候选人秦剑元、蒋裕华等参加学习。

会议学习了《中国共产党第十八届中央委员会第六次全体会议公报》。大家一致认为，中共十八届六中全会充分体现了全党的共同心声，对实现中华民族伟大复兴的中国梦意义重大、影响深远。政协工作者要深入地学习领会贯彻精神，履行好职责，完成好任务，助推全县各项事业健康快速发展。陈军要求，要强化学习，将学习贯彻在中共十八届六中全会精神作为当前和今后一个时期的重要政治任务，作为“两学一做”学习教育的重要政治任务狠抓落实。要强化落实，学以致用，切实将中共十八届六中全会精神贯彻到政协履职工作中，推动工作上多创新、见成效。要把全会精神转化为推进东安县改革发展稳定和党的建设的强大动力，以时不我待的态度，抓好各项工作落实，要以更高的标准、更严的要求，确保政协换届工作取得圆满成功。

陈军强调，要牢固树立“政治意识、大局意识、核心意识、看齐意识”这“四个意识”，扎实抓好中共十八届六中全会精神的传达学习和宣传贯彻落实工作，切实担负管党治党主体责任，带头学习和执行《准则》《条例》，巩固发展良好政治生态。

3日，县委书记冯德校主持召开县委常委会议，研究讨论《关于把芦洪市镇打造成县域副中心的意见》，听取全县微旅游发展情况、基层党建工作及乡镇“五小”设施建设情况等情况汇报，传达全市网格化工作、“美丽乡村”环境整治、农村秋冬生产、农村人饮工程、河道治理工作、精准扶贫工作等相关会议精神。县委副书记、代县长龙向洋，县人大常委会主任候选人、党组第一副书记张波，县政协主席陈军和李四清、彭俊卿、李觉会、唐华栋、廖劲松、唐振宇、唐伟文等在家的县委常委会议组成成员参加会议，相关部门负责人列席会议。

会议原则同意《关于把芦洪市镇打造成县域副中心的意见》，要求各级各部门要进一步加强调查研究，将常委会讨论的意见进一步完善和充实。要提高认识，统一思想，充分认识到建设县域副中心是进一步发展壮大县域经济新的支撑点的需要，充分认识到建设“永州次中心”和“县域副中心”是一个有机整体，不能顾此失彼。要进一步明确县域副中心建设的指导思想和总体定位，突出综合试点、体制机制改革和考核，将县域副中心建设纳入全县重点工作考核，以大督查推进大落实，以大问责推进大落实，形成全县上下共同支持副中心建设的格局。要加强组织领导，成立相关协调领导小组，强化对县域副中心建设的保障。要把芦洪市镇作为一个“特区”来经营，以大手笔、大投入，加强公共基础设施和配套设施建设，促进功能配套，力争实现县域副中心建设“一年打基础、两年出形象、三年成规模、五年大变样”的目标。

关于全县微旅游发展情况，会议强调，不管从社会发展大势还是东安的实际出发，发展旅游都是务实之举，要加强策划规划，唱响微旅游、做强东安品牌。要加强管理和服务，充分利用好社会资本，采取以奖代补的方式，力争投入1亿元以上，鼓励全县微旅游发展。要进一步充实领导机构，融合发展思路，加强人员、资金保障，实施奖惩考核，把东安打造成全国知名微旅游目的地。

关于基层党建工作，会议认为，汇报的总结实事求是，对问题不遮不掩，下一步打算切实可行。会议强调，基层党建工作不仅是一把手工程，更是全县各级党组织不容回避的重点工作。要强基础、树亮点、补短板、严考核、争先进，要采取末位淘汰制，排末位又达不到标准的乡镇党委书记要就地免职。要进一步提高村干部待遇，再亏不能亏村里，力争达到全市中等水平。会议原则同意乡镇“五小”设施建设的方案，县委组织部要查漏补缺、夯实基础，促进乡镇以“五小”为主的基础设施不断完善。要将机关院落内所有的设施全部纳入建设范畴，高标准建设，一次性到位，坚决不搞重复建设。

会议传达贯彻了全市网格化工作、“美丽乡村”环境整治、农村秋冬生产、农村人饮工程、河道治理工作、精准扶贫工作等相关会议精神。听取美丽机关建设情况、县政协委员初步人选建议名单考察情况以及落实县党代会精神、县委常委会安排的重要工作及书记批示件的情况汇报，就相关工作进行了安排部署。

3 日至 7 日，省专家督学周金国带领省市评估考核组到东安就教育“两项督导评估考核”工作进行初评审核。县委副书记、代县长龙向洋，县委常委、县委宣传部部长唐华栋，副县长张静出席汇报会。

省考评组充分肯定了东安“两项督导评估考核”工作取得的成绩。考评组希望，东安县委、县政府进一步加大教育经费投入，改善办学条件，加大幼儿学前教育和城区学位建设力度，完善各项配套设施建设。要认真研究普高和职高的协调发展问题，落实相关政策措施，促进教育教学改革，提高教育教学质量，推动高中教育的协调、可持续发展。

受县委书记冯德校委托，龙向洋代表县委、县政府对省市专家组到东安考评表示感谢。龙向洋表示，东安将按照专家组提出的考评意见和建议，认真研究，制定切实可行的整改方案，对照验收的各项指标，不折不扣、保质保量地完成工作任务。同时，东安将坚持科教兴县战略，把教育摆在优先发展的重要位置，纳入全县经济社会发展规划，以“办人民满意教育”为目标，科学规划，加大投入，按照“提高基础教育，发展职业教育，巩固民办教育”的指导思想，抓好学校的扩容提质，抓好教师队伍的厚爱严管，抓好学校周边环境整治，为东安教育事业营造良好的教育发展环境。

4日上午，县委副书记、代县长龙向洋深入石期市镇蒋家村金湘源现代农业综合示范区蔬菜基地调研精准扶贫和产业富民工作。县人大副主任候选人、县政府办主任刘劼和相关职能部门主要负责人陪同。

龙向洋一行深入蔬菜大棚了解贫困户增收情况，与农户探讨脱贫致富途径，并现场听取了石期市镇“精准扶贫、产业富民”脱贫攻坚行动开展情况的汇报。龙向洋对该镇“精准扶贫、产业富民”脱贫攻坚行动给予了充分肯定，对示范区产业化、规模化、标准化、专业化、精细化、高端化建设提出了具体要求。龙向洋指出，这一行动思路新、举措实、办法灵、成效好，石期市镇要继续发挥优势，做好示范，走在前列。龙向洋强调，精准扶贫工作的重中之重要围绕农户持续增收抓改革、抓调整、抓创新、抓产业、抓扶持。镇村两级要一如既往地抓好示范区的协调服务和土地流转工作；企业要搞好总体规划布局的设计，优化经营理念和运作模式，强化种苗选育和技术指导，注重经济和社会效益，做大产业规模、做强基地龙头、做优产品质量、做好品牌效应，积极开拓深港澳高端市场；县直相关部门要加大示范区基础设施建设和项目资金扶持力度，完善和优化进出基地的路网。

4日，县委常委、县委政法委书记唐伟文深入石期市镇调研网格管理中心建设工作。县委政法委、县检察院、县法院、县联席办负责人陪同。

唐伟文仔细察看石期市镇网格化信息平台建设工作情况，对该镇网格化信息平台建设工作取得的成效给予了充分肯定。唐伟文指出，网格化信息平台建设是推进社会治理体系和治理能力现代化的重要途径，各乡镇要站在如何让群众生活和办事更方便一些，如何让群众表达诉求的渠道更畅通一些，如何让群众感觉更平安更幸福一些的高度上认识问题，坚持党建引领、网格服务，把乡镇网格管理中心建设成为服务民生、服务发展、服务群众的贴心平台。唐伟文强调，要重在建设，加大数据库建设力度，强化队伍建设，着眼于长效化运作。要注重实效，强化协同治理，实现互联互通、共通共享。要提升服务水平，补齐社会治理短板，推动社会治理工作再上新台阶。

4日至6日，全县基层党组织书记及党务骨干培训班在东安会堂隆重开班，来自全县的基层党组织书记及党务骨干470余人参加了为期三天的学习培训。县委书记冯德校在开班仪式上讲话，县委常委、县委组织部部长彭俊卿主持开班仪式并作专题讲课。

县委书记冯德校指出，举办这期培训班，目的有两个。一是通过培训，使参训的党组织书记明白自身的职责和任务，知道应该干什么；明白做一名优秀村党支部书记的基本要求，知道应该如何干。二是通过培训，进一步加强乡镇组织委员和党务骨干的学习，为今后各乡镇全面开展农村干部培训工作提供一个示范。冯德校说，村党支部书记是党的形象代言人，是群众的利益代言人。一是要宣传、贯彻、落实党的路线方针政策，完成党委政府交办的工作任务。二是要改善本地生产生活条件，解决群众困难，带领群众发展产业。三是要抓好党支部建设，着力修炼党性、品行、才能和情怀，努力当好“政策明白人”、“致富带头人”、“群众贴心人”、“稳定责任人”和“办事公道人”，努力争当群众满意的村支部书记。

开班仪式结束后，参加全县基层党组织书记暨党务骨干培训班的470余名基层党组织书记和党务骨干到紫溪市镇荷叶塘村，亲身体验“党建+产业扶贫+集体经济”等“美丽乡村”成果，现场学习党建强村经验。专题学习《“雁过拔毛”式腐败问题治理》《党员管理工作实务》《精准扶贫、攻坚脱贫》等课程，观看警示片、换届纪律教育片。学员们分别就贯彻落实中央和省市各级会议和县第十二次党代会精神，提高自身政策水平、理论修养，增强发展农村经济、带领群众致富的意识和能力，为实施“六大战略”，推进“752121”工程，促进当地经济发展进行了热烈讨论。

6日晚，县委书记冯德校深入芦洪市镇督查指导永电新村项目建设。县委常委、县委办主任唐振宇陪同督查。

当晚10点，冯德校一行到神华国华永州电厂核心区，发现“一带八景”项目中永电新村建设工地现场冷冷清清，而旁边的神华国华永州电厂厂区却是灯火通明，工人们正开足马力、点灯夜战，现场是人声鼎沸、热闹非凡。冯德校对“一带八景”永电新村项目进度滞后的问题提出严厉批评。冯德校强调，县委、县政府多次要求永电新村项目建设指挥部和施工方要加班加点，抢抓晴好天气，追赶建设进度，决不能错失开展建设的好天气、好时机。冯德校希望，永电新村项目，包括全县各重点项目建设指挥部，要进一步加大整改力度，积极向神华国华永州电厂施工方学习，科学合理地安排好工期，在保障安全的前提下，全面加快项目建设进度，力争永电新村项目早日建成。冯德校要求，相关职能部门要加强跟踪对接，统筹规划好神华国华永州电厂和"一带八景"核心区建设。要按照县委、县政府要求，风雨无阻抢抓建设进度，在保障工程质量安全的前提下，加快工程建设进度，确保"一带八景"项目建设顺利推进。

7日上午，县委书记冯德校督查指导新东芦公路建设。县委常委、县委办主任唐振宇，副县长候选人张一波，县政协副主席蒋燕平陪同督查。

冯德校一行深入施工现场，察看施工情况，详细了解施工进度。冯德校指出，新东芦公路建设事关全县经济社会发展，事关群众安全出行，项目建设指挥部要合理倒排工时，抢抓晴好天气，加大人力机械的投入，大干快干，全力推进项目建设进度。要严格把握好时间节点，按照全县项目建设誓师大会的要求，确保早日通车。要狠抓道路建设的质量，已铺摊好的路段在附属设施上高标准、高质量规划建设，特别是道路两边的绿化，要进一步加强规划，选择科学合理的树种进行种植。要加强建设中的矛盾调处和相关物资保障，营造安全和谐的施工环境，齐心协力，攻坚克难，争取新东芦公路早日建成，早日实现县域交通大循环，让广大群众出行更安全通畅。

7日，县委书记冯德校深入川岩乡榴星村调研指导精准扶贫工作。县委常委、县委办主任唐振宇，副县长候选人何锋、副县长张静陪同调研。

冯德校一行到榴星村，仔细察看村容村貌、扶贫台账，询问需要扶贫的人口、致贫原因、制定的扶贫对策等，看望慰问贫困户，为他们送去慰问金和党委、政府的关怀，与他们亲切握手、拉家常，详细询问他们的子女情况、致贫原因、收入来源、发展生产的打算等，勉励他们要树立生活信心，在当地党委、政府帮助下，寻找脱贫方法，拓宽增收渠道，争取早日脱贫。冯德校强调，全县上下要牢固树立“县主导、乡主抓、贫困户为主体”的精准扶贫工作思路，进一步坐实做细台账资料。通过建立统一的系统，打开电脑就能一目了然地看到全县每一户贫困户的家庭情况、致贫的原因、扶贫措施、帮扶效果、何时脱贫等。要像抓计划生育一样抓好精准扶贫工作，组织学习石期市镇金湘源、紫溪市镇荷叶塘村大户带动的成功经验，积极探索“公司＋农户”、“互联网＋农户”等模式，发展特色种养，拓宽增收渠道。要全面摸清各村的实际情况，各村组都要有完善的脱贫指导性意见。要进一步巩固精准扶贫工作成果，强化责任落实，细化扶贫措施，确保精准脱贫、有效脱贫，真正让贫困户都过上好日子。

7日下午，东安创建省文明县城、园林县城暨城市管理工作攻坚会在东安会堂召开。县委书记冯德校出席会议并讲话，县委副书记、代县长龙向洋主持会议。县委常委、县委宣传部部长唐华栋作省文明县城迎检攻坚工作报告，县委常委、县委办主任唐振宇宣读《东安县城区违禁燃放烟花爆竹责任追究办法（暂行）》，副县长候选人邹礼春作创建省级园林县城、美丽机关（庭院）建设和城市管理工作报告。文高平、张波、陈军、蒋华、廖劲松、唐伟文等县领导出席会议。

冯德校指出，加快城市建设是落实县第十二次党代会精神的需要，是实现要素聚集、培育经济增长点的需要，是优化发展环境、提高城市竞争力的需要，是增强城市功能、提高品质的需要，是建成全面小康、打造永州次中心的现实需要。各级各部门要进一步提高认识，高标准、大手笔抓好规划设计，让城市设计富有前瞻性、预见性，充分体现东安城市特色。要严把规划审批关口，加强监管，做到规划一张图、审批一支笔、建设一盘棋，一张蓝图管到底、建到底。冯德校强调，要高标准、下狠心抓好城市管理工作，引导广大人民群众以主人翁的姿态投入到城市管理中来。要突出创建工作载体，进而提升城市品质、品味，提高市民素质。要突出管理重点，突出强化责任和责任落实，层层建立考核责任制。要突出城乡统筹，以次中心和副中心建设为龙头，抓好神华火电为主的重大项目建设，抓好微旅游发展。要突出部门联动，突出督查考核和处理，做到一月一督查、一季一调度、半年一小结、全年结总账，对部门管理人员失职或不称职严格问责。

龙向洋要求，各级各部门要强化责任担当，将任务分解到党政领导班子成员，将任务担子落实到单位中层骨干身上，将工作责任落实到每一个干部职工头上，确保高标准、高质量地完成各项创建工作任务。要强化宣传引导，充分利用各种媒体平台大力宣传创建整治活动的意义和措施，真正形成城市管理全民关注、全民参与、全民支持的浓厚氛围。要强督查督办，对督查发现的问题限期整改到位，对工作失职、推诿扯皮的工作人员及时追责问责，确保创建活动取得实效。

县城管执法局、县城卫绿化局、县交通运输局、县交警大队和白牙市镇政府分别作表态发言，各责任单位向大会递交工作责任状。

9日上午，国家城郊环保型资源高效农业模式研究与示范试验基地正式落户东安石期市镇金湘源现代农业科技示范园。中国科学院亚热带农业生态所所长吴金水、湖南省农业委员会巡视员钟正洪、永州市农委主任周善生，县委书记冯德校，县人大常委会主任候选人、党组第一副书记张波，县政协主席陈军和廖劲松、唐振宇、何锋等省、市、县领导出席开工、揭牌仪式。

冯德校在致辞中指出，近年来，东安县委、县政府坚持生态立县、农业稳县战略，以互联网为平台，深入推进农村产权制度改革、农业标准化建设和农业基础设施建设，农业现代化基础牢固，来势良好。国家城郊环保型资源高效农业模式研究与示范试验基地项目落户东安，既是国家和省市对东安生态建设和农产品质量安全工作的肯定，也是对东安农业工作的更高要求。冯德校表示，要紧紧抓住这一难得的历史性机遇，进一步优化全县农业产业结构，推进全县农业转型升级；希望金湘源现代农业科技示范园与中科院密切配合，精诚合作，充分发挥中科院的智力优势和品牌优势，积极探索院企合作的“东安模式”，努力把研究与示范试验基地建设成院企合作的标杆性示范基地，打造成国际一流水平的现代农业新区，为东安经济社会持续健康发展，为中国农业现代化做出更大的贡献。

吴金水指出，随着国家城镇化的快速推进，城郊区的功能和特征也在发生变化，城郊农业的发展将面临很大的挑战，国家将城郊环保型资源高效农业模式研究纳入国家“十二五”支撑计划课题，选择与金湘源现代农业科技园携手合作，目的是实现现代农业特色化发展、典型化带动、广泛化增收。希望永州市相关部门和东安县委、县政府为基地提供优质的建设环境、研究环境和发展环境，力争项目早启动、研究早见效。

吴金水、钟正洪、周善生、冯德校等共同为《国家十二五支撑计划课题示范基地》和中国科学院亚热带农业生态研究所东安金湘源郊外示范试验基地揭牌。

9日上午，县委副书记、代县长龙向洋主持召开县政府第四十九次常务会议，讨论研究即将提交东安县第十七届人民代表大会第一次会议审议的《政府工作报告》（讨论稿）。蒋华、宋志雄、李瑞霞、张静、邹礼春、文德、邓亚林等县政府常务会议组成人员参加会议。县人大常委会副主任宁苏君应邀列席会议。

会议听取了报告起草工作的说明，并对基本框架和主要内容等进行了热烈讨论。会议认为，《政府工作报告》（讨论稿）总结过去五年工作客观实在，谋划今后五年工作切实可行，体现了政府以人为本、执政为民的理念，是一个内容丰富、客观务实、催人奋进的报告。与会人员还结合东安实际，就城市建设、项目建设、旅游发展等方面内容提出了具体意见和建议。

在认真听取与会人员发言后，龙向洋对与会同志的发言给予了充分肯定。龙向洋指出，大家的意见和建议很有见地，让人深受启发。龙向洋要求，报告起草组要将大家提出的意见和建议，认真梳理研究，吸纳到报告中来，充实完善报告内容。《报告》制定的目标力求科学合理，思路和举措要进一步清晰，文风要朴实精练。要集思广益，按照法定程序，进一步征求各方面意见建议，认真修改完善，形成凝聚各方智慧、反映全县人民意愿的《政府工作报告》。

9日下午，全县精准扶贫工作调度会议在县行政中心五楼会议室召开。县委书记冯德校主持会议，县委副书记、代县长龙向洋出席会议并讲话。会议听取了县扶贫办、舜皇山国家森林管理局和各乡镇场精准扶贫工作情况汇报，宣读了全县精准扶贫考核办法。陈丽、文高平、张波、陈军、彭俊卿、蒋华、唐华栋、廖劲松、唐振宇、唐伟文等县领导出席会议。

冯德校强调，各级各部门要提高认识，高度重视，强化措施，认真抓好工作落实，确保扶贫工作做到真扶贫、扶真贫、真脱贫。第一，必须进一步落实认识到位、明确任务责任和加强领导；第二，必须进一步落实精准识贫、建立工作台账和大数据管理。要切实摸清贫困人口底数、致贫原因等信息，做到"一对一"结对帮扶。第三，必须进一步落实精准扶贫各项措施。要认真研究，坚持因户施策，一户一策，大幅带动"公司+"模式，助力精准扶贫工作；要加快推进小额贷款工作，抓好易地扶贫搬迁工作。第四，必须进一步落实督查考核和奖惩。第五，必须进一步落实人员、资金、办公场地等相关保障措施，确保完成精准扶贫攻坚任务。

龙向洋要求，各级各部门要以寝食难安的紧迫感抓好精准扶贫工作。要在产业扶贫上下功夫，做文章，着力增强贫困群众的"造血功能"。要提升目标任务，加快进度，抓好以贫困户小额信贷为主的金融产业扶贫和易地扶贫搬迁工作。要进村入户，做好贫困户的调查摸底工作，夯实精准扶贫基础工作，确保情况真实、数据准确。要精准施策，"一对一"做好结对帮扶工作，让贫困户真正脱贫。要充分发挥基层党组织的战斗堡垒作用和广大党员的先锋模范作用，团结带领干部群众扎实推进精准扶贫工作。

10日至11日，县委书记冯德校，县委副书记、代县长龙向洋带领县党政考察团，就美丽通道建设、全域旅游、乡村旅游、"美丽乡村"建设和城市管理工作，赴宁远县、郴州市苏仙区、北湖区考察“取经”。县人大常委会主任文高平，县人大常委会主任候选人、党组第一副书记张波，县政协主席陈军和李四清、彭俊卿、蒋华、唐华栋、廖劲松、唐振宇、唐伟文等四大家班子成员以及县直相关部门、各乡镇场主要负责人参加考察。

东安党政考察团一行首先考察了厦蓉高速宁远南互通至九嶷山段美丽通道建设，然后赴郴州市苏仙区和平村参观银杏庄园、花溪谷生态农业园、瑶寨风情园，考察北湖区小埠南岭生态城、塔水村、三合村的乡村旅游、“美丽乡村”建设，当天晚上还参观了友阿国际商城、北湖公园和五岭阁，沿途察看了郴州市美化亮化工作。

在与郴州市北湖区党政代表团就城市管理、乡村旅游和“美丽乡村”建设工作进行座谈交流时，东安县委书记冯德校代表东安党政考察团，对各县区党政部门的热情接待表示感谢，感谢他们为考察团的到来准备了丰富的现场、传授了宝贵的经验，同时也热烈欢迎他们到东安交流感情、传经送宝。冯德校强调，此次参观学习，就是要解放思想、开阔眼界，就是要学习先进市县区的那种敢字当头、敢闯新路、敢破难题的做法，进一步了解周边市县区的经济社会发展情况，对比东安与这些市县区的差距，增强发展的责任感、紧迫感和危机感。同时通过对口交流，推介了东安、广交了朋友、学习了经验，不仅看到了东安与先进市县区的差距，也看到了东安发展的前景和方向。冯德校要求东安广大党员干部要以此次学习考察活动为契机，以更大的勇气、更大的力度和更大的深度来推动思想的解放，进一步在解放思想中统一思想，在统一思想中凝聚力量、破解难题、加快发展，为大力实施“六大战略”，全力推进“两个中心”建设而努力奋斗。

11日下午，县委书记冯德校主持召开县委常委会议，听取

2016年度财政收支预算调整方案、出席市人大会代表和市政协委员候选人建议人选以及政协东安县第九届委员会委员建议名单、县人大政协换届筹备工作、县政府工作报告起草等工作情况汇报。县委副书记、代县长龙向洋，县委副书记陈丽，文高平、张波、陈军、李四清、彭俊卿、蒋华、李觉会、唐华栋、唐振宇、唐伟文等出席会议。

会议原则同意2016年度财政收支预算调整方案和出席市人大会代表和市政协委员候选人建议人选以及政协东安县第九届委员会委员建议名单。会议要求，相关职能部门要严格按照预算安排支出，加强预算编制和管理。要加大财税征收力度，提高征管质量，依法征管，做到应收尽收。要坚持以收定支，严控支出，确保财政收支平衡。

关于县人大、政协换届筹备工作，会议指出，人大、政协换届是全县人民政治生活中的一件大事，也是当前一项重要工作。各级各部门要统一思想，高度重视，充分认识换届工作重大意义，了解相关政策规定。要加大宣传力度，为“两会”营造浓厚的宣传舆论氛围。要精心组织，周密部署，认真做好大会各项筹备工作，确保大会圆满召开。

12日上午，全县基层党建工作推进会在县行政中心五楼会议室召开。县委书记冯德校出席会议并讲话，县委副书记陈丽主持会议。县委常委、县委组织部部长彭俊卿安排部署下阶段基层党建工作。会议通报了2016年县委组织部第三次基础党建工作督查和市委组织部上半年、下半年基层党建工作交叉检查情况。南桥等3个乡镇和县教育局等6个县直单位主要负责人分别在会上作表态发言。

会议指出，抓好基层党建是一项重大政治任务，一项统领全局的系统工程，一项固本强基的长期工程。各级党组织要加强领导，强化认识，在重视程度上再提高，形成大合力、大动力，抓好基层党建工作。要着眼发挥核心作用，抓好领导班子建设。要着眼培育基层党务骨干，抓好基本队伍建设。要着眼制度刚性约束，抓好党内制度落实。要着眼解决突出问题，确保整改扎实有效。要着眼提升工作水平，抓好党建典型培育。要强化措施，压实责任，在狠抓落实上再提高，确保东安基层党建工作在全市核查中实现“保四争三”的目标任务。

冯德校强调，各级党组织要坚持问题导向。对党建工作中存在的问题列出工作清单，明确责任领导、整改措施、整改时限，按照相关工作要求抓好工作落实。要坚持考核导向。对照全市基层党建工作考核细则，找准党建薄弱环节和欠账项目，强化措施，夯实基础，做好迎检各项准备工作。要坚持奖惩导向。要严格考核办法，强化考核问责，把基层党建工作量化到岗、明确到人，具体到事，推动工作落实。要坚持实效导向。要突出重点，统筹推进，把党建工作与经济工作、精准扶贫等各项工作结合起来，抓出亮点和特色，推动党建工作和各项工作齐头并进出实效。

会前，与会人员参观了井头圩镇石板铺村和县交通局、县住建局基层党建工作现场。

15 日上午，全面小康建设工作调度会在县行政中心七楼会议室召开。县委副书记陈丽主持会议并讲话，县领导蒋华、唐华栋、唐振宇、李瑞霞、张静，以及副县长候选人何峰、张一波等出席会议。

会议指出，2016 年，东安全面建成小康社会工作按照省、市小康办的统一部署，立足实际，强化目标责任落实，积极补齐自身短板，前三季度东安全面建成小康社会统计监测考评实现程度为78.9%，较2015年提高了三个百分点，全面小康工作取得了一定成效。但与省、市同类县区相比还有较大差距，存在经济发展类指标实现程度低、指标发展不平衡等问题。会议要求，相关职能部门要加强与省、市小康办联系，尽快邀请省、市小康办专家对东安全面小康建设工作进行相关业务指导培训。要明确专人专抓全面小康建设工作，细化目标，强化措施，找准薄弱环节，补齐短板，着力破解全面小康建设工作中的重点、难点问题。要对照考核指标，对有较大提升空间的指标，积极挖掘其中潜力，努力提高实现程度。要巩固成果，保持优势指标不回落、弱势指标有增长，实现各指标协调发展，确保实现全年目标任务。

15日上午，东安县2017年度党报党刊发行工作会议在县行政中心五楼会议室召开，全面部署2017年度党报党刊发行工作。县委常委、县委宣传部部长唐华栋出席会议并讲话。

唐华栋指出，做好党报党刊发行工作，是当前学习、宣传、贯彻党的十八届六中全会精神的迫切要求，各级各部门要站在讲政治、讲党性、讲大局的高度，充分认识党报党刊发行工作的重大意义，把做好2017年度党报党刊发行工作作为一项重要政治任务抓紧抓好。唐华栋要求，各级各部门要提高思想认识，充分认识当前意识形态领域面临的复杂形势，高度重视党报党刊在舆论引导中的主体作用；要坚定完成任务的决心和信心；要加大党报党刊发行工作力度，强化责任担当，层层落实责任，做到任务不减、经费不少、时间不拖，坚决不讲价钱、不打折扣，确保党报党刊发行任务圆满完成，为全力打造永州次中心、全面建成小康社会营造良好的舆论氛围。

15 日，湖南省财政厅党组成员、副厅长欧阳煌带领督察组，到东安督查指导财政系统“雁过拔毛”式腐败专项整治工作。永州市财政局局长杨军元，县委副书记、代县长龙向洋，县委副书记陈丽，县委常委、常务副县长蒋华以及何峰、文德等领导陪同或参加座谈。

欧阳煌一行到东安后，先后实地察看了神华国华永州电厂项目及“一带八景”项目建设、石期市镇金湘源特色农业产业园项目和县福利中心项目建设，并在县行政中心七楼会议室举行座谈，听取永州市财政系统和东安财政系统“雁过拔毛”式腐败专项整治工作情况汇报。省督察组认为，东安县委、县政府抓经济建设有方法有思路，财政系统“雁过拔毛”式腐败专项整治工作措施得力、效果明显。金湘源特色农业产业园项目发展模式先进，省财政厅将进一步加大扶持力度，支持该产业不断做强做大。希望东安县财政系统要进一步抓好系统内部问题的排查核查工作，做到整治工作要“讲”，整治措施要“实”，长效机制要“建”。要对系统内“雁过拔毛”式腐败专项整治工作进行再动员、再部署，对整治工作中的重点环节来次“回头看”，对发现的突出问题痛下狠手，逐一处理到位。要坚持解决问题与建章立制相结合、治标与治本相结合、健全制度与执行制度相结合，坚决纠正有令不行、有禁不止的问题，把问题消除在萌芽状态。

16 日下午，县委副书记、代县长龙向洋深入芦洪市镇王家亭村调研指导软弱涣散党组织建设工作。

龙向洋通过与王家亭村村支两委干部座谈，详细了解了该村集体经济、财务管理、基层党员干部队伍建设等情况。龙向洋要求，王家亭村要改进作风，摆正位置，明确标准，尤其是村支书要把握好角色定位，带头执行民主集中制，按照程序开展工作。要做到财务清白，村财务收支要面向村民公开公示，提高财务透明度，切实保障村民群众的知情权和监督权。要充分发挥党员的先锋模范作用和基层党组织的战斗堡垒作用，带头搞发展，选准适合本村发展的路子，帮扶贫困户脱贫致富。要加强王家亭村基层综合公共服务平台设施建设，加强村级班子建设，进一步规范制度建设，增进村支两委班子团结。驻村干部要聚焦问题导向，补齐短板，加大工作力度，抓好整改落实，争取早日摘掉软弱涣散党组织帽子。

16日下午，县委副书记、代县长龙向洋带领相关部门负责人深入新圩江镇芦江村调研精准扶贫工作。

龙向洋一行通过走访慰问和座谈的形式，详细了解了芦江村扶贫人口、扶贫对策等情况。龙向洋看望了芦江村贫困户，为他们送去慰问金和慰问品，勉励他们要树立生活信心，有什么困难要及时向党委、政府反映，党委、政府会尽力帮助解决。龙向洋要求，各相关责任单位、责任人要统一思想，提高认识，充分发挥后盾单位帮扶作用，按照精准扶贫相关工作的要求，抓好各项工作落实，不让贫困群众在全面小康路上掉队。要精准施策，逐村逐户想办法、找路子，把扶贫资源和帮扶措施精准落实到贫困户。党员领导干部要发挥先锋模范作用，带头结对帮扶，时刻把精准扶贫挂在心上。要及时掌握贫困群众的具体情况，找出解决问题的关键，对症下药，帮助解决贫困群众的实际困难和问题。要充分发挥芦江村山林资源优势，努力将资源优势转变为经济优势，促进芦江村经济发展、村民增收致富。

17 日，神华国华电力公司总经理李巍到东安考察神华国华永州电厂一期工程建设情况。县委副书记、代理县长龙向洋陪同考察。

在听取神华国华永州电厂建设情况汇报后，李巍对神华国华永州电厂项目按照时间节点顺利推进表示满意。李巍希望，在下阶段工作中，要继续坚定信心，高水平推进项目建设。电厂和东安县委、县政府要进一步加强沟通联系，及时掌握工作动态，加快土地报批进度，确保工程顺利推进。

龙向洋表示，东安将严格按规划组织电厂建设，在保证工程质量的前提下，加大大型机械的调度力度，力争项目早建成、早投产、早达效。同时做好项目建设各项服务工作，及时解决项目建设过程中遇到的困难和问题，为项目建设顺利推进提供有力保障。

17 日，政协东安县第八届常务委员会第二十二次会议召开。县政协主席陈军主持会议并讲话，副主席周刚生、丁国志、蒋燕平、唐月程、周壬秀，县政协副主席候选人秦剑元、蒋裕华及八届政协常委等出席会议。

会议审议通过关于召开政协东安县第九届委员会第一次会议的决定（草案）、政协东安县第九届一次会议议程（草案）、九届一次会议日程（草案）等议程，协商通过政协东安县第九届委员会参加单位、委员名额和委员人选（草案）、政协东安县第九届委员会第一次会议秘书长、副秘书长、秘书处工作机构及负责人名单（草案）等议程，并对政协东安县第八届委员会常务委员会工作报告（审议稿）等议程进行了审议。

陈军指出，本次会议是县政协八届常委会圆满完成历史使命，为政协九届一次会议作准备的承前启后的会议。陈军对县政协八届常委对县政协班子的支持和对政协事业付出的汗水表示感谢。陈军希望不再担任政协常委的同志们继续支持政协工作，并祝福他们工作顺利。陈军强调，接下来县政协九届一次会议即将召开，县政协要高度重视并全力抓好县政协九届一次会议的筹备活动，确保大会圆满成功。

17日下午，全县经济形势分析暨重点项目、财税工作调度会在县行政中心五楼会议室召开。县委副书记、代县长龙向洋出席会议并讲话，县委常委、常务副县长蒋华主持会议。张波、唐华栋、杨绪耀、宁苏君、张静等县领导出席会议。

会议要求，全县各级各部门要进一步提振信心，认清形势，深入查找原因，抢抓机遇，坚定信心，鼓足干劲，强力推进项目建设，确保完成或超额完成全年目标任务。各项目指挥部要从进度迟缓的项目中挖潜，对已启动项目要按预期节点开工和竣工。要加大2017年项目申报力度，尤其是那些政策性强的项目，相关部门要及时向上对接，争取立项并纳入重大项目推进落实计划。要以贯彻落实县第十二次党代会精神为动力，加强工业生产调度，抓好秋冬农业生产，培育各类消费热点，切实改善民本民生，抓好省市定为民办实事项目落实。要对照全年目标任务，全面开展“回头看”，查漏补缺，抓好工作落实。要加强与上级各部门汇报衔接，做好绩效考核迎检工作，尽力使东安工作成效在市里评估考核中得到充分反映。会议强调，各级各部门要客观分析形势，切实增强紧迫感、危机感、责任感，集中领导、集中时间、集中力量，打一场财税收入“突击战”。要突出工作重点，狠抓重要环节，坚决完成目标任务。要强化责任意识，依法加强征管，狠抓财政增收。项目业主要主动履行纳税义务，不折不扣地完成1.25亿元的税收考核任务。要主动作为，强化措施，扎实开展财税催缴活动。要严格责任考核，对达不到时间进度的要公开通报，对完不成全年财政收入任务的部门、单位实行经济工作“一票否决”，确保完成全年财税收入目标任务。

18日，县委副书记、代县长龙向洋就修改完善即将提请县第十七届人民代表大会第一次会议审议的《政府工作报告》(征求意见稿)先后到县人大常委会机关、县政协机关听取意见和建议。县人大常委会主任文高平，县人大常委会主任候选人、党组第一副书记张波，县政协主席陈军，县人大常委会副主任胡贤吉、唐新柱、胡慧川，县政协副主席周刚生、丁国志、蒋燕平、唐月程、周壬秀出席座谈会。

报告起草组就《政府工作报告》(征求意见稿)的形成过程、主要结构、主要内容等情况作了说明。与会人员踊跃发言，各抒己见，大家一致认为，报告思路清晰，目标明确，措施具体。《政府工作报告》(征求意见稿)总结过去五年工作客观实在，谋划今后五年工作切实可行，体现了政府以人为本、执政为民的理念，是一个内容丰富、客观务实、催人奋进的报告。与会人员还结合东安实际，就农村土地流转、生态环境保护、落实八件实事、“美丽乡村”建设、微旅游发展等提出了具体意见和建议。

龙向洋感谢县人大常委会和县政协对政府工作的关心、支持和监督，对与会同志的发言给予了充分肯定。龙向洋指出，大家的意见和建议很有见地，让人深受启发。报告起草组要将大家提出的意见和建议，吸纳到报告中来，充实完善报告内容，使报告更加简洁、精炼，更加符合东安发展实际。龙向洋希望，县人大常委会、县政协要一如既往地关心和支持政府工作，充分发挥监督职能，积极建言献策，推动政府工作再上新台阶。

18日下午，东安农村商业银行不良贷款清收工作调度会议在县行政中心三楼会议室召开。县委副书记、代县长龙向洋出席会议并讲话。县委常委、县委组织部部长彭俊卿，县委常委、常务副县长蒋华出席会议。

会议强调，相关职能部门要统一思想，高度重视，坚定县委、县政府年初既定的目标任务不动摇，明确责任，突出重点，集中力量，全力以赴抓好不良贷款清收工作。要强化措施，制定切实可行的方案，加大清收工作力度，对有偿还能力而故意拖欠的机关事业单位公职人员，要采取必要的组织、纪律措施；对拒不还款的并有偿还能力的“赖债户”、“钉子户”要依法严厉打击，强制清收，并在县电视台予以曝光。各乡镇场和清欠工作组要加强沟通联系，对辖区范围内欠款户进行全面的调查摸底。要压实责任，严格落实奖惩和责任追究制度，确保如期完成全县不良贷款清收目标任务。

21日下午，东安县第十六届人大常委会第三十四次会议在县行政中心四楼会议室召开。县人大常委会主任文高平，县人大常委会主任候选人、党组第一副书记张波，县人大常委会副主任宁苏君、胡贤吉、唐新柱、胡慧川、蒋永辉等出席会议，县委常委、常务副县长蒋华应邀出席会议。

会议审议通过了2016年县财政预算执行情况报告、县第十七届人民代表大会第一次会议筹备工作方案（草案）和常委会工作报告（草案）、县第十七届人民代表大会第一次会议日程及各类名单（草案）、县第十七届人民代表大会第一次会议代表资格审查报告；听取审议了县十六届人大四次会议代表议案和建议办理及督办情况的调查报告。

会议要求，相关职能部门要精心组织，周密部署，做好县县第十七届人民代表大会第一次会议各项筹备工作，确保大会圆满召开。要狠抓财税增收，努力改善财政收入结构。要厉行勤俭节约，确保民生需求。要加强领导，拓宽思路，创新机制，提高办理工作的深入性、连续性，对县人大代表反映的热点、难点问题，加强调查研究，注重从源头上解决问题，限时办结，努力提高人大代表议案建议办理工作质量和水平。

22 日上午，东安召开考核工作推进暨培训会。县委副书记、代县长龙向洋出席会议并讲话。县委副书记陈丽以及彭俊卿、蒋华、廖劲松等县领导出席会议。

会议指出，绩效考核是抓好工作的“指挥棒”和“风向标”，既关乎争先进位，又关乎长远发展，既关乎东安百姓福祉，又关乎东安的对外形象。因此，做好考核工作，既是对上级负责、对人民负责的一种体现，也是对有关责任部门工作好坏的一种认可，各级各部门要将考绩工作时时想在心上，做到高度重视、正确对待。既要巩固现有的良好成绩，又要弥补暂时落后的指标，做到认真分析、寻找原因、加压奋进。要针对实际情况，想方设法、研究对策、落实措施、全力冲刺，确保薄弱的项目不扣分、优势的项目得满分、创新的项目多加分，力争实现“争先进位”的目标。

龙向洋要求，各级各部门要把思想和行动统一到年初市委、市政府确定的各项目标任务上来，化被动为主动，变压力为动力，努力把工作进度赶上去，攻坚克难，全力推进绩效考评工作再上档更进位。要相互配合、齐抓共管、形成合力，切实把考核的压力变为推动发展的能力、深化改革的动力、抓好落实的执行力，做到责任到点到位，纪律严肃严格，工作创新创造。要坚持问题导向，找准问题，解决问题，强化措施，层层落实责任，实行问题责任清单管理，强化监督问责，确保圆满完成年度绩效考评各项工作。

22日，县委中心组举行2016年第八次集中学习专题辅导报告会，县委书记冯德校介绍了省第十一次党代会盛况，传达了大会主要精神以及杜家毫同志参加永州代表团讨论时的重要讲话精神。县委副书记、代县长龙向洋，县委副书记陈丽，县人大常委会主任文高平，县人大常委会主任候选人、党组第一副书记张波，县政协主席陈军和县领导李四清、彭俊卿、蒋华、李觉会、唐华栋、廖劲松、唐振宇、唐伟文等县委中心组成员参加学习。

冯德校指出，中国共产党湖南省第十一次代表大会报告立足“一带一部”定位，提出大力实施创新引领、开放崛起战略，以“三个着力”①“四大体系”②“五大基地”③为抓手，推动“五个

---

① 着力推进供给侧结构性改革，着力加强保障和改善民生工作，着力推进农业现代化。

② 即加快构建科技文化创新体系，形成创新主体充满活力、创新链条有机衔接、创新治理更加科学、创新效率大幅提高、科技文化与经济发展高度融合的创新新格局；加快构建现代产业体系，形成以现代农业为基础、战略性新兴产业为先导、先进制造业为主导、现代服务业为支撑的产业新格局；加快构建新型城镇体系，形成以长株潭城市群为核心，以市州中心城市为主体，大中小城市和小城镇合理分布、协调发展的城镇新格局；加快构建综合交通枢纽体系，形成省内省外通道联通、区域城乡覆盖广泛、枢纽节点功能完善、运输服务一体高效、贯通南北连接东西的交通新格局。

③ 即着力打造以长株潭国家自主创新示范区为核心的科技创新基地、以中国智能制造示范引领区为目标的现代制造业基地、以精细农业为特色的优质农副产品供应基地、以影视出版为重点的文化创意基地、以“锦绣潇湘”为品牌的全域旅游基地。

转变”④，实现经济、科教、文化、生态、开放“五个强省”，报告高瞻远瞩、求真务实、指引方向、凝聚人心，吹响了“富饶美丽幸福新湖南”建设的新号角，令人振奋。全县各级党组织务必要高度重视、精心组织、周密安排，抓好集中学习和宣传工作，深化理论研讨，确保实效。广大党员干部要自觉学、深入学、系统学，注重学以致用，用党代会精神武装头脑、指导工作。冯德校强调，全县各级各部门要深入推进“两学一做”学习教育，认真对照部门分工、岗位职责，将省第十一次党代会的决策部署进一步细化、实化、具体化，加快转化为具体行动。各级党组织和广大党员、干部要结合工作实际，把学习成效体现在实践、落实在行动上，以“新湖南”指引美丽东安建设。要坚持问题导向，千方百计补齐基础设施、新型工业化、现代农业发展、全域旅游发展等短板。要加大宣传力度，深入基层开展宣传，充分报道基层党组织和基层干部群众学习贯彻省党代会精神的情况，营造浓厚的舆论氛围。

龙向洋要求，各级党组织要坚决按照省、市委要求，把宣传贯彻中国共产党湖南省第十一次代表大会精神作为当前和今后一个时期的重要政治任务，精心组织，广泛宣传，迅速在全县掀起省党代会精神学习高潮。要采取群众喜闻乐见的形式广泛宣传，组织领导干部、专家学者进行宣讲，使省党代会精神进机关、进学校、进工厂、进农村、进社区。要学以致用，切实以省党代会精神指导推动工作。

④ 推动综合实力显著增强，实现从经济大省向经济强省转变；推动创新能力显著提升，实现从人才大省向科教强省转变；推动文化发展显著进步，实现从文化大省向文化强省转变；推动生态环境显著改善，实现从绿色大省向生态强省转变；推动开放程度显著提高，实现从内陆大省向开放强省转变。

22日下午，县委书记冯德校主持召开县委常委会议，听取县人大常委会工作报告（草案）、县政协第八届委员会常务委员会工作报告（草案）、县人民检察院、县人民法院工作报告（草案）、《精准扶贫工作考核办法补充意见》《东安县关于开展周末讲堂活动实施方案》和全县意识形态工作情况汇报，并就相关工作进行了安排部署。县委副书记、代县长龙向洋，县委副书记陈丽，县人大常委会主任文高平，县人大常委会主任候选人、党组第一副书记张波以及李四清、彭俊卿、蒋华、李觉会、唐华栋、廖劲松、唐振宇、唐伟文等出席会议。

关于县人大常委委员会工作报告（草案）和县政协委员会常务委员会的工作报告（草案）、县人民检察院、县人民法院工作报告（草案），会议认为，报告内容简洁精炼，总结成绩客观实在。希望报告在细节方面进一步斟酌，在表述上要全面统一。要把握好时代脉搏，紧扣中央大局，体现时代精神，要在报告中体现各自工作的特点，突出措施，彰显成效。即将召开的“两会”，要精心组织，周密部署，统筹安排，认真做好大会各项筹备工作，确保大会圆满召开。

关于《精准扶贫工作考核办法补充意见》，会议强调，精准扶贫工作是当前工作中的一项政治任务，制定精准扶贫工作考核办法，就是为了进一步明确各乡镇、各帮扶责任单位、贫困村推进精准扶贫和精准脱贫工作的任务，督促主动履行帮扶责任，加快贫困村、贫困户脱贫致富奔小康的步伐。凡是没有完成年度工作任务的乡镇、帮扶责任单位、扶贫工作队队长及牵头单位的一把手将实行就地免职。希望各相关单位和部门在思想上提高认识，行动上抓紧落实。精准扶贫工作不能只流于形式，要让贫困户真正受益，真扶贫，扶真贫，从而如期实现全面建成小康社会目标。

关于开展周末讲堂活动和意识形态工作，会议强调，开展周末讲堂是提高干部队伍素质的有效手段，要按照“干什么学什么，缺什么补什么”的原则，突出“新”字，突出新事物、新常态、新视野，特别要选好讲课老师和讲课内容，让大家通过周末讲堂活动的开展，达到“充电”受益的目的。会议指出，意识形态工作是引领方向、凝聚人心、推动发展的工作，是巩固党的执政地位、维护国家政权稳定的工作，在中国共产党执政兴国实践中具有根本性、战略性、全局性的意义。全县各级各部门要进一步强化政治意识、大局意识、核心意识、看齐意识，把意识形态工作牢牢抓在手上，为全面建成小康社会提供有力的思想保证和精神力量。

24日上午，市委常委、市纪委书记杨永专程到市纪委精准扶贫工作联系点东安县井头圩镇上大村传达贯彻第十八届六中全会和省第十一次党代会精神。县委书记冯德校以及廖劲松、张一波等参加。

杨永传达了中共十八届六中全会和省第十一次党代会主要精神以及杜家毫同志参加永州代表团讨论时的重要讲话精神。解读了中共十八届六中全会公报，围绕从严治党、领导核心、党内政治生活、党内监督、纪律严明等十二个“关键词”进行了深刻阐述。还从把握好“建设富饶美丽幸福新湖南”发展愿景、“五个强省”发展目标、“一带一部”发展定位，实施“创新引领、开放崛起”战略和“三个着力、四大体系、五大基地”建设等方面内容，传达贯彻了省第十一次党代会精神，为全村党员骨干上了一堂生动的党课。杨永要求，学习贯彻中共十八届六中全会精神和省第十一次党代会精神是当前和今后一段时期的重要任务，上大村全体党员要按照中央的部署和省、市、县委要求，迅速掀起学习宣传贯彻热潮，不仅要自觉学、深入学、系统学，而且要注重学以致用，用党代会精神武装头脑、指导工作。

上大村党员骨干们认真听课并做好了学习笔记。他们表示，课后将继续学习中共十八届六中全会和省、市、县党代会精神，将学习转变为实际行动，把责任扛在肩头，以勇于做事、敢于担当的精神，奋力把各项工作做好。

课后，杨永还深入上大村贫困户家中进行走访慰问，鼓励其大力发展养殖业，争取早日脱贫致富。

25日上午，县委副书记、代县长龙向洋带领县交通、城管、城卫绿化、交警等相关部门负责人调研城区农贸市场综合治理及绕城路建设工作。

龙向洋一行实地察看了东安中心市场、陆家湾市场、东安大市场，详细了解了城中农贸市场的环境卫生、交通状况以及经营秩序等情况。龙向洋指出，农贸市场是民生的公共平台、社情民意的重要集散地、文明创建的重要阵地、城市形象和品质的大窗口。相关部门要加强农贸市场车辆监管，严防各类车辆进入经营区域造成拥堵。要进一步完善摊位布局，杜绝占道经营，更好地方便群众购物。要教育和引导摊贩严格遵守市场管理规定，进入农贸市场经营。要加强市场内外环境综合整治，劝导摊贩养成良好的卫生习惯，及时清理遗留的垃圾杂物，让市民购物更舒心。要让市场功能分区、店牌规范、道路畅通、整洁有序，惠泽民生，展示品质活力县城的良好形象。

在绕城路项目施工现场，龙向洋强调，绕城路的建成通车对于缓解县城交通压力，提升县城整体品位具有十分重要的意义。

项目指挥部和项目业主要高度重视，加大工作力度，在月底前完成绕城断头路连接工作，改善周边群众出行条件和县域交通环境，提升城市形象。

25 日下午，县人大常委会主任文高平率检查组到各代表团驻地检查后勤服务工作，看望慰问大会工作人员，要求各相关单位和工作人员做好会议后勤保障工作，为代表提供良好的服务。县人大常委会主任候选人、党组第一副书记张波和唐新柱、胡慧川、黄敏等一同参加。

文高平一行先后到紫苑宾馆、鑫宇国际酒店、大辰酒店等代表团驻地，检查会务宣传、住宿环境，听取相关负责人的情况汇报，并走进客房、厨房、餐厅、东安会堂等处，就安保、医疗、代表就餐等一系列细节问题提出了具体要求。文高平强调，县第十七届人民代表大会第一次会议是全县人民政治生活中的一件大事，全体大会工作人员一定要周密细致地做好工作，做到热情周到、注重细节、优质服务。要抓好会风会纪，严格落实市、县纪委对换届纪律的要求，参会人员要做到统一就餐、统一住宿，不搞特殊化。要搞好后勤保障，做好安全维稳工作，确保大会圆满成功。

25 日下午，政协东安县第九届委员会第一次会议召开预备会议。会议分两阶段进行，由县政协主席陈军主持。县委副书记陈丽出席会议并讲话。

本次会议应到委员 186 人，因事因病请假 8 人，实到 178 人，符合《政协章程》的规定。会议第一阶段听取了政协东安县第九届委员会第一次会议筹备工作情况报告、政协东安县第九届委员会委员安排情况的说明；通过了政协东安县第九届委员会第一次会议议程（草案）；通过了政协东安县第九届委员会第一次会议主席团成员；通过了主席团会议主持人和秘书长名单（草案）；通过了政协东安县第九届委员会第一次会议提案审查委员会组成人员名单(草案)；宣读了换届纪律规定,观看了警示教育片。会议第二阶段报告了政协东安县第九届委员会第一次会议主席团常务主席、大会副秘书长、秘书处工作机构及负责人名单；通过了政协东安县第九届委员会第一次会议日常（草案）；报告了政协东安县第九届委员会第一次会议各次大会执行主席名单；通过了政协东安县第九届委员会第一次会议各次大会执行主席名单；通过了政协东安县第九届委员会第一次会议分组办法及各组召集人名单（草案）。

陈丽代表县委、县政府向出席会议的新一届全体政协委员和各位同志致以亲切的问候。陈丽要求，各位委员和各工作组成员要把思想认识统一到县委的各项决策部署上来，坚定信心，振奋精神，确保高质量完成会议确定的各项任务。要明确任务，履职尽责，积极建言献策，踊跃反映社情民意。要珍惜荣誉，树好形象，认真遵守会议纪律，配合大会主席团做好工作。要精心组织，周密服务，为大会提高优质、高效、安全、舒适的服务，确保会议的顺利进行，圆满完成会议的各项议程。

25日下午，政协东安县第九届委员会主席团在县行政中心四楼会议室举行第一次会议。会议由县政协主席陈军主持。

会议以举手表决的方式通过了政协东安县第九届委员会第一次会议主席团常务主席候选人建议名单（草案）；通过了政协东安县第九届委员会第一次会议日程（草案）；通过了政协东安

县第九届委员会第一次会议各次大会执行主席名单（草案）；通过了政协东安县第九届委员会第一次会议分组办法及各组召集人名单（草案）；决定了政协东安县第九届委员会第一次会议副秘书长；决定了秘书处工作机构及负责人名单（草案）、政协东安县第九届委员会第一次会议委员提案截止时间。

26日上午，县委书记冯德校带领县四大家班子成员前往各代表团驻地，看望慰问前来参加县第十七届人大一次会议的各界人大代表。县委副书记、代县长龙向洋，县委副书记陈丽，县人大常委会主任文高平，县人大常委会主任候选人、党组第一副书记张波和李四清、彭俊卿、蒋华、李觉会、唐华栋、廖劲松、唐振宇、唐伟文等一同参加。

冯德校一行先后到紫苑宾馆和鑫宇国际大酒店等代表团驻地，逐楼层、逐房间看望慰问人大代表，亲切地与他们握手、致意。冯德校说，县第十七届人大一次会议是人大代表建言献策、参政议政、履行代表职责的一次盛会。在过去的一年里，全县各项工作都取得了长足进步，这些成绩的取得离不开广大人大代表和社会各界人士积极参与。站在新的起点上,全县上下将大力践行“创新、协调、绿色、开放、共享”的发展理念，深入落实省、市委一系列重大决策部署,大力实施“生态立县、工业强县、农业稳县、旅游活县、科教兴县、依法治县”六大战略，全力推进“752121”工程，着力开展“五城同创”，全力打造“两个中心”，努力把东安建成全国知名的微旅游目的地，力争东安进入全省经济强县，把芦洪市镇建成全省的工业强镇，全面建成更高水平的小康社会。冯德校希望，与会的人大代表要以高昂的政治热情、饱满的精神，按照大会的各项议程，聚精会神、集中精力开好这次盛会，把这次会议开成一次团结奋进的大会。

26日上午，政协东安县第九届委员会第一次会议在东安会堂隆重开幕。来自全县各族各界、各条战线的县政协委员齐聚一堂，积极履行政治协商、民主监督、参政议政职能，求真务实共绘东安发展蓝图。市政协主席唐定，市委组织部副部长李钢，市政协秘书长宋可福到会指导并在大会主席台前排就座。在大会主席台前排就座的还有：县委书记冯德校，县委副书记、代县长龙向洋，县政协主席陈军，县政协副主席周刚生、丁国志、蒋燕平、唐月程、周壬秀等。出席开幕大会并在主席台就座的有：陈丽、文高平、张波、李四清、彭俊卿、蒋华、李觉会、唐华栋、廖劲松、唐振宇、唐伟文等县领导以及县人大常委会领导、县人民政府领导，县正副处级干部，县人武部部长，县人民法院代院长，县人民检察院代检察长，县公安局政委，中央、省、市驻县单位的领导，东安经济开发区管委会、舜皇山国家森林公园管理局负责人，县政协九届委员会主席团成员，历届县政协领导 。出席开幕大会的还有晋升副处级职级的领导。驻东省、市政协委员，县直部办委局、人民团体主要负责人，乡镇场党委书记，省、市驻东单位主要负责人应邀列席会议。

本次会议应到委员186人，因事因病请假8人，实到178人，符合《政协章程》规定。大会在雄壮的国歌声中开幕，大会由县政协副主席丁国志主持。陈军代表政协东安县第八届委员会常务委员会作工作报告。陈军指出，第八届政协在市政协的正确指导和中共东安县委的坚强领导下，高举“社会主义、爱国主义”两面旗帜，牢牢把握团结和民主两大主题，秉持“忠实履职、奉献东安”的工作理念，解放思想，求实创新，与时俱进履行政协职能，各项工作取得了新进展、新成效，为东安经济社会发展作出了积极贡献。报告指出，未来五年，是东安县全面小康的建成期、经济转型的攻坚期和民生福祉的提升期，也是人民政协事业继往开来、实现新发展的重要时期。县政协要高举中国特色社会主义伟大旗帜，坚持以邓小平理论、“三个代表”重要思想和科学发展观为指导，贯彻落实中共十八大、中共十八届三中、四中、五中、六中全会及习近平总书记系列重要讲话精神，在中共东安县委的坚强领导下，紧紧围绕县第十二次党代会提出的大力实施“生态立县、工业强县、农业稳县、旅游活县、科教兴县、依法治县”六大战略，全面推进“752121”工程，履行职能，作出贡献。陈军希望，在新的一年里，县政协要紧紧围绕县委、县政府的中心工作，以县第十二次党代会精神为统领，秉承“忠实履职、奉献东安”的工作理念，按照年全会、季常委会、月协商会的工作要求，认真履行三大职能，精心选题，积极开展政治协商。要创新方式，大力推进民主监督。发挥优势，努力搞好参政议政。要凝聚力量，大力弘扬特色主题。强化管理，切实加强自身建设。为大力实施“六大战略”，全力推进“752121”工程，全面建成小康东安作出积极贡献。

市政协主席唐定代表政协永州市委员会对大会的召开表示热烈的祝贺。唐定要求，新一届县政协在东安县委的领导下，发挥人才荟萃优势，切实做助力发展的“智囊团”，努力为改革发展出实招、谋良策，努力用好委员话语权，当好政协“言官”。要发挥政协统战优势，切实做构建和谐的“聚力器”。要发扬与时俱进的改革精神，切实做协商民主的践行者，不忘初心，团结奋进，为开创全市政协工作新局面、建设具有品质活力的美丽富饶幸福新永州而努力奋斗。

冯德校充分肯定了政协第八届一次会议以来的工作。冯德校指出，2012年以来，县第八届政协及全体政协委员在县委领导下，始终坚持正确的政治方向，突出团结、民主两大主题，在推动经济发展、增进民生福祉、促进社会和谐等方面做了很多卓有成效的工作，发挥了不可替代的作用，实现了政治协商有方、民主监督有力、参政议政有为的良好局面。冯德校要求，新一届县政协和政协委员要高举民主团结旗帜，为全面建成更高水平的小康社会营造新氛围。要发挥智力密集优势，为全面建成更高水平的小康社会汇聚新能量。要加强政协自身建设，为全面建成更高水平的小康社会注入新动力。各级党委要全力支持政协依照章程开展工作，为政协事业发展创造良好条件、提供根本保障。各级各部门要主动为政协委员知情明政、建言资政、参政议政提供有利条件，主动听取政协组织的意见和建议，自觉接受政协监督，不断巩固和拓展党委重视、政府支持、政协主动、各方配合的政协工作新局面。

会议听取了政协东安县第八届委员会第四次会议委员提案办理和委员大会发言领导批示落实情况说明以及提案工作情况的报告。宣读了提案办理先进单位、优秀政协委员、优秀提案、优秀大会发言等表彰决定。唐世义、荣淑群、陈娟、蒋林植、翟千磊、毛芳芳等6位委员作大会发言。

26日下午，东安县第十七届人民代表大会第一次会议预备会议在东安会堂召开。会议应到代表238名，实到代表234名，符合法定人数。县第十六届人大常委会主任文高平、县第十七届人大常委会主任候选人张波、县第十六届人大副主任宁苏君、胡贤吉、唐新柱、胡慧川、蒋永辉，县第十七届人大副主任候选人黄敏、刘劼在大会主席台前排就座。县委副书记、代县长龙向洋，县委常委、县委组织部部长彭俊卿，县委常委、人武部政委，县委常委、县纪委书记廖劲松以及全体人大代表参加会议。文高平主持会议。宁苏君向大会作县第十七届人民代表大会第一次会议筹备工作情况报告；会议以举手表决的方式通过了大会议程、大会主席团成员和秘书长名单，宣读了各代表团正、副团长名单。

26日下午，县第十七届人民代表大会、县第九届委员会第一次会议中共党员会在东安会堂召开。市委组织部副部长李钢，县委书记、大会临时党组书记冯德校讲话。县委副书记、代县长龙向洋主持会议。县委副书记陈丽，县人大常委会主任文高平，县人大常委会党组书记、主任候选人张波，县政协主席陈军出席会议。出席县“两会”的人大代表、政协委员中的中共党员参加会议。

冯德校要求，各位党员代表、委员要统一思想认识，站在历史和全局的高度，切实增强政治责任感和历史使命感，积极履行职能，恪尽神圣职责，遵守党的政治纪律、组织纪律、廉政纪律，发挥带头作用，做好选举工作，谋划好发展大计。要集中精力审议好政府工作报告，明确作为一个党员代表所肩负的使命，正确履行好自己的职责，团结并带领非党代表共同努力，圆满完成大会所确定的各项任务。要依法选举，认真领会好、贯彻好组织意图，将会议开成一个民主的大会、团结的大会、鼓劲的大会、胜利的大会。

李钢强调，各位党员代表和委员要进一步统一思想、深化认识，切实担负起开好“两会”的政治责任；要加强领导，服从大局确保实现组织意图；要依法依规，发扬民主，扎实推进换届工作顺利进行。

大会还以举手表决的方式通过了大会临时党组成员建议名单（草案）。

26日下午，东安县第十七届人民代表大会主席团召开第一次会议，市委组织部副部长李钢，县委书记冯德校，县委副书记、代县长龙向洋，县委副书记陈丽，县人大常委会主任文高平，县人大常委会党组书记、主任候选人张波，县政协主席陈军以及彭俊卿、李觉会、廖劲松等县领导出席会议。主席团全体成员参加会议。

会议推选了主席团常务主席；表决了执行主席分组名单草案；决定邀请人员、列席人员名单、主席台就座人员名单；表决了大会日程草案；决定了代表提出议案的截止时间、将选举办法草案提交各代表团审议、大会有关事项的表决方式以及大会未尽事宜的处理方式。

27日上午，东安县第十七届人民代表大会第一次会议在东安会堂隆重开幕。本次大会应到代表238名，实到代表236名，因病因事请假2名，符合法定人数。市人大常委会副主任袁满娥莅临指导并在主席台前排就座。县第十七届人民代表大会主席团执行主席冯德校、龙向洋、陈丽、文高平、张波、宁苏君、胡贤吉、唐新柱、胡慧川、蒋永辉、黄敏、刘劼在大会主席台前排就座。李四清、彭俊卿、蒋华、李觉会、唐华栋、廖劲松、唐振宇、唐伟文等县领导以及县处级离退休老同志和主席团其他成员在主席台就座。本次大会由大会执行主席张波主持。

上午8时30分，大会在雄壮的国歌声中开幕。县委副书记、代县长龙向洋代表县人民政府向大会作政府工作报告。报告共分四大部分：一、2012 年以来政府工作回顾；二、未来五年政府工作新愿景；三、坚持共享发展，提升民生福祉；四、2017 年重点工作安排。龙向洋在报告中指出，2012 年县第十六届人民代表大会第一次会议以来，是东安应对重大挑战、经受重大考验、取得重大成就、实现重大跨越的时期。面对错综复杂的宏观形势和经济下行压力，全县人民在县委的坚强领导下，始终坚持发展第一要务，凝心聚力、攻坚克难，较好地完成了各项目标任务。这几年，东安县域经济总量持续壮大。全县地方生产总值、工业总产值、规模工业总产值均突破百亿大关。新型工业化快速推进，第三产业亮点频显，城乡面貌大为改观，水利、电力基础条件大为改善，民生福祉大幅改善，各项事业全面进步。政府自身建设不断加强。先后获得 12 个国字号荣誉和 18 个省字号荣誉，东安的品牌力、形象力大幅提升。龙向洋指出，这些成绩的取得，得益于市委、市政府和县委的科学决策、正确领导，得益于县人大、县政协的有效监督、鼎力支持，凝聚着全县人民的辛勤汗水和社会各界的智慧力量，承载着历届县委、县政府打下的良好基础。龙向洋代表县人民政府，向全县人民，向驻东安部队、武警官兵，向所有关心、支持、参与东安建设与发展的各界人士，表示衷心的感谢和崇高的敬意！龙向洋在报告中提出，今后五年政府工作的指导思想是：高举中国特色社会主义伟大旗帜，全面贯彻中共十八大和中共十八届三中、四中、五中、六中全会以及习近平总书记系列重要讲话精神，大力践行“创新、协调、绿色、开放、共享”的发展理念，深入落实中央、省、市一系列重大决策部署，大力实施“生态立县、工业强县、农业稳县、旅游活县、科教兴县、依法治县”六大战略，全力推进“752121”

工程，即进一步完善大思路、培育大产业、推进大提质、构建大交通、繁荣大文化、改善大民生、推动大落实，着力开展“五城同创”（国家卫生县城、全国文明县城、国家园林县城、国家级生态县、全国交通管理模范县城），全力打造“两个中心”（把县城打造成永州的次中心、把芦洪市镇打造成县域的副中心），努力把东安建成全国知名的微旅游目的地，力争东安进入全省经济强县，把芦洪市镇建成全省的工业强镇，全面建成更高水平的小康社会。主要奋斗目标是：到2021年末，全县地方生产总值年均增长8.5%以上，工业增加值年均增长8%以上，固定资产投资年均增长16%以上，社会消费品零售总额年均增长11%以上，财政总收入年均增长12%以上，城乡居民收入年均增长9.5%左右。打造“两个中心”，把县城打造成永州的次中心、把芦洪市镇打造成县域的副中心；建成“两个百亿园区”，将白牙市工业园、芦洪市工业园打造成为两个产值超百亿元的园区；确保“两个全面”，到2019年，确保全县38个贫困村全部摘帽、33254名贫困人口全部脱贫，确保2019年全面建成小康社会。龙向洋强调，今后五年的政府工作，必须围绕工业强县，补齐工业经济短板；围绕农业稳县，转变农业发展方式；围绕生态立县，建设美丽宜居东安；围绕旅游活县，做大做强第三产业；围绕科教兴县，推动创新驱动发展；围绕依法治县，加强政府自身建设。具体做好推进项目建设、推进产业发展、推进城乡建设、推进开放承接和和谐稳定等五个方面的工作。龙向洋要求，新一届县人民政府将在县委的坚强领导下，在东安经济社会发展新长征中，不以事艰而不为，不以任重而畏缩，团结一心，众志成城，为全力打造永州次中心、全面建成更高水平的小康社会而努力奋斗！

会议书面审查了《东安县2016年1—10月国民经济和社会

发展计划执行情况报告》和《东安县 2016 年 1—10 月财政预算执行情况报告》。表决通过了《东安县第十七届人民代表大会第一次会议选举办法（草案）》。

27 日上午，东安县第十七届人民代表大会主席团召开第二次会议，县委书记冯德校，县委副书记、代县长龙向洋，县委副书记陈丽，县人大常委会主任文高平，县人大常委会党组书记、主任候选人张波，县政协主席陈军以及彭俊卿、李觉会、廖劲松等县领导出席会议。主席团全体成员参加会议。

会议听取了中共东安县委关于县第十七届人大常委会主任、副主任、委员，县人民政府县长、副县长，县人民法院院长，县人民检察院检察长，市第五届人大代表候选人建议名单的说明，并作为主席团提名，提交各代表团酝酿；决定将东安县人民代表大会法制委员会、财政经济委员会的决定（草案）和县第十七届人大法制委员会、委员名单（草案）提交各代表团审议；决定了 10 名以上代表联合书面提名候选人的截止时间。

27 日下午，县委书记冯德校参加政协第九届一次会议第一讨论组讨论，与来自中共界、共青团界、妇联界、工会界、社会保障界的委员们共同讨论《政府工作报告》。县政协主席陈军，县委常委、县委政法委书记唐伟文等县领导参加讨论。

大家一致认为，《政府工作报告》总结过去五年工作客观实在，谋划今后五年工作切实可行，体现了政府以人为本、执政为民的理念，是一个内容丰富、客观务实、催人奋进的报告。委员们围绕精准扶贫、市政设施建设、旅游发展、小区物业管理、工业发展等工作提出许多富有建设性的意见和建议。

冯德校在认真听取大家的发言后指出，各位委员站在全县全局的高度，从不同的角度提出了许多建设性的意见。委员们的发言很有分量，覆盖面广、思考深入、准备充分，让人深受启发。希望广大政协委员牢固树立政治意识、大局意识、核心意识、看齐意识，紧紧围绕县委、县政府工作部署，充分发挥政协人才荟萃、智力密集优势，认真履行好政治协商、民主监督、参政议政职能，凝心聚力，群策群力，集思广益，共同推动东安经济社会持续健康发展。冯德校要求，各级各部门要统一思想，抢抓机遇，通过招商引资、招商引智的方式，引进大项目、好项目，把实体经济做大做强，加快东安经济社会发展。要坚持“全域旅游，全景东安”理念，高起点、高标准，做好旅游规划，建设好“微旅游”景点，加快“美丽乡村”建设，努力把东安打造成全国知名微旅游目的地。

27日下午，县委副书记、代县长龙向洋参加县政协第九届一次会议第二讨论组讨论，与委员们共商发展大计。

在第二讨论组讨论现场，委员们踊跃发言，大家一致认为，政府工作报告实事求是地概括和总结了东安过去五年来所取得的工作成绩，准确定位谋划了东安今后五年的发展。报告内容主题明确，提出了新亮点、新思路，符合东安实际，具有较强操作性和指导性，是一份鼓舞人心、凝聚民心的好报告。委员们围绕园区建设、农业产业化、将县城打造成永州次中心、将芦洪市镇打造成县域副中心、房地产去库存补贴、统战教育等焦点、热点工作，积极建言献策。

龙向洋仔细听取和记录了代表们的发言，对过去五年委员们在不同领域对我县经济社会发展所做出的积极贡献，对政府工作报告提出的意见和建议表示感谢。龙向洋表示，委员的建言献策对进一步完善政府工作、促进全县经济社会又好又快发展具有十分重要的意义，县政府将认真梳理委员们提出的意见和建议，认真研究解决委员们反映的问题，将民意呼声、群众关切、百姓感受等作为政府工作的着力点，将委员们的意见和建议细化成项目、工程、工作，一件件落实，一步步推进，力争使委员们的提案能得到满意答复。龙向洋希望，委员们要继续充分发挥政协政治协商、参政议政、民主监督的职能，结合县第十二次党代会冯德校书记所作的工作报告，围绕政府工作报告，总结过去，展望未来，发扬优势，补齐短板，提出更多更好的建议和提案，继续为全县经济社会发展献计出力。

27 日下午，政协东安县第九届委员会主席团召开第二次会议。县政协主席陈军主持会议，县委常委、县委组织部部长彭俊卿出席会议。

会议听取了政协东安县第九届委员会主席、副主席、秘书长、常务委员候选人建议名单的说明。协商了政协东安县第九届委员会第一次会议选举办法（草案）和总监票人、监票人名单（草案）。报告了大会秘书长指定的总计票人、计票人名单。

27 日下午，全国、全省、全市安全生产电视电话会议先后召开。会议要求认真贯彻落实习近平总书记和李克强总理关于江西丰城发电厂坍塌事故和全国安全生产工作的重要指示批示精神，坚持以人民为中心的发展思想，切实增强红线意识，严格落实安全生产责任，强化监管和防范措施，深入开展安全生产大检查，坚决遏制重特大事故发生，切实保障人民群众生命财产安全。

县委副书记、代县长龙向洋，县委常委、常务副县长蒋华及相关部门、各乡镇场主要负责人在东安分会场收看。

27日至28日，县委副书记、代县长龙向洋先后到第六代表团、第一代表团和第二代表团，就政府工作报告与代表们深入讨论，听取意见建议，共商东安未来五年经济社会发展大计。

讨论中，代表们踊跃发言，认为政府工作报告内容精彩、思路清晰、目标明确、措施得力，具有很强的指导性和前瞻性，是全县经济社会发展的指南针和路线图，鼓舞人心、催人奋进。大家围绕农村环境整治、精准扶贫、农村电商、微旅游、农村基础设施建设、“美丽乡村”建设、小城镇建设等工作提出自己的意见和建议。

龙向洋对代表们的发言给予了充分肯定，认为大家的意见和建议很有见地，使人深受启发。龙向洋指出，政府工作报告凝聚了大家的智慧，它与县第十二次党代会报告一脉相承，是对党代会精神的全面理解和具体落实。新一届政府必须要做到“实”，实实在在干事、干成事，满足老百姓的需求，造福于民。要突出“干”，按照县委的部署和人代会确定的目标，一张蓝图干到底，主动干、积极干、拼命干，干就干成。要强化“严”，严格工作要求，严格要求自己，敢于抵制各种不正之风和腐败行为，严格执行各项规定。要把握“廉”，明确政府权力清单，突出勤政廉政，树立新一届政府新形象。龙向洋要求，各位乡镇代表要统一思想，提高认识，站在全局的高度谋划、推动乡镇工作。要加强农村基础设施建设，缩小城乡生活水平。要抓好当前农业农村工作，抓紧实施农村环境综合整治，着力改善村容村貌和村风民风建设。要依法整治水源周边养殖业，确保对人民负责、对环境负责。希望各位代表切实履行好代表职责，发挥自身优势，积极建言献策，为东安各项事业发展添砖加瓦。

28日上午，县委书记冯德校带领新一届县人大和一府两院班子成员候选人，依次看望慰问了七个代表团代表，向各代表团代表介绍新一届县人大和一府两院班子成员候选人。县委副书记、代县长龙向洋，县人大常委会主任候选人张波和蒋华、唐新柱、胡慧川、蒋永辉、黄敏、刘劼、何锋、宋志雄、李瑞霞、张静、邹礼春、张一波、蒋江陵、唐小辉等候选人参加。

冯德校指出，选好新一届县人大和一府两院班子成员，意义非常重大。全体候选人都是经过省、市层层把关选定的人选，他们政治觉悟高、立场坚定，完全有能力、有魄力胜任当前工作，并与大家一同谱写东安新篇章。冯德校强调，各位代表来自基层，来自各条战线，具有很强的广泛性、代表性和先进性，能充分反应各个阶层的意见和建议，希望各位代表统一思想，提高认识，充分发扬民意，以强烈的政治责任感和历史使命感，以对党、对人民高度负责的精神，认真履行好权力和义务，投好神圣和公正的一票，把县第十七届人民代表大会第一次会议开成团结的大会、圆满的大会。

28日上午，东安县第十七届人民代表大会主席团召开第三次会议，县委书记冯德校，县委副书记、代县长龙向洋，县委副书记陈丽，县人大常委会主任文高平，县人大常委会党组书记、主任候选人张波，县政协主席陈军以及彭俊卿、李觉会、廖劲松等县领导出席会议。主席团全体成员参加会议。

会议听取了大会秘书处组织关于主席团提名候选人酝酿情

况和代表十人以上联合书面提名候选人的情况汇报，以及代表联名提出的候选人名单，主席团审议后一并提交各代表团酝酿讨论；会议原则上通过了监票人名单，确定了计票人名单；听取了大会秘书处组织组关于各代表团审查县第十七届人大法制委员会、财政经济委员会主任委员、委员名单（草案）情况汇报。

28日上午，政协东安县第九届委员会主席团在县行政中心四楼会议室举行第三次会议。县政协主席陈军主持会议。县委常委、县委组织部部长彭俊卿出席会议。

会议听取了县第十七届人大常委会主任、副主任，县人民政府县长、副县长，县人民法院院长、县人民检察院检察长候选人建议名单说明；各讨论组协商县政府工作报告和其他工作报告的情况汇报；各讨论组审议政协东安县第八届常务委员会两个工作报告的情况汇报；各组协商政协东安县第九届委员会第一次会议选举办法，政协东安县第九届委员会主席、副主席、秘书长、常务委员候选人建议名单，总监票人、监票人建议名单的情况汇报。协商确定了政协东安县第九届委员会主席、副主席、秘书长、常务委员正式候选人名单。通过了政协东安县第九届委员会第一次会议政治决议（草案）、政协东安县第九届委员会第一次会议关于政协东安县第八届常委委员会工作报告和提案工作情况报告的决议（草案）。

28日上午，政协东安县第九届委员会主席团在县行政中心四楼会议室举行第四次会议。县政协主席陈军主持会议。

会议听取了各组协商县人大常委会主任、副主任，县人民政府县长、副县长，县人民法院院长、县人民检察院检察长候选人建议名单和政协东安县第九届委员会第一次会议三个决议的情况汇报。通过了政协东安县第九届委员会第一次会议提案审查委员会关于政协东安县第九届委员会第一次会提案审查情况的报告（草案）。

28日下午，东安县第十七届人民代表大会第一次会议举行第二次全体会议。本次大会应到代表238人，因病因事请假4人，实到234人，符合法定人数。大会主席团成员文高平、张波、唐新柱、胡慧川、蒋永辉、黄敏、刘劼、文建宏、邓贵春、郭军林、唐垂辉、陈建华、蔡小平、唐婧、江小玲、蒋云等担任本次会议执行主席并在主席台前排就座。出席并在主席台就座的领导有：冯德校、龙向洋、陈军、陈丽、李四清、彭俊卿、蒋华、李觉会、唐华栋、廖劲松、唐振宇、唐伟文。在主席台就座的还有大会主席团其他成员。第二次全体会议由大会主席团常务主席、大会执行主席唐新柱主持。

文高平向大会作县人大常委会工作报告。文高平指出，2012年以来，东安县第十六届人大常委会在市委、县委的正确领导和市人大常委会的精心指导下，坚持以马克思列宁主义、毛泽东思想和中国特色社会主义理论体系为指导，全面贯彻落实中共十八大、中共十八届三中、四中、五中、六中全会和习近平总书记系列重要讲话精神，按照“议大事、强监督、重民生、转作风、求实效”的工作思路，始终坚持“四心一加强”，力行“听党的话、让人民说话、为人民说话、说人民的话”“四句话”，切实履行“行三权、两加强、一指导”的工作职责，坚持走法治之路、创新之路和“强基”之路，主动适应经济发展新常态，展现人大工作新作为，大力推进依法治县进程，依法履行宪法和法律赋予的各项职权，为推动全县经济社会持续健康发展作出了应有的贡献。县人大常委会始终把握法治这个重心，坚持走法治之路，坚定不移地贯彻“法定职责必须为、法无授权不可为”的法治精神，运用法治思维、法治方式、法律手段，围绕大局，服务中心，认真履行宪法法律赋予的职责，努力种好人大民主法治工作这块责任田。坚持走创新之路，进一步加强和改进代表工作及常委会自身建设，努力提高依法履职、务实为民的能力和水平。坚持走强基之路，紧紧围绕“一指导”，基层人大工作整体水平得到了新提升。文高平指出，今后五年，新一届人大常委会应继续高举中国特色社会主义伟大旗帜，认真学习贯彻落实中共十八大和中共十八届三中、四中、五中、六中全会精神及习近平总书记系列重要讲话精神，紧紧围绕在以习近平同志为核心的党中央周围，坚定不移走中国特色社会主义道路，全面贯彻落实县第十二次党代会精神，大力实施“六大战略”，致力打造“两个中心”，着力行使宪法和法律赋予的各项职权，充分发挥地方国家权力机关的职能作用，全面推进依法治县，努力提高依法履职水平，不断开创人大工作新局面。文高平强调，新一届人大及人大常委会将在中共十八大精神指引下，在实现“两个一百年”奋斗目标、实现中华民族伟大复兴中国梦的新征程上，紧密团结在以习近平同志为核心的党中央周围，在中共东安县委的坚强领导下，牢记使命，不忘初心，继续前进，以改革创新的精神，为推动人民代表大会制度与时俱进、全力打造“两个中心”、全面建成更高水平的小康社会续写新的篇章。

县人民法院代院长蒋江陵、县人民检察院代检察长唐小辉分别作《东安县人民法院工作报告》和《东安县人民检察院工作报告》。

28 日晚，县委书记冯德校深入县城投公司，第六次调度全县融资工作。县委常委、常务副县长蒋华以及县城投公司、各银行主要负责人参加调度会。

会议听取县城投公司关于 11 月 13 日调度会后工作落实情况汇报，与会各银行主要负责人就融资工作提出了意见和建议。

冯德校强调，融资工作事关全县经济社会发展，县融资工作领导小组务必要树立全县一盘棋的思想，实施统筹调度。每一次调度融资工作后，县城投公司落实的情况、对接银行的进度等，要通过一目了然的方式进行对比和展现。要加强任务分解，注重方式方法，并根据各大金融银行的产品对接建设项目。要抢抓机遇，加强与相关银行的互动，积极对接银行的好产品，进一步推进工作进度，确保全县融资工作取得好的效果。

29 日上午，县委副书记、代县长龙向洋先后到县第十七届人民代表大会第一次会议第五代表团、第七代表团，就政府工作报告与代表们深入讨论，听取意见建议，共商东安经济社会发展大计。

讨论中，代表们积极发言，气氛热烈。代表们认为，政府工作报告总结问题实事求是，部署工作思路清晰、目标明确，是全县经济社会发展的指南针和路线图，鼓舞人心、催人奋进。与会代表围绕发展大产业、建设“美丽乡村”建设、打通断头路、建设村级活动中心、争取电力优惠政策、农村公路加宽改造、“美丽乡村”建设、服务民生等工作提出了自己的意见和建议。

龙向洋指出，到东安工作四个月来，东安山水秀美、人杰地灵，给人留下了深刻的印象，尤其是县城，不仅布局规整、风景秀丽，更有紫水环绕、环境宜人，用一句诗来表达就是“淡妆浓抹总相宜”。为自己有机会能在这片热土工作生活，有机会加入一个团结奋进的领导集体，有机会为东安人民幸福安康贡献绵薄之力而感到荣幸和自豪。龙向洋强调，新一届政府将把全体代表提出的问题放在心上，逐一进行整理，加快解决问题的紧迫感。要用最强力推进县城提质，着力解决县城交通肠梗阻，缓解县城堵车的问题；加强重要街点的美化；点亮市民门前灯、铺好群众脚下路。要将民意呼声、群众关切、百姓感受等作为政府工作的着力点，贴近群众生活，扎实为民办实事、做好事，力争使代表们的意见和建议能得到满意答复。

29日上午，政协东安县第九届委员会第一次会议选举大会在东安会堂召开。

本次会议应到委员186人，因事、因病请假10人，实到委员176人，符合《政协章程》规定。会议以举手表决的方式通过了选举办法（草案）和总监票人、监票人名单（草案）；通报了总计票人、计票人名单。会议以无记名投票的方式选举了政协东安县第九届委员会主席、副主席、秘书长和常务委员会委员。陈军当选为政协东安县第九届委员会主席，秦剑元、丁国志、唐月程、周壬秀、蒋裕华当选为政协东安县第九届委员会副主席，周和平当选为政协东安县第九届委员会秘书长。孔繁霞、龙莉莉等29人当选为政协东安县第九届委员会常务委员。

29日上午，在圆满完成各项议程后，政协东安县第九届委员会第一次会议在东安会堂胜利闭幕。出席闭幕大会并在主席台前排就座的有：县委书记冯德校，县委副书记、代县长龙向洋，县政协主席陈军，副主席秦剑元、丁国志、唐月程、周壬秀、蒋裕华，秘书长周和平。出席闭幕大会并在主席台就座的有：文高平、张波、李四清、彭俊卿、蒋华、李觉会、唐华栋、廖劲松、唐伟文等县领导以及县人大常委会领导、县人民政府领导，县正副处级干部，县人武部部长，县人民法院代院长，县人民检察院代检察长，县公安局政委，中央、省、市驻县单位的领导，东安经济开发区管委会、舜皇山国家森林公园管理局负责人，县政协九届委员会主席团成员，历届县政协领导。出席开幕大会的还有晋升副处级职级的领导。驻东省、市政协委员，县直部办委局、人民团体主要负责人，乡镇场党委书记，省、市驻东单位主要负责人应邀列席会议。本次会议应到委员 186 人，因事因病请假 11 人，实到 175 人，符合《政协章程》规定。大会由县政协副主席秦剑元主持。

大会举手表决通过了政协东安县第九届委员会第一次会议政治决议；通过了政协东安县第九届委员会第一次会议关于政协东安县第八届常务委员会工作报告的决议；通过了政协东安县第九届委员会第一次会议关于政协东安县第八届常务委员会提案工作情况报告的决议；通过了政协东安县第九届委员会第一次会议提案审查委员会关于九届一次会议提案审查情况的报告（草案）。宣读了政协东安县第九届委员会第一次会议向政协东安县第八届委员会离任委员的致敬信。

新当选的政协东安县第九届委员会主席陈军在闭幕式上发表讲话。陈军指出，会议期间，全体政协委员以饱满的政治热情、强烈的责任担当，紧紧围绕全县经济社会发展和人民群众普遍关心的重点、热点、难点问题，通过委员提案、小组讨论、大会发言等形式，广泛协商议政，积极建言献策，提出了许多好的意见建议，充分体现了新一届政协委员热爱东安、心系人民、服务发展的真挚情怀。会议热烈庄严、严谨务实，风清气正，是一次集思广益、开拓进取、催人奋进的大会。陈军要求，全县各级政协组织和广大政协委员要坚持正确政治方向，广泛凝聚思想共识，不断发出“政协好声音”。要服务全县中心任务，积极投身“752121工程”实践，不断释放“政协正能量”。要注重自身建设，努力提升履职能力水平，不断展现“政协新风采”。陈军强调，新一届政协要肩负第九届政协的历史使命，不忘初心，牢记使命，继承和发扬优良作风，在中共东安县委的坚强领导下，在历届政协奠定的良好基础上继续前进，用恪尽职守来诠释责任，用奋发有为来回应期待，用不懈追求来开创县政协工作新局面。为建成更高水平的小康东安作出新的更大贡献。

30日，县第十七届人民代表大会第一次会议第三次、第四次全体会议在东安会堂召开。大会执行主席冯德校、龙向洋、陈丽、文高平、张波、胡贤吉、胡慧川、蒋永辉、黄敏、刘劼在主席台前排就座。彭俊卿、李觉会、廖劲松等县领导及县级离退休老同志和大会主席团其他成员在主席台就座。第三次全体会议由大会执行主席冯德校主持，应到代表238名，实到代表235名，因事因病请假3名。第四次全体会议由大会执行主席张波主持，应到代表238名，实到代表234名，因事因病请假4名，符合法定人数。

会议采取举手表决的方式通过了总监票人、监票人名单；宣布总计票人、计票人名单。选举县人大常委会主任、副主任、县人大常委会委员，县人民政府县长、副县长，县人民法院院长、县人民检察院检察长。会议通过无记名投票方式，选举张波为县第十七届人大常委会主任，选举唐新柱、胡慧川、蒋永辉、黄敏、刘劼为第十七届人大常委会副主任，选举文建宏、邓贵春、郭军林、唐垂辉等26名同志为县第十七届人大常委会委员。选举龙向洋为县人民政府县长，蒋华、何锋、宋志雄、李瑞霞、张静、邹礼春、张一波为县人民政府副县长。选举蒋江陵为县人民法院院长，唐小辉为县人民检察院检察长。

新当选的县人民政府县长龙向洋代表新一届县政府班子，对各位代表及全县人民的支持和信任表示衷心感谢。龙向洋表示，将殚精竭虑，夙夜在公，埋头苦干，用发展的成效回报全县人民的信任。将以规矩维护团结，摆正位置，做政治上的明白人，自觉维护县委权威。将始终坚持求真务实，苦干实干，真正做到讲实话、办实事、求实效，把党代会、人代会确定的各项任务目标，一件一件地抓实、抓好、抓出成效，用政府的辛苦指数提升人民群众的幸福指数。将始终坚持关注民生，一心为民，不忘人民群众脱贫之望、教育之盼、就医之难、住房之需、出行之愿。将始终做到政治上跟党走、经济上莫伸手、生活上不丢丑，严守法治和道德底线。

30日，省移民局副巡视员马志武一行到东安调研移民项目建设、产业发展和移民培训等工作。市移民局局长周智亮，县委书记冯德校，县委副书记、县长龙向洋，县委副书记陈丽和李四清、何锋、李瑞霞等市、县领导陪同调研或参加汇报会。

马志武一行深入石期市镇蒋家村金湘源现代农业综合示范区察看，了解到该镇开展“移民小康、产业先行”的移民脱贫攻坚行动，移民后续产业发展喜人，移民生活蒸蒸日上的情况后，马志武对东安县和石期市镇在移民工作上所取得的成绩给予了充分肯定。马志武要求，永州市和东安县移民局要充分利用好库区优势资源和移民资金，发展壮大移民产业，强化举措，通过龙头企业培育、品牌建设、产业链延伸、加大库区移民的扶持力度。要进一步整合移民资金，加强移民资金监管，发挥资金的最大使用效率。同时，要积极为移民服务，维护好移民们的合法利益，让移民享受公平待遇，共享发展成果。马志武表示，省移民局将在政策保障和经费投入上予以支持和倾斜，切实加快移民产业发展、加快移民脱贫攻坚步伐。

30日下午，东安县第十七届人民代表大会第一次会议在东安会堂胜利闭幕。县第十七届人民代表大会主席团执行主席冯德校、龙向洋、陈丽、文高平、张波、唐新柱、胡慧川、蒋永辉、黄敏、刘劼在大会主席台前排就座。陈军、李四清、彭俊卿、蒋华、李觉会、唐华栋、廖劲松、唐振宇、唐伟文等县领导以及县处级离退休老同志和主席团其他成员出席闭幕式。本次大会由大会执行主席张波主持。

大会应到代表238名，实到代表234名，因事因病请假4名，符合法定人数。会议通过关于东安县人民政府工作报告的决议；关于东安县人大常委会工作报告的决议；关于东安县2016年1月-10月国民经济和社会发展计划执行情况报告的决议；关于东安县2016年1月-10月财政预算执行情况报告的决议；关于东安县人民法院工作报告的决议；关于东安县人民检察院工作报告的决议；通过了《东安县第十七届人民代表大会第一次会议关于设立东安县人民代表大会法制委员会、财政经济委员会、委员名单》和《东安县第十七届人民代表大会法制委员会、财政经济委员会主任委员、委员名单》。

冯德校代表县委向大会的成功召开，向新当选的各位同志表示热烈的祝贺，向全体代表和列席会议的同志们表示衷心的感谢。冯德校指出，2012 年以来，在省、市、县委的坚强领导下，全县上下戮力同心，砥砺前行，推动经济社会持续健康发展，全县经济实力大幅提升、城乡面貌日新月异、基础设施日趋完善、社会事业协调发展、改革开放成效明显、民生民本不断改善、党的建设全面加强，实现了“十二五”完美收官。冯德校强调，今后五年，是全面建成小康社会的决胜期，也是东安大有可为的机遇期。全县上下必须大力发扬一抓到底、永不懈怠的奋斗精神，继续埋头苦干、拼搏奋斗，不折不扣抓落实，确保工作干一件成一件，干一件精一件。必须大力发扬追求卓越、争创一流的进取精神，做到实干争先的信念不变，苦干争先的劲头不松，快干争先的气魄不减，大干争先的目标不改。必须大力发扬勇于任事、敢于负责的担当精神，真正让先进者无上光荣，让后进者无地自容。必须大力发扬勤政为民、一心为公的奉献精神，努力创造出无愧于时代、无愧于人民、无愧于历史的业绩。必须大力发扬团结协作、众志成城的团队精神，终始坚持事业为先、团结为重，做到全县上下齐心协力，众志成城，不抓则已，抓就抓成，不干则已，干就干好。必须大力发扬遵规守矩、清正廉洁的自律精神，始终把规矩和纪律挺在前面，坚定不移把党风廉洁建设和反腐败斗争引向深入，努力营造山清水秀的政治生态。冯德校表示，东安县委将一如继往地重视、支持人大工作，不断提高人大工作水平。县人大及其常委会，要紧紧围绕中心、贴近民心、凝聚人心，进一步加强和改进监督工作，围绕九件实事，开展视察、调研、检查和评议等活动，督促政府有关部门办好实事，办成大事。各位代表要充分发挥模范带头作用，当好学习宣传贯彻本次会议精神的“带头人”和“代言人”，提振干事创业精气神，凝聚加快发展正能量。各级党委要进一步加强对人大工作的领导，为人大开展工作创造良好条件，支持和保证人大依法履行职责。“一府两院”要认真贯彻执行人大的决议、决定，依法向人大负责并报告工作，自觉接受人大监督。各级各部门对人大代表提出的议案、建议、批评和意见，要及时办理，切实维护人大的权威，保障人大代表的权益，努力营造尊重代表、支持代表、服务代表的良好氛围。要不忘初心，不负重托，发挥优势，补齐短板，齐心协力推动全县各项工作再上新台阶，为全力打造永州次中心、全面建成小康社会作出新的更大贡献。

新当选的县第十七届县人大常委会主任张波在闭幕式上发表讲话。张波指出，会议期间，各位代表肩负全县人民的重托，认真履行宪法和法律赋予的职责，依法审议各项报告，积极参与民主选举，共商东安发展大计，体现了饱满的政治热情和高度的主人翁责任感。会议始终坚持党的领导，充分发扬民主，严格依法办事，开得很成功，是一次承前启后、继往开来、民主和谐、团结奋进的大会。张波强调，新一届人大及人大常委会将紧紧依靠县委的坚强领导，紧紧依靠常委会组成人员的集体智慧，紧紧依靠全体代表的支持帮助，进一步坚定道路自信、理论自信、制度自信、文化自信，全面贯彻落实做好新时期人大工作的新理念、新论断、新要求，忠实履职，勤廉为民，进一步推进民主法治建设，为全力打造永州次中心、全面建成更高水平的小康社会作出新的贡献，谱写新的篇章。

12月

1日，县委副书记、县长龙向洋主持召开新一届县政府第一次常务会议，讨论研究招商引资优惠政策及东莞招商会筹备工作，听取县第二批政府购买服务相关工作、冶炼行业优惠电价补贴工作、消防工作、四星级宾馆提质改造、县农村综合服务平台建设工作、芦江水库库区道路桥梁建设相关工作、县政府工作报告目标任务分解等工作情况汇报。县委常委、常务副县长蒋华和何锋、宋志雄、李瑞霞、邹礼春、张一波等县政府常务会议组成人员参加会议。县人大常委会副主任唐新柱、刘劼，县政协副主席秦剑元应邀列席会议。

关于招商引资优惠政策及东莞招商会筹备工作，会议原则同意东莞招商会筹备工作方案，要求相关部门要精心组织、周密安排，充分发挥四大家主要领导在招商引资上的人脉资源优势，摸清情况，进行对接，以会务组的名义发出邀请。要突出招商的针对性，围绕神华充裕的电能优势，邀请央企、上市企业等知名企业前来参加。要加强调度，组织好项目签约，确保整个招商会规模达到300亿元以上。会议原则同意新出台的招商引资优惠政策方案，要求在方案的基础上，进一步吸纳与会县级领导的意见和建议，对当前的招商引资优惠政策进行完善和调整。

关于冶炼行业优惠电价补贴，会议认为，当前全县的冶炼行业发展关系到县域经济发展重要考核数据，要在当前优惠电价补贴的基础上，顺延一段时间，范围和内容保持不变，给行业发展提供信心。

关于消防工作，会议强调，消防安全工作关系到全县安全生产、关系到社会大局的稳定，怎么重视都不为过。要组织力量对老城区、商品批发市场、电动车充电、公共娱乐场所、电力设施老化等重点部位、重点区域，开展有针对性的排查，消除安全隐患，要进一步加强今冬明春火灾防控，严格落实责任，坚决预防和遏制火灾事故的发生。

关于县农村综合服务平台建设工作，会议认为，加强农村综合服务平台建设是进一步强化基层政权、改善农村服务、提升党和政府形象的重要工作，务必要强化组织领导，整合资源，加大投入。要确定好建设的内容，突出办点示范，做到每个乡镇突出建设一两个示范点。要明确建设期限和标准，参照市里的模式，抓紧上报资料，落实建设资金，积极整体推进，确保建成功能完善、群众认可的农村综合服务平台。

会议还对县第二批政府购买服务相关工作、四星级宾馆提质改造、芦江水库库区道路桥梁建设相关工作、县政府工作报告目标任务分解等工作进行了安排部署。

龙向洋还组织与会成员开展任前廉政谈话，龙向洋强调，刚刚闭幕的县第十七届人民代表大会第一次会议选举产生了新一届县政府组成成员，大家要正确对待满票当选的深刻内涵，戒骄戒躁、慎独慎言，全力投入到当前的工作中来。要干净清廉干事，多找破解经济社会发展难题的办法，形成浓厚的干事创业氛围。要进一步增强学习意识、团结意识、廉政意识、公正意识和争先意识，放胆放手，主动担当，齐心协力把工作做好，以实实在在的政绩向全县人民交一份满意的答卷。

1日，县纪委、监察局召开纪专题会议，传达学习贯彻省第十一次党代会和县“两会”精神。县委常委、县纪委书记廖劲松出席会议并讲话。

廖劲松传达学习了省委常委、省纪委书记傅奎在东安调研座谈会上的讲话精神。廖劲松强调，纪检监察干部要迅速行动，深入学习贯彻省第十一次党代会和县“两会”会议精神，深刻领会其精神实质，努力做到学思践悟、融会贯通，切实把思想统一到中央和省、市、县的决策部署上来。要围绕中心、服务大局，结合当前纪检监察工作，突出“细、实、新”，做到工作上细心细致，实干创新。要坚持问题导向，坚持挺纪在前，在监督执纪问责上精准发力，推动全县党风廉洁建设和反腐败工作不断取得新成效。

廖劲松还就当前工作进行了安排部署。廖劲松要求，要加强财务管理，认真做好后勤保障工作。要认真对待，补齐短板，上下对接，全力以赴抓好绩效考评等工作。

1 日，中共东安县委、东安县人民政府印发《关于鼓励发展微旅游的若干意见》，就进一步扶持微旅游业发展提出了设立微旅游发展专项基金、加大对旅游项目区的公共基础设施建设的支持力度、加大对景区（景点）创建的奖励力度等 10 条优惠政策措施，并要求规范旅游资源的管理，全面推进全县微旅游业标准化、精品化、品牌化发展，实现东安旅游从“景点旅游”向“全民旅游、全域旅游”转变，努力打造全国知名微旅游目的地。

2 日上午，县委书记冯德校深入大庙口镇和舜管局调研指导乡村旅游发展工作。

冯德校一行在大庙口镇、舜管局和县文体广新局主要负责人陪同下，首先到舜管局西岭工区银杏基地，详细了解该基地银杏种植面积、产量、销售情况及全县银杏产业发展情况，还实地考察了位于大庙口镇白沙村的天健银杏科技发展有限公司，与企业负责人交谈，询问企业的运营情况及以后的发展思路等。冯德校强调，银杏全身都是宝，可食用、可药用、可观赏，利用价值高，市场前景可期，而且3000亩的银杏基地，本身就是乡村旅游中最好、最自然、最吸引游客的景点。舜管局要本着实事求是的态度加强调查研究，摸清该区域银杏产业的实际情况，努力把银杏基地打造成舜皇山周边重点旅游项目。要因势利导，充分发挥东安银杏种植面积宽、质优量大的优势，引导银杏产业与乡村旅游、精准扶贫等工作协调发展。天健银杏科技发展有限公司要整合优势资源，抢抓发展机遇，寻求企业发展良方，不断做活产业、做大市场。

在舜皇岩，冯德校一行察看景区的基础设施建设，详细了解景区规划、游客量、门票收入等相关情况，并在导游的带领下，对岩洞内的景观进行了考察。冯德校强调，舜皇岩是一个雄绮瑰丽的岩溶洞，岩洞蜿蜒曲折，洞内鬼斧神工，令人叹为观止。舜皇岩景区运营方要进一步加强宣传和管理，策划建设新的线路及游乐项目，把舜皇岩建设成东安旅游线路中的精品。

冯德校还考察了大庙口镇苗木基地建设，勉励果农们要紧跟市场步伐，及时改良农产品品质，通过辛勤劳动拓宽致富的门路。

2日上午，县第十七届人大常委会第一次主任会议在县行政中心四楼会议室召开。县人大常委会主任张波主持会议。县人大常委会副主任唐新柱、胡慧川、蒋永辉、黄敏、刘劼等出席会议。

会议传达学习贯彻了省第十一次党代会和县第十七届人民代表大会第一次会议精神；对县第十七届人民代表大会第一次会议进行了总结；学习和审议了人大常委会及机关各项规章制度；听取和审议了县第十七届人大一次会议至二次会议期间工作计划要点（草案）；研究决定县人大常委会班子分工。

张波要求，县人大常委会机关要把学习贯彻省第十一次党代会和县第十七届人民代表大会第一次会议精神作为当前和今后一个时期的重要政治任务，把思想和行动统一到省、市、县委的决策部署上来，立足本职，认真抓好当前工作，科学谋划好2017年工作。张波强调，县人大常委会领导班子和各委室主任要讲大局、识大体，做一个政治上成熟的领导。要始终坚持党的领导，在思想上、政治上、行动上与中央和省、市、县委保持高度一致，做到政令畅通，步调一致。要牢固树立政治意识、大局意识、核心意识、看齐意识，做政治上的明白人。要强化人大意识，维护人大权威，带头依法履职。要讲规矩、守纪律，做一个勤政廉洁的领导，严格遵守人大常委会及机关各项规章制度，严格按规矩办事，树立红线意识和底线思维，做到不缺位、不越位、不错位，抓好各项工作落实。要讲奉献、敢负责，做一个敢于担当的领导，做到不回避矛盾、不推诿责任。要讲团结、树正气，做一个协助进取的团队，像爱护自己眼睛一样爱护团结，不利于团结的话不说，不利于团结的事不做，努力打造一支高素质的人大干部队伍。

2 日，县委常委、县委宣传部部长唐华栋带领县文体广新局、住建局主要负责人，深入端桥铺镇调研基层党建工作。

唐华栋一行先后实地察看了端桥铺镇黄土脑村，并在端桥铺镇政府先后听取了黄塘村、月塘村、街道居委会和乡镇卫生院基层党建工作情况汇报，详细了解了该镇各单位办公场所建设、党员人数和党组织活动开展情况。并对端桥铺镇基层党建工作存在的问题，现场提出了整改意见和要求。唐华栋要求，端桥铺镇党委政府要统一思想，提高认识，进一步加强基层党组织团结，增强基层党组织凝聚力，提高服务水平和人民群众的满意度，抓好基层党建工作落实。黄土脑村村支两委班子要加强学习，增强政治信仰，凝聚战斗力，提高群众对基层党组织的满意度。要加强村级活动中心建设，要大力发展集体经济，发展农业产业化、特色化，多渠道提高百姓收入，改善村民生活水平，提升村民幸福指数，通过发展特色农业，争取专项资金，不断做大做强村集体经济。

3日下午，东安县委“两学一做”学习教育第四次集中学习讨论会在县行政中心七楼会议室举行。县委书记冯德校主持讨论会。县政协主席陈军和李四清、彭俊卿、蒋华、李觉会、唐华栋、廖劲松、唐振宇、唐伟文等县领导参加学习讨论。

会议集中学习了《中国共产党问责条例》和中共十八届六中全会精神。县委常委会组成人员围绕“讲奉献、有作为”这一主题，联系自身思想、工作和作风实际，谈认识、查不足、明方向，进行深入讨论交流，达到了深化认识、相互启发、共同提高的预期目的。

冯德校在主题发言中指出，作为党员领导干部要对党忠诚，不忘初心，听党指挥，为党尽责，知恩图报。要心中有民，以民为根，问民所需，为民办事。要心中有责，永不懈怠，有直面难题的担当、突破难题的信心和解决难题的本领，努力开创各项工作新局面。要心中有戒，知足常乐，对待名利，知足知止；对待权利，清醒警醒；对待生活，克勤克俭，做一名让党放心、让人民满意的党员干部。冯德校要求，要创新思路谋发展，增强东安整体实力，推动各项工作提质升级。要牢固树立政治意识、大局意识、核心意识、看齐意识，敢于担当，在各项工作中当标杆、做表率。

4日，县委常委、县委组织部部长彭俊卿深入花桥、南桥、大盛、新圩江等乡镇督查指导省、市基层党建考核迎检工作。

彭俊卿每到一个乡镇，都在当地党政主要负责人陪同下，深入到党建工作站和迎检的村、学校、卫生院，听汇报、看现场、查台账、审资料，详细了解乡镇迎检准备情况，并对检查出的问题和不足，一一提出整改意见。彭俊卿强调，省委对市州委和县委党建考核时间为12月5日至10日，市委对各县区党建考核时间为12月11日至18日。为高标准、高要求、高质量地迎接省市党建考核工作，各级党委（党组、党工委）书记要进一步强化主业意识，严格落实管党治党主体责任，切实履行“第一责任人”的职责，牢固树立“抓党建是本职，不抓党建是失职，抓不好党建是不称职”的理念，亲自安排部署、亲自督促指导，切实把抓基层打基础这份责任扛在肩上、抓在手上、落在实处。要明确要求，创新方式，把迎接省市2016年基层党建核查工作作为当前的头等大事来抓，按所辖50%以上的党支部（乡镇场软弱涣散村、精准扶贫村、“美丽乡村”、农村中小学校、乡镇中心卫生院党支部必须全覆盖）的具体要求，高标准建立好迎检示范点。要对照问题，整改落实，认真整改在检查中发现的问题，并对照《市州委书记抓基层党建述职评议考核调查核实评分细则》和市下半年督查细则查漏补缺，举一反三，切实做好迎接省、市检查的各项准备工作。要抢抓机遇，争创佳绩，以这次迎接省、市 2016 年基层党建核查工作为契机，勤抓细督，不断提升抓基层党建工作水平。要进一步查漏补缺，整改不足，把握迎检关键环节，全力做好迎检工作，确保东安顺利通过省、市基层党建年终“大考”，以优异的成绩向省、市、县委交一份满意的答卷。

5 日上午，县人大常委会主任张波深入井头圩镇凤凰村和岭观村调研指导软弱涣散党组织建设和建整扶贫工作。县人大常委会副主任胡慧川陪同调研。

通过与凤凰村村支两委干部座谈，张波详细了解了凤凰村存在村级组织凝聚力、战斗力不强等问题，还了解了该村党支部组织活动场所、集体经济、财务管理、基层党员干部队伍建设等情况。张波要求，井头圩镇党委、政府要高度重视凤凰村党组织建设，成立专门班子指导村级党组织建设，切实解决好村里遗留问题。要按照省、市检查验收要求，加强整治，并在本月前进行一次回头看。凤凰村要改进作风，摆正位置，明确标准，尤其是村支部负责人要把握好角色定位，带头执行民主集中制，按照程序开展工作。要做到财务清白，村财务收支要面向村民公开公示，提高财务透明度，切实保障村民群众的知情权和监督权。要进一步加强村级活动中心的内务管理，营造整洁有序的办公环境，争取早日甩掉软弱涣散党组织的帽子。

张波对岭观村前期建整扶贫工作取得的成绩给予了充分肯定。张波要求，驻村工作组和建整扶贫各后盾单位要统一思想，提高认识，按照建整扶贫相关工作要求，抓好各项工作落实。要结合实际，对岭观村开展细致地调查摸底工作，准确掌握该村实际情况，制定完善工作方案，努力做到精准扶贫。村支两委在村级基础设施建设上，要根据村里财务状况量力而行。后盾单位要充分发挥帮扶作用，帮助岭观村解决发展中遇到的困难和问题，把好事办好办实，确保扶贫工作取得实效。

张波还看望了岭观村的贫困户，对发展产业助力贫困户精准脱贫给予了充分肯定，希望进一步做大做强产业，带动更多的贫困户脱贫致富。

5 日，省环保厅监测处副处长万小卓带领考核组，到东安考核国家重点生态功能区县域生态环境质量。市环保局副局长王宁军，县委常委、常务副县长蒋华陪同。

万小卓一行先后察看了紫溪市镇渌埠头锰矿区治理项目区、紫水河五坝至新屋段水源保护区和紫水河岸环境整治风光带，并在县行政中心会议室听取东安县国家重点生态功能区县域生态环境质量治理情况汇报。考核组成员对东安国家重点生态功能区县域生态环境质量治理工作给予充分肯定，希望东安县进一步加强领导，充分发挥考核工作领导小组的作用，多向有成熟经验的县区学习，整体推进县域生态环境综合治理。要打好基础，实事求是地把数据做细做扎实，不得有任何回避和隐瞒。要进一步提升监测能力，克服“等、靠、要”的思想。要拿出切实可行的办法，全面完成 2017 年的工作任务，促进环境保护与经济社会持续协调发展。

蒋华表示，东安将对考核组提出的问题进行研究分解，抓好落实。要强化监控，抓好生态保护，坚守生态底线。要专款专用，全面提升监测能力。要通过融资等方式，解决转移支付资金不足等问题，整县推进环境综合治理工作，让蓝天碧水永驻东安。

6日上午，县委副书记、县长龙向洋带领县教育局、住建局、国土资源局等相关部门负责人调研城区的新建、扩建中小学学位规划建设情况。县委常委、县委宣传部部长唐华栋，县政府副县长张静陪同调研。

龙向洋一行先后察看了规划中的高铁新城小学、马迹塘小学、东安体校、工业园小学和新城区高中等学校规划建设项目，强调要抓好规划落实和责任落实，加强督办，加快推进城区新（扩）建学校建设。龙向洋要求，相关部门要高度重视，把城区学位建设作为重大民生工作列入党政主要领导的重要议事日程，切实履行主体责任，充分调动各方力量，全力以赴打好学位建设三年行动攻坚战。要加大工作力度，加快工作进度，采取有效措施，切实解决项目建设过程中土地规划及征地拆迁等矛盾和问题，大力推进项目进度，确保圆满完成城区学位建设任务。要把扩大中小学学位资源总量作为推进义务教育均衡发展的根本，通过新建、改建等方式大力实施城区学校“扩容、安心、提质”工程，为义务教育均衡发展提供基础保障。

6日，东安县对全县各乡镇场、县直各单位、各金融机构一把手，进行脱贫攻坚工作专题培训。县委副书记、县长龙向洋，县委副书记陈丽，县政府副县长何锋出席培训会。

培训中，东安县各乡镇场、县直各单位、各金融机构介绍了各自单位精准扶贫工作开展情况、挂图作战和资料准备情况、群众扶贫政策知晓率等情况，就相关工作方法进行了交流。

培训班还邀请市扶贫办主任段贵建授课。段贵建采取理论讲解与实际操作相结合的办法，就如何抓住新政策、把握新要求、适应新体系等内容进行专题辅导，还深入各乡镇场抽查台账资料，手把手传授技能，面对面示范指导，有力地推动了全县精准扶贫工作的深入开展。段贵建强调，2016 年来，东安县各级党委、政府通过扎实的工作，抓住了精准扶贫工作关键环节，各项工作进步很大、来势较好。段贵建希望，东安县要进一步吃透县情，抓住新政策、把握新要求、适应新体系。要突出重点，抓住精准扶贫工作牛鼻子，进一步强化产业扶贫、金融政策的宣传、驻村帮扶措施，细化基础台账管理。要坚持党建引领，各级党组织一把手要把精准扶贫工作责任扛在肩上，通过对照考核内容，查漏补缺，切实履行职责。要开展自查自纠，使精准扶贫工作经得起看、经得起查、经得起问，助推全县精准扶贫工作驶入快车道。

龙向洋表示，东安各级各部门将以此次培训为契机，趁势而上，创先争优，把精准扶贫相关工作做细做扎实。要把“精准扶贫、精准脱贫，坚决打赢脱贫攻坚战”作为当前特别重要的工作，以最大的决心、最严的考核，争取最大的进步，实现精准扶贫工作的预期目标。

6 日下午，县政协机关召开“两学一做”第四次专题学习讨论会。县政协主席陈军主持讨论会，县政协副主席秦剑元、唐月程、蒋裕华参加学习讨论会。

会议集中学习了党的十八届六中全会精神和《中国共产党问责条例》《关于新形势下党内政治生活的若干准则》《中国共产党党内监督条例》。县政协机关党员干部围绕“讲奉献、有作为”这一主题，联系自身思想、工作和作风实际，谈认识、查不足、明方向，进行深入讨论交流，达到了深化认识、相互启发、共同提高的预期目的。

陈军指出，“讲奉献、有作为”是新时期中央全面从严治党提出的要求，是共产党员全心全意为人民服务的宗旨内容。政协机关党员干部要树立不怕吃苦、敢为人先、淡泊名利、甘于付出的精神，要把党和人民的利益放在首位，勇于担当、敢于负责，奋发进取、努力干事，用心成事，开创政协工作新局面。陈军要求，政协机关每一名党员干部都要“讲奉献、有作为”，要牢记信念，强化思想自觉；要履职为民，强化行动自觉；要锻炼党性，强化廉政自觉；要全身心扑下身子，把工作干到点子上，勇于担责，甘于奉献，在县委的坚强领导下卓有成效地开展政协工作，推进东安经济社会持续健康发展。

7日上午，县委书记冯德校在县人武部会议室主持召开县委常委会，听取议军、统战、县政府常务会议研究的招商引资、东莞招商会筹备等重点工作情况汇报，并就相关工作进行安排部署。县委副书记、县长龙向洋，县委副书记陈丽，县人大常委会主任张波，县政协主席陈军和李四清、彭俊卿、蒋华、李觉会、唐华栋、廖劲松、唐振宇等县领导参加会议，杨绪耀、刘劼、李瑞霞以及相关部门主要负责人列席会议。

关于议军工作，冯德校对驻东部队和广大民兵预备役人员一直以来的辛勤付出表示感谢。冯德校指出，东安连续七届被评为省级“双拥模范县”，凝聚了广大官兵的心血和汗水。多年来，驻东部队和广大民兵预备役人员，把驻地当故乡，视群众为亲人，积极参与和支援地方经济建设，在抢险救灾、反恐维稳、精准扶贫等任务中当先锋、打头阵，为东安经济社会发展做出了积极贡献。县人武部要进一步认清形势，切实增强使命意识、服务意识、责任意识，大力加强新形势下党管武装建设，加快推进国防后备力量建设。要突出重点，不断提升建设质量，依法履职，抓好制度规范和督导问责。要进一步凝聚力量，强化军民融合，营造兴武氛围，共促经济社会发展。

关于统战工作，冯德校强调，认真做好统一战线工作，做好工商联、台联、侨联和民族宗教工作，对加快东安经济社会发展、提升东安形象有着非常重要的意义。要对当前的工作进行梳理，结合东安实际，进一步落实中央和省市统战工作会议精神。要抓好主业，在工作需要的前提下，在经费和人员编制上再进行统筹安排。要进一步强化党的领导，增强做好新形势下统一战线工作的责任感、使命感，尤其是在招商工作上，发挥好台办、侨联等部门的桥梁纽带作用，服务好东安经济社会发展大局。

会议原则同意县政府第一次常务会研究的重点工作。冯德校要求，全县各级各部门要进一步解放思想，敞开大门，大力开展招商引资，做活县域经济。要想法设法解决好企业的用工问题，增强企业入驻的吸引力。要根据会议讨论反馈意见，对县政府第一次常务会研究的重点工作进一步修改完善，对招商引资优惠政策再进行斟酌、研究，确保各项工作有序开展。

7日下午，县委副书记陈丽走访慰问结对帮扶对象。

陈丽到结对帮扶对象在小心田村的出租房里，仔细询问她的身体状况、家庭生产生活、孩子学习、主要经济收入情况，了解致贫原因和在生产生活中遇到的问题和困难。慰问中，陈丽捐献出自己一个月的工资，还表示帮其解决住房、子女上学、丈夫就业等困难，勉励其克服困难，树立信心，并互留了联系电话。陈丽要求，镇村干部要针对贫困户家庭的实际情况，认真抓好精准扶贫工作，分析贫困户致贫原因，了解他们有哪些需求，有针对性地制定具体帮扶计划，落实好产业增收、房屋改造、子女读书等方面扶持政策，有效帮助贫困户发展生产，提高自身造血能力，解决他们遇到的实际困难和问题，切实改善他们生活状况，共同帮助他们脱贫致富。

7日晚，县委书记冯德校主持召开县委常委会议，研究纪检工作和县政府第一次常务会研究的县农村综合服务平台建设、东莞招商会筹备、四星级宾馆提质改造等重点工作，安排部署全县12月份工作。县委副书记、县长龙向洋，县委副书记陈丽，县人大常委会主任张波，县政协主席陈军和李四清、彭俊卿、蒋华、李觉会、唐华栋、廖劲松、唐振宇等县领导参加会议，杨绪耀、唐新柱、何锋、宋志雄、李瑞霞、张静、邹礼春、张一波、秦剑元以及相关部门主要负责人列席会议。

关于全县农村综合服务平台建设，会议认为，农村综合服务平台建设是市委为民办实事三年行动计划中的大事之一，是进一步强化基层政权、改善农村服务、提升党和政府形象的重要工作，务必要强化组织领导，整合资源，加大投入。要选择条件好的村，实施办点示范，做到每个乡镇突出建设一两个示范点。要因地制宜，合理配置，突出亮点。要落实建设资金，整体积极推进，确保建成功能完善、群众认可的农村综合服务平台。

关于东莞招商会筹备，会议要求，相关部门要精心组织，按照时间表做好具体工作。要加强整个招商活动的包装，突出神华火电优质的电能资源、“135”工程标准厂房等重点，有针对性地招引相关客商。要坚持要么就不搞、要搞就要搞好的原则，树立新一届县委、县政府良好的形象，给广大客商前来签约落户树立信心。

关于四星级宾馆提质改造，会议认为，按照东安的经济状况，建设一家高标准、上档次的宾馆迫在眉睫。要进一步研究投资优惠政策，给投资者以信心。要进一步细化工作方案，本着公开招拍挂的原则，依法依规按程序进行。要尽量选择有经营经验、有行业资质的投资方前来投资经营。

会议还对全县首届武术文化旅游节筹备工作、农村环境综合治理、融资、营造春节氛围、项目清理、绩效考核、全面从严治党主题活动等全县 12 月份工作进行了安排部署。

8 日，县政协主席陈军带领办公室相关人员，督查指导创建省级文明县城工作。

陈军一行沿着同心路、龙溪花园路等街道步行，对包括县政协在内的 16 个责任单位的文明劝导成效及人员到岗到位情况进行督查，对督查中发现的车辆违停、出店经营、占道摆摊、挂晒衣被等问题进行了纠正，并现场调度，要求相关单位立即整改。陈军要求，各成员单位要以“创国卫”的工作态度和标准，一如既往地重视创建省级文明县城工作，做到“三个不变”、“三个不减”、“三个转变”，确保东安顺利通过省级文明县城考评。

8 日下午，省委宣传部副部长、省文明办主任刘进能到东安考评省级文明县城创建工作。县委书记冯德校，县委常委、县委宣传部部长唐华栋陪同检查或出席汇报会。

刘进能一行分别深入舜德学校、县政务中心等单位进行检查，通过看现场、问卷调查、查资料、听汇报等方式，全面了解东安省级文明县城创建工作开展情况。刘进能对东安省级文明县城创建工作给予了充分肯定，认为东安县委、县政府在组织开展文明机关、文明单位、文明社区等精神文明建设活动中，领导高度重视，创建活动有规划，干部群众广泛参与，创建氛围浓厚，取得了较好成效。刘进能要求各单位要把文明建设工作列入重要工作，全面推动，对照文件要求和考评细则查漏补缺，逐项落实，切实提升市民文明素质。

冯德校表示，在今后的工作中，东安一定坚持问题导向，列出日程表，并明确领导部门限时整改，对整改情况做到不反弹。要以此次考评为契机，坚持全民参与，大力弘扬社会主义核心价值观，在全县营造创建文明县城的浓厚氛围。要坚持创先争优，持续巩固提升，以创建文明县城为引领，深化国家卫生县城管理工作，统筹推进“五城同创”。要建立健全文明创建长效机制，进一步推进文明城市建设工作常态化。

9日上午，县委书记冯德校深入白牙市镇山水村、前进社区和大江源农庄，调研社区、村基层党建和“美丽乡村”建设。县委副书记陈丽，县委常委、县委办主任唐振宇，副县长李瑞霞等分别陪同。

冯德校一行到山水村结对帮扶对象家里，详细询问结对帮扶对象的生产生活、子女就学及家庭收入等情况。冯德校强调，白牙市镇党委、政府和县里扶贫工作队，要帮助他在过年前做好新楼房防水、加装窗户，使房子夏天不渗水、冬天不漏风。要多做雪中送炭的好事实事，真扶贫、扶真贫，帮助困难户学习技术、拓宽收入来源。冯德校还与山水村两委干部进行座谈，详细听取该村基本情况及贫困人口、脱贫对策、基层党组织活动开展等情况的汇报。冯德校强调，火车开得快，全靠车头带。山水村两委干部要发挥党建引领的作用，不忘初心、敢于担当，不断提升基层党组织的战斗力和干部服务群众水平。要引导全村群众发展特色种养，对接好大户，发挥好土地的效益。要把村里的底子摸清楚，进一步细化扶贫台账，落实扶贫任务，推进结对帮扶，促进贫困户早日脱贫。

在白牙市镇前进社区和大江源村庙门口党支部，冯德校仔细察看了两地办公场地的布局，详细了解社区、村网格化建设以及基层党建工作的各项内容、工作模式及协调处理问题的方式方法，要求前进社区和大江源村庙门口党支部，要进一步充实网格化力量，加强基层党建和管理，充分发挥党支部作用，切实加大工作力度，完善工作制度，提升工作能力。

冯德校一行还深入大江源生态农庄，调研“美丽乡村”建设，实地察看农庄景点布局、功能区域规划、基础设施建设等情况。冯德校强调，大江源生态农庄要依托广阔的土地资源、优越的生态环境、鲜明的特色产业和浓郁的乡村风情，进一步抓好路、水沟等基础设施建设，做好规划，抓紧完善旅游功能和景点建设。要分步实施，高标准建好观光点，确保庄园内一步一景、砖石成景，全力打造好“大江源”这张地域名片。

9日上午，县委副书记陈丽率领县国土资源局、信访局、土地储备中心等后盾单位相关负责人，深入白牙市镇龙溪源村调研指导精准扶贫工作。

陈丽一行实地查看了龙溪源村村容村貌、基础设施建设，随后召开座谈会，听取龙溪源村的基本情况汇报。陈丽要求，各后盾单位要高度重视，积极争取扶贫项目，加大帮扶力度。要摸清底子，形成合力，积极开展精准扶贫。要整合资源，因地制宜，突出以“班子建设、产业建设、基础设施建设”为重点，加快推进龙溪源村经济社会发展。要加强基层组织建设，选好配强村级领导班子，健全完善各种规章制度。要强化责任要求，有效发挥精准扶贫工作队的作用，建设一支凝聚力强、战斗力旺的工作队伍。

9日下午，东安县与湖南省绿大地科技有限公司就建设“台商工业园项目”签订招商引资合同书，标志着“台商工业园项目”正式落户东安。县委书记冯德校，县委副书记、县长龙向洋，县人大常委会主任张波和彭俊卿、唐振宇、张一波等县领导出席签约仪式。县委副书记陈丽主持签约仪式并致辞，副县长李瑞霞代表东安县人民政府与湖南省绿大地科技有限公司负责人签约。

陈丽代表县委、县人大、县政府、县政协及东安人民对“台商工业园项目”签约入驻表示热烈欢迎。陈丽表示，东安县将以最优惠的政策、最优质的服务、最优越的环境，为前来投资发展的企业打造最好的发展平台。同时，陈丽希望入驻的企业能够在东安放胆投资、放心经营、放手发展，力争企业早开工、早投产、早达效。

9日下午，县委副书记陈丽带领县纪委考核组，对白牙市镇党风廉政建设责任制落实情况进行考核。县委常委、县委办主任唐振宇参加考核。

陈丽一行到白牙市镇政府，按照程序要求召开民主测评会、发放民主测评表、查阅资料、个别谈话等方式，听取白牙市镇党委落实党风廉政建设责任制主体责任情况和镇纪委落实党风廉政建设责任制监督责任情况汇报，详细了解白牙市镇党风廉政建设落实情况、台账资料以及党员干部思想动态等。陈丽认为，白牙市镇党委在党风廉政建设责任制落实上领导重视、措施得力、成效明显。陈丽强调，白牙市镇是东安县城所在地，人多面广、情况繁杂，镇党委、政府务必要牢固树立“红线不能踩、底线不能碰”的思想，高度重视党风廉政建设、信访维稳等重要工作，始终把纪律挺在前头，确保各项工作经得起看、经得起问、经得起查。要树立“要么就不做，做就要做得最好”的思想，在实际工作中不能“只求过得去，不求过得硬”。要开展警示教育转变观念，让广大干部从中吸取经验教训，增强干部廉洁自律的自觉性。要打起精神，克服困难，使白牙市镇各项工作走在全县的前列，白牙市镇党委、政府2017年的各项工作要力争打一个漂亮的翻身仗。

9日下午，县委常委、县委宣传部部长唐华栋带领舜管局、县文广新局主要负责人深入舜管局舜皇村调研指导精准扶贫工作，并走访慰问结对帮扶对象。

在走访慰问中，每到一处唐华栋都与他们拉起家常，仔细询问他们的身体状况、家庭生产生活、孩子上学和就业情况、家庭主要经济收入来源，了解致贫原因，并帮助解决生产生活中遇到的问题和困难。唐华栋要求，各后盾单位、舜管局和村“两委”要认真抓好精准扶贫工作，针对贫困户家庭的实际情况，有针对性地制定具体帮扶计划，落实好产业增收、房屋改造和异地搬迁、子女读书和就业等方面扶持政策，有效帮助贫困户发展生产，提高自身造血能力，解决他们遇到的实际困难和问题，切实改善他们生活状况，共同帮助他们脱贫致富。

10日，县委常委、县委宣传部部长唐华栋带领县纪委考核组，对横塘镇和石期市镇党风廉政建设责任制落实情况进行了考核。

唐华栋一行先后前往横塘镇和石期市镇，通过召开民主测评会、查看资料、个别谈话等方式，详细了解两个乡镇党风廉政建设落实情况、台账资料以及党员干部思想动态等。唐华栋强调，开展全县落实党风廉政建设责任制检查考核工作是深入贯彻落实党的十八大和十八届四中、五中、六中全会精神的需要，是县委对全县各级各部门各单位履行“两个责任”情况的年度总体把握和评定。各乡镇要进一步提高认识，把思想统一到中央、省、市、县关于管党治党、从严治党的要求上来，高度重视党风廉政建设责任制落实情况考核工作。要严格考核程序，切实高标准、严要求、按规范进行考核。要严格考核要求，各乡镇干部要本着实事求是，讲真话、说实话，如实反映实际情况。检查考核组要全面务实、出以公心、严谨细致地做好考核各项工作，对被检查考核单位和被测评对象负责，互相监督，促进党风廉政建设责任制真正落到实处。

12日上午，市优化办主任唐基归带领市调研组到东安调研优化经济发展环境工作。县委常委、县纪委书记廖劲松陪同调研。

调研组一行先后深入毅荃服饰、云生竹业、凯翔鞋业等企业，通过看现场、问卷测评、听汇报等方式，全面了解东安优化经济发展环境工作情况。唐基归对东安县优化经济环境和机关效能建设工作取得的成绩给予充分肯定。唐基指出，通过走访调研，深切感到东安经济发展的生机和活力。东安重视加强投资环境建设，把优化企业发展环境放在促进全县社经济会发展的战略高度上思考和决策，成效明显。希望东安继续把优化发展环境摆到更加突出的位置，确保这项工作健康、有序推进，为全市强势开局、跨越赶超创造良好的环境。

13 日，神华集团总经理凌文到东安调研神华国华永州电厂建设。市委书记李晖，市委副书记、市长易佳良和唐湘林、唐能武、荣燕明、冯德校、龙向洋、陈丽、唐振宇、唐伟文等市县领导陪同调研。

凌文、李晖、易佳良一行到工地详细了解项目建设情况，对项目的顺利推进表示满意，并向工地建设人员表示感谢。在随后举行的座谈会上，凌文指出，神华集团将与永州市委市政府进一步精诚合作，切实把项目建设好。凌文要求，要牢固树立安全生产意识，严守安全生产防线，打造安全工程。要严把技术和质量关，打造技术一流、质量过硬的项目。要体现和谐文化理念，彰显企业社会责任，在项目建设中积极带动地方就业，多为地方创税，保护好地方的良好生态环境，努力实现经济效益和社会效益的统一。要以开展“两学一做”为契机，严格按照规定和程序办事，以党建促发展，努力建设一流优质工程。

14 日下午，东安举行仪式欢迎“全国文明家庭”吴才有、黄常淑夫妇载誉归来。县委书记冯德校，县委常委、县委宣传部部长唐华栋，县委常委、县纪委书记廖劲松，县委常委、县委政法委书记唐伟文，副县长张静、张一波出席欢迎会。

12 月 12 日，第一届全国文明家庭表彰大会在北京举行，全国共评选出 300 户文明家庭，东安吴才有家庭获选，被授予“全国文明家庭”荣誉称号。吴才有妻子黄常淑作为代表参加表彰大会，受到中共中央总书记、国家主席、中央军委主席习近平的亲切接见。

在欢迎会上，冯德校代表县委、县政府向吴才有家庭表示热烈的祝贺和由衷的敬意。冯德校指出，家庭和睦则社会安定，家庭幸福则社会祥和，家庭文明则社会文明。当前，全县上下正在大力实施“六大战略”，全力推进”752121”工程，齐心协力创建“全国文明县城”。东安广大家庭都要积极践行中华民族传统美德，努力增强尊老爱幼、男女平等、夫妻和睦、勤俭持家、邻居团结的观念，大力倡导忠诚、责任、亲情、学习、公益的理念，为家庭谋幸福、为他人送温暖、为社会做贡献的过程中提高精神境界，培育文明风尚，让文明之花开遍东安大地。冯德校要求，广大家庭都要把爱家和爱国、爱家乡统一起来，把实现家庭梦融入民族梦之中，心往一处想，劲往一处使，用东安 64 万人民的智慧和热情汇聚起全力打造“两个中心”、全面建成小康社会的磅礴力量。同时希望，吴才有家庭珍惜荣誉，感染和带动更多的家庭成为家道兴盛、和顺美满的文明家庭。

15 日，市委常委、永州军分区司令员王守海率市委考核组到东安检查考核党风廉政建设责任制落实情况。县委书记冯德校在座谈会上作关于东安县落实党风廉政建设主体责任情况汇报和东安县纪委关于落实党风廉政建设监督责任情况汇报。县委副书记、县长龙向洋主持会议。县政协主席陈军以及李四清、彭俊卿、蒋华、李觉会、唐华栋、廖劲松等县领导陪同检查或座谈。

王守海一行通过个别谈话、听取汇报、述责述廉、查阅资料、指标测试、民主测评、实地查看等方式，全面深入了解了东安履行党委主体责任和纪委监督责任的情况。王守海指出，2016 年以来，东安县各级党组织从严治党、履职尽责的意识有所增强；各级纪检组织聚焦主责主业，监督执纪问责的能力有所提高；领导干部当表率、作示范，辐射力和影响力有所扩大；党员干部守纪律、反“四风”的自觉性有所增强。这些成绩来之不易，还需要在今后的实践中不断巩固和深化。王守海要求，东安各级党组织要严守责任担当，着力推进落实“两个责任”的深化、细化、具体化，层层传导压力，层层抓好落实，层层作出示范。要严明纪律规矩，牢固树立政治意识、大局意识、核心意识、看齐意识，坚定不移维护党中央权威和党中央集中统一领导，继续推进全面从严治党，营造风清气正的政治生态。要严格党内监督，建立健全“党中央统一领导，党委（党组）全面监督，纪律检查机关专责监督，党的工作部门职能监督，党的基层组织日常监督，党员民主监督”的党内监督体系。要严抓正风反腐，坚持无禁区、全覆盖、零容忍，始终做到力度不减、节奏不变、尺度不松，有案必查、有腐必惩，保持高压态势，让腐败分子在党内没有任何藏身之地。

16 日上午，县委书记冯德校主持召开县委常委会议，听取纪检监察、党建等工作情况汇报，并研究部署相关工作。县委副书记、县长龙向洋，县委副书记陈丽，县人大常委会主任张波，县政协主席陈军和县领导李四清、彭俊卿、蒋华、李觉会、唐华栋、廖劲松、唐振宇、唐伟文等出席会议。

关于纪检监察工作，会议传达了省委常委、省纪委书记傅奎在东安调研座谈会上的讲话精神。会议原则同意《中共东安县委巡察工作实施方案》。会议指出，在全县范围内开展巡察工作有利于干部作风的转变；有利于进一步加强党风廉政建设；有利于教育干部，将问题解决在萌芽状态。各级各部门要站在从严治党和落实县第十二次党代会各项目标任务的高度，进一步统一思想，提高认识，紧密配合，全力支持县委巡察工作。要明确责任，严肃纪律，严格按照相关工作要求开展巡察工作。要成立巡察工作领导小组，设立“一办三组”，从人、财、物方面为巡察工作提供有力保障，确保巡察工作取得实效。

关于党建工作，会议要求，各级各部门要切实增强做好推荐提名中共十九大代表候选人初步人选工作的政治责任感和使命感。要把握标准，注重结构，确保代表候选人初步人选的先进性和代表性。要发扬民主，严格程序，认真做好推荐提名代表候选人初步人选工作。要加强领导，精心组织，确保推荐提名代表候选人初步人选工作任务圆满完成。

16日下午，东安县与国网永州供电公司签定《东安经济开发区供电框架协议》。国网永州供电公司总经理潘继雄，党委书记顾苏，副总经理唐怡密、李宗赐，东安县委书记冯德校，县委副书记、县长龙向洋，县委副书记陈丽参加签约仪式。副县长张一波代表东安县人民政府与国网永州供电公司签约。

龙向洋在签约仪式上致辞。龙向洋指出，东安县与国网永州供电公司签定《东安经济开发区供电框架协议》，是政企双方长期合作、共谋发展、互利共赢的重大成果。希望国网永州供电公司进一步加大东安电网的建设投入，积极消除供电瓶颈，加快建设坚强职能电网，不断提升供电服务品质，切实履行国家电网的社会责任，为东安经济社会持续健康发展提供坚强的电力保障和最优质的供电服务，东安县将一如既往地全力支持配合国网永州供电公司在东安开展工作，为双方下一步扩大合作、共同发展奠定更加坚实的基础。

16日下午，东安县2016年烤烟生产总结会暨2017年烤烟生产动员会在县行政中心五楼会议室召开。县委副书记、县长龙向洋，县委常委、县政府常务副县长蒋华出席会议，会议由县政协原主席杨绪耀主持。

会议指出，2016 年，全县种植烤烟 10890 亩，收购烟叶 24293 担,收购均价达到每担 1325 元,比 2015 年每担提高 29 元,烟农总收入达到 3637 万元，完成地方财政烟叶税 708 万元，圆满完成了市里确定的烟叶生产目标任务。

龙向洋指出，烤烟生产工作是产业结构调整的大事、财源建设的要事、农民增收的实事。各级各部门要按照 2017 年全县烤烟工作“稳中求优”总体要求，稳定生产规模，稳定扶持政策；优化区域布局，优化种植品种，优化种植主体，狠抓优化烟叶结构措施的落实，实现全县烤烟种植面积 0.8 万亩，收购烟叶 1.75 万担的目标。各种烟镇政府要统筹谋划，精心组织，为烤烟生产创造良好发展环境。各有关部门要协同配合，凝聚合力，一如既往地为烤烟产业办实事、作贡献。相关职能部门和种烟乡镇要对烤烟生产的每个环节、每个季节、每个区域进行跟踪调度。县大督查办、“两办”督查室、烤烟办要继续发扬好的工作作风和督查措施,对烤烟生产进展情况进行定期督查、定期通报、定期考核、定期兑现。各级各部门要以此次会议为起点，立即行动，集中时间、集中精力，不等不靠，迅速掀起大干烤烟生产的高潮，奋力开创东安县烤烟产业发展的新局面。

会议还对大盛镇等 7 个烤烟生产先进单位，紫溪市镇塘夫村等 6 个烤烟生产先进村，文跃兵等 20 名先进个人和唐东华等 25 名先进烟农予以通报表彰。

17 日上午，东安县城首批 30 辆节能环保型纯电动城市公交车正式投入运营。县委副书记、县长龙向洋，县委常委、县委办主任唐振宇，县人大常委会副主任黄敏，副县长张一波出席运营启动仪式。

17日上午，县委副书记、县长龙向洋深入紫溪市镇渌埠头村，调研湘江调元渡口安全隐患整治工作。副县长张一波陪同调研。

龙向洋一行到紫溪市镇调元渡口，仔细察看渡口码头改造情况，详细询问渡船运营、安全设施配置、现场管理等情况以及即将到来的春运和雨雪等恶劣天气下的安全监管工作，并组织调元渡口附近几个村的村支书座谈，听取调元渡口基本情况汇报及附近各村支书对调元渡口安全隐患整治工作的意见和建议。龙向洋指出，县委、县政府高度重视调元渡口的安全通航，时刻把渡口两岸十几个村群众的交通出行问题放在心上。这次前来调研，就是要回应县人大代表、政协委员的建议和广大群众的期盼，进一步推进调元渡口的安全隐患整治和渡船安全保障工作，确保两岸群众来往畅通。要立足当前，着眼长远，按照长远要修路、近期要买船、当前要保安全的步骤分步实施。要全面落实所有水上交通安全措施，加快渡口安全整治的进度，尽快购买一艘能保证安全、满足需要、比较实用的船只，在确保安全的前提下，尽量满足两岸群众的出行要求。龙向洋强调，年关已近，春运将来，调元渡口两岸群众机动车拥有量大，人流、物流互动又很频繁，县交通部门和紫溪市镇党委、政府务必要保持清醒的头脑，进一步加快调元渡口的安全整治，把所有的前期准备工作往前赶。要切实解决影响安全通行的突出问题，及时做好群众的宣传解释工作。要请具有资质的船检部门对渡船进行科学检测，在保障安全的前提下，尽量满足群众的出行要求，确保渡口两岸通行顺畅。

龙向洋一行还现场察看了紫渌公路上跨湘桂铁路危桥，深入紫溪市镇荷叶塘村调研“美丽乡村”建设，并就相关工作的开展进行了安排部署。

18 日上午，永东城际快速通道二期工程冷水滩珊瑚至东安井头圩段开工仪式在东安井头圩镇举行。市政府副市长严兴德宣布项目开工。县委书记冯德校，县委副书记、县长龙向洋，县人大常委会主任张波，县政协主席陈军和县领导彭俊卿、蒋华、唐振宇、唐伟文等出席开工仪式。

18 日上午，东安举行冷东公路二期城区段试运行通车仪式。市政府副市长严兴德出席通车仪式。县委书记冯德校宣布冷东公路城区段试运行通车。县委副书记、县长龙向洋主持通车仪式。县人大常委会主任张波，县政协主席陈军和县领导彭俊卿、蒋华、唐振宇、唐伟文、张一波等参加通车仪式。

18 日下午，中国东安首届武术旅游文化周在县城天成实验学校隆重开幕。中国伦理学会秘书长王海滨在开幕式讲话，永州市政协主席唐定宣布中国东安首届武术旅游文化周开幕。东安县委书记冯德校在开幕式上致辞。湖南省总工会副主席周海斌，中国武术协会副主席晏西征，省体育局副巡视员周克臣，省武术协会会长陈正培，市委常委、市委统战部部长石艳萍，市人大常委会副主任袁火林，县委副书记、县长龙向洋，县委副书记陈丽，县人大常委会主任张波，县政协主席陈军等省市县领导出席开幕仪式。

开幕式分印象东安、魅力东安、德武东安三个篇章。“德源舜皇，武动东安”大型武术表演以动人心魄的旋律拉开了整个开幕式的序幕，精彩的武术表演和舞龙耍狮表演，场面宏大，气势磅礴，把东安传统武术文化演绎得精彩流畅。东安当地的民间乐师倾情上演的《十二乐坊》让人如痴如醉，小品《西游记》更是让万余名观众忍俊不禁。精彩的节目一轮接一轮上演，从星光大道走出来的实力派歌手文伟、2016年世界十大旅游小姐倾情助阵，不断把现场气氛推向高潮。节目最后，来自东安当地各单位、各民间团体的上千人集体表演“东安拳”，拳手们伴随着舒缓的乐曲，手抬脚转，气定神闲，动若游龙过海，静若卧虎藏龙，现场喝彩之声不绝于耳。

19日上午，县委中心组2016年（扩大）集中学习报告会在县行政中心五楼会议室举行。市委党的十八届六中全会精神宣讲团成员、市直机关工委书记郑文飞作党的十八届六中全会精神专题辅导报告；北京大学教授、博士生导师、北京大学中国城市设计研究中心主任陈可石作全域旅游下的特色小镇和旅游小镇设计专题讲座。县委书记冯德校主持学习报告会并讲话。县委副书记、县长龙向洋，县委副书记陈丽，县人大常委会主任张波，县政协主席陈军以及李四清、彭俊卿、蒋华、李党会、唐华栋、廖劲松、唐振宇、唐伟文等县委中心组成员参加。

报告会上，郑文飞围绕习近平总书记在党的十八届六中全会上的重要讲话精神和全会审议通过的《关于新形势下党内政治生活的若干准则》《中国共产党党内监督条例》，从党的十八届六中全会的重大意义、全面加强和规范党内政治生活、全面落实党内监督责任、突出抓好领导干部特别是高级领导干部等四个方面作了系统宣讲，进行深入解读。陈可石以《全域旅游下的特色小镇和旅游小镇设计》为题，深入全面介绍和阐述了国际旅游目的地的发展趋势、东安县优越的自然地理资源与人文地理资源、国际全域旅游与旅游小镇建设经验、旅游小镇设计的成功实践。

冯德校在报告会总结讲话中指出，郑文飞、陈可石两位同志结合实际为我们作了深入浅出、形象生动的辅导报告，两位同志的讲课紧扣时势、主题鲜明、内容丰富、思想深刻、讲话透彻，既有客观的理性分析，又有具体生动的阐述说明，具有很强的现实针对性和可操作性。冯德校要求，全县各级各部门要把学习贯彻中共十八届六中全会精神与学习贯彻习近平总书记系列重要讲话精神、学习贯彻省第十一次党代会精神、“两学一做”学习教育结合起来，坚持读原著、学原文、悟原理，学思践悟、融汇贯通，深刻领会把握推进全面从严治党的重要性紧迫性。结合东安实际，抓好当前各项工作，为全力打造永州次中心、全面建成小康社会作出更大贡献。要深入推进“互联网 + 乡村旅游”，加强微旅游信息平台、游景平台和服务平台建设，实现景点全域、观念全域、服务全域，大力发展说走就走、快去快回、自助自理的微旅游，把东安打造成全国知名的微旅游目的地。

19 日下午，东安县委统战工作会议在县行政中心五楼会议室召开。省委统战部政策理论研究室主任马碧就《中国共产党统一战线工作条例（试行）》进行宣讲授课。县委书记冯德校出席会议并讲话。县委副书记陈丽，县人大常委会主任张波，县政协主席陈军以及李四清、彭俊卿、蒋华、李觉会、唐华栋、廖劲松、唐振宇、唐伟文等县领导参加会议。县委组织部、县科经委、紫溪市镇作典型发言。

会议指出，学习贯彻《条例》和中央、省市县委统战工作会议精神，是各级党委（党组）特别是统战部门，在当前和今后一个时期的一项重要政治任务。各级各部门要深入学习宣传，把握重点内容，悟透精神实质，注重整体联动，广泛凝聚共识。要坚持问题导向，善于查找问题，解决突出问题，注重精准发力。要落实落细责任，切实增强做好统战工作的责任感和使命感，主动担责、积极作为，形成党委统一领导、统战部门牵头协调、有关方面各负其责的大统战工作格局，不断巩固个发展统一战线事业。要加强自身建设，牢固发展根基，扎实做好统一战线各方面的工作，为全力打造永州次中心、全面建成小康社会作出更大贡献。

冯德校强调，全县各级党委和广大党员干部要充分认识统一战线在全县工作大局中的重要地位和作用，真正把统战意识强起来、把统战思维树起来、把统战力量聚起来。要始终围绕中心、服务大局，壮大共同奋斗的力量，扎实做好东安县各领域各方面统战工作。要站在政治和全局的高度，积极适应新形势新任务新要求，加强和改进对统战工作的领导，形成合力，狠抓落实，确保实效。要紧密团结在以习近平同志为核心的党中央周围，齐心协力，开拓进取，共同奋斗，不断开创东安县统一战线工作的新局面。

19 日下午，东安召开县委巡察工作动员会，深入学习贯彻省市巡视巡察工作精神，通报作风建设有关情况，宣布《中共东安县委巡察工作实施方案》《关于严禁工作日饮酒的补充规定》，并对县委第一轮巡察工作进行动员部署。县委书记冯德校出席会议并讲话。县委副书记陈丽，县人大常委会主任张波，县政协主席陈军以及李四清、彭俊卿、蒋华、廖劲松、唐伟文等县领导参加会议。

会议要求，各级各部门要提高思想认识，明确巡察工作的指导思想、巡察对象和巡察工作内容，坚持讲政治、挺纪律，准确把握巡察工作的基本要求。要聚好焦、点中穴，采取灵活多样的巡察方式，严格遵守巡察工作程序，加大问题线索查办处置力度，实现巡察监督精准发力。要坚持高标准、严要求，加强组织领导和巡察队伍建设，确保巡察工作开好局。

冯德校强调，开展巡察是全面从严治党的需要，是创新监督执纪方式的需要，是推动干部作风转变的需要，是实现创先争优的需要。全县各级各部门要统一思想、提高认识，切实增强使命感、责任感，自觉把思想和行动统一到中央和省、市、县委决策部署上来，积极做好巡察工作。要通过巡察推动落实各级党组织全面从严治党主体责任，唤醒广大党员特别是党员领导干部党章党规意识。各部门要密切配合，明确巡察工作要求，全力做好巡察工作。领导干部尤其是“一把手”要高度重视，亲自部署、亲自推进、亲自落实，抓好本单位本系统本地区的作风建设。纪委（纪检组）要切实履行好监督责任，推动全县干部作风持续好转。要站在推进党的建设新的伟大工程的高度，全力抓好巡察工作，全面转变干部作风，为全力打造永州次中心、全面建成小康社会提供坚强的纪律保障。

19日下午，市委常委、市委宣传部部长、副市长刘尤碧到东安就《政府工作报告》征求意见和建议。县委副书记、县长龙向洋出席会议，县人大常委会副主任唐新柱、刘劼，副县长李瑞霞，县政协副主席秦剑元等县领导和部分驻东市人大代表、政协委员参加座谈会。

座谈会上，与会人员紧紧围绕《政府工作报告》(征求意见稿)，结合东安实际，畅所欲言、积极建言献策。大家认为，《报告》对过去五年全市经济社会发展所取得成绩的总结全面客观、实事求是，对谋划今后五年工作切实可行，体现了政府以人为本、执政为民的理念，是一个内容丰富、客观务实、催人奋进的报告。与会人员还围绕旅游发展、文化产业、交通、水利等工作提出建设性意见和建议。

刘尤碧听取发言后，充分肯定与会人员提出的意见和建议。刘尤碧指出，大家对《政府工作报告》(征求意见稿)提出的意见和建议十分中肯，很有见地，充分体现了大家对永州经济社会发展的关心，对市政府工作的大力支持。市政府将充分吸纳大家的合理化意见和建议，做好相应修订、补充和完善，力求《政府工作报告》更加符合全市发展实际，更符合全市人民的期盼和愿望。

19日晚，县委书记冯德校深入县城投公司，第七次调度融资工作。县委副书记、县长龙向洋，县委常委、常务副县长蒋华以及县城投公司、各银行主要负责人参加调度会。

会议听取县城投公司关于11月28日调度会后融资工作进展情况汇报，与会各银行主要负责人就融资工作提出了意见和建议。

冯德校强调，融资工作事关全县经济社会发展大局，每一次融资调度会后的进展情况，要在报表上充分展现、一目了然。要充分发挥各大银行东安县支行的主导作用，加强项目对接，做实项目资料，确保各金融机构的资金贷得下、用得出。要专人专抓，集中人力、物力，发挥团队协作的力量。要讲究工作方法，克服困难，提高效率，确保全县融资工作取得好的效果。

龙向洋要求，县城投集团和相关部门要抢抓岁末年初的大好时机，围绕县域发展大计主动作为，全面提升融资工作进度，争取用好每一天。要加强协调，实行点对点对接，提高融资效果。要调动一切可以调动的力量，把资料做实、把工作做足，全力以赴实现融资工作目标任务。

20日上午，县委书记冯德校主持召开县委常委扩大会议，调度重点项目建设和当前重要工作。县委副书记、县长龙向洋，县委副书记陈丽，县人大常委会主任张波，县政协主席陈军和县领导李四清、彭俊卿、蒋华、李觉会、唐华栋、廖劲松、唐振宇、唐伟文等出席会议。

冯德校强调，重点项目建设事关全县经济社会发展大局，全县上下务必要提高思想认识，强化措施，克服困难，为项目建设营造良好的发展环境。要主动作为，积极帮助企业解决用工难问题。要借鉴学习兄弟县区先进经验和做法，突出绿色畅通，通过规划提质，完善基础设施配套设施，抓好美丽通道建设。要用足精准扶贫政策，通过“公司＋基地＋农户”、“公司＋合作社＋农户”等模式，积极引导金湘源等现代农业科技示范园发展休闲农业，促进农民就业增收。要科学调度，统筹安排项目建设资金，确保重点项目建设顺利推进。

龙向洋要求，县重点办、县发改委等相关职能部门要按照县第十二次党代会工作报告和县政府工作报告确定的年度目标任务，长短结合，重点突出，尽快拿出2017年重点项目建设实施方案。各项目建设指挥部指挥长要主管主抓，严格落实分管领导“一岗双责”责任制。县重点办要当好参谋，对项目建设存在问题和困难要汇总上报。要加强协调，严格兑现奖惩考核，抓好项目建设矛盾调处等工作，确保项目建设顺利推进。要对照目标任务，按照应收尽收原则，进一步做好协税护税工作，确保税收清欠工作在12月底前清缴到位。

20日，东安与建行永州市分行就政银战略合作签约。县委书记冯德校，县委副书记、县长龙向洋以及建设银行股份有限公司永州市分行行长龚飞龙、副行长刘辉华、彭元持、刘剑出席签约仪式。县委常委、常务副县长蒋华代表东安县人民政府与建设银行永州市分行签约。

签约仪式上，东安县与建设银行永州市分行就进一步深化合作关系，拓展合作领域，提升合作层次，实现优势互补，更好地推进东安实施“六大战略”，全力支持“752121”工程等方面工作进行了深入交谈和探讨。双方就未来五年的合作签订了战略合作框架协议，东安县将全力支持建设银行在东安县拓展各项金融业务，建设银行永州市分行将在未来五年向东安提供50亿元人民币的金融信贷支持。

20日下午，中国共产党东安县第十二届委员会第三次全体会议在县行政中心七楼常委会议室召开。县委书记冯德校主持会议。县委副书记、县长龙向洋，县人大常委会主任张波，县政协主席陈军以及李四清、彭俊卿、李觉会、唐华栋、廖劲松、唐振宇、唐伟文等县领导出席会议。

本次会议应到县委委员36名，实到31名，县委候补委员应到6名，实到6名，符合规定人数。会上，县委常委、县委组织部部长彭俊卿就东安县推荐遴选党的十九大代表候选人初步人选情况作了说明。会议以无记名投票方式，选举王满元、蒋云两名同志为东安县推荐遴选中共十九大代表候选人初步人选。

20 日晚，东安首届武术旅游文化周武术比赛决赛在东安一中举行。县委书记冯德校，县委副书记、县长龙向洋，县人大常委会主任张波，县政协主席陈军和李四清、彭俊卿、蒋华、李党会、唐华栋、唐振宇、唐伟文现场观看比赛，并为获奖选手颁奖。

21 日下午，县委常委、县纪委书记廖劲松主持召开石期市镇建设美丽集镇示范乡镇暨街道综合整治工作调度会。副县长张一波出席会议。石期市镇作建设美丽集镇示范乡镇暨街道综合整治工作等情况汇报，县交通运输局、县交警大队、县城管局、县公安局、县市管中心、东安湘运公司等相关单位负责人参加会议并作表态发言。

廖劲松强调，建设美丽集镇，搞好街道综合整治，要着重做到“四个到位”。一是思想上重视，认识到位。建设美丽集镇是县第十二次党代会确定的一件重要工作任务，是关系民本民生的一件大事，各相关单位要认识到这项工作的重要性，把思想统一到县委的统一部署上来。二是部门形成合力，责任到位。各部门要团结协作，齐抓共管，各司其职，各负其责，形成合力，力争做到一炮打响、顺利开局。三是突出工作重点，落实到位。这次专项整治活动，责任主体是乡镇党委、政府，镇党政主要领导心中要有一本帐，要明确重点对象、重点路段，掌握工作方法，保证整治工作各项任务落到实处。四是强化督导，效果到位。集中整治活动结束后，春节就会到来，要加强督促指导，推动整治活动持续开展，为群众欢度春节创造一个良好的公共秩序，确保活动取得实实在在的效果。

23日上午，县人大常委会主任张波主持召开县人大常委会第二次主任会议。县人大常委会副主任唐新柱、胡慧川、蒋永辉、黄敏、刘劼参加会议。

会议听取和审议了县人大及常委会有关工作规则情况，推荐遴选了党的十九大党代表候选人初步人选，传达贯彻落实县委巡察、绩效考核、美丽机关、作风建设、精准扶贫和党建工作有关会议精神，听取县人大常委会机关财务管理情况汇报，研究部署了县人大常委会当前有关重点工作。

张波要求，县人大机关全体党员干部要提高认识，统一思想，自觉将思想和行动与县委保持一致，做到态度端正、政令一致。要明确任务，落实工作，将县委巡察、绩效考核、美丽机关、作风建设、精准扶贫和党建工作有关会议精神量化到实际行动中去。要加强领导，确保实效。要发扬追求卓越、争创一流的进取精神，继续埋头苦干、拼搏奋斗，不折不扣抓落实，确保工作干一件成一件，干一件精一件。

23日上午，县人大常委会机关开展“两学一做”学习教育第四次专题学习讨论。县人大常委会主任张波主持学习讨论会。县人大常委会副主任唐新柱、胡慧川、蒋永辉、黄敏、刘劼参加学习讨论。

会议集中学习了《关于新形势下党内政治生活的若干准则》《中国共产党廉洁自律准则》《中国共产党问责条例》《中国共产党纪律处分条例》和《中国共产党党内监督条例》，与会人员围绕“讲奉献、有作为”主题，紧密联系自身工作实际，谈认识、说体会。大家认为，“讲奉献、有作为”是一个共产党员的政治本色，是中国共产党先进性、纯洁性的具体体现。作为共产党员必须要把“两学一做”学习教育焕发的热情，转化为实际行动，努力争做有奉献、有品行、有作为、有纪律的“四有”好干部。

张波强调，县人大常委会机关党组成员要坚持领导带头，以身作则。一是要争先锋，做政治坚定、务实高效、团结协作、清正廉洁的先锋，力争创建学习型、创新型、务实性、廉洁型“四型”机关。二是要有作为，要坚持“围绕核心、服务中心、紧贴民心、凝聚人心”的总体要求，全面履行宪法和法律赋予的各项职权，进一步开创地方人大创新发展的新局面。三是要敢担当，敢于旗帜鲜明，敢于较真碰硬，对工作任劳任怨、尽心竭力、善始善终、善作善成。四是要严律己，以经常看齐的清醒、主动看齐的自觉、坚决看齐的勇气，随时剔除思想杂质，校正行为偏差，始终把规矩和纪律挺在前面，努力营造山清水秀的政治生态。

23日上午，县委常委、县委宣传部部长唐华栋带领县市场和质量监督管理局、文体广新局、科经委、安监局相关负责人，深入端桥铺镇检查指导安全生产工作。

唐华栋一行先后实地察看了竹木町中学、端桥铺镇卫生院、竹木町卫生分院、采石场、加油站、烟花爆竹销售点等单位和场所，与各单位和生产经营单位负责人进行交谈，详细了解各单位和生产经营单位的安全生产情况，对存在的安全隐患及时进行排查。唐华栋强调，安全无小事，各级各部门一定要本着对老百姓生命财产安全负责、对自己负责的态度，抓紧、抓实、抓细安全生产工作。唐华栋要求，安监部门和教育部门要抓紧对竹木町中学门口的危房进行拆除，端桥铺镇、县安监局和联系该镇的牵头单位、联系单位要重点对校车、采石场、加油站和烟花爆竹销售点等安全生产隐患点进行排查，并对照排查出来的问题，认真加以整改落实。唐华栋对竹木町卫生分院的安生生产和卫生情况提出了批评意见，要求端桥铺镇卫生院抓紧对该分院里的危房进行拆除，抓好办公楼的防漏和卫生工作。

25日下午，县委书记冯德校，县委副书记、县长龙向洋带领相关部门主要负责人调研重点项目建设和交通工作。县委常委、县委办主任唐振宇，副县长张一波陪同调研。

冯德校、龙向洋一行实地察看了湖南格润新能源有限公司、东港锑品有限公司等项目建设情况和紫俞公路项目走向情况，详细了解项目建设存在的实际困难和问题。冯德校强调，重点工业项目建设是全县经济工作的总抓手，全县各级各部门要始终记在心上、抓在手上、落实在行动上。各相关职能部门要充分发挥职能作用，加大工作力度，认真做好协调服务，帮助工业企业解决实际困难和问题。要推进精准扶贫和项目建设相融合，用好用足用活精准扶贫政策,抓好扶贫小额信贷工作,通过“公司＋贫困户”的模式，实现贫困户脱贫、企业增效的双赢目标。要大力挖掘传统产业潜能，加大技改力度，突出抓好传统产业的改造提升，扶持东港锑品等企业做大做强。冯德校指出，交通工作是事关群众利益的重大民生工作。相关职能部门要高度重视，再接再厉，充分发挥职能作用，把这一民生工作抓好抓实。要围绕城市规划设计，科学调研，做好汽车总站项目选址工作。要加大工作力度，做好S348大庙口至紫花坪、紫俞公路等项目建设前期准备工作，确保项目建设顺利进行。要完善道路交通设施建设，确保道路交通安全、群众平安出行。

26 日，东安县在广东省东莞市举行招商引资重点项目推介会，共对外发布新型工业化、农业产业化、新型城镇化及道路建设、第三产业等招商项目 61 个，成功签约项目 7 个，签约资金 19.7 亿元。县委书记冯德校在会上讲话，县委副书记、县长龙向洋致辞。县人大常委会主任张波，县政协主席陈军和彭俊卿、唐华栋、唐振宇、李瑞霞、张一波、丁国志以及各异地商会会长、秘书长，应邀的东安籍在广东客商 300 余人参加推介会。

推介会召开前，举行了东安首届异地商会会长、秘书长联席会议和 2016 年广东省湖南东安商会会员大会，听取各异地商会情况介绍以及对东安招商引资工作的意见和建议，听取县教育基金会工作开展情况和资金使用情况汇报，珠海永州商会现场向东安教育基金会捐赠 10 万元。会议还审议通过了《东安县异地商会关于加强沟通合作，携手家乡发展战略合作协议书》，各异地商会会长就如何加强沟通合作、促进东安经济社会发展等各抒己见、讨论热烈。

冯德校对各异地商会代表和广大商会会员前来参加招商引资重点项目推介会表示感谢。冯德校强调，选择在年末岁尾之际举办此次招商引资重点项目推介会，旨在提供一个互通信息、沟通交流的平台，增进友谊、共谋发展。冯德校还重点推荐了县里主推的两个重点发展项目，即充分利用神华国华永州电厂富余的电力和煤灰、煤渣资源以及东安的优势旅游资源，发展神华火力发电厂配套产业园重点建设项目和想走就走、快去快回的微旅游。

县委副书记、县长龙向洋在推介会致辞中指出，近年来，东安县委、县政府牢牢扭住项目建设的牛鼻子，制定了重点项目重点工作绩效考核办法，县委常委会、县政府常务会议加强调度，全力推进重点项目建设。全县形成了“坚持大干项目，培育特色产业”的浓厚氛围，预计全年地区地方生产总值增长7%左右，固定资产投资增长10%，财政总收入增长10.1%，全面小康总体实现程度提升6个百分点以上。

27日，县委常委、县纪委书记廖劲松带领县安监局、农机局、移民局、卫计委等相关部门负责人，深入石期市镇督查指导安全生产工作。

廖劲松一行先后深入石期市镇液化气站、烟花爆竹销售点、农贸市场、中心小学，详细了解各单位和企业安全生产工作落实情况，对发现的问题现场提出了整改意见和要求。廖劲松强调，安全生产工作点多面广，责任重于泰山。相关部门要进一步加强宣传教育，提高思想认识，时刻绷紧安全生产这根弦，确保安全生产工作防患于未然。要进一步落实“一岗双责”责任制，促进安全生产监管关口前移，确保安全生产工作职责落到实处。要强化防范意识，深化隐患源头治理，健全完善隐患排查治理体系，依法运用各种强制措施，督促企业限期整改到位。要强化监管，严格追责问责，坚决遏制较大及以上事故发生，切实抓好“两会”“两节”期间安全生产工作，促进全县安全生产工作再上新台阶。

27日下午，县委副书记陈丽在神华国华永州电厂指挥部主持召开“一带八景”调度会。

会议着重听取永电新村工作情况汇报，并就相关工作进行了安排部署。会议指出，“一带八景”符合当前芦洪市镇和新圩江镇的发展趋势和方向，要结合实际，突出工业旅游，做好工业、生态、文化三篇文章，将芦洪市镇打造成一个工业旅游基地，做到工业与旅游深度融合。要做好芦洪市镇的规划修编工作，围绕电厂做文章，推动城镇建设与电厂建设交融互动，带动周边发展。

陈丽强调，永电新村是“一带八景”项目建设的重大突破口，相关职能部门要统筹协调，结合“美丽乡村”、水利、旅游、城乡规划，建设好相应的配套设施。要在确保安全的前提下，抢抓时间和进度，高标准建设。要保证资金和劳力充足，加大投入，在春节前将可视范围内的房屋建好。要严格按照合同约定，与投资方协调好原材料调差情况，确保项目建设顺利推进。

28 日，县委副书记陈丽深入大庙口镇指导安全生产工作。县人大常委会副主任刘勍陪同。

陈丽一行实地查看了大庙口镇农村客运站、液化气站、烟花爆竹代售点、集贸市场、超市，实地查看消防安全、交通安全和危化品存储等方面的情况，并要求相关单位高度重视安全生产工作，强化日常安全生产隐患自查自纠，及时消除各类安全隐患。陈丽要求，各相关企业、单位要积极配合县安监局的工作，对存在安全隐患的设备、隐患部位及时整改，确保生产、经营绝对安全。陈丽还叮嘱企业负责人，时刻紧绷安全生产这根弦，严格按照规章制度办事。陈丽强调，相关部门要加强农村客运车辆监管力度，加强客运车辆和驾驶员安全管理，严格落实主体责任，对问题车辆要限制停运，并立即整改，坚决消除行车安全隐患。液化气站要严格遵守燃气安全相关法律法规，定期进行设备检修，做到安全经营、安全供应。烟花爆竹要严格按照国家标注储存、运输、销售，切实增强安全防范意识、责任意识，规范操作，防范于未然。超市要做好消防设施日常维护，把食品安全摆在首位，把好食品进货关、销售关、质量关，诚信经营。集贸市场人员比较密集，要保持安全疏散通道畅通、疏散指示标志和应急照明灯完整好用，坚决杜绝各类事故发生，确保全县安全生产形势稳定。

29日上午，全县乡镇区划调整改革工作总结表彰大会在县行政中心五楼会议室召开。县委副书记陈丽出席会议并讲话，县委常委、常务副县长蒋华，县委常委、县委办主任唐振宇出席会议。

会议指出，自2015年9月份启动乡镇区划调整改革工作以来，全县上下把优化乡镇区划作为加快经济社会发展的良好机遇，深入推进乡镇区划调整改革，并乡工作、合村工作任务分别于2015年11月、2016年5月底完成。全县撤并乡镇2个，乡镇由原来的17个撤并保留为15个，合并减少建制村200个，建制村由原来的501个合并保留为301个，精简幅度达39.9%，全面完成省定目标。会议表彰了6个先进乡镇和58位先进个人。

陈丽充分肯定了全县乡镇区划调整改革工作所取得的成绩。陈丽强调，各级各部门要认真总结该项工作经验，扎实抓好乡镇区划调整改革后续工作。陈丽要求，要精心谋划2017年村居“两委”换届选举工作，扎实推进新村公共服务设施建设，努力实现新村深度融合发展，认真做好县城改设街道的准备工作，进一步激发乡村发展活力，真正让人民群众在改革中获得实惠。

29日下午，东安县公务用车制度改革工作会议在东安会堂召开。县委书记冯德校出席会议并讲话，县委副书记陈丽主持会议，县委常委、常务副县长蒋华作工作报告，县委常委、县纪委书记廖劲松宣读《关于严格遵守公车改革“六个不得”纪律要求的通知》。县政协主席陈军和县领导唐华栋、唐振宇、唐伟文等出席会议。

冯德校指出，改革传统公务用车保障方式，加快建设新型公务用车制度，是全面深化改革的重要领域和关键环节，是一项大势所趋、人心所向、势在必行的工作。各级各部门一定要深刻领会公务用车制度改革的深远意义，各参改单位要以高度负责的态度，切实增强改革的责任感、使命感，周密部署、精心组织、稳妥推进，确保改成、改好、改出成效。冯德校强调，各级各部门要从严从紧，做到“三明确”，即明确参加车改单位的范围，此次参加车改单位为各级党政机关及参公事业单位；明确参加车改人员的范围，在编在岗县处级及以下公务员、参公单位管理人员和机关具有行政编制工勤人员全部参加车改；明确参加车改车辆的范围，做到应改尽改。要按照公开、平等、竞争、择优的原则，对司勤人员进行妥善安置。要规范平台，保障公务出行。要依法规范，做到公开处理。要严明纪律，加强协调配合，严格落实好公车改革“六个不得”纪律要求。要严格按照公车改革相关工作要求，做到县乡同步，确保公车改革工作平稳推进。

29 日下午，东安县 2016 年度绩效评估、优化经济环境和机关效能建设工作“满意不满意单位”民主测评会在东安会堂召开。县委书记冯德校出席会议并讲话。县委副书记、县长龙向洋主持会议。县委副书记陈丽，县政协陈军和县领导蒋华、唐华栋、廖劲松、唐振宇、唐伟文出席会议。

会议要求,各级各部门要深化“抓环境就是抓发展”的认识，切实担负起抓好本部门、本单位优化经济环境、提升机关效能工作的政治责任，务必把优化环境各项措施落到实处。要进一步优化考评机制，加大企业和项目代表以及普通群众的参与比例，真正把评判权交给投资者和群众。县作风办要坚决落实两个“三分之一”回访制度，严厉查处损害经济环境和影响机关效能行为。要强化大局意识，加强部门协调配合，不折不扣抓好工作落实。

会上，在职县级领导、县优化经济环境领导小组成员、被测评单位主要负责人、县重点企业和项目业主代表、“两代表一委员”代表、党风廉政监督员等对2016年度全县绩效评估及优化经济环境和机关效能建设工作“满意不满意单位”进行民主测评。

30日上午，东安台商工业园项目在白牙市镇工业园举行开工奠基仪式。县委书记冯德校在出席仪式时宣布东安台商工业园项目开工，并与出席仪式的嘉宾一道为项目开工奠基培土。县委副书记、县长龙向洋在仪式上致辞，县委副书记陈丽主持仪式。县人大常委会主任张波、县政协主席陈军和彭俊卿、唐振宇、胡慧川、李瑞霞、张一波等县领导出席开工仪式。

30日上午，东安湘江焊材有限公司在芦洪市镇工业园举行5万吨新型焊材项目竣工点火仪式。县委书记冯德校宣布东安湘江焊材有限公司5万吨新型焊材项目竣工点火。县委副书记、县长龙向洋在仪式上致辞，县委副书记陈丽主持仪式。县人大常委会主任张波、县政协主席陈军和彭俊卿、唐振宇、胡慧川、李瑞霞、张一波等县领导出席点火仪式。

30日上午，县委副书记、县长龙向洋率县安监、交通、国土、消防、交警队等相关部门负责人深入芦洪市镇检查指导安全生产工作。龙向洋强调，芦洪市镇要牢固树立安全生产无小事意识，高度重视安全生产工作，严防各类安全事故发生，确保社会大局和谐稳定。县政府副县长张一波陪同调研。

龙向洋一行实地察看了芦洪市镇加油站、烟花爆竹代售点、芦洪市镇中心小学等安全生产情况。在芦洪市镇加油站，龙向洋详细了解了加油站日常安全管理等情况。龙向洋指出，加油站靠近马路，来往加油车辆多，要时刻注意安全，严格规范管理，加强对来往加油人员、车辆监管，杜绝抽烟、打电话等行为，保证加油站安全。在烟花爆竹代售点，龙向洋实地查看了店内的物品堆放、防护设施，详细了解了烟花爆竹储存、经营、管理等情况。龙向洋要求，相关部门要严格执行烟花爆竹管理条例，加强烟花爆竹商品的运输、储存、销售和燃放等环节的安全管理，严防事故发生。烟花爆竹产品摆放要整齐规范，严禁超量储存。经营户要依法依规经营，既要把生意做好，也要让安全管理到位；要将燃放、存放烟花爆竹的安全知识向顾客宣传到位，杜绝安全隐患。在芦洪市镇中心小学，龙向洋强调，校车安全关系千家万户，学校和校车公司要时刻绷紧安全行车这个弦，做到病车不上路、超员车不上路，没有系安全带不上路。对发现的安全隐患问题要及时整改，建立台账，抓好落实，确保校车安全。

30 日下午，县委书记冯德校深入白牙市镇三小、东安东站和东安大市场，督察指导安全生产工作。县委常委、县委办主任唐振宇和县安监、住建、交通、教育等部门主要负责人陪同督察。

冯德校一行到白牙市镇三小，仔细察看了校园环境和学生放学后的出行秩序，详细询问学校校车管理、运营、安全监管等方面的工作，并登上校车，察看车容车况，检查校车司机的有效工作证件。冯德校指出，公共安全重中之重是交通安全，而校车安全运行又是交通安全的重点，怎么重视都不为过。要进一步加强领导，充实县校车办的力量，完善相关职能。驾驶校车的司机要全面落实安全措施，做到证件齐全、安全运营。要加强监管，加大对校车的抽查力度，对违规的校车要严肃处理，顶格处罚，确保校车管理到位、运营有序。

在东安东站，冯德校仔细察看了车站环境和基础设施建设，并登上中巴车，与司机、乘务员、乘客以及车站主要负责人亲切交谈，详细询问车辆运营状况、乘客乘车感受、车辆运营管理等。冯德校强调，交通安全责任重于泰山，交通管理部门和车站管理人员要牢固树立“安全第一”“一刻都不能放松”的理念，进一步强化车辆管控，及时做好车辆保养检修，尤其是下雨、下雪天气以及即将到来的春运，要全面提高服务水平，不仅要让广大乘客有车坐，还要让乘客感受到温馨的服务。要进一步加强车站基础设施建设，全面改善坑洼、破旧的面貌，严格按照标准建设到位，树立良好的形象。

在东安大市场，冯德校察看了市场环境，详细询问消防、市场管理、卫生整治等情况。冯德校要求，消防大队要进一步加强消防安全隐患排查，及时开展整治，务必要留出足够的安全通道。要进一步加强秩序管理和卫生清理，严禁车辆乱停乱摆、垃圾乱堆乱放，以建设超市的标准来建设好东安大市场。

30日下午，县委书记冯德校深入白牙市镇神仙桥村源丰农场，调研指导微旅游发展工作。县委常委、县委办主任唐振宇陪同调研。

冯德校一行到源丰农场后，认真察看农场道路、装修风格、基础设施建设等，并在农场负责人陪同下察看了农场内的火龙果基地、草莓种植基地、垂钓场地及相关服务项目，饶有兴趣地询问该农场的发展思路、规划定位、经营管理等情况。冯德校认为，源丰农场经营者创业有激情、经营有思路、建设有资金、服务有特色。希望农场经营者进一步完善农场规划和功能配套，加快建设步伐。要不断丰富内容，提升品位，把农场打造成以休闲、观光、体验为主题的微旅游景点，让农场内有花草、无杂草，一步一景、处处成景。要充分运用“互联网+”思维，生产高端配送产品，提高服务水平。要充分利用精准扶贫等政策优势，探索“公司+基地+农户”的经营模式，既能带富一方，又可以节省成本，提高效益。白牙市镇党委、政府要进一步加强对农场的服务，积极协调用地矛盾，政策上给予大力支持，力争把源丰农场做成全县微旅游发展项目中的精品。

30日下午，县委副书记、县长龙向洋主持召开县政府第二次常务会议，研究部署被征地农民社会保障工作。蒋华、何锋、宋志雄、李瑞霞、张静、张一波等县政府常务会议组成人员参加会议。县委常委、县委宣传部部长唐华栋，县委常委、县委政法委书记唐伟文，县人大常委会副主任唐新柱、刘劼应邀列席会议。

会议指出，建立和完善被征地农民社会保障制度是中央和省、市推行的一重大决策，也是省委巡视第七组交办的整改事项，纠正东安原来的被征地农民生活保障制度，按省、市政策建立被征地农民社会保障制度已势在必行。各级各部门要统一思想，高度重视，下定决心，周密组织，一鼓作气，全力抓好被征地农民社会保障工作。会议强调，各级各部门要加强领导，成立领导工作小组，抽调专门工作人员，确保每个村民小组一名县级领导、一个牵头部门、一名乡镇干部，分组包干，一对一做好宣传引导、政策解释、社会稳定、保费收缴等工作，确保工作顺利推进。要做好被征地农民身份确认工作，明确保障对象，坚持正确的舆论导向，引导符合条件的被征地农民积极参保。要进一步完善被征地农民参加养老保险实施方案，推进被征地农民社会保障工作落到实处。

30日下午，县人大常委会主任张波深入井头圩镇检查指导安全生产工作。

张波先后到加油站和烟花爆竹销售点，详细检查存在的安全隐患，并现场做出指导整改。张波强调，企业要高度重视安全生产工作，把安全生产摆在企业经营管理的第一位，严格落实安全生产管理制度，完善安全设施配备，加强从业人员安全培训和安全隐患的排查，确保不发生安全事故，实现企业持续高效发展。加油站要按照整改要求，加紧落实摩托车专用加油的整改工作。烟花爆竹销售点要加强监控管理和安防措施，严格执行烟花爆竹管理要求，确保产品储存运输过程的安全。张波要求，相关职能部门要进一步提高安全生产监管意识，临近年关岁末，安全生产事关社会安定和人民生命财产安全，绝不能马虎大意。要积极履行安全监管和技术指导工作责任，加强隐患排查治理和安全技术指导，依法督促企业限期整改到位。要进一步加大安全培训和执法力度，增强全社会的安全防护意识，同时加大打击查处力度，依法从严从重惩处各类安全生产违法违规行为，确保全县安全生产工作大局安全稳定。

30日下午，县人大常委会主任张波深入井头圩镇调研“五小”设施建设。

张波在井头圩镇政府详细了解基层干部工作生活状况，询问乡镇工作的困难和问题。张波指出，乡镇“五小”设施是乡镇机关的重要辅助设施，也是确保机关正常运转、推动工作扎实开展的重要保障。井头圩镇党委要结合实际，制定详细实施方案，尽快建好“五小”设施，切实改善镇机关干部工作生活环境。要进一步增强抓好这项工作的责任感、紧迫感，进一步增强抓好这项工作的主动性、自觉性，采取切实有效措施，把这项工作抓紧、抓实、抓出成效。县级领导干部要努力为乡镇干部营造良好的工作生活环境，多给一些干事的机会和成长的空间，让他们工作上有劲头、生活上有想头、事业上有奔头。

后　记

本书编写工作由县史志办组织进行。县史志办聘请的唐光华、李宴民在胡维亭、胡乃安协助下收集整理相关资料后，由副主任艾向科审阅修改，县史志办主任陈珍校审定，经永州市史志办审读同意出版。

本书编写得到县委办公室、县人大办公室、县人民政府办公室、县政协办公室、县纪委、县委组织部、县委宣传部、县委统战部、县委政法委等单位的大力支持和帮助，在此一并表示感谢。

由于材料掌握程度和编者水平有限，书中难免存在不足之处，敬请读者批评指正。

编　者

2017 年 12 月